Le précédent judiciaire dans les conclusions des rapporteurs publics

Logiques Juridiques

Fondée par Gérard Marcou

Dirigée par Jean-Claude Némery et Thomas Perroud

Le droit n'est pas seulement un savoir, il est d'abord un ensemble de rapports et pratiques que l'on rencontre dans presque toutes les formes de sociétés. C'est pourquoi il a toujours donné lieu à la fois à une littérature de juristes professionnels, produisant le savoir juridique, et à une littérature sur le droit, produite par des philosophes, des sociologues ou des économistes notamment.

Parce que le domaine du droit s'étend sans cesse et rend de plus en plus souvent nécessaire le recours au savoir juridique spécialisé, même dans des matières où il n'avait jadis qu'une importance secondaire, les ouvrages juridiques à caractère professionnel ou pédagogique dominent l'édition, et ils tendent à réduire la recherche en droit à sa seule dimension positive. À l'inverse de cette tendance, la collection « Logiques juridiques » des éditions L'Harmattan est ouverte à toutes les approches du droit. Tout en publiant aussi des ouvrages à vocation professionnelle ou pédagogique, elle se fixe avant tout pour but de contribuer à la publication et à la diffusion des recherches en droit, ainsi qu'au dialogue scientifique sur le droit. Comme son nom l'indique, elle se veut plurielle.

Dernières parutions

Cătălin-Silviu SARARU et Cristina Elena Popa TACHE (dir.), *Le droit international en transition, Contributions à la 4e Conférence sur le droit comparé et international, Conférence internationale, 14 juin 2024, Bucarest*, 2024.

Laurence WARIN, *La santé dans toutes les politiques, État des lieux et réflexion sur son entrée et sa circulation dans différents ordres juridiques*, 2024.

Ahmed BENATTOU, *La mise en œuvre du droit de l'environnement au Maroc. Le cas de la forêt de Maâmora*, 2024.

Jérémy Bousquet

Le précédent judiciaire dans les conclusions des rapporteurs publics

Étude à partir du droit des contrats administratifs

Préface d'Hélène Hoepffner

Postface de Pascale Deumier

L'Harmattan

5-7, rue de l'École-Polytechnique ; 75005 Paris

http://www.editions-harmattan.fr

ISBN : 978-2-336-50188-8

EAN : 9782336501888

Préface

Hélène Hoepffner
Professeur de droit public à
l'Université Paris 1 Panthéon-Sorbonne

Après avoir soutenu, en 2017, une très belle thèse sur le sujet *Responsabilité contractuelle et responsabilité extra-contractuelle en droit administratif* à l'Université de Montpellier, Jeremy Bousquet, désormais Maître de conférences à l'Université de Nîmes nous livre les résultats d'une recherche très différente mais toute aussi passionnante consacrée à la technique de l'argumentation intitulée *Le précédent judiciaire dans les conclusions des commissaires du gouvernement et rapporteurs publics près le Conseil d'État Étude à partir du droit des contrats administratifs (1872 – 2022).*

Il nous invite à relire, sur une période de cent cinquante ans, les conclusions des commissaires du gouvernement, devenus rapporteurs publics sur des affaires relatives à des contrats administratifs afin d'analyser la manière dont ceux-ci se réfèrent au précédent judiciaire.

Sa réflexion part d'une question simple. Dans quelle mesure la jurisprudence judiciaire est-elle une source d'inspiration pour les rapporteurs publics et, par suite, pour le juge administratif ? Plus précisément, il s'interroge sur l'influence que peut avoir la jurisprudence judiciaire sur celle du Conseil d'État alors que la première applique un droit se différenciant à bien des égards du droit administratif, tant par son vocabulaire que ses justiciables, sa technique et ses règles, distinctes de celles « *établies dans le Code civil, pour les rapports de particulier à particulier* ».

Si, bien sûr, d'autres branches du droit administratif auraient pu être analysées - on pense ici en particulier à l'autre branche du « droit administratif des obligations », à savoir le droit de la responsabilité extracontractuelle – Jérémy Bousquet se concentre sur sa discipline de prédilection : le droit des contrats administratifs. Celle-ci est en effet un formidable terrain d'analyse pour une telle recherche tant les litiges et leurs solutions présentent souvent des analogies, tant l'autonomie du droit administratif en matière contractuelle ne va pas de soi. Les notions clés – le contrat, la force obligatoire, les vices du consentement, la responsabilité contractuelle, les causes exonératoires – étant communes au droit civil et au droit administratif, la jurisprudence judiciaire s'est avérée être une formidable source d'inspiration pour les rapporteurs publics près le Conseil d'État et, *in fine*, pour celui-ci. Mais si l'on pouvait s'en douter dès lors qu'il avait déjà été largement démontré que le droit privé a servi de source d'inspiration au droit administratif, il n'y avait pas encore eu d'étude systématique sur l'influence de la jurisprudence judiciaire sur le juge administratif.

Tel est l'apport du travail de Jérémy Bousquet : analyser le raisonnement du juge administratif afin de mesurer la place et l'influence que peut avoir le précédent judiciaire dans la prise de décision, évaluer dans quelle mesure cet argument est déployé dans les conclusions des rapporteurs publics et emporte (ou non) la conviction de la formation de jugement.

Il constate d'abord – cela a son importance – que l'usage du précédent judiciaire comme technique d'argumentation est très fréquent lorsque le litige soumis au juge est relatif aux contrats administratifs, dès lors toutefois qu'un rapport de similarité a été identifié entre un précédent judiciaire et la situation en l'espèce.

Il montre ensuite que même s'il n'existe aucune contrainte juridique objective, que le juge administratif est théoriquement libre de se référer ou non à une solution antérieurement dégagée par le juge judiciaire, le précédent judiciaire est « ressenti » comme une contrainte argumentative par les auteurs des conclusions. Il est une « contrainte formelle », destinée à donner du poids à la solution qu'il propose à la formation de jugement de retenir.

Il montre enfin que ce « passage obligé » ne préjuge toutefois en rien de la manière dont le précédent judiciaire est réceptionné et utilisé dans l'argumentation. Les rapporteurs publics sont parfaitement libres de s'inspirer d'une solution jurisprudentielle judiciaire pour fonder leur solution ou au contraire, de l'utiliser comme contre modèle. L'analyse permet ainsi de voir comment le précédent judiciaire privé devient comme un « outil de persuasion » pour le rapporteur public et, par suite, comme une

« source du jugement » rendu par la formation de jugement. Elle met en lumière l'utilisation rhétorique de la jurisprudence judiciaire en même temps qu'elle dévoile toute l'ambiguïté de son statut pour le juge administratif.

On perçoit bien, au fil des pages, la difficulté de l'exercice auquel Jérémy Bousquet a accepté de se soumettre : puisque chaque rapporteur public est libre de sa méthode pour parvenir à convaincre, il n'y a aucune politique commune. Tout au plus peut-on percevoir des tendances, fluctuant au gré des époques, des litiges mais aussi des Hommes, de leurs formations et de leurs expériences. On perçoit aussi, en filigrane, l'influence des écritures des parties voire de la doctrine, ce qui rend la systématisation de l'analyse encore plus délicate.

On regrette ensuite, avec lui, que les décisions judiciaires ne soient pas utilisées que dans les conclusions des rapporteurs publics et non dans la motivation officielle des décisions du juge administratif : cela empêche d'aller plus loin dans l'analyse. On ne peut que supposer, en rapprochant les conclusions de la décision, que l'argument du précédent judiciaire a ou non emporté la conviction. Le précédent judiciaire apparaît alors sous un autre jour. D'une part, il permet d'expliquer une décision, de légitimer une solution d'espèce voire une règle jurisprudentielle. D'autre part, il donne corps au dialogue des juges judiciaires et administratifs. Celui-ci n'est alors plus un seul concept doctrinal. Il devient une réalité juridique. Comme l'explique Jérémy Bousquet, lorsque le juge administratif mobilise, dans son raisonnement, les précédents judiciaires, il suscite l'intérêt du juge judiciaire pour sa jurisprudence et espère en retour, influencer la jurisprudence judiciaire. On mesure alors l'intérêt qu'il pourrait y avoir à ce que la motivation du rapporteur public soit « officialisée » et donc médiatisée dans la décision juridictionnelle. Cela n'altérerait en rien son autonomie puisqu'il révèlerait ainsi le pouvoir discrétionnaire dont il dispose de suivre ou non un précédent judiciaire. Cela contribuerait à l'unité du droit dès lors que la Cour de cassation, dans le cadre des décisions rendues en motivation enrichie, cite d'ores et déjà des décisions du Conseil d'État.

Sommaire

Introduction

1. Comment la jurisprudence judiciaire peut-elle transmettre ses problèmes et, partant, de ses solutions à la jurisprudence administrative ?
Qu'a le Conseil d'État à retenir d'une jurisprudence – judiciaire – qui dispose d'un langage qui lui est propre, qui applique un droit qui s'oppose par son domaine, par sa technique, par son point de vue au droit public[1], qui répond à des questions souvent bien différentes de celles que lui amènent à traiter les affaires de l'administration ?

2. On concédera dans une première analyse que cette interrogation n'a rien de bien surprenant, car après tout, le juge judiciaire est à l'origine d'un droit jurisprudentiel plus ancien et très riche dont l'autorité doctrinale est d'un poids singulier. On avancera aussi que la maturité du droit privé s'oppose au développement récent et plus tardif du droit administratif, et que la formation intellectuelle des juristes, chargés initialement d'étudier les problèmes de droit public essentiellement, orientée vers le droit privé et le droit romain[2] ont sans aucun doute contribué à ce que le juge administratif ne puisse cesser de porter son regard vers les décisions des tribunaux judiciaires. Ces éléments historiques ont naturellement mené à ce qu'une bonne partie des problèmes qui se sont posés devant le juge administratif avaient probablement déjà reçu une réponse devant le juge judiciaire. Bref, si l'on trouve des traces d'analogies ou d'identités des solutions, nous dirions qu'elles sont imputables à un réflexe naturel de l'un, le Conseil d'État, de puiser dans le

---

[1] J. Rivero, « Droit public et droit privé : conquête, ou *statu quo* ? », *D.* 1947, chron. 18, p. 69.

[2] G. Jèze, « De l'utilité pratique des études théoriques de jurisprudence pour l'élaboration et le développement de la science du droit public. Rôle du théoricien dans l'examen des arrêts des tribunaux », *RDP* 1914, p. 319 : « La terminologie usitée a été empruntée tout entière au droit privé. Cela s'explique. Pendant très longtemps et jusqu'à ces dernières années, le Droit public a consisté en des adaptations de théories civilistes. [...] C'était naturel. Qu'on se rappelle qu'en France les problèmes de droit public ont, jusqu'à ces dernières années, été exclusivement faits par l'étude du droit privé romain et du droit civil ».

riche acquis de l'autre, le juge judiciaire, tout simplement parce qu'il ne s'est jamais trouvé devant une table rase[3] ; tout un appareil conceptuel avait été mis en place par les tribunaux judiciaires avant même que la jurisprudence administrative ne soit la jurisprudence administrative. Sur des points fondamentaux comme les notions de préjudice, de force obligatoire, de vices du consentement, de contrat, de lien de causalité, de responsabilité contractuelle, de causes exonératoires, le juge administratif avait été devancé[4].

3. Ainsi expliquera-t-on naïvement que s'est dessinée une influence – sinon une utilisation directe[5] – du droit privé sur le droit administratif ce qui revient pour une bonne part à une influence – utilisation – de la jurisprudence de la Cour de cassation sur le Conseil d'État.

Malgré tout et au-delà de cet aspect historique, du reste bien plus nuancé que ce que nos propos précédents peuvent laisser penser, il est tentant de rétorquer que le juge administratif n'est pas forcément tenu par une forme de contrainte objective née de la structure même de la mission de contrôle juridictionnel reçue par l'un et par l'autre qui, pour l'essentiel, se distingue. Même, très visiblement, l'état d'esprit qui a prévalu a plutôt été que le juge administratif se sentit investi d'une mission d'inventer – ou de réinventer – le droit administratif français ; il en est résulté ce qui

---

[3] V. A. Hauriou, « L'utilisation en droit administratif des règles et principe du droit privé », in *Recueil d'études sur les sources du droit en l'honneur de François Gény*, Sirey, 1935, t. 3, p. 92 pour qui « *le droit administratif ne s'est élaboré que tardivement, dans un milieu juridique imprégné de tendances et de traditions civilistes, grâce à l'action d'administrateurs, de juge, de membres du Parlement ou d'auteurs qui avaient été eux-mêmes formés à l'école du droit civil et du droit romain* »

[4] Selon B. Plessix, concernant le droit de la responsabilité administrative, le droit civil « a été un réservoir de solutions pratiques prêtes à porter pour le juge administratif », *Droit administratif général*, LexisNexis, 2022, 4e éd. n° 532. V. Également R. Latournerie, « Essai sur les méthodes juridictionnelles du Conseil d'État », *Livre jubilaire pour le 150e anniversaire du Conseil d'État*, 1949, Sirey, 1952, p. 177.

[5] J.-B. Auby, « Le mouvement de banalisation du droit des personnes publiques et ses limites », in *Études offertes à Jean-Marie Auby*, Dalloz, 1992, p. 5. – J.-M. Burguburu, « Droit public et droit privé au début du XXIe siècle : de la séparation à l'interpénétration, in *L'État, le Droit, le Politique. Mélanges en l'honneur de Jean-Claude Colliard*, Dalloz, 2014 p. 9.

pourrait être nommé, de manière volontairement excessive, une présomption d'illégitimité de la jurisprudence judiciaire. C'est du moins ce que l'on aurait pu percevoir dans l'arrêt *Blanco*[6] à propos du droit de la responsabilité dès lors qu'il y est énoncé « que la responsabilité qui peut incomber à l'État [...] ne peut être régie par les principes qui sont établis dans le Code civil » et, en toute logique, par la jurisprudence qui les interprète et les applique.

4. Il reste que s'offre au juge administratif, en pleine conscience, le choix d'accepter ou de refuser tel ou tel acquis de la jurisprudence judiciaire. L'office du juge administratif ne le conduit pas nécessairement à récuser la jurisprudence judiciaire. Il comporte cependant une analyse tendant à déterminer ce qui, dans cette jurisprudence, peut être regardé comme opportun parce qu'aucune nécessité propre au droit administratif n'est jugée s'opposer à son application et qu'elle est aussi satisfaisante qu'on peut le souhaiter[7]. Surtout, le droit administratif n'a pu se développer que dans le cadre restreint d'un ordre juridique unitaire[8] impliquant que le raisonnement juridique et le contrôle juridictionnel, au-delà des clivages droit public / droit privé, reposent sur les mêmes bases et les mêmes fondements.
Cependant, cette comparaison ne s'est jamais départie du carcan dans lequel le Tribunal des conflits a enfermé le juge administratif depuis maintenant plus de 150 ans : on croit pouvoir dire que ce dernier part de cette présomption inscrite dans l'arrêt *Blanco* que le droit administratif ne saurait être composé de règles empruntées aux lois et Code de droit privé et donc, que leur réception tout en étant possible, ne peut l'être qu'à titre d'exception. La dualité des ordres juridictionnels a ainsi agi

---

6 Pour un récent et substantiel ouvrage à son propos F. Blanco, S. Gilbert, A. Jacquemet-Gauché (dir.), *Autour de l'arrêt Blanco*, Dalloz, coll. « Thèmes et commentaires », 2023, 450 p. – Pour une lecture critique de cette décision V. G. Bigot, *Ce droit qu'on dit administratif... Études d'histoire du droit public*, La Mémoire du Droit, 2e éd., 2020 ; « Les mythes fondateurs du droit administratif », *RFDA* 2000, p. 527.

7 J. Waline, *Recherches sur l'application du droit privé par le juge administratif*, Thèse dactyl., Paris, 1962.

8 P. Delvolvé, « Les nouvelles dispositions du Code civil et le droit administratif », *RFDA* 2016, p. 613.

comme une « force centrifuge »[9], éloignant l'un de l'autre les droits privé et public. Sans doute provient-elle du rôle qu'a joué et continue de jouer la jurisprudence dans l'élaboration du droit administratif[10], là où le droit privé est « soumis à des textes et à une longue tradition dont il ne peut se dégager que lentement »[11], ce à quoi la Cour de cassation, il est vrai, est tout de même parvenue. Reste que la présentation traditionnelle de cette décision depuis plus d'un siècle, qui la situe à l'origine de l'autonomie du droit administratif, est largement dénoncée depuis[12], à tel point que l'on parle à présent plus volontiers d'autonomie relative[13]. Il est d'ailleurs à présent plutôt courant de reconnaitre ici et là les multiples influences à l'œuvre[14], à tel point d'ailleurs que la Cour de cassation n'hésite plus à citer dans ses décisions les précédents du Conseil d'État. On peut y voir l'aboutissement d'un long processus qui doit beaucoup à certains

---

[9] N. Albert-Moretti, F. Leduc, O. Sabard, « Introduction », in *Droit privé et public de la responsabilité extracontractuelle. Étude comparée*, LexisNexis, coll. « Perspective(s) », 2017, p. 1.

[10] M. Deguergue, *Jurisprudence et doctrine dans l'élaboration du droit de la responsabilité administrative*, LGDJ, coll. « BDP », 1994.

[11] À propos de la responsabilité civile A. Amiaud, préf. G. Cornu, *Étude comparée de la responsabilité délictuelle en droit privé et en droit public*, 1951, rééd. La Mémoire du droit, 2010.

[12] Not. Ch. Eisenmann, « L'autonomie du droit administratif : un dogme faux », in *Perspectivas del derecho publico en la segunda mitad del siglo XX. Homenaje a Enriqué Sayagues-Laso*, Madrid, 1969, t. IV, p. 417.

[13] V. not. B. Plessix, *Droit administratif général*, LexisNexis, 2022, n° 531. – Ch. Guettier, *Resp. civ. et assur.* juin 2001, n° spécial, p. 30. – M. Deguergue, « L'exorbitance du droit de la responsabilité administrative », in *L'exorbitance du droit administratif en question*, F. Melleray (dir.), LGDJ 2004, p. 201.

[14] V. G. Jèze, « De l'application des règles de droit privé aux manifestations unilatérales ou contractuelles de volonté du droit public », *RDP* 1923, p. 5. – B. Plessix, *L'utilisation du droit civil dans l'élaboration du droit administratif*, Ed. Panthéon-Assas, 2003. – Ch. Connan, *La réception du droit privé par le droit administratif français*, Thèse dactyl., Poitiers, 2000. – J. Martin, *Les sources de droit privé du droit des contrats administratifs,* Thèse dactyl. Paris 2, 2008. – J. Antipass, « L'utilisation du droit administratif en droit civil », *RFDA* 2014, p. 795. – J. Martin (dir.) *L'influence de la réforme du droit des obligations sur le droit des contrats administratifs*, LexisNexis, coll. « Perspectie(s) », 2019. – B. Seiller, « Les grands conflits entre le Conseil d'Etat et la Cour de cassation, aspects contemporains », in colloque de l'AFDA, *Le juge judiciaire*, Dalloz, coll.« Thèmes et commentaires », 2019.

auteurs – au premier rang desquels les professeurs Cornu[15], Chapus[16] et Eisenmann[17] qui ont joué un rôle considérable. Ils ont réussi à amorcer[18] l'entreprise de confrontation des droits ; ils ont surtout démontré que les ressemblances, inévitables, ne sont pas à craindre, ni pour l'un, ni pour l'autre[19].

5. À cet égard, une donnée est indéniable, le droit administratif n'a évolué qu'en croisant le regard du droit privé : « les ressemblances fortuites, les convergences voulues, les influences réciproques à l'œuvre ou encore les phénomènes d'emprunts »[20] le démontrent et ne contredisent en rien son autonomie[21]. C'est d'ailleurs tout l'intérêt du droit comparé interne que de les mettre en lumière[22] et de démontrer que les deux droits peuvent en toute légitimité se servir de source substantielle d'inspiration[23]. Citons seulement le professeur Plessix soulignant que l'utilisation du droit civil dans le droit

---

[15] *Op. cit.*

[16] *Responsabilité publique et responsabilité privée. Les influences réciproques des jurisprudences administrative et judiciaire*, LGDJ, coll. « BDP », 1957, rééd. La Mémoire du droit, 2010.

[17] « Sur le degré d'originalité du régime de la responsabilité extracontractuelle des personnes [Collectivités] publiques », *JCP G.* 1949, I, 742 et 751.

[18] Même s'il faut bien noter certains travaux précurseurs : G. Jèze, « De l'application des règles du droit privé aux manifestations unilatérales ou contractuelles de volonté du droit public », *RDP* 1923, p. 5. – A. Hauriou, « L'utilisation en droit administratif des règles et principes du droit privé », in *Receuil d'études sur les sources du droit en l'honneur de François Gény*, Sirey, 1935, t. 3, p. 92.

[19] B. Plessix, *Droit administratif général*, *op. cit.*, n°s 531 et 532.

[20] *Idem*

[21] B. Plessix, *L'utilisation du droit civil dans l'élaboration du droit administratif*, *op. cit.*

[22] V. not. N. Albert-Moretti, F. Leduc, O. Sabard (dir.), *Droit privé et public de la responsabilité extracontractuelle. Étude comparée*, LexisNexis, coll. « Perspective(s) », 2017. En matière contractuelle voir par exemple Ch.-E. Bucher, *L'inexécution du contrat de droit privé et du contrat administratif. Étude de droit comparé interne*, Dalloz, coll. « Nouvelle Bibliothèque de Thèses », 2011, 504 p.

[23] V. not. P. Legendre, *Histoire de l'Administration de 1750 à nos jours*, PUF, coll. « Thémis », 1968, p. 475 et s.. – Y. Gaudemet, *Les méthodes du juge administratif*, LGDJ, coll. « BDP », 1972, rééd. LGDJ, coll. « Anthologie du droit »2014, 321 p. – T. Fortsakis, *Conceptualisme et empirisme en droit administratif français*, LGDJ, coll. « Bibliothèque de droit public », 1987.

administratif pouvait être un « instrument de progrès au service de la technique juridique du droit administratif » et l'« expression d'un parti pris idéologique en droit administratif »[24]. Le droit privé a donc servi de source d'inspiration au droit administratif[25], la littérature est abondante en la matière ; on ne saurait toutefois trop le dire.

6. Malgré tout, à la faveur du développement récent de travaux doctrinaux français portant sur les « procédés concrets d'argumentation au soutien d'une interprétation du droit »[26], il se peut que les administrativistes puissent encore tirer quelques enseignements de l'étude de la jurisprudence judiciaire. Il s'agit alors d'aborder la question vertigineuse du raisonnement du juge administratif à travers l'usage qu'il fait du précédent judiciaire[27] d'analyser et d'évaluer le précédent judiciaire comme argument se déployant dans le discours du juge administratif. Quelle peut-être la place et l'influence de la jurisprudence judiciaire dans la prise de décision du juge administratif ? Quand, comment et pourquoi le juge administratif s'informe-t-il et informe-t-il sur les solutions retenues par le juge judiciaire ? Comment manie-t-il la jurisprudence judiciaire dans l'argumentation ?
Ce sont ces questions que nous souhaiterions aborder dans la présente étude.

---

[24] B. Plessix, *L'utilisation du droit civil dans l'élaboration du droit administratif, op. cit.*

[25] V. J.-D. Combrexelle, concl. sur CE, 28 juin 1996, *Krief*; *JCP G.* 1996, II, 22 704. V. Également A. Bernard, « Aperçu de l'œuvre juridictionnelle des commissaires du Gouvernement durant la seconde moitié du XIXe siècle » in *Livre jubilaire pour le 150e anniversaire du Conseil d'État*, 1949, Sirey, 1952, p. 299 : « Dans une affaire Vignet du 13 mars 1885 (S., 1886.3. 58), le commissaire du Gouvernement Le Vavasseur déduit de la jurisprudence de la Cour de cassation le principe qu'en présence d'une loi accordant une liberté, l'autorité administrative ne peut plus subordonner à une autorisation préalable l'exercice de l'activité en question, et il déclare en conclusion qu'il "est désirable que la jurisprudence du Conseil d'État soit en concordance avec celle de la Cour de cassation" ».

[26] P. Deumier, « Présentation », in *Le raisonnement juridique. Recherches sur les travaux préparatoires des arrêts*, P. Deumier (dir.), Dalloz, coll. « Méthodes du droit », 2013, p. 1.

[27] Le raisonnement juridique est donc analysé sous un angle en particulier ce qui a pour conséquence de rendre son étude beaucoup moins vertigineuse.

L'objet de l'étude : le précédent judiciaire dans l'argumentation

7. Si l'on s'accorde pour dire que la jurisprudence judiciaire ne saurait constituer une source officielle du droit administratif contrairement, sans doute, aux décisions internes à la juridiction administrative[28], son usage récurrent, tout autant par la doctrine universitaire publiciste que par la doctrine organique, a tout d'intriguant. Partons du constat selon lequel le juge administratif ne se sent jamais lié par une solution antérieurement dégagée par le juge judiciaire et qu'il ne se trouve aucunement sous l'obligation de se référer à ce précédent. Cela étant dit, rien ne s'oppose bien entendu à ce que le juge se réfère à une solution antérieure du juge judiciaire dès lors qu'un rapport de similarité a été identifié entre un précédent judiciaire et la situation en l'espèce[29]. S'y référer donne alors davantage de poids à une solution qu'il estime adéquate ce qui revient à poser la question de savoir si le précédent judiciaire privé dispose au moins d'une autorité persuasive[30].

On pourrait alors en venir à traiter de la question du statut de la jurisprudence judiciaire dans la jurisprudence administrative. La

---

[28] P. Morvan, « En droit la jurisprudence est une source du droit », *RRJ*, 2001, p. 77. – V. sur la question P. Orianne, « Nature et rôle de la jurisprudence dans le système juridique », *Cahiers de méthodologie juridique*, 1993, p. 1295. – B. François, « Du juridictionnel au juridique », *Droit et politique*, PUF, 1993, p. 213 qui montre qu'il y a eu un accord entre les juges et la doctrine pour faire de la jurisprudence une source du droit.

Parmi une littérature abondante concernant le droit administratif, notons notamment quelques références confirmant que la jurisprudence constitue l'une de ses sources sans toutefois en constituer l'unique source F. Llorens, « Le droit des contrats administratifs est-il un droit essentiellement jurisprudentiel ? », in *Mélanges offerts à Max Cluseau*, Presses IEP Toulouse, 1985, p. 377. – F. Melleray, « Le droit administratif doit-il revenir jurisprudentiel ? Remarques sur le déclin paradoxal de son caractère jurisprudentiel », *AJDA* 2005, p. 637. – P. Gonod, O. Jouanjan, « À propos des sources du droit administratif. Brèves notations sur de récentes remarques », *AJDA* 2005, p. 992.

[29] Sur le critère de similarité de la situation V. A. Palanco, *Le précédent dans la jurisprudence de la Cour européenne des droits de l'Homme*, Bruylant, coll. « Droit de la Convention européenne des droits de l'Homme », 2019, n° 7.

[30] Sur la distinction V. P. Deumier, « Jurisprudence », *Rep. Dr. Civ.*, 2017, n° 90.

recherche s'avérerait à l'évidence vaine[31] dans la mesure où le Conseil d'État affirme sans ambages la pleine autonomie du droit administratif et que la jurisprudence administrative n'est officiellement pas normative à en croire certains de ses membres[32]. On peut ainsi lire sous la plume de Conseillers d'État qu'elle ne constitue pas une source officielle du droit[33], « le juge [étant] censé, sur chaque affaire, réinventer le droit, sans être lié par les solutions données par ailleurs ou en d'autres temps à d'autres affaires »[34]. En d'autres termes, « elle n'a pas sa place dans le système officiel des sources »[35] en raison, sans doute, de l'article 5 du Code civil qui lie, au moins moralement, le juge administratif[36]. Si l'on peut fortement douter de ce qui vient d'être dit et reconnaitre un pouvoir créateur du juge

[31] G. Leroy, *La pratique du précédent en droit français. Étude à partir des avis de l'avocat général à la Cour de cassation et des conclusions du rapporteur public au Conseil d'État*, LGDJ, coll. « Bibliothèque de droit privé », 2023, n° 2 qui parle d'un débat « stérile » citant Ph. Malaurie, « La jurisprudence parmi les sources du droit », Defrénois, n° 6, p. 476 : « La jurisprudence est une source du droit, tout en ne l'étant pas, bien qu'elle le soit ».

[32] J.-M. Sauvé, « Comprendre et réguler le droit globalisé ou comment dompter la Chimère ? », 20 mai 2015, *site interne du Conseil d'État*.

[33] G. Braibant, « Le rôle du Conseil d'État dans l'élaboration du droit », in *Mélanges en l'honneur de R. Chapus*, Montchrestien, 1992, p. 92.

[34] D. Chabanol, « La prévention des divergences au sein de la juridiction administrative », in *Les divergences de jurisprudence*, 2003, Publications de l'Université de Saint Étienne, p. 179 préférant parler de « discipline contentieuse ».

[35] R. Chapus, *Droit administratif général*, Domat 1988, t.1, 4é éd., p. 60.

[36] J. Rivero, *Droit administratif,* Précis Dalloz, 1987, 12e éd., p. 87. – Y. Gaudemet, « La prohibition des arrêts de règlement s'adresse-t-elle au juge administratif ? Les leçons de l'histoire », *RDP* 2010, p. 1617.

administratif[37] au moins « officieux, informel »[38] et une portée normative de sa jurisprudence[39], il est bien entendu évident que le juge administratif français ne saurait conférer une valeur normative à une règle jurisprudentielle issue d'une juridiction qui ne lui est pas rattachée.

En effet, bien que le Conseil d'État paraisse plus à l'aise avec l'idée de reconnaitre à sa jurisprudence une fonction normative que la Cour de cassation[40] et que la motivation de ses arrêts tende

---

[37] Pour une synthèse V. J. Hardy, « Le statut doctrinal de la jurisprudence en droit administratif français », *RDP* 1990, p. 453. J. Rivero qualifie la jurisprudence quant à lui de « véritable source du droit du point de vue matériel », *op. cit.,* p. 89. Pour d'autres auteurs assumant pleinement le rôle créateur de la jurisprudence V. M. Waline, « Le pouvoir normatif de la jurisprudence », in *Mélanges G. Scelle*, 1950, p. 613. – D. Labetoulle, « Le juge administratif et la jurisprudence », *Gaz. Pal.* 11 déc. 1999, p. 59. – L.-X. Simonel, « Le juge et son précédent », *Gaz. Pal.* 11 déc. 1999, p. 2. ; P. Deumier, « Appliquer la jurisprudence, respecter le contradictoire », *RTD Civ.* 2013, p. 561 à propos de l'arrêt CE, 19 avr. 2013, *CCI d'Angoulême*, n° 340093 : Rec. p 105 ; *AJDA* 2013, p. 823 ; *Ibid.* p. 1276, chron. X. Domino et A. Bretonneau ; *Procédures*, 2013, comm. 204, S. Deygas ; *JCP Adm.* 2013, act. 393, obs. L. Erstein ; *Dr. Adm.* 2013, comm. 56, F. Brenet. L'auteur parle d'une « approche assez décomplexée de l'autorité obligatoire de ses précédents ». – M. Chateau-Grine, *La motivation des décisions du juge administratif*, Thèse dactyl. Nantes, 2018. *Adde* A. Lally, « Le pouvoir normatif du Conseil d'État sous l'éclairage de Marcel Waline », *RFDA* 2014, p. 161 qui en conclusion de son étude énonce que « le résultat en est la possibilité d'affirmer, de façon moins mesurée que ne le fait notre auteur, que le juge, en particulier, le juge suprême qu'est le Conseil d'État, dispose d'un pouvoir normatif sans la reconnaissance duquel il serait extrêmement difficile de comprendre comment a pu s'opérer et s'opère encore la formation du droit administratif ».

Pour la Cour de cassation V. P. Deumier, « Création du droit et rédaction des arrêts par la Cour de cassation », *Arch. Phl. Droit*, 2006, p. 49. V. aussi d'un point de vue de la philosophie du droit S. Belaïd, *Essai sur le pouvoir créateur et normatif du juge*, LGDJ, coll. « Bibliothèque de philosophie du droit », 1974.

[38] S. Rials, *Le juge administratif et la technique du standard*, LGDJ, 1980, p. 216.

[39] V. not. Ch. Pros-Phalippon, *Le juge administratif et les revirements de jurisprudence*, LGDJ, coll. « BDP » 2018, pp. 267 et s.

[40] P. Deumier, « Et pour quelques signes de plus : mentionner les précédents », *RTD Civ.* 2016, p. 65 ; D. Chabanol, « La prévention des divergences de jurisprudence au sein de la juridiction administrative », préc.

à s'approfondir[41], « il est douteux qu'il se réfère formellement, avant, longtemps, aux arrêts d'autres cours, comme d'ailleurs à sa propre jurisprudence, à laquelle il n'entend pas paraitre reconnaitre une fonction normative, dans le sillage de l'article 5 du Code civil : tribut qu'il continue d'acquitter consciencieusement à l'héritage de la Révolution française »[42]. Mais il est tout aussi évident qu'il peut parfaitement se renseigner sur les pratiques de cette dernière et, au besoin, librement s'en inspirer. Les données juridiques de l'ordre juridictionnel judiciaire peuvent avoir une incidence significative sur la pensée du juge administratif et ainsi disposer d'une autorité persuasive ou du moins d'une valeur d'exemple. Il ne s'agira donc pas de s'intéresser aux précédents judiciaires sur le terrain des sources du droit où le débat apparait sans issue voire dépassé, mais plutôt sur celui des « sources du jugement »[43] sans doute aujourd'hui plus actuel. Plus actuel disons-nous, car cette question-là est devenue d'une importance cruciale face à la montée en puissance des soucis légitimes de transparence et de compréhension du

---

[41] V. sur l'aspect pédagogique des décisions du juge administratif : D. Botteghi, « L'ambition pédagogique du juge administratif », in *La pédagogie au service du droit*, Ph. Raimbault, M. Hecquard-Théron (dir.), Presses universitaires de Toulouse, 2011, p. 155. – B. Ducamin, « Les styles des décisions du Conseil d'État : Les réactions d'un public cultivé », *Études et documents du Conseil d'État*, 1985, p. 129. Plus généralement sur l'évolution de la rédaction des décisions de la juridiction administrative F. Melleray, « Le *vade-mecum* sur la rédaction des décisions de la juridiction administrative », *JCP G.* 2019, p. 75. Sur les conséquences des récentes réformes de la rédaction et de la motivation des décisions de justice V. F. Tap, *Recherche sur le précédent juridictionnel en France*, Mare et Martin, Bibliothèque des thèses, pp. 190 et s.

[42] J.-M. Sauvé, « Comprendre et réguler le droit globalisé ou comment dompter la Chimère ? », 20 mai 2015, *site du Conseil d'État*.

[43] L. Navel, « Du refus du Conseil d'État de mentionner ses propres précédents », in *La stabilité du droit administratif*, J. Bousquet (dir.), Ed. du CREAM, 2018, p. 39, spéc. p. 49 : « L'argument tiré de "la tradition juridique française" est en tout premier lieu sous-tendu par l'"horrible question" de la jurisprudence source du droit, sur laquelle il n'est pourtant plus nécessaire de s'attarder. Les débats qui ont pu opposer les partisans de l'approche classique aux partisans de l'approche réaliste sont désormais démodés. La plupart des auteurs s'accordent en effet pour considérer que, dans notre ordre juridique, la jurisprudence revêt de fait le caractère de source du droit, sans qu'il s'agisse nécessairement d'une source de même rang que la loi ou le règlement ».

droit que les juridictions, quelles qu'elles soient, s'efforcent actuellement de prendre en compte.

8. C'est ce qui explique le choix de privilégier dans cette étude l'emploi du terme précédent dont il est nécessaire, au préalable, de donner quelques indications sur la définition que l'on se propose de retenir. Si le terme de précédent[44] est plus usité et sans doute bien moins sulfureux dans les systèmes de *Common Law*[45] que dans les pays de tradition romano-germanique, le droit français ne l'a jamais rejeté ; le terme est bien loin d'être méconnu[46] même si on lui préfère plus volontiers celui de

---

[44] Selon le *Vocabulaire juridique* Cornu, il s'agit d'un « antécédent ; [une] décision antérieure prise comme référence ; relativement à une décision à prendre, solution déjà adoptée par le passé dans une affaire ou des circonstances semblables ; désigne soit une décision administrative, soit une décision juridictionnelle (précédent jurisprudentiel) qui peut avoir, selon les systèmes juridiques, valeurs d'exemples, autorité de fait ou caractère obligatoire ». Association Henri Capitant, « Précédent », sens n° 1, PUF, 9e éd. 2011, p. 779. Sur la notion et parmi une littérature foisonnante V. not. À. L. Goodhart, « Le précédent en droit anglais et continental », *Annuaire de l'institut international de philosophie du droit et sociologie juridique*, Gallica, 1934, p. 37. – T. Sauvel, « Essai sur la notion de précédent », *Recueil Dalloz et Sirey*, 1955, chron. XVIII, p. 93. – Ch.-N. Fragitas, « Les précédents judiciaires en Europe continentale », in *Mélanges offerts à J. Maury*, t. 2, Dalloz et Sirey, 1960, p. 139. – J.-A. Jolovicz, « La jurisprudence en droit anglais, aperçu de la règle du précédent », *Arch. Phil. Du droit*, 1985, t. 30, p. 105. – F. Schauer, « Precedent », *Standford Law Review*, 1987, p. 571. – G. Guillaume, « Le précédent dans la justice et l'arbitrage international », *JDI* 2010, n° 3, p. 685. – Ph. Malaurie, « Les précédents et le droit », *RIDC*, 2006, p. 319. – C. Richaud, *Le précédent dans la jurisprudence du Conseil constitutionnel*, Institut Universitaire Varennes, 2016. – Ch. Pros-Phalippon, *Le juge administratif et les revirements de jurisprudence*, LGDJ, 2018, 557 p. – A. Palanco, *Le précédent dans la jurisprudence de la Cour européenne des droits de l'homme*, Bruylant, 2019, 685 p. – F. Tap, *Recherche sur le précédent juridictionnel en France*, Thèse dactyl., Toulouse 1 Capitole, 2019, 488 p. – L. Navel, *L'argument de continuité jurisprudentielle dans la jurisprudence de la Cour de justice de l'Union européenne*, Bruylant, 2021, 702 p.

[45] Où il s'arrime aux décisions des juridictions suprêmes qui bénéficient d'une autorité de droit et s'imposent ainsi de façon obligatoire aux juridictions contrôlées.

[46] Une partie de la doctrine nuance d'ailleurs largement, à propos de la notion de précédent, la distinction entre systèmes de *Common Law* et systèmes Romano- Germaniques. V. par ex. A. Tunc, S. Tunc, *Le droit des États-Unis d'Amérique : sources et techniques*, Dalloz, 1955, 527 p. – D. N. MacCormick, R. S. Summers (dir.), *Interpreting précédents : a compartive study*, Ashgate,

« jurisprudence »[47], terme, il faut bien le reconnaitre, peut-être encore plus opaque et polysémique[48]. Le système français connait ainsi les « précédents d'interprétation » – une règle abstraite résultant d'une interprétation – qui s'opposent aux « précédents de cas » – une règle contextualisée émergeant des situations de fait et des caractéristiques des faits – des pays de *Common law*[49]. Quoi qu'il en soit, et sans entrer dans le débat – inépuisable – sur l'autonomie des notions de précédent et de jurisprudence[50], le terme de précédent est ici privilégié. Il ne doit

---

Dartmout, coll. « Applied Legal Philosophy », 1997, 585 p. – F. Gaziers, « Le rôle de la jurisprudence dans le développement du droit administratif français », *RIDC*, 1986, vol. 8, p. 164. – L.-X. Simonel, « Le juge et son précédent », *Gaz. Pal.* 1999, p. 1990. – D. Tallon, « Précédent », in *Dictionnaire de la culture juridique*, D. Alland, S. Rials (dir.), PUF, 2003, p. 1185. – M. Amilhat, « L'existence méconnue d'une règle du précédent en droit administratif français. Réflexions sur les mécanismes de création du droit par le juge », *LPA* 2014, p. 4.

Contra M. Adams., « The Rhetoric of Precedent and Comparative Legal Research », The Modern Law Review, 1999, vol. 62, p. 464. - Ph. Malaurie, « Les précédents et le droit », *RID comp.* 2006, p. 319 pour qui « quels que soient les rapprochements entre les deux systèmes, ils demeurent superficiels, pour des raisons structurelles : 1°) le pouvoir des juridictions supérieures ; 2°) le rôle du précédent comme source du droit ; 3°) l'autorité des juridictions supérieures dans chaque cas d'espèce ; 4°) la motivation ; 5°) les habitudes mentales des juristes. »

47 F. Zenati, *La jurisprudence*, Dalloz, 1991, p. 102. – Ph. Malaurie, « Les précédents et le droit », préc.

48 Ch. Beauthier, « Jurisprudence et histoire du droit. Considérations limitées et quelque peu impressionnistes en histoire du droit belge et français », *Cahiers de méthodologie juridique*, 1993, p. 1279. – P. Orianne, « Nature et rôle de la jurisprudence dans le système juridique », *Cahiers de méthodologie juridique*, 1993, p. 1295.

49 D. N. MacCormick, R. S. Summers (dir.), *Interpreting precedents: a compartive study*, *op. cit.*

50 Pour des auteurs les distinguant V. par exemple G. Vedel, « Le précédent judiciaire en droit public français », *RIDC*, Journées de la Société de législation comparée, 1984, p. 266, spéc. p. 276 qui voit dans le précédent une promesse de jurisprudence, ce dernier terme étant compris comme « un ensemble de solutions normatives suffisamment nombreuses et s'inscrivant dans une vision globale, consciente et pluraliste ». – F. Tap, *Recherche sur le précédent juridictionnel en France*, Mare & Martin, coll. Bibliothèque des thèses. Droit public, 2021, p. 43, n° 2 qui voit dans la notion de jurisprudence un terme « d'essence foncièrement philosophique » et dans celle de précédent

toutefois pas être compris comme caractérisant une décision bénéficiant d'une autorité de droit, une décision faisant jurisprudence. Il doit plutôt être compris comme un élément préexistant mobilisé à l'issue d'une analyse comparative et analogique par le juge entre la décision antérieure et le cas actuel, et ce, afin de nourrir sa réflexion quant à la solution à retenir dans un litige dans une perspective persuasive : « le précédent rétrospectif est un précédent ancré dans le passé, qui rappelle comme un fait ce qui a déjà été décidé. Ce dernier précédent tisse un lien entre une décision et son passé : il ne dit pas ce qui doit être, il tient compte de ce qui a été ; le juge ne se soumet pas à ses précédents, il les réitère »[51]. Autrement dit, la notion de précédent constitue, pour notre étude, la fonction de la jurisprudence utilisée à des fins d'argumentation dans le but de justifier, légitimer et renforcer l'acceptabilité d'une proposition de décision juridictionnelle ou d'une décision juridictionnelle elle-même ; un élément justificatif et motivationnel d'une décision juridictionnelle ; « un argument qui peut le cas échéant justifier la solution à venir, constitutive de la jurisprudence »[52]. Ce terme permet de dévoiler l'utilité des décisions antérieures dans le processus de formation du droit et de mettre en évidence l'orientation de l'étude. On se propose en effet de s'extraire de la question lancinante et surexploitée de savoir si la jurisprudence constitue une source du droit[53] pour y substituer une analyse et une évaluation d'un argument, les décisions judiciaires, présent dans le discours juridique. Il permet aussi de ne pas limiter l'étude aux seules décisions présentant un intérêt jurisprudentiel qu'il nous serait du reste bien difficile à déterminer à la lecture

---

« d'essence foncièrement juridique » et qui constitue une « norme générale extraite d'une décision de justice particulière ».
Pour des auteurs les assimilant V. Ph. Malaurie, « Les précédents et le droit », *RIDC* 2006, vol. 58, p. 319, spéc. p. 319 : « Les précédents sont les décisions judiciaires rendues dans des cas semblables ; ils constituent la jurisprudence ». – T. Sauvel, « Essai sur la notion de précédent », D. 1955, p. 93, spéc. p. 94.

[51] P. Deumier, « Et pour quelques signes de plus », *RTD Civ.* 2016, p. 65.

[52] G. Leroy, *op. cit.*, n° 8.

[53] Que l'on peut résumer par la formule du Professeur Malaurie selon laquelle « la jurisprudence est une source du droit, tout en ne l'étant pas, bien qu'elle le soit » (« La jurisprudence parmi les sources du droit », *Defrénois*, 2006, p. 476).

des conclusions, les auteurs n'opérant jamais une telle distinction[54].

9. Il ne s'agit cependant pas de s'intéresser aux précédents issus de la juridiction administrative – les précédents internes – mais à un type de précédent externe en particulier, celui du juge judiciaire[55]. Si nous y reviendrons plus largement par la suite, il faut dès l'abord faire remarquer que la référence aux précédents judiciaires par les commissaires du gouvernement et les rapporteurs publics est fréquente et importante ce qui justifie, de ce seul fait, de s'y intéresser. Une première approche quantitative rapide et sommaire démontre en effet largement que le précédent judiciaire est un argument qui est loin d'être mobilisé de manière anecdotique. Sa présence récurrente au sein des conclusions nous conduit plutôt à considérer *a priori* l'hypothèse de son importance dans le raisonnement tenu par les auteurs des conclusions. Précisons d'ailleurs que, lorsqu'ils ont recours au droit privé, les auteurs des conclusions se focalisent en réalité de manière quasiment exclusive sur la jurisprudence plus que sur le texte interprété[56]. Les autres sources du droit textuelles ou même doctrinales sont au contraire assez largement absentes, même si elles ne le sont pas complètement. Si les textes sont cités, l'interprétation qu'en donne le juge judiciaire est quasi-systématiquement mobilisée[57].

10. La présente étude se propose donc de prendre pour champ le précédent judiciaire sous un angle méthodologique et

---

[54] On concédera toutefois que pour des raisons purement stylistiques, mais aussi parce que les auteurs des conclusions font largement référence à la notion de jurisprudence plutôt qu'à celle de précédent, le premier terme pourra être employé en substitution du second.

[55] Nous n'employons ainsi pas le terme judiciaire comme dénominateur commun aux deux ordres juridictionnels, c'est-à-dire au sens de ce qui est relatif à l'administration de la justice.

[56] *Contra* Concl. Romieu sur CE, 31 mai 1907, *Deplanque c/ Ville de Nouzon* : Rec. p. 513. L'auteur se réfère en effet au droit commun des contrats à partir de l'article 1142 du Code civil pour proposer que l'Administration puisse obtenir du juge du contrat la sanction de la résiliation du contrat ou des dommages et intérêts pour les préjudices subis e, raison de l'inexécution ou la mauvaise exécution du contrat administratif et cela, à défaut de sanction contractuellement prévue. Aucun précédent judiciaire n'est mobilisé.

[57] Sauf rares exceptions.

argumentatif[58], de le saisir pour comprendre la façon dont il joue dans le raisonnement juridique, ce qui n'a, force est de le constater, jamais été privilégié[59].

Dans ce contexte, l'accent est mis sur le fait que la motivation n'est pas simplement dictée par des règles juridiques ou des facteurs externes logiquement imbriqués, mais qu'elle résulte d'un processus plus complexe impliquant une argumentation réfléchie, des stratégies d'argumentation, de persuasion[60] et la prise en compte de diverses contraintes. Cela suggère que la justification d'une décision ou d'une action soit le produit d'un raisonnement plus nuancé et d'une délibération, plutôt que d'une simple obéissance à des règles préétablies. Cette approche met en lumière l'importance de la pensée critique, de la délibération et de la persuasion dans le processus décisionnel ; elle souligne que la motivation doit être examinée à travers le prisme d'un jeu complexe d'arguments et de contraintes. On comprend alors la motivation comme la justification d'une solution choisie dans un jeu d'argumentation[61], de stratégies argumentatives et de contraintes argumentatives.

Nous retiendrons en effet que le raisonnement que tiennent les juges est avant tout un acte de persuasion[62], un acte rhétorique[63]

---

[58] Le droit peut d'ailleurs être envisagé comme une discipline argumentative N. Maccormick, *Rhetoric and The Rule of Law : A Theory of Legal Reasoning*, Oxford Universitu Press 2009. – R. Dworkin, *L'empire du droit*, PUF, coll. « Recherches politiques », 1994, trad. E. Soubrenie.

[59] V. néanmoins. C. Bouix, « La référence aux précédents externes à l'ordre de juridictions », in *Le raisonnement juridique*, P. Deumier (dir.), Dalloz, coll. « Méthodes du droit », p. 59.

[60] B. Genevois, « Le commissaire du gouvernement devant le Conseil d'État statuant au contentieux ou la stratégie de la persuasion », *RFDA* 2000, p. 1207.

[61] V. sur les possibilités méthodologiques, leurs intérêts et les limites de mener une étude sur le raisonnement des juges E. Jouannet, « La motivation ou le mystère de la boîte noire », in *La motivation des décisions des juridictions internationales*, H. Ruiz Fabri, J.-M. Sorel (dir.), Ed. Pedone, 2008, p. 251.

[62] Ch. Perelman, L. Olbrechts-Tyteca, *Traité de l'argumentation*, 6e éd., Bruxelles, Ed. de l'Université de Bruxelles, 2008, spéc. p. 58. – L. Navel, *L'argument de continuité jurisprudentielle dans la jurisprudence de la Cour de justice de l'Union européenne*, Bruylant, 2021, pp. 30 et s.

[63] F. Zenati-Castaing, « La signification, en droit, de la motivation », *D.* 2007, p. 1553. – W. Mastor, *L'art de la motivation. Substance du droit*, Paris, Dalloz, 2020, pp. 20 et 96.

par lequel ils argumentent pour tenter d'obtenir ce que Perelman nomme l'adhésion raisonnée[64] de ceux vers qui leur discours est orienté. Pour cette raison, les conclusions des rapporteurs publics sont un lieu d'argumentation dont le caractère largement instrumental et stratégique[65] dans un but de légitimation de la thèse soutenue[66] ne doit pas être nié. Si les conclusions ne sont pas forcément postérieures à la décision juridictionnelle *stricto sensu*, les arguments et les motifs avancés par les rapporteurs publics peuvent être développés après que le sens de la solution a été adopté[67] et le projet de décision rédigé.

Autrement dit, dans bien des cas, et sans toutefois que l'argumentation « puisse être réduite à une "illusion", à un "habillage arbitraire de jugements de valeur concocté après-coup" »[68], le rapporteur public part de la solution pour ensuite

---

[64] Ch. Perelman, « La motivation des décisions de justice, essaie de synthèse », in *La motivation des décisions de justice*, Ch. Perelman et P. Foriers (dir.), Bruxelles, Bruylant, 1978, p. 425.

[65] E. Jouannet, « La motivation ou le mystère de la boîte noire », in *La motivation des décisions des juridictions internationales*, H. Ruiz Fabri, J.-M. Sorel (dir.), Ed. Pedone, 2008, p. 251.

[66] La motivation est en effet un facteur de légitimation de la décision V. par exemple : A. Schahmaneche, *La motivation des décisions de la Cour européenne des droits de l'homme*, Institut international des droits de l'homme, Pedone, 2014, 794 p.

[67] W. Mastor, *L'art de la motivation. Substance du droit*, *op. cit*, spéc. pp. 20 et 96. L'auteur parle du caractère « régressif » du raisonnement juridique et du « mythe » du raisonnement descendant.

[68] L. Navel, *op. cit.*, n°s 7 et s., spéc. n° 11 citant M. Troper, « La motivation des décisions constitutionnelles », in *La motivation des décisions de justice*, Ch. Perelman et P. Foriers (dir.), Bruxelles ? Bruylant, 1978, p. 287. - G. Cahin, « La motivation des décisions de la Cour internationale de justice », in *La motivation des décisions des juridictions internationales*, H. Ruiz Fabri, J.-M. Sorel (dir.), Pedone, 2008, p. 9.

démontrer qu'elle doit s'imposer[69] en mobilisant dès lors, et assez librement, les arguments selon lui les plus convaincants[70]. On le comprend alors, adopter une telle approche nécessite de partir du postulat selon lequel le juge administratif, tout comme le juge judiciaire par ailleurs[71], est bien loin de pratiquer un simple syllogisme qui consisterait à l'application automatique et unique d'une règle de droit[72]. Et cela, il est vrai, en dépit d'un discours politique présentant bien volontiers « le modèle formaliste comme idéal de la fonction juridictionnelle » en particulier aux États-Unis[73]. Avant toute décision finale, de nombreuses considérations sont préalablement pesées et confrontées, la règle de droit n'étant qu'un élément parmi d'autres[74]. Le jugement motivé, tout comme les conclusions, est

---

[69] Les propos tenus dans les colonnes de la *RFDA* à propos de pratiques déviantes de certaines administrations en matière d'octroi de permis de construire par le Président Labetoulle en sont un parfait exemple (« Grand témoin », *RFDA* 2023, p. 6) : « J'ai un souvenir très précis du volontarisme avec lequel cette manœuvre fut déjouée : en ouvrant le délibéré le président Raymond Odent, président de la section du contentieux, dit en substance : "'votre solution du non-lieu et de l'irrecevabilité est d'une orthodoxie irréprochable, mais c'est inacceptable ; il faut trouver autre chose ; je ne sais pas quoi ; cherchez et revenez quand vous aurez trouvé" ; après quoi il fut jugé de façon imaginative que seule la notification par l'administration du second permis faisait courir le délai à l'encontre du requérant initial ».

[70] S. Goltzberg, *L'argumentation juridique*, Dalloz, 2019, 4e éd.

[71] Sur les pratiques communes et les différences sur le terrain du raisonnement juridique entre le Conseil d'État et la Cour de cassation V. not. P. Deumier, « Une *summa divisio* des raisonnements des juges administratif et judiciaire », in *De l'intérêt de la summa divisio droit public-droit privé ?*, B. Bonnet, P. Deumier (dir.), Dalloz, 2010, p. 199.

[72] Pour J. Carbonnier, *Droit civil, Introduction, Les personnes, La famille, l'enfant, le couple*, Vol. I, PUF, 2004, p. 23, le juge n'est pas qu'une « machine à syllogisme ».

[73] A. Dyevre, *La décision juridictionnelle. Introduction à la théorie et l'empirie du droit*, Dalloz, coll. « Méthodes du droit », 2024, p. 54 citant D.G. Stephenson, *Campaigns and the Court : The U.S. Supreme Court in Presidentiel Elections*, New York, Columbia University Press, 15 mai 1999.

[74] V. C. Vocasson, « L'analyse des arguments dans les conclusions des commissaires du gouvernement près le Conseil d'État », in *De l'intérêt de la* summa divisio *droit public-droit privé ?*, B. Bonnet, P. Deumier, Dalloz, 2010, p. 183.

en effet « un acte rhétorique et argumentatif »[75], nature qui se justifie par le souci du juge de démontrer le caractère acceptable et raisonnable – socialement[76] – de sa décision[77]. Le moteur d'une solution juridictionnelle se trouve alors dans l'argumentation et non dans un syllogisme judiciaire « le plus souvent réduit à une simple mise en forme de la décision destinée à faire accepter aux plaideurs la solution adoptée »[78]. Il ne faut toutefois pas tomber dans le réductionnisme qui consisterait à dire que l'argumentation juridique se limite à une suite d'arguments (ou au contraire à un pur syllogisme) réfutables et contestables par l'apport d'un argument contraire[79]. Nous pensons plutôt avec le professeur Rouvière que « l'argumentation juridique évolue dans un juste milieu entre la nécessité logique et le relativisme topique »[80]. Autrement dit, l'argumentation juridique – pratiquée notamment par les rapporteurs publics – ne dépend pas seulement d'un raisonnement strictement syllogistique,[81] mais aussi et surtout, d'une argumentation acceptable composée d'éléments rationnels moraux, sociaux, économiques et juridiques[82].

---

[75] F. Zenati-Castaing, « La motivation des décisions de justice et les sources du droit », *D.* 2007, p. 1553.

[76] A. Aarnio, *Le rationnel comme raisonnable. La justification en droit*, LGDJ, coll. « La pensée juridique moderne », 1992, trad. G. Warland et E. Story-Scientia. 303 p.

[77] C. Perelman, *Logique juridique, nouvelle rhétorique*, 1979, Dalloz, coll. « Méthode du droit », n°s 81 et s. et 86 et s.

[78] F. Zenati-Castaing, « La motivation des décisions de justice et les sources du droit », préc.

[79] Une forme de nihilisme ou scepticisme normatif assez radical en somme.

[80] F. Rouvière, *op. cit.*, n° 8. Cette position pourrait se rapprocher de la théorie du droit développée notamment par Herbert Hart qui considère que les normes juridiques sont en partie seulement indéterminées (*The Concept of Law*, Oxford, Clarendon Press, 1961, p. 147, théorie qu'il situe entre le « Charybde du formalisme » et le « Scylla du scepticisme normatif »).

[81] C'est-à-dire un formalisme extrême qui parait être défendu par R. Dworkin ou encore par le juriste allemand Paul Laband (*Das Staatsrecht des Deutschen Reiches*, II, 5e éd., Tübingen, Verlag Mohr, 1911) cité par A. Dyevre, *La décision juridictionnelle. Introduction à la théorie et l'empirie du droit*, préc., p. 51.

[82] Les règles juridiques sont alors selon Perelman un simple instrument d'une solution acceptable du litige, *Op. Cit.*. F. Zenati-Casting parle à ce propre d'une « mécanique prudentielle » qui, dans un ordre juridique tel que celui français,

11. Justement, parmi les différents arguments que le juge administratif mobilise, celui tiré des précédents judiciaires est en réalité courant. Une étude focalisée spécifiquement sur le précédent judiciaire se justifie alors en raison de sa place présumée dans l'argumentation des juges administratifs. Il n'est en effet pas rare de retrouver dans les conclusions des rapporteurs publics au titre de ces éléments juridiques, la référence à certaines décisions du juge judiciaire propres à rejeter l'idée d'une indifférence à l'endroit de ce qui est jugé à l'autre bord juridictionnel. Il s'agit donc de s'intéresser aux décisions juridictionnelles judiciaires en ce qu'elles sont utilisées comme argument juridique – un énoncé qui justifie la solution à apporter à un problème juridique – lorsque le juge administratif se prononce sur un cas. Là encore, il est bien évident que cette utilisation ne sera jamais le fruit d'une obligation comme cela peut être le cas dans les systèmes de *Common law*[83] – encore que ce poncif doive être fortement nuancé tant, on sait que le système de précédent dans ces systèmes est variable[84] – mais comme un élément entrant dans la réflexion quant à la solution à retenir.

---

n'est pas explicite. V. P. Deumier, « Les "motifs des motifs" des arrêts de la Cour de cassation – Étude des travaux préparatoires », in *Mélanges en l'honneur de Jean-François Burgelin*, Dalloz, 2008, p. 125. *Adde* B. Latour, *La fabrique du droit. Une ethnographie du Conseil d'État*, La découverte, 2012, p. 201 : « mobilisant, comme en autant de guerres pichrocolines, des clans opposés de faits, de précédents, de bon sens, d'opportunité, de morale publique jetés à la gorge les uns des autres et précipités dans la fournaise des débats. Quand cela s'arrête enfin, ce n'est jamais parce que le droit pur a triomphé, mais parce que de l'intérieur même de ces rapports de force, de ces conflits de multitudes hétérogènes, une évaluation a été faite, par les acteurs eux-mêmes, que certains objets de valeur ont bien été transférés, que les conditions de félicité ont bien été remplies ».

[83] Pour une comparaison V. A. L. Goodhart, « Le précédent en droit anglais et continental », préc. – E. Calzolaio, « Le rôle de la jurisprudence dans la comparaison civil Law- common Law », *LPA* 2014, n° 42, p. 7.

[84] G. Dworkin, « Un adoucissement du *stare decisis* à la Chambre des Lords », *RIDC*, 1967, p. 185. – L. Navel, « Du refus du Conseil d'État de mentionner ses propres précédents », in *La stabilité en droit administratif*, J. Bousquet (dir.), Montpellier, Ed. du CREAM, 2020, p. 39.

V. aussi pour une lecture historique et lucide de l'opposition entre le droit continental et la *common law*, T. Herzog, *Une brève histoire du droit en Europe. Les 2500 dernières années,* Traduction M. André, Anacharsis, 2023, 383 p.

12. En bref, il faut tenter de saisir la dynamique argumentative du précédent judiciaire par une étude de la pratique réelle qu'en font les auteurs des conclusions ; d'analyser et d'évaluer la référence au précédent judiciaire qui se déploie dans le discours juridique ; d'apporter une description sur la façon dont cet argument juridique est pensé afin de comprendre son fonctionnement ainsi que le processus de formation des décisions du Conseil d'État. Puisqu'il est faux de croire « que les droits privé et public viv[ent] séparés, en vase clos, sans contact »[85], on tentera à travers une approche fondée sur la pratique argumentative et non sur la norme juridique en elle-même[86] « de comprendre la manière dont se produisent, au sein d'un ordre unitaire, les points de contact inévitables entre les deux branches du droit privé et du droit administratif »[87].
Cette étude se limite donc à contribuer à décrire l'argumentation juridique[88] à travers l'analyse de l'usage d'un argument en particulier pour en comprendre sa portée, sa place et peut-être ses limites. En cela, il ne sera aucunement question ni de logique[89], comprise en tant que théorie générale du raisonnement valide, qui s'intéresse aux normes de l'argumentation plutôt qu'à ses formes, ni de philosophie en tant qu'elle fonderait l'argumentation sur une théorie du droit[90].

13. L'usage du précédent judiciaire est-il unitaire ou au contraire disparate ? Peut-on identifier une politique commune de citation du précédent judiciaire par les rapporteurs publics indépendante du contexte temporel et factuel ? Tenter de répondre par l'affirmative à cette question serait assurément hasardeux, illusoire et erroné tant la diversité traverse la pratique

---

[85] B. Plessix, *Droit administratif général*, préc. n° 532.

[86] Les professeurs de Gaudemar et Mongoin plaident notamment pour que le juriste s'intéresse moins à la norme juridique, mais plus au raisonnement juridique, moins « à l'os juridique » qu'à « la chair juridique », *Les grandes conclusions de la jurisprudence administrative*, LGDJ, Vol. 1 : 1831 – 1940, 2015, p. 4.

[87] *Idem.*

[88] Sur l'intérêt et l'importance des études sur l'argumentation juridique V. F. Rouvière, *Argumentation juridique*, PUF, 2022, n° 1 et s.

[89] V. M.-L. Mathieu *Logique et raisonnement juridique*, PUF, 2e éd., 2015.

[90] F. Rouvière, *op. cit.*, spec. n°s 2 et 3.

des rapporteurs publics. Reste que quelques lignes forces peuvent être dégagées et qu'il y a à apprendre sur la place qu'occupe le précédent judiciaire dans le processus de formation des décisions du Conseil d'État, et donc, du droit.

L'intérêt d'une étude à partir des conclusions des commissaires du gouvernement et rapporteurs publics[91]

14. Il va sans dire que l'absence de mention des décisions judiciaires dans la motivation ou plus largement dans les décisions du juge administratif a pour effet d'empêcher toute possibilité de mener une étude empirique à partir des décisions juridictionnelles[92]. Puisque le précédent judiciaire n'apparait pas dans les décisions du juge administratif, son étude nécessite de se pencher vers un matériau qui en revanche est susceptible de dévoiler sa présence et la façon dont il est manié au sein d'une argumentation juridique.

15. En effet, à s'en tenir aux seuls éléments justificatifs auxquels le Conseil d'État donne officiellement accès conduirait à une impasse. Il faudrait se résigner à conclure à l'innocuité du précédent judiciaire sur le raisonnement suivi. La lecture des décisions du Conseil d'État ne permet à l'évidence pas d'assigner formellement une quelconque importance à la jurisprudence judiciaire dans le processus de formation de la solution juridique retenue. Si l'étude de la jurisprudence administrative en elle-même est d'une aide limitée pour déterminer la valeur, la place ou l'importance accordée à la jurisprudence judiciaire[93], c'est sans aucun doute en raison du style de motivation des décisions

[91] Par commodité, le terme rapporteur public ou celui d'auteur de conclusions sera employé d'une façon générique.

[92] G. Leroy, *La pratique du précédent en droit français. Étude à partir des avis de l'avocat général à la Cour de cassation et des conclusions du rapporteur public au Conseil d'État*, LGDJ, coll. « Bibliothèque de droit privé », 2023, 404 p.

[93] En comparant les solutions il est en effet possible de formuler des hypothèses, mais cela n'est pas suffisamment sur tangible pour pouvoir s'y risquer.

des juridictions administratives[94], de la tradition légicentriste faisant du raisonnement syllogistique la clé de voûte du raisonnement juridictionnel et du secret du délibéré et de la collégialité de la décision[95].

16. On ne saurait toutefois nier que toute décision de justice conduit nécessairement à la confrontation et à l'articulation de plusieurs arguments convergents ou contraires ; le Conseil d'État évite seulement de les mettre en évidence par son refus persistant de les citer expressément dans le corps de la décision en dépit, pourtant, de la mise à nu de son pouvoir prétorien qu'il ne dissimule à présent plus[96]. Continuent d'être en revanche dissimulées, les références à l'ensemble des arguments, juridiques ou extrajuridiques, qui ont contribué aux choix des règles générales encadrant son office et l'action de l'administration. Tout se passe comme si la motivation ne devait

---

[94] A. de Laubadère, « Le Conseil d'État et l'incommunicabilité », *EDCE*, 31, 1979-1980, p. 17. – M-C. Ponthoreau, « Réflexions sur la motivation des décisions juridictionnelles en droit administratif français », *RDP* 1994, p. 752. – F. Rolin, « La qualité des décisions du Conseil d'État », in *La qualité des décisions de justice*, Mbongo (dir.) Les Études de la CEPEJ, Éd. du Conseil de l'Europe, 2008, pp. 153. – O. le Bot., « Rédaction des jugements et lisibilité des décisions du juge administratif », in *La modernisation de la justice administrative en France*, M. Paillet (dir.), Larcier, 2010, p. 281. – V. Donnier, « Style et structure des décisions du Conseil d'État : vers une évolution culturelle ? », in, *La motivation des décisions des cours suprêmes et cours constitutionnelles*, F. Hourquebie, M.-C. Ponthoreau (dir.), Bruylant, 2012, p. 197. – Ch. Fardet, « Le style des décisions du Conseil d'État », *Revue d'histoire des facultés de droit et de la science juridique*, 33, 2013, p. 219. – J. Petit, « La motivation des décisions du juge administratif », in *La motivation en droit public*, Sylvie Caudal (dir.), Dalloz, 2013, p. 213. – P. Delvolvé, « Le style et le Conseil d'État », *Justice et Cassation*, 2013, « Colloque du 22 mars 2012. Le juge, l'avocat et le style. L'exemple des hautes juridictions », p. 296. – Ph. Malaurie, « Le style des "Cours suprêmes" françaises », *Justice et Cassation*, 2013, « Colloque du 22 mars 2012. Le juge, l'avocat et le style. L'exemple des hautes juridictions », p. 321. - G. Pellissier, « La réflexion de la juridiction administrative sur la rédaction de ses décisions », *Les Cahiers de la Justice*, 2014, p. 219. *Adde Rapport sur la rédaction des décisions de la juridiction administrative*, Ph. Martin (dir.), 2012.

[95] D. Chauvaux, « De la contradiction entre les juges. Réflexions sur le délibéré », in *Juger l'administration, administrer la justice, Mélanges en l'honneur de Daniel Labetoulle,* Dalloz, 2007, p. 175.

[96] P. Deumier, « Attendu que la phrase unique est progressivement abandonnée », *RTD Civ.* 2019, p. 71.

tenir officiellement qu'au seul syllogisme juridique. C'est ainsi que le Conseil d'État se refuse toujours, notamment, de citer – sauf très rares exceptions[97] – ses propres précédents[98]. *A fortiori*, il est inconcevable qu'il puisse faire une place au droit privé dans sa motivation d'autant plus qu'aucune mission d'uniformisation n'existe officiellement entre les ordres de juridiction contrairement à celle conférée au juge du droit au sein d'un ordre juridictionnel donné[99]. La concision des motifs au soutien de la solution retenue par le Conseil d'État ne permet pas, en définitive, de déterminer les véritables ressorts argumentatifs ayant mené au choix effectué par la juridiction[100].

17. La lecture des travaux préparatoires que sont les conclusions des commissaires de gouvernement[101], devenus

---

[97] CE, ord., 28 février 2018, *Association de défense de l'audiovisuel public*, n° 418547 (référence à CE, Ass., 4 nov. 1977, *Syndicat national des journalistes, section ORTF et autres*, *AJDA* 1978, p. 111, concl. J. Massot. jugée cependant peu pertinente par un auteur M. Bouleau, « Sur un curieux visa », *D.* 2018, p. 627). – CE, ord., 9 janvier 2014, *ministre de l'Intérieur c. Société Les Productions de la Plume et M. Dieudonné M'Bala M'Bala*, n° 374508 (visant les arrêts « *Benjamin* du 19 mai 1933, *commune de Morsang-sur-Orge* du 27 octobre 1995 et *Mme Hoffman-Glemane* du 16 février 2009 »).

[98] V. pour une approche critique L. Navel, « Du refus du Conseil d'État de mentionner ses propres précédents », in *La stabilité en droit administratif*, J. Bousquet (dir.), Montpellier, Ed. du CREAM, 2020, p. 39. *Adde* F. Lelièvre, « Plaidoyer pour la référence à la jurisprudence dans les motifs des décisions des juridictions administratives », *AJDA* 2009, p. 2446. *Adde* pour une constatation d'un écart important entre le discours officiel et et la pratique réelle des juges en droit français M. Troper, Ch. Grzegorczyk, « Precedent in France », in *Interpreting Precedents : A Comparative* Study, op. cit., p. 103. - M. Troper, « La force des précédents et les effets pervers en droit », in *La théorie du droit, le droit, l'État*, Presses universitaires de France, 2001, coll. « Léviathan », p. 163.

[99] C. Bouix, art. préc.

[100] V. F. Malhière, « Les méthodes de rédaction des décisions de justice en droit administratif », in *Les méthodes en droit administratif*, colloque AFDA, Dallos, coll. « Thèmes et commentaires », 2018, p. 57.

[101] Sur l'origine des commissaires du gouvernement V. not. O. Dupeyroux, « Le ministère public auprès des juridictions administratives », *in L'évolution du droit public. Études offertes à Achille Mestre*, Sirey 1956, p. 179. - M. Bouvet, *Le Conseil d'État sous la monarchie de Juillet*, LGDJ, coll. « Bibliothèque de science administrative », 2001. – A. Lespagnol, *Les commissaires du gouvernement auprès du Conseil d'État de 1850 à 1900*, Atelier national de reproduction des thèses, 2001.

depuis le décret n° 2009-14 du 7 janvier 2009 rapporteurs publics[102], présente de ce fait une heureuse aubaine pour qui veut s'intéresser au rôle argumentatif que joue le précédent judiciaire dans l'élaboration des décisions du Conseil d'État. C'est à l'occasion de l'étude de ces documents singuliers que la valeur et l'importance de cet argument pourront se révéler en fonction de l'évaluation des éléments réellement pris en compte, mais de manière officieuse par le juge administratif. La chose est bien connue : si le modèle syllogistique a conduit à l'adoption d'une motivation déductive et concise[103], les conclusions des rapporteurs publics sont venues compenser cette caractéristique (et l'hermétisme[104]) des décisions du juge administratif, expliquant sans doute l'importance que la doctrine[105], les

---

Sur le rôle du rapporteur public et sa place dans le déroulement du procès V. R. Guillien, « Les commissaires du gouvernement près les juridictions administratives et, spécialement, près le Conseil d'État français », *RDP* 1955, p. 281. – Ch. Maugüé, « Rapporteur public », *JurisClasseur Administratif,* Fasc. 1031. – B. Latour, *La fabrique du droit. Une ethnographie du Conseil d'État*, La découverte, 2012. – H. de Gaudemar, D. Mongoin, *Les grandes conclusions de la jurisprudence administrative, volume 1 : 1831 -1940*, LGDJ, 2015, pp. 17 et s. – B. Genevois, « Comment tranche-t-on au Conseil d'État ? », in *L'office du juge*, Colloque du Sénat des 29 et 20 sept. 2009, disponible sur le site du Sénat.

102 Sur l'évolution V. F.-X. Bréchot, « Les habits neufs du rapporteur public », *Constitutions* 2014, p. 51.

103 V. Ch. Perelman, P. Foriers (dir.), *La motivation des décisions de justice*, Bruylant, 1978, 438 p. – M.-C. Ponthoreau, F. Hourquebie (dir.), *La motivation des décisions des cours suprêmes et cours constitutionnelles*, Bruylant, 2012, 310 p. – F. Malhière, *La brièveté des décisions de justice (Conseil constitutionnel, Conseil d'État, Cour de cassation)*, Dalloz, 2013, 666 p. – S. Caudal (dir.), *La motivation en droit public*, Dalloz, 2013, 304 p.

104 Selon Bruno Genevois, les conclusions viennent « suppléer une motivation quelque peu cursive de la décision du Conseil d'État » (« Sur la hiérarchie des décisions du Conseil d'État statuant au contentieux », in *Mélanges René Chapus. Droit administratif*, Monthcrestien, 1992, p. 256).

105 L'importance des conclusions pour la doctrine est telle que le professeur Bienvenu a pu écrire que « cette manifestation de l'attachement à l'idéal formel des conclusions de commissaires de gouvernement dont les notes font parfois une trop exclusive et intensive exploitation ». J.-J. Bienvenu, « Remarques sur quelques tendances de la doctrine contemporaine en droit administratif », *Droits* 1985, p. 157.

praticiens et le juge lui-même leur accordent[106]. Pour reprendre les termes du professeur Melleray, les conclusions constituent « la béquille qui historiquement a permis de s'en sortir avec l'*imperatoria brevitas* »[107]. Autrement dit, ce sont elles qui fournissent les raisons officieuses[108] des décisions officielles[109] dès lors qu'une simple argumentation synthétique et syllogistique provient de la décision de justice (qui suffit à la légitimer) alors qu'une argumentation développée et articulée entre différentes justifications contribuant à construire la légitimité du raisonnement du rapporteur public résulte des conclusions : « s'ils ne permettent pas de percer le secret du délibéré, les travaux préparatoires n'en sont pas moins précieux en ce qu'ils révèlent un mode de raisonnement, de discussion, pratiqué au sein de la juridiction et dans le but d'éclairer, voire d'obtenir l'adhésion de la formation de jugement »[110] ; elles sont « une forme d'"exposé des motifs" de la décision rendue »[111]. En somme, elles sont le lieu privilégié et peut-être même l'unique lieu d'observation de la pratique argumentative du juge administratif. Seule leur étude permet de saisir pleinement ce qui a réellement contribué à la formation de la décision et partant, à la formation du droit ; elles permettent de saisir les mécanismes

---

[106] Les renvois récurrents des rapporteurs publics aux conclusions antérieures le démontrent.

[107] F. Melleray, « Rapport de synthèse », in *Le principe du contradictoire dans le procès administratif*, J. Gourdou, O. Lecucq et J.-Y. Madec (dir.), L'Harmattant, 2010, p. 191.

[108] « Le non-dit » du droit administratif pourtant au cœur de l'argumentation juridique. Y. Aguila, intervention « L'officieux et le non-dit dans le jugement », conférence-débat organisée à la Cour de cassation le 31 mars 2005, disponible sur le site de la Cour de cassation, rapportée par H. de Gaudemar, D. Mongoin, *Les grandes conclusions de la jurisprudence administrative*, Vol. 2 : 1940 – 2000, LGDJ, 2020, p. 4 : « Au fond, est-ce qu'on ne trouve pas dans les conclusions l'équivalent de cette argumentation détaillée qui, dans la tradition anglo-américaine, figure dans les jugements ou dans les opinions dissidentes ? ».

[109] P. Brunet, « Le style déductif du Conseil d'Etat et la ligne de partage des mots », *Droit et Société* 2015, p. 545.

[110] P. Deumier, « Présentation », in *Le raisonnement juridique. Recherche sur les travaux préparatoires des arrêts*, Dalloz, coll. « Méthodes du droit », 2013, p. 1, spéc. pp. 2-3.

[111] I. De Silva, « Les conclusions, fragments d'un discours contentieux », préc.

argumentatifs des juges administratifs, la façon dont ils raisonnent pour trancher les cas qui leur sont soumis. D'ailleurs, les exemples où le contraste est frappant entre la richesse argumentative de conclusions et le laconisme d'un arrêt sont légion[112]. Dès lors que pour parvenir à la solution qu'ils préconisent, les rapporteurs publics doivent argumenter au travers de raisons justificatives, il est intéressant de centrer l'étude sur l'argumentation contenue dans les travaux préparatoires des arrêts en tant qu'elle constitue une technique de justification, et plus encore sur un argument en particulier, celui du précédent judiciaire.

18. Il nous faut dès l'abord dissiper tout risque de malentendu. Évaluer l'influence d'un argument (ou de conclusions dans leur ensemble) sur la solution retenue constitue un mirage dès lors que le système qui est le nôtre est celui d'une justice rendue collégialement dans le respect du secret du délibéré[113] et sans que soient admis les opinions dissidentes[114] ou les renvois directs aux conclusions dans l'arrêt[115]. Il faut ainsi bien avoir conscience de la dialectique complexe qui s'instaure

[112] Pour ne donner que deux exemples significatifs V. Concl. P. Frydman sur CE, Ass., 20 oct. 1989 : Rec. p. 190. Pour un exemple très récent en droit de la fonction publique V. Conseil d'État, 22 décembre 2023, *ministre de l'Éducation nationale, de la Jeunesse et des Sports*, n° 462455 : à paraitre au Lebon (2 pages) et les concl. D. Pradines disponibles sur ArianeWeb (33 pages).

[113] Le secret du délibéré constitue en effet un obstacle majeur à l'analyse empirique de la construction de la décision juridictionnelle. On notera que certaines cours suprêmes comme celles du Brésil et du Mexique délibèrent publiquement. Les délibérations sont même retransmises à la télévision en direct.

[114] Ce que pourraient, à la réflexion, constituer des conclusions contraires publiées. On fera ici remarquer qu'une des propositions les plus originales du rapport Cour de cassation 2030 fut celle d'intégrer les opinions séparées d'une façon anonyme dès lors qu'une interprétation a été sérieusement soutenue par une partie de la formation de jugement. Le guide sur la motivation enrichie (préc.) ne reprend toutefois pas cette possibilité, mais introduit la référence aux « solutions alternatives écartées » ce qui a le mérite de parvenir au même objectif sans que ne soit atteint le principe d'une justice française non personnalisée. Toutefois, comme l'a mis en lumière le *Rapport sur la rédaction des décisions de la juridiction administrative* (dir. Ph. Martin), le risque est de rendre la solution beaucoup moins claire.

[115] Contrairement à certains arrêts de la CJUE.

entre les conclusions et l'arrêt, dialectique qui rend impossible l'établissement d'un lien de causalité certain et systématique entre la solution proposée au sein des conclusions (dont il est parfois au demeurant difficile de déterminer si elles ont été contraires ou conformes[116]) et la solution finalement retenue par la juridiction et exprimée dans la motivation de l'arrêt[117]. Il n'en reste pas moins que les conclusions des rapporteurs publics contribuent à dévoiler le processus de formation du droit.
D'abord, car elles permettent de voir la façon dont les juges argumentent, qu'ils soient rapporteurs publics, rapporteurs ou membres de la formation de jugement. À ce titre, il ne faut jamais oublier qu'un rapporteur public est avant tout un juge administratif[118] ayant reçu une formation et suivi un processus de sociabilisation identique à la quasi-totalité des autres membres du Conseil d'État, qu'il a déjà eu une autre fonction au sein du Conseil d'État et qu'il a vocation à en avoir d'autres[119]. Il se

---

[116] H. de Gaudemar, D. Mongoin, *Les grandes conclusions de la jurisprudence administrative*, Vol. 2. : 1940 – 2000, LGDJ, 2020, p. 26.

[117] V. H. de Gaudemar, D. Mongoin, *Les grandes conclusions de la jurisprudence administrative*, Vol. 1 : 1831 – 1940, LGDJ, 2015, p. 8 : « La tendance qui consiste à "interpréter [la] décision [du Conseil d'État] par les conclusions" selon les termes utilisés par Léon Blum dans ses conclusions sur l'arrêt du Conseil d'État Boussuge du 29 novembre 1912, est assurément très forte, mais il faut y résister et postuler le plus souvent une simple, bien que forte, présomption. Il est même peut-être assez vain d'opérer cet exercice de comparaison, car "[p]our être vraiment significative la comparaison devrait être étendue aux positions initiales du rapport et de la sous-section" [D. Labetoulle, "Remarques sur l'élaboration des décisions du Conseil d'État statuant au contentieux", *Mélanges René Chapus. Droit administratif*, Montchrestien, 1992, p. 338], ce qui est évidemment impossible en raison du secret des délibérations ». V. aussi P. Deumier, « Introduction », in *Le raisonnement juridique, recherche sur les travaux préparatoires des arrêts*, *op. cit.*, p. 2 : « Il faut dès lors clairement tenir les travaux préparatoires pour ce qu'ils sont : l'exposé d'une analyse de la question et des possibilités de solutions en vue de préparer la discussion et la prise de décision. Il demeure en revanche impossible de prêter à ces travaux préparatoires une influence supposée sur la décision finalement adoptée. Ils n'expriment ni la position de l'arrêt ni la jurisprudence de l'institution ni sa doctrine officielle : ils expriment le point de vue de leur auteur ».

[118] V. A. Barlerin, « Rapporteur public : chronique d'une controverse annoncée », *AJDA* 2010, p. 1574.

[119] V. B. Ribadeau Dumas, « Les carrières dans et hors le Conseil d'Etat », *Pouvoirs* 2007, p. 77.

prononce certes en son nom propre – ses conclusions ont donc une dimension doctrinale certaine[120] –, mais il pense comme un juge administratif puisque c'est bien, après tout, ce qu'il est. Ses conclusions se rattachent à la « fonction de juger » ; bien que l'on puisse ne pas être entièrement convaincu par cette affirmation[121], c'est du moins ce qu'a précisé, le Conseil d'État lui-même dans sa décision *Esclatine*[122] sans jamais toutefois réitérer cette expression[123]. Il faut ainsi partir du postulat que les membres du Conseil d'État partagent une même « sensibilité argumentative »[124] qui s'explique sans doute par un mode d'organisation corporatiste et par le processus de sociabilisation[125] qui en résulte favorisant l'unification des

---

[120] M. Deguergue, « Les commissaires du Gouvernement et la doctrine », *Droits* 1994, n° 20, p. 125. – J.-M. Auby et R. Drago parlent quant à eux du « rôle dogmatique et scientifique des commissaires du gouvernement » dans l'évolution de la jurisprudence de 1872 au début du XXe siècle, *Traité de contentieux administratif*, t. I, 3e éd., p. 262.

[121] Pour une analyse critique V. F. Melleray, « "Le commissaire du gouvernement participe à la fonction de juger" (CE, 29 juill. 1998, Esclatine) : Est-ce si sûr ? », in *L'office du juge*, acte du colloque du Sénat organisé les 29 et 30 septembre 2006, disponible sur le site du sénat.

[122] CE, 29 juill. 1998, *Mme Esclatine* : Rec. p. 320, concl. D. Chauvaux ; *D.* 1999 Jur. 85, concl. D. Chauvaux ; *AJDA* 1999, p. 69, note F. Rolin.

[123] V. CE, 21 juin 2013, *Communauté d'agglomération du pays de Martigues*, n° 352427 ; *RFDA* 2013, p. 805, concl. X. de Lesquen ; AJDA 2013, p. 1276, chron. X. Domino et A. Bretonneau ; *AJDA* 2013, p. 1839, note. F. Melleray et B. Noyer, ne reprenant pas l'expression.

[124] G. Leroy, *Op. cit.*

[125] Par leur mode de recrutement et leur formation. Sur ces questions et sous différentes perspectives (historique, sociologique, ethnographique) V. not. P. Bourdieu, *La noblesse d'état. Grandes écoles et esprit de corps*, Les éd. de minuit, rééd. 2016 569 p. – M.-C. Kessler, *Le Conseil d'État*, Armand Colin, 1968, 390 p. ; *Les grands corps de l'État*, PUF, coll. « Que sais-je ? », 1985 et Presses de Sciences Po, 1986, 344 p. ; « L'esprit de corps dans les grands corps de l'État en France », in *L'esprit du corps, démocratie et espace public*, G. J. Guglielmi, C. Haroche (dir.), 2005, p. 277 – Ch. Charle, *Les hauts fonctionnaires en France au XIXe siècle,* Gallimard, 1980, 269 p. – D. Chagnollaud, *Le premier des ordres. Les hautes fonctionnaires*, Fayard, 1991, 399 p. – B. Latour, *La fabrique du droit. Une ethnographie du Conseil d'État*, La découverte, 2012, pp. 119 et s.

Adde J. Chevallier, *Science administrative*, PUF, 6e éd., 2019, p. 549 : « En France, le Conseil d'État tend ainsi à s'identifier à l'État et à se poser en garant de sa continuité. Cette identification à l'État constitue l'élément fédérateur qui

raisonnements ou du moins, une communauté d'opinion[126]. Il ne faut aussi pas minorer l'importance de l'influence des présidents de la section du contentieux qui facilite cette osmose argumentative que le peu de situations de dissidence (du moins de ce qui nous parvient) démontre[127]. Même s'ils sont en réalité inaccessibles à la seule lecture de la décision de justice, on se doute que les arguments développés dans des conclusions ont dû être pris en compte par l'ensemble de la formation de jugement, voire constituent la justification *a posteriori* d'une solution envisagée en amont par la formation de jugement.

Ensuite, et cela est lié à la remarque précédente, car tout porte à croire que la jurisprudence du Conseil d'État n'est pas détachable des conclusions, connexes, des rapporteurs publics. On peut même penser que le Conseil d'État se serve à dessein de cet outil pour mettre en exergue les raisons de ses choix là où il ne peut pas (ou ne souhaite pas) le faire dans ses décisions, moins confidentielles que les conclusions[128]. Sans doute et bien

---

unit les membres du Conseil et assure la cohésion du groupe. Un lien consubstantiel unit le corps, l'institution et l'État : le corps s'identifie dans/par la relation qu'il entretient à l'État, via l'institution. Dès lors, les représentations et les valeurs partagées par l'ensemble des membres sont celles-là mêmes qui commandent la légitimité étatique : appartenir au corps, c'est avoir le "sens de l'Etat", c'est-à-dire le souci du bien commun, la préoccupation de l'intérêt général, le culte du service public ; et le fait de partager ces valeurs – mieux encore, d'en être le dépositaire – confère un sentiment de fierté et de supériorité morale par rapport non seulement aux autres corps de la fonction publique, mais encore de la société tout entière ».

126 Selon D. Chauvaux, à propos du commissaire du gouvernement, « il lui incombe de répondre à la question : que ferais-tu si tu étais, à toi seul, le Conseil d'État ? », préc. V. aussi B. Latour, *La fabrique du droit. Une ethnographie du Conseil d'État*, La découverte, 2012, p. 212 : « Si le Conseil d'État peut supporter un *turn-over* important c'est justement parce que les conseillers sont à peu près interchangeables et que la division du travail s'y trouve réduite à l'extrême ».

127 M. Boyon, P. Gonod, « Entretien sur quelques aspects de l'esprit de corps au Conseil d'État », in *Études en l'honneur de Georges Dupuis*, LGDJ, 1997 p. 27.

128 I. De Silva, « Les conclusions, fragments d'un discours contentieux », in *Le dialogue des juges, Mélanges en l'honneur du président Bruno Genevois*, Dalloz, 2009, p. 359 : « lorsque le commissaire a été intégralement suivi, les conclusions deviennent, *a posteriori*, un commentaire, une justification, une forme "d'exposé des motifs" de la décision rendue. Dans le cas contraire, les

souvent, les conclusions qui interviennent après un projet de décision et après le travail du rapporteur participent plus à « la légitimation du futur arrêt aux yeux des parties » en accompagnant une décision dans une voie déjà engagée[129]. Il serait bien faux de croire que les conclusions sont le fruit d'un travail individuel construit à partir d'un vide ; l'intervention du rapporteur public s'inscrit plutôt assez tardivement dans la chaîne de l'étude du dossier de telle sorte que d'autres magistrats l'ont précédé. On peut donc s'avancer à dire sans trop douter que les conclusions participent bien souvent (exception faite des hypothèses de conclusions contraires tout de même assez peu fréquentes au sein du Conseil d'État[130]) à faire évoluer la forme du travail du rapporteur et du réviseur, et d'y adjoindre des fondements juridiques et de nouvelles perspectives réflexives, ce qui est tout de même déjà beaucoup. Tout rapporteur public « ressent parfois un sentiment d'inutilité à n'avoir rien à ajouter

---

conclusions livrent néanmoins des clefs d'interprétation sur les points nodaux du raisonnement. En externalisant une part du processus intime de réflexion de l'institution juridictionnelle, en révélant les ressorts de la décision, les conclusions font œuvre de dévoilement et rendent compte aux justiciables ».

V. aussi R. Odent, *Contentieux administratif*, cours professé à l'IEP, mise à jour des fascicules V et VI par B. Odent, Paris, Les cours de droit, 1981, 6 vol. p. 1226 : « Il serait cependant excessif d'attribuer systématiquement aux commissaires les mérites ou les défauts en un mot, la responsabilité des progrès, des régressions ou de la stabilité [...]. Cette publicité vaut à la fonction d'être réputée à l'origine de toutes les évolutions jurisprudentielles. La réalité est moins tranchée : tantôt le commissaire du gouvernement exerce une influence personnelle considérable sur la formation de la jurisprudence ; tantôt il se borne à être le porte-parole d'une sous-section : cela dépend de l'espèce et des tempéraments en présence ».

[129] A. Monat, « Le rapporteur public au Conseil d'État : réflexions sur une légende contentieuse », *RFDA* 2021, p. 926.

[130] On remarquera cependant qu'il est une solution qui fait l'objet de conclusions contraires constantes et répétées devant le Conseil d'État en matière contractuelle, celle de l'impossibilité pour un maître d'ouvrage public d'agir, sauf clause contraire, en garantie contre les constructeurs en dépit du fait que sa propre responsabilité a été engagée par un tiers pour des dommages extérieurs à l'ouvrage. V. not. Concl. Guionin sur CE, Sect., 9 janvier 1953, *Ville de Saint-Maurice c/ Letot* : D. 1954, p. 277. – Concl. Bacquet sur CE, Sect., 4 juill. 1980, *SA Forrer* : non publiées. – CE, Sect., 15 juillet 2004, *Syndicat Intercommunal d'alimentation en eau des communes de la Sene et de la région Est de Toulon* : *RFDA* 2004, p. 895, concl. I. De Silva.

au travail de ceux qui l'ont précédé dans l'étude du dossier, de gêne à paraitre s'approprier leurs recherches et leurs raisonnements, d'impuissance à s'écarter du sillon qu'ils ont tracé »[131] nous apprend le président Labetoulle. Ainsi, « ce qui importe dans les conclusions, c'est moins l'expression d'une opinion » qui a fréquemment déjà été déterminée lors de l'instruction, « que les motifs de droit et de fait sur lequel elle s'appuie »[132]. Même, le rapporteur public « se borne souvent à expliciter et à formaliser des idées ambiantes qu'il partage avec d'autres membres de la communauté juridique ou plus simplement avec les collègues de sa sous-section »[133]. Bref, « À en croire les plus prestigieux des commissaires du gouvernement, leur rôle se réduirait le plus souvent à restituer l'opinion collective de la formation d'instruction de leur sous-section et à en informer la formation de jugement : l'influence personnelle serait l'exception »[134]. Reste que notre étude n'a pas pour objectif de répondre à la question de savoir si les conclusions sont préparatrices ou plutôt justificatives de la décision (qui relève d'une étude sociologique)[135], donc si les conclusions apparaissent comme l'ayant déterminée soit *ex post*, soit *ex ante*[136] ; elle se donne plutôt comme dessein de tenter de saisir la

---

[131] D. Labetoulle, « Remarques sur l'élaboration des décisions du Conseil d'État statuant au contentieux », in *Mélanges en l'honneur de R. Chapus*, Montchrestien, 1992, p. 337.

[132] Concl. S. Grévisse sur CE, 13 juin 1975, *Adrassé*, n° 93747 citées par N. Rainaud, *Le commissaire du gouvernement près le Conseil d'État*, LGDJ, 1996, p. 54.

[133] J. Massot, J. Marimbert, *Le Conseil d'État*, La Documentation française, 1988, p. 160. Dans le même sens B. Latour, *La fabrique du droit*, *op. cit.*, p. 25 : « Même dans le cas de création ou revirement de jurisprudence, il n'est pas rare que ce soit la sous-section dans son ensemble, notamment son président qui en prenne l'initiative, les conclusions devenant dès lors la traduction extériorisée d'un travail collégial ».

[134] E. Desmons, « La rhétorique des commissaires du gouvernement près le Conseil d'État », préc. p. 39.

[135] V. A. Bancaud, « Considérations sur une "pieuse hypocrisie" : la forme des arrêts de la Cour de cassation », *Droit et société* 1987, vol. 7, n° 1, p. 376 : « les motivations judiciaires exposées ne visent pas à écrire la réalité d'une démarche, mais d'abord et surtout à produire de la croyance ».

[136] E. Desmons, « La rhétorique des commissaires du gouvernement près le Conseil d'État », *Droits* 2002, vol. 3, n° 36, p. 39.

façon dont les juges administratifs raisonnent et plus particulièrement, la manière dont ils usent d'un argument qui n'apparait jamais dans les motifs officiels des décisions. C'est justement ce que permet l'étude des conclusions si l'on veut bien les considérer comme la manifestation la plus tangible du raisonnement tenu par le juge administratif.

Au-delà, il n'est jamais possible de saisir pleinement les opérations intellectuelles ayant conduit à une solution juridique, car les conclusions ne sont rien d'autre que ce que le juge administratif souhaite nous donner à voir et non la retranscription fidèle de la façon dont il procède réellement et concrètement, « les juges ne disent pas toujours ce qu'ils font, ni ne font toujours ce qu'ils disent »[137]. Ainsi, l'effort argumentatif qui procède des conclusions montre leur souci d'assurer la légitimité et l'acceptabilité de leur décision, sinon de l'institution même du Conseil d'État. Par ces documents et à travers ses rapporteurs publics, le Conseil d'État cherche à convaincre les différents destinataires de ses décisions. L'étude des stratégies argumentatives que les conclusions formalisent est donc d'un intérêt certain, car elle est consubstantielle à l'idée de légitimité des décisions juridictionnelles et à la façon de la renforcer.

Enfin, car on se range à l'opinion selon laquelle le rapporteur public est constamment en quête d'influence sur la jurisprudence par une recherche active des moyens de participer à l'évolution du droit administratif. Leur influence est bien réelle et leur rôle capital[138]. D'ailleurs, il est des décisions dont la renommée tient plus aux conclusions prononcées qu'à leur substance propre.

---

[137] V. A. Dyevre, *La décision juridictionnelle. Introduction à la théorie et à l'empirie du droit*, Dalloz, coll. « Méthode du droit », 2024, p. 27. – M. Shapiro, « Judges as liars », *Harvard Journal of Law and Public Policy*, 1994, vil. 17, p. 155.

[138] R. Odent, *Contentieux administratif*, 1977-1980, p. 1226 : « Tantôt le commissaire du gouvernement exerce une influence personnelle considérable sur la formation de la jurisprudence ; tantôt il se borne à être le porte-parole d'une sous-section : cela dépend de l'espèce et des tempéraments en présence ». V. également le rapport Martin qui souligne l'importance des conclusions « dans l'élaboration de la jurisprudence », conclusions qui sont « la partie visible des travaux préparatoires de la décision de justice » qui permettent « aux parties de vérifier que leur affaire a été correctement traitée, en fait comme en droit », p. 13.

C'est bien ce qui explique, en partie, que cette fonction est prisée et honorifique[139].

Méthodologies de l'étude

Choix et constitution du corpus

19. Le corpus des conclusions des commissaires du gouvernement et des rapporteurs publics étant composé d'innombrables travaux, nous ne saurions avoir la prétention de réaliser un recensement exhaustif. Une telle ambition dépasserait largement le cadre de cette étude et serait même par nature vouée à l'échec du fait de son ampleur.
La qualité et la fiabilité des résultats de cette recherche dépendent néanmoins de la capacité à extraire un échantillon pertinent, c'est-à-dire suffisamment étendu pour identifier des constances, des tendances ou des spécificités dans la pratique du précédent judiciaire tout en étant en même temps relativement restreint pour demeurer exploitable et à portée d'une recherche menée en solitaire.
Il s'est dont agi de constituer un échantillonnage représentatif de la pratique du précédent judiciaire dans les conclusions des rapporteurs publics près le Conseil d'État[140]. Or, l'échantillon

---

[139] R. Odent, *Contentieux administratif*, cours professés à l'IEP, mise à jour des fascicules V et VI par B. Odent, Paris, Les cours de droit, 1981, 6. Vol., p. 1226 : « Les commissaires sont choisis avec le plus grand soin, en ne tenant, bien entendu, compte que de leur valeur personnelle ; ils jouissent d'un prestige justifié et occupent des fonctions recherchées ; proposer à un auditeur ou à un maître des requêtes d'accéder au commissariat, c'est lui délivrer un label de qualité. Il ne saurait être question de méconnaitre l'importance du rôle des commissaires qui constituent l'un des rouages essentiels dans le fonctionnement du contentieux du Conseil d'État ».

[140] Le choix s'est tout naturellement porté sur cette juridiction, juge du droit, et non pas sur les juridictions inférieures pour plusieurs raisons évidentes. D'une part, le choix des bornes temporelles à guider la sélection de la juridiction puisque nous n'aurions pas eu accès ou très difficilement, aux conclusions des commissaires du gouvernement des différentes juridictions inférieures. D'autre part, le choix de s'orienter exclusivement vers des questions de droit présente divers intérêts explicités largement par P. Deumier (« Présentation », *in Le raisonnement juridique*, P. Deumier (dir.), Dalloz, coll. « Méthodes du droit », 2013, n° 3) : « La première est que certains traits saillants y apparaissent, quand

idéal est bien difficile à déterminer, « la première difficulté à laquelle on se heurte lorsqu'on aborde la recherche empirique tient à la collecte des matériaux qui lui servent de base »[141]. Il nous a donc paru opportun de borner temporellement (1872 – 2022), matériellement (Droit des contrats administratifs) et formellement (Recueil Lebon) le recueil de conclusions.

20. On précisera avant toute chose que nous avons fait le choix de porter notre attention uniquement sur le Conseil d'État, juge du droit, et non pas sur les juridictions inférieures pour plusieurs raisons. D'une part, le choix des bornes temporelles et des questions liées à l'accessibilité des décisions juridictionnelles ont guidé la sélection de la juridiction puisque nous n'aurions pas eu accès, ou très difficilement, aux conclusions des commissaires du gouvernement des différentes juridictions inférieures. D'autre part, le choix de s'orienter exclusivement vers des questions de droit présente divers intérêts. Retenons notamment deux raisons exposées par le professeur Deumier : « la première est que certains traits saillants y apparaissent, quand le raisonnement au fond est plus difficile à catégoriser, se coulant dans la diversité des situations de fait ; la deuxième est que le raisonnement sur les questions de principe peut constituer un archétype de la discussion d'une interprétation »[142]. Au-delà, nous n'avons procédé à aucune distinction au sein des formations de jugement qui aurait consisté à ne retenir que les conclusions prononcées devant les seules formations solennelles (Assemblée du contentieux et Section du contentieux). Il y aurait eu là, à notre avis, un risque de n'avoir qu'une vision tronquée de la pratique du précédent judiciaire, et ce d'autant plus que les premières ne sont pas seulement celles qui « font jurisprudence »[143]. Nous nous

---

le raisonnement au fond est plus difficile à catégoriser, se coulant dans la diversité des situations de fait ; la deuxième est que le raisonnement sur les questions de principe peut constituer un archétype de la discussion d'une interprétation ».

[141] P. Ancel, « Le droit *in vivo* ou plaidoyer d'un membre de la doctrine pour la recherche juridique empirique », *in Libres propos sur les sources du droit. Mélanges en l'honneur de Philippe Jestaz*, Dalloz, 2006, p. 1, spéc. p. 13.

[142] « Présentation », *in Le raisonnement juridique*, P. Deumier (dir.), Dalloz, coll. « Méthodes du droit », 2013, n° 3.

[143] V. B. Genevois, « Sur la hiérarchie des décisions du Conseil d'État statuant au contentieux », *Mélanges en l'honneur de R. Chapus*, Montchrestien, 1992,

serions de plus retrouvés face à un échantillon bien trop restreint. Mais en nous référant aux seules conclusions publiées au Recueil Lebon, nous prenons le risque, il est vrai, de ne disposer principalement que des premières[144] en dépit du fait qu'un arrêt, même s'il n'a pas été rendu par les formations de jugement les plus élevées, peut tout à fait y être publié[145]. Quoi qu'il en soit, se reporter essentiellement aux seules conclusions publiées au Recueil Lebon a cet avantage de nous permettre d'étudier des conclusions soulevant nécessairement une question de droit importante ou difficile ce qui suppose une argumentation solide et détaillée.

21. Bornes temporelles. C'est à partir de 1872 qu'un nombre important de conclusions des commissaires du Gouvernement commencent à être publiées au Recueil Lebon, si bien que les changements de jurisprudence sont perceptibles à leur lecture. La reproduction intégrale des conclusions d'un commissaire de gouvernement figure pour la première fois dans le Recueil 1851 sur une décision rendue par le Tribunal des conflits, précisément car le tribunal a jugé dans un sens imprévu, poussant les rédacteurs d'alors du Recueil à publier les conclusions pour mieux faire comprendre les raisons de ce choix. Mais ce n'est qu'à partir de 1872[146] qu'un nombre conséquent de conclusions seront régulièrement publiées, raison pour laquelle cette date nous semble constituer un point de départ pertinent, d'autant qu'elle coïncide avec l'année où le législateur consacra l'indépendance du Conseil d'État par la loi du 24 mai 1872[147].

p. 245 où l'auteur énonce que « *le primat des décisions d'assemblée et de section doit cependant être relativisé, tempéré et nuancé* ». L'arrêt Benjamin du 19 mai 1933 (Rec. p. 541) en est la preuve la plus significative.

[144] V. sur la sélection des arrêts au Recueil, Ch. Maugüé, J.-H. Stahl, « Sur la sélection des arrêts au Receuil Lebon », *RFDA* 1998, p. 768.

[145] À l'inverse, des décisions novatrices peuvent ne pas être mentionnées au Receuil.

[146] M. Deguergue, « L'évolution du poids du Recueil Lebon », in *La communication des décisions du juge administratif*, P. Bourdon (dir.), LexisNexis 2020, p. 19.

[147] On peut lire sur le site du Conseil d'État qu' « avec la loi du 24 mai 1872, le Conseil d'État juge désormais "souverainement" les recours dont il est saisi. La "Haute Assemblée" devient alors, de façon définitive, une véritable juridiction ».

Cette vaste amplitude temporelle permet aussi d'embrasser une partie essentielle et substantielle de l'histoire du droit des contrats administratifs qui, comme le droit administratif, est « faite d'une succession de périodes d'innovation, de créativité jurisprudentielle et de fixisme, de conservatisme »[148], « de jurisprudence immobile »[149] ainsi que de réforme de la jurisprudence. Il aurait été par là dommage de se priver de la fin du XIXe siècle et du début du XXe, périodes de formation du droit des contrats administratifs.

22. Bornes matérielles. L'étude doit se limiter à un champ du contentieux qui nous parait particulièrement exposé à l'argument du droit comparé interne et qui ne rend pas malaisée, à notre sens, toute tentative d'extrapolation à d'autres pans du droit administratif. Il s'agit donc de s'intéresser au précédent judiciaire à partir de son étude spécifique et empirique en droit des contrats administratifs, en tant qu'illustration d'un phénomène argumentatif plus large (une porte d'entrée) que l'on peut retrouver dans la plupart des champs contentieux ou du moins, à certains d'entre eux[150]. C'est la raison pour laquelle l'étude se borne au droit des contrats administratifs comme sujet d'observation privilégié. Le droit contractuel apparait pertinent en ce qu'il symbolise peut-être plus que toute autre, l'unité du droit[151] : deux juges différents sont saisis du même objet juridique qui ne diffère que par le régime applicable, à tel point que certains auteurs ont pu énoncer l'idée que l'autonomie du droit administratif n'allait, en matière contractuelle, pas de soi[152].

---

148 F. Melleray, « Les conclusions contraires Labetoulle », préc.

149 D. Labetoulle, « Le juge administratif et la jurisprudence », *Rev. adm.* 1999, numéro spécial, p. 59.

150 On pense par exemple au droit de la responsabilité administrative ou au droit de la propriété publique eux aussi particulièrement exposés à une argumentation en partie fondée sur la jurisprudence judiciaire. À l'inverse le droit de l'urbanisme ou le droit des actes administratifs unilatéraux ne paraissent pas forcément propices au déploiement de la jurisprudence judiciaire.

151 R. Drago, « Paradoxes sur les contrats administratifs », in *Études offertes à Jacques Flour*, Defrénois, 1979, p. 151, rééd. LGDJ, coll. « Anthologie du droit », 2013. – « Le contrat administratif aujourd'hui », *Droits* 1990, p. 117.

152 F. Llorens, « Le droit des contrats administratifs est-il un droit essentiellement jurisprudentiel ? » in *Mélanges offerts à Max Cluseau*, Presses

Il existe, notamment sur les questions touchant à l'exécution des contrats, une grande communauté de principes applicables entre les droits public et privé[153] faisant dire au professeur de Laubadère que concernant le droit des contrats administratifs, les règles de droit privé – y compris celles jurisprudentielles – sont appliquées « avec une fréquence beaucoup plus grande que dans n'importe quel autre domaine »[154]. Au-delà, il faut avouer que notre connaissance et appétence pour la matière a également largement contribué à ce choix.

23. Bornes formelles. En raison du choix d'analyser les conclusions des rapporteurs publics sur le temps long et du trop grand nombre de conclusions publiées après la Seconde Guerre, nous avons dû renoncer à lister l'ensemble des conclusions publiées d'une façon ou d'une autre dans le domaine du droit des contrats. Il apparut alors nécessaire de se focaliser sur un recueil en particulier seulement, choix qui présente le triple avantage d'assurer la cohérence du corpus étudié, la continuité de la source et l'importance des questions de droit traitées.

Le choix se porta ainsi naturellement sur le recueil Lebon en raison de son accessibilité, de l'ancienneté de la publication des conclusions et de l'importance – présumée – des questions abordées dans les conclusions qui y sont publiées. Si le recours au recueil Lebon nous paraissait évident eu égard à son poids et au rôle qu'il a joué et qu'il continue de jouer dans l'élaboration du droit administratif malgré tout[155], une difficulté apparut : le

---

IEP Toulouse, 1985, p 378. – J. Antoine, *L'autonomie du droit des contrats administratif*, Thèse dactyl. Chambéry, 2001.

[153] M. Waline, « La théorie civile des obligations et la jurisprudence du Conseil d'État », in *Études juridiques offertes à Léon Julliot de la Morandière*, Dalloz, 1964, p. 631. – B. Plessix, *L'utilisation du droit civil dans l'élaboration du droit administratif*, Ed. Panthéon-Assas, 2003. – J.-B. Seube, « Contrats privés – contrats administratifs, points de convergence ? », in *Mélanges en l'honneur du professeur Michel Guibal*, PU du CREAM, 2006, t. 1, p. 367.

[154] *Traité théorique et pratique des contrats administratifs*, LGDJ 1956, t. 1, p. 20.

[155] Que l'on pense à l'*open data* qui a conduit à relativiser son importance. V. B. Latour, *La fabrique du droit. Une ethnographie du Conseil d'État*, La découverte, 2012, p. 202 : « Nous avons reconnu ensuite un cinquième objet de valeur, semblable au premier, sauf qu'il concerne cette fois l'autorité des objets juridiques eux-mêmes et non pas celle des sujets humains. Chaque citation

corpus recueilli s'est trouvé quantitativement insuffisant pour certaines décennies ce qui nécessitait de doubler la recherche de conclusions à l'aide d'une seconde source. Notamment et par exemple, si jusqu'en 1920, l'ensemble des conclusions publiées se retrouvaient dans le recueil Lebon, à partir de cette date d'autres revues commencèrent à publier des conclusions (notamment la *Revue de droit public*). Surtout, le recueil Lebon ne publia plus de conclusions entre 1920 et 1927 (date à laquelle M. Panhard est remplacé par M. Chalvon-Demersay à la tête du recueil). Cependant, même en 1929, l'on ne dénombre que peu de conclusions, les annotateurs en renvoyant la lecture essentiellement au recueil *Dalloz*. Puis entre 1927 et 1947 de très rares conclusions furent publiées. Il fallut attendre 1947 et la prise en main du recueil par le Conseil d'État lui-même pour qu'un nombre plus conséquent (bien qu'encore limité) de conclusions soient de nouveau publiées dans ce recueil. Pour ces raisons, le recours a une autre source s'est parfois imposé, à savoir le recueil *Dalloz* où étaient publiées depuis fort longtemps certaines conclusions dans un premier temps identiques à celle du Lebon, dans un second temps inédites. Nous nous sommes également permis, de façon très occasionnelle lorsque les conclusions nous paraissaient pertinentes, d'avoir recours à d'autres sources telles que l'*AJDA*, le *BJCP* ou encore la *RDP*.

Le volume de conclusions étudiées est ainsi conséquent et permet d'avoir une appréhension assez précise de la manière dont les rapporteurs publics mobilisent et manient la jurisprudence judiciaire en cette matière.

d'une loi dans un dispositif, chaque référence à un précédent dans une conclusion, chaque appel au *Lebon* pendant une séance d'instruction, chaque classement par les chroniqueurs d'un jugement aux Tables, va modifier le poids du texte en question, lui donner une solidité si grande que d'autres après lui vont pouvoir à son tour s'y accrocher, modifiant au fur et à mesure le paysage du droit devenu chaque jour plus contrasté, plus saillant, ou alors, au contraire, par endroits, de plus en plus confus, incertain, marécageux ». V. aussi p. 213 : « Si une nouvelle Commune brûlait à nouveau leur palais, mais laissait aux conseillers la collection entière du Lebon, ils pourraient juger dès le lendemain, assis sur les colonnes de Buren, à peu près à l'identique ».

Analyse du corpus

24. La démarche consista à compulser systématiquement le recueil *Lebon* afin d'établir une importante collection de conclusions se rapportant au droit des contrats administratifs (149 conclusions). L'idée était en effet de répertorier dans un premier temps l'ensemble des conclusions sur cette matière entre 1872 et 2022 sans se soucier de la présence d'un précédent judiciaire.

Le choix méthodologique a été de fixer en amont de l'analyse des hypothèses et des questions qu'il paraissait important d'avoir à l'esprit au préalable. Il a par la suite été procédé à leur analyse et à leur classement dans un tableau constitué de différentes entrées (thématique ; problème de droit ; nature du précédent judiciaire ; référence à la doctrine privatiste ; place dans l'argumentation etc.). Sur cette base, quelques données statistiques ont pu être établies.

Il apparut finalement que l'usage de la jurisprudence judiciaire par les rapporteurs publics était, d'un point de vue statistique, loin d'être anodine. L'imposante collection de conclusions où il est fait référence au moins une fois à une décision du juge judiciaire en témoigne[156].

25. Pour rendre plus maniable ce corpus et surtout, extraire la substantifique moelle, il fallut élaborer des grilles de lecture. La première nous a conduits à classer chronologiquement les conclusions destinées à situer dans le temps l'apparition d'une jurisprudence judiciaire et tenter de déceler des périodes, des tendances dans la pratique de la citation des précédents judiciaires ou des contextes plus ou moins favorables. La seconde regroupe les conclusions autour des principales thématiques du droit des contrats administratifs, rubrique elle-même subdivisée : compétence juridictionnelle et/ou qualification du contrat ; régime, etc. Il s'est alors avéré que la jurisprudence judiciaire couvrait là aussi la quasi-totalité des thèmes du droit des contrats administratifs.

26. Un classement fonctionnel a ensuite été établi, en tentant de savoir à quelles fins et sous quelles modalités le rapporteur

---

[156] Cf. *infra*.

public utilise la jurisprudence judiciaire. D'autres études, plus précises, ont concerné tout un ensemble de questions préalablement élaborées.
Le croisement de ces différentes données offre une vision assez complète du phénomène de référence à la jurisprudence judiciaire par les rapporteurs publics qui se caractérise en vérité par une extraordinaire richesse et diversité qu'il a bien fallu ordonner.

Thèse soutenue et plan de l'ouvrage

27. Les rapporteurs publics contribuent quotidiennement à la concrétisation de l'influence du droit privé par la manière dont ils manient le précédent judiciaire. À cet effet, il est utile de rendre lisible et accessible la grille d'analyse utilisée pour apprécier l'usage des précédents judiciaires, pour mieux identifier ses paramètres et comprendre son emploi. La malléabilité inhérente à tout argument en général, au précédent judiciaire en particulier, ainsi que la dualité juridictionnelle qu'il incarne, constituent des atouts argumentatifs incontestables pour les rapporteurs publics. Cela se révèle particulièrement avantageux dans un contexte exigeant à la fois des adaptations, des évolutions et des éléments de stabilité. L'étude du précédent judiciaire dans les conclusions des rapporteurs publics près le Conseil d'État met en lumière certaines convergences, mais surtout, de nombreuses différences dans leurs usages. Déceler une politique univoque de référence aux précédents judiciaires dans les conclusions des rapporteurs publics s'avère par conséquent complexe tant leur pratique dépend de multiples facteurs. Notre approche, qui souhaite mettre en lumière quelques tendances qui se dégagent pourtant, ne peut donc être que modeste et prudente d'autant que l'exercice suppose une subjectivité qu'il faut bien assumer.

28. Pour étudier le précédent judiciaire dans les conclusions des rapporteurs publics, deux niveaux d'analyse sont apparus pertinents. Il s'avère en effet possible d'identifier un séquençage consistant à s'interroger d'abord sur ce qui peut expliquer le recours au précédent judiciaire avant de s'interroger sur la façon dont il est réceptionné et utilisé dans l'argumentation. Si la première interrogation tend à répondre à la question de savoir pourquoi les rapporteurs publics le mobilisent formellement dans leur raisonnement, la seconde a quant à elle pour objet de déterminer, lorsqu'un précédent est mobilisé, le sens de sa réception et la façon dont l'utilisent substantiellement les rapporteurs publics dans l'argumentation. À ce stade, il est nécessaire de préciser que l'action de mobiliser la jurisprudence judiciaire dans un raisonnement ne présume en rien du sens de son utilisation.

29. En procédant de la sorte, une question centrale s'est rapidement posée : celle de savoir si le précédent judiciaire constituait pour les rapporteurs publics une véritable contrainte argumentative. La question mérite à notre sens d'être posée, car, à cet égard, la pratique du précédent judiciaire est particulièrement ambiguë.

Si la question de sa prise en compte, de sa mobilisation, doit être distinguée de celle de sa réception, de son utilisation, c'est parce qu'il apparait justement que la marge de liberté du rapporteur public n'est pas la même dans l'un et l'autre cas[157]. Une idée-force est en effet apparue lors de l'analyse du corpus : si le recours au précédent judiciaire est ambigu en ce sens que les rapporteurs publics paraissent contraints de le prendre en compte (si l'on suppose qu'ils en ont connaissance), sa réception est quant à elle empreinte d'une liberté entière. En bref, au choix contraint de recourir formellement au précédent judiciaire répond une liberté entière dans sa réception. Si y faire référence peut apparaitre dans une certaine mesure contraignant, les rapporteurs publics échappent à toute contrainte substantielle lorsqu'il s'agit de le réceptionner. Plutôt, la façon dont ils réceptionnent le précédent judiciaire dans l'argumentation leur permet de s'en délier.

C'est en cherchant à définir le champ du recours au précédent judiciaire par une lecture méthodique des conclusions étudiées que notre conviction s'est forgée selon laquelle le précédent

[157] Pour une distinction de la contrainte exercée par le précédent entre le recours textuel au précédent et son utilisation au fond V. L. Navel, *L'argument de continuité jurisprudentielle dans la jurisprudence de la Cour de justice de l'Union européenne,* préc.

judiciaire pouvait être ressenti comme une contrainte argumentative par les auteurs des conclusions. En dévoilant que le précédent judiciaire constitue une contrainte pour l'argumentation des auteurs des conclusions, on explique alors sa présence formelle et récurrente dans les raisonnements qu'ils mènent.

Sans constituer une contrainte objective, les auteurs des conclusions paraissent être tenus de prendre en considération les précédents judiciaires ce qui crée alors une contrainte argumentative dès lors qu'un besoin de se justifier apparait. Elle est donc formelle en ce qu'elle impose de prendre en compte le précédent judiciaire dans l'argumentation (chapitre 1).

S'ils apparaissent contraints formellement d'y avoir recours, les auteurs des conclusions ne sont toutefois jamais tenus de l'appliquer substantiellement[158]. Dire que recourir au précédent judiciaire constitue une contrainte ne dit en réalité rien sur la nature contraignante ou non de ses effets. L'étude de la réception du précédent judiciaire a plutôt mis en lumière l'utilisation rhétorique de la jurisprudence judiciaire en même temps qu'elle a dévoilé toute l'ambiguïté de son statut pour le juge administratif. Leur stratégie argumentative montre en effet leur possibilité d'échapper à toute contrainte substantielle et de se délier de la contrainte formelle au stade de sa réception. Les rapporteurs publics restent libres de leurs stratégies par rapport aux précédents judiciaires auxquels ils ont pourtant recours, dévoilant par là le caractère instrumental du précédent judiciaire. Leur part de liberté est ainsi substantielle en ce que les auteurs des conclusions peuvent déterminer les conséquences qu'ils souhaitent donner au recours au précédent judiciaire (chapitre 2).

---

158 La situation est alors très proche de celle décrite par P. Deumier à propos de la « prise en considération » des normes par le Conseil d'État et la Cour de cassation : « La prise en considération d'une norme par le juge : le chaînon manquant ? », *D.* 2022, p. 1668 : « chaque fois, le juge exprime devoir examiner une norme avec attention, sans formuler d'obligation quant au résultat de cet examen : il reste libre de suivre la norme ou de s'en écarter ». Si l'on suit l'auteur, le caractère contraignant de certaines normes ne se rapporte pas à ses effets (non contraignants), mais à l'obligation de la prendre en compte dans l'argumentation. V. à ce propos F. Rouvière, « L'argument tiré de textes non applicables à l'espèce », *RTD civ.* 2023, p. 1009 qui y voit une « contrainte de motivation, car il devra répondre à l'argument ».

En résumé, si le principe de cohérence conduit à l'obligation de prendre en compte (et éventuellement de les mentionner) les précédents judiciaires jugés suffisamment proches dans l'argumentation des rapporteurs publics, cette première forme de contrainte est tout à fait formelle. Or, cette première forme de contrainte ne doit pas occulter leur liberté de suivre le précédent judiciaire ou de s'en écarter en mobilisant différentes techniques argumentatives. La réception du précédent judiciaire, c'est-à-dire les conséquences qu'ils en tirent pour leur solution, toujours libre, sert toujours une finalité : légitimer le raisonnement.

Chapitre 1. Le recours au précédent judiciaire, manifestation d'une contrainte formelle

30. Faire référence à un précédent judiciaire est une activité subjective qui suppose tout autant une évaluation que des choix, parfois contraints, de la part de celui qui en a recours. Avant de rendre compte d'un précédent judiciaire et éventuellement d'en faire usage dans l'argumentation, encore faut-il déterminer la pertinence de son recours. Dit autrement, il serait tentant de délimiter un « espace de pertinence »[159] susceptible d'expliquer et de comprendre les raisons d'une mobilisation du précédent judiciaire.

La tâche n'est pas aisée puisqu'il n'est jamais exigé du rapporteur public qu'il expose ses choix, c'est-à-dire qu'il indique pour quelle(s) raison(s) et pour quelle(s) finalité(s) il a été décidé d'insister sur la jurisprudence judiciaire à un moment ou un autre de l'argumentation, et qu'il rende ainsi compte de ses critères de mobilisation. En l'absence de l'exposé explicite des choix dans les conclusions, la recherche de cet « espace de pertinence » ne peut se faire qu'à travers les données implicites qu'offrent ces documents préparatoires et l'interprétation, nécessairement subjective de notre part, de l'argumentation à l'œuvre dont « les ressorts [...] ne se laissent pas aisément observer »[160]. Il est ainsi impossible de rendre compte avec précision, exactitude et d'une façon péremptoire les raisons du rapporteur public l'ayant poussé à mobiliser ou non un précédent judiciaire. L'impossibilité d'identifier un raisonnement type et l'extrême diversité des situations où se déploie l'argumentation juridique et des démarches rendent inenvisageable de prétendre le prévoir avec certitude.

[159] P. Legrand, *Le droit comparé*, PUF, coll. « Que sais-je », 2016, p. 58.

[160] P. Deumier, « Les "motifs des motifs" des arrêts de la Cour de cassation – Étude des travaux préparatoires », in *Mélanges en l'honneur de Jean-François Burgelin*, Dalloz, 2008, p. 125, spéc. p. 126.

31. Si elle ne nous a pas permis d'isoler avec certitudes les éléments qui éclairent la question du choix de recourir au précédent judiciaire, la lecture méthodique des conclusions étudiées a permis de forger notre conviction selon laquelle le précédent judiciaire jouait néanmoins comme une contrainte pour les auteurs des conclusions. Le recours au précédent judiciaire apparait moins comme un choix éclairé que comme une contrainte dont le rapporteur public ne peut faire l'économie au sein de son argumentation. Il constitue en effet un élément de fait, de contexte qui s'impose à certaines conditions et qui peut le conduire à adopter telle solution ou tel comportement plutôt qu'un autre[161]. Le précédent judiciaire peut être ressenti comme un élément incontournable du raisonnement tenu ; la résolution des problèmes de droit devant tenir compte de l'existence d'un précédent judiciaire. C'est en ce sens que nous l'identifions comme une contrainte formelle qui pèse sur l'argumentation, que l'auteur des conclusions en ait d'ailleurs conscience ou non[162].
Il faut alors chercher à identifier à la fois ce qui dévoile et ce qui explique cette contrainte. Par une analyse déductive des conclusions étudiées, il en ressort un usage récurrent d'une logique précédentielle à l'égard de la jurisprudence judiciaire par les auteurs ce qui constitue à notre sens la manifestation la plus tangible d'une forme de contrainte argumentative (Section 1.). Si l'on cherche ensuite à expliquer d'où provient ce sentiment de contrainte poussant les rapporteurs publics à la prendre en compte dans leur argumentation, on dira que l'exigence de cohérence est sans doute l'élément le justifiant (Section 2.). On

---

[161] La contrainte argumentative peut en effet se définir par référence à la contrainte juridique. V. Champeil-Desplats, M. Troper, « Proposition pour une théorie des contraintes juridiques », in *Théorie des contraintes juridiques*, M. Troper, V. Champeil-Desplats, Ch. Grzegorczyk (dir.), Bruylant, LGDJ, coll. « La pensée juridique », 2005, p. 1 : « La contrainte juridique est une situation de fait dans laquelle un acteur du droit est conduit à adopter telle solution ou tel comportement plutôt qu'une ou un autre, en raison de la configuration du système juridique qu'il met en place ou dans lequel il opère ».

[162] Ch. Grzegorczyk, « Obligations normes et contraintes juridiques. Essai de reconstruction conceptuelle », in *Théorie des contraintes juridiques*, *op. cit.*, p. 25 : « La conscience de l'agent concret n'est pas indispensable pour que la contrainte existe ; même si cet agent n'est pas conscient des contraintes qui pèsent sur lui, il est encore objectivement contraint, seulement il ne le sait pas ».

pourra alors tenter de dresser le domaine au sein duquel la contrainte issue d'un précédent judiciaire se déploie ce qui revient, *in fine*, à dresser un panorama le plus complet possible des hypothèses où est privilégié le recours au précédent judiciaire (Section 3.).

Section 1. L'identification de la contrainte : l'usage diffus d'une logique précédentielle

32. Affirmer qu'aucune contrainte n'est exercée, d'une façon ou d'une autre, par le précédent judiciaire à l'endroit du juge administratif serait trompeur si l'on s'en tient à une lecture approfondie des conclusions. Bénéficiant d'une autorité persuasive[163], les décisions du juge judiciaire sont bien souvent prises en considération en raison d'une forme de contrainte qu'elles font peser sur les auteurs des conclusions. Sans être nécessairement tenu de l'appliquer, le précédent judiciaire n'est pas ignoré des rapporteurs publics ; au-delà de disposer d'une valeur argumentative indéniable en remplissant une fonction de persuasion, quelquefois même puissante, il est pour eux une contrainte.

En bref, tout se passe comme si les rapporteurs publics se sentaient tenus de mobiliser le précédent judiciaire tout en étant libres quant au résultat de l'analyse et du raisonnement, parce qu'ils regardent le précédent judiciaire comme la source d'une contrainte argumentative avec laquelle ils doivent composer et dont il faut inévitablement tenir compte.

Qu'il soit ici immédiatement précisé que la reconnaissance d'une telle autorité ne préjuge en rien du sens de l'utilisation (le suivre, en dénier la pertinence, le neutraliser etc.) qui pourra en être faite par le rapporteur public une fois le précédent mobilisé. Nous le verrons, s'il décide de citer un précédent judiciaire, il peut très bien par la suite le neutraliser, c'est-à-dire s'opposer à la solution

---

[163] Sur la notion V. notamment parmi une littérature abondante Glenn H.-P., « Persuasive authority », *McGill Law journal*, 1987, n° 2, p. 261. – C. Flanders, « Toward a theory of persuasive authority », *Oklahoma Law Review*, 2009, n° 55, p. 55. – G. Lamond, « Persuasive authority in the law », *The Harvard Review of Philosophy*, 2010, n° 1, p. 16.

exposée dans ce précédent, pour diverses raisons. Une telle démarche ne signifie pas que le rapporteur public dénie toute autorité aux précédents judiciaires et qu'il ne joue pas comme une contrainte. Au contraire, c'est très justement parce que le précédent judiciaire apparait contraignant pour le juge administratif que les rapporteurs publics, lorsqu'il ne va pas dans le sens de leur argumentation, doivent parfois mettre en œuvre des procédés de neutralisation pour se départir d'un précédent judiciaire qui contrarie leur raisonnement dans le cas d'espèce qui leur est soumis. Il se sent donc quelque part tenu de justifier les raisons le poussant à le neutraliser ce qui laisse en tout état de cause penser à un haut degré de contrainte.

33. Ceci étant dit, si le simple fait de citer un précédent judiciaire démontre en soi l'autorité que leur accordent les rapporteurs publics : dans toute stratégie argumentative « le fait de poser certains actes, qu'il s'agisse d'appréciations ou de décisions, est considéré comme un consentement implicite à leur utilisation à titre de précédents, comme une sorte d'engagement à se conduire semblablement dans des situations analogues »[164] ; leur mise en forme rhétorique le confirme plus amplement. En effet, les rapporteurs publics font clairement usage d'une « rhétorique précédentielle »[165] assez intensive, c'est-à-dire une rhétorique visant à prendre comme référence dans l'argumentation une décision antérieure du juge judiciaire adoptée dans des circonstances jugées suffisamment semblables. Tout un arsenal rhétorique proche de la référence aux précédents internes est constamment déployé laissant voir une mobilisation du précédent judiciaire d'une façon strictement identique aux précédents du Conseil d'État. De la sorte, on a parfois le sentiment qu'une autorité analogue entoure, pour le rapporteur public, ces deux arguments ce qui laisse supposer que la contrainte inhérente aux précédents internes[166] se diffuse aussi

---

164 Ch. Perelman et L. Olbrechts-Tyteca, *Traité de l'argumentation*, préc. p. 144.

165 L. Navel, *op. cit.*,n°s 17 et s.

166 G. Leroy, *La pratique du précédent en droit français. Étude à partir des avis de l'avocat général à la Cour de cassation et des conclusions du rapporteur public au Conseil d'État*, LGDJ, coll. « Bibliothèque de droit privé », 2023. – Ch. Pros-Phalippon, « La référence aux précédents de la juridiction », in *Le*

aux précédents judiciaires. Sans nier certaines spécificités, il existe ainsi une proximité très nette entre la pratique de la mobilisation des précédents judiciaires et celle des précédents internes par les rapporteurs publics.

34. Ce discours précédentiel se manifeste à plusieurs égards. D'abord, par la place importante accordée aux précédents judiciaires dans les argumentations des auteurs de conclusions qui se rapproche de la centralité du précédent interne (§ 1.) ; ensuite, par le recours indifférencié aux précédents internes et externes et, parfois même, par la proposition d'une reprise *verbatim* d'un précédent judiciaire (§ 2.) ; enfin, par la recherche d'analogie et de distinctions auxquels se livrent les rapporteurs publics (§ 3.). À leur manière, ces procédés participent de la mise en avant d'une autorité au fondement d'une certaine contrainte argumentative. Ils montrent parfaitement la considération particulière que les rapporteurs publics leur accordent et la valeur intrinsèque de la solution soutenue par le juge judiciaire.

§1. L'importance du recours aux précédents judiciaires

35. Sans être omniprésent dans l'argumentation des rapporteurs publics, notre étude révèle qu'il est loin d'être rare qu'une solution émerge sans que le rapporteur public ait recours à un précédent judiciaire. L'importance du recours aux précédents judiciaires dans les conclusions des rapporteurs publics se révèle par une étude quantitative de leur référence (A.), constante depuis 1872 jusqu'à aujourd'hui. Cette constance est aussi la marque d'un attachement et d'une considération particulière des rapporteurs publics à la jurisprudence judiciaire de nature à en démontrer l'autorité et leur nature contraignante. La connaissance du précédent judiciaire constitue toutefois un préalable nécessaire à sa mobilisation. Puisque « le précédent qui n'est pas connu n'existe pas »[167], elle constitue alors une limite

---

raisonnement juridique. Recherches sur les travaux préparatoires des arrêts, P. Deumier (dir.), Dalloz, coll. « Méthodes du droit », 2013, p. 33, spéc. n° 65.

[167] J. Bel, « Le précédent judiciaire en droit privé français », *RIDC, Journées de la Société de Législation Comparée*, 1984, Vol. VI, p. 17, spéc. p. 182.

au jeu de la contrainte dont il faut tenir compte lorsque l'on cherche à expliquer ce qui conduit le juge administratif à prendre en compte un précédent judiciaire. Il faut à ce titre mentionner quelques éléments, sans doute non exhaustifs, de nature à favoriser la connaissance du précédent judiciaire par les rapporteurs publics (B).

A. L'importance argumentative du précédent judiciaire

36. L'importance argumentative du précédent judiciaire se dévoile tant par une étude quantitative de son recours (1.) que par son recours constant dans l'argumentation (2.).

1. L'importance quantitative

37. Quantitativement, la fréquence du recours aux précédents judiciaires par les rapporteurs publics est loin d'être relative en droit des contrats administratifs[168] ; elle est même plutôt conséquente, significative et régulière[169].
En effet, parmi les 149 conclusions étudiées, 74 font référence à au moins un précédent judiciaire soit 49,7 %. Si le recours au précédent judiciaire n'est effectivement pas la règle, il est mobilisé dans près de la moitié du corpus étudié ce qui est

---

[168] *Contra*, à l'occasion d'une étude à partir de 364 travaux préparatoires des décisions rendues par la Cour de cassation et le Conseil d'État pour la seule année 2009 et sans égard à un domaine en particulier du droit V. C. Bouix, « La référence aux précédents externes à l'ordre de juridictions », in *Le raisonnement juridique*, P. Deumier (dir.), Dalloz, coll. « Méthodes du droit », p. 59 pour qui « la fréquence de l'utilisation par l'avocat général, le conseiller-rapporteur, le rapporteur public et le commissaire du gouvernement des précédents externes à l'ordre de juridictions est relative. En effet, il y est fait référence dans les travaux préparatoires de seize arrêts du Conseil d'État et de la Cour de cassation sur la base de 364 décisions ».

[169] Cette analyse rejoint celle beaucoup plus ciblée du professeur F. Rolin, *Essai sur la théorie générale du droit administratif de Jean Romieu*, Ed. La mémoire du droit, 2019, p. 13 à propos des conclusions publiées de Romieu : « on trouve dans 19 des conclusions publiées [58] des références explicites à la jurisprudence judiciaire. Il est vrai que pour une partie ces conclusions sont prononcées devant le Tribunal des conflits ce qui déforme quelque peu le corpus. **Ce nombre significatif** témoigne de deux phénomènes importants ».

d'autant plus remarquable que le Conseil d'État n'a jamais – et n'envisage probablement pas de le faire dans l'immédiat – cité un précédent judiciaire[170]. Le recours aux précédents judiciaires, à l'évidence, ne constitue pas un phénomène marginal ; le procédé est abondant surtout s'il est tenu compte du fait qu'un bon nombre de conclusions analysées concerne des litiges où la jurisprudence judiciaire n'a, par nature, aucune pertinence[171] et que le juge administratif n'est nullement tenu de prendre en compte les précédents judiciaires, extérieurs à son ordre de juridiction. Aucune contrainte objective ne le lui impose, ce qui n'est véritablement pas le cas des précédents internes ne serait-ce qu'en raison de leur mission d'uniformisation de l'interprétation jurisprudentielle et de leur statut, mémoire de la juridiction[172], au sein de leur propre ordre juridictionnel[173].

38. On est alors tenté de dire que cette importance quantitative est le premier signe d'une forme d'autorité et de contrainte qui s'impose effectivement aux rapporteurs publics qui ne peut exister qu'en raison de « "la crédibilité de la source" laquelle repose sur deux facteurs : la confiance que celle-ci inspire, par son objectivité et son désintéressement notamment, et, surtout, sa compétence »[174]. La référence conséquente et multiple aux précédents judiciaires est justement de nature à dévoiler cette crédibilité et partant, l'autorité du précédent judiciaire pour le juge administratif : c'est bien du sentiment de crédibilité de la jurisprudence judiciaire – qui s'explique par des

---

[170] Pour un plaidoyer en faveur de la citation des précédents « externes » V. J. Antipass, « Pour une mention par la Cour de cassation des précédents issus du droit public », *D.* 2017, p. 1428. La Cour de cassation s'est quant à elle récemment décidée à citer les précédents de la juridiction administrative. Par ex. 3e Civ., 29 juin 2023, pourvoi n° 22-16.034, publié au Bulletin, § 13. V. *infra* conclusion générale.

[171] Cf. *infra*. Chap. 1 Sect. 3. §1. A. 2.

[172] C. Richaud, *Le précédent dans la jurisprudence du Conseil constitutionnel*, Institution Universitaire de Varenne, Collection des thèses, 2016, p. 39, n° 34.

[173] C. Bouix, « La référence aux précédents externes à l'ordre de juridictions », préc.

[174] L. Seurot, « La psychologie sociale, science auxiliaire du droit administratif », *AJDA* 2023, p. 1429 se fondant sur les travaux de C. I. Howland et W. Weiss, *The influence or source credibility on communication effectiveness*, Public Opinion Quaterly, Vol. 15, 1951, p. 635.

raisons diverses tenant notamment à son histoire et son ancienneté, son objectivité, sa compétence, sa place au sein des institutions publiques et juridictionnelles, sa capacité de persuasion etc. – que résulte ce phénomène de référence abondante. Mentionner aussi intensément des précédents judiciaires revient à leur manifester un attachement particulier et la nécessité de le prendre en compte sinon, parfois, de s'y conformer. Ce phénomène non marginal de référence aux précédents judiciaires est donc la marque d'une confiance du juge administratif à l'autorité judiciaire et à ses décisions qui sont considérées comme disposant de caractéristiques qui laissent présumer l'absence de doute quant à leur fiabilité. Ils n'ont en tout état de cause pas vocation à constituer de simples exemples ; ils constituent plutôt de véritables arguments de justification de la solution retenue.

39. Même, si l'étude du précédent judiciaire montre que son recours n'est pas aussi central que celui tiré de l'argument du précédent interne – quant à lui « absolument omniprésent dans l'argumentation »[175] –, il n'en reste pas moins qu'il constitue un point de référence usuel de l'argumentation des rapporteurs publics. Il constitue un élément (bien entendu insuffisant en lui-même) de nature à accréditer la présentation du précédent judiciaire comme contrainte argumentative. D'ailleurs, il est saisissant que les réponses jurisprudentielles antérieures du juge judiciaire se mêlent parfois indistinctement aux précédents internes[176], les précédents judiciaires et internes se confondant alors comme pour mieux appuyer leur autorité. On en vient à

---

[175] G. Leroy, *La pratique du précédent en droit français. Étude à partir des avis de l'avocat général à la Cour de cassation et des conclusions du rapporteur public au Conseil d'État*, LGDJ, coll. « Bibliothèque de droit privé », 2023, n° 110. – C. Vocanson, « L'analyse des arguments dans les conclusions des commissaires du gouvernement près le Conseil d'État », in B. Bonnet, P. Deumier (dir.), *De l'intérêt de la summa divisio droit public-droit privé ?*, Dalloz, coll. « Thèmes et commentaires », 2010, p. 183 et s., spéc. p. 188.
En droit privé V. not. E.-H. Perreau, *Technique de la jurisprudence en droit privé*, Paris, Librairie des sciences politiques et sociales, 1923, T.1, spéc. p. 67. – P. Deumier, « La fabrique de la jurisprudence en droit des contrats internationaux », *Travaux du comité français de droit international privé*, Éd. A. Pedone, Années 2016-2018, p. 205, spéc. p. 218.

[176] V. *infra*.

penser que le statut et l'autorité de l'argument tiré du précédent judiciaire sont spécifiques en comparaison à d'autres arguments, par exemple, de type sociologiques, économiques ou sociaux quant à eux bien moins souvent impliqués dans le raisonnement des auteurs.

40. Il reste que cette importance peut tout de même être relativisée, du moins affinée.

D'abord, un bon nombre de conclusions publiées en droit des contrats administratifs ne recourent pas à un précédent judiciaire ce qui contribue à démontrer que la mobilisation du précédent judiciaire par les rapporteurs publics n'est tout de même pas systématique, mais ponctuelle quoique récurrente[177]. Ainsi, on peut avancer qu'il ne suffit pas d'une analogie au moins apparente entre une question qui se pose au Conseil d'État et une autre déjà réglée par la Cour de cassation (ou plus rarement une juridiction du fond) pour qu'un sentiment de contrainte de tenir compte de la jurisprudence judiciaire naisse dans l'esprit de l'auteur des conclusions. D'autres éléments doivent en effet être pris en compte : la connaissance du précédent interne, sa réception doctrinale, le degré d'analogie ou de différence avec le cas ou les données propres du droit des contrats administratifs, la composition de la formation de jugement (solennelle), la divergence de jurisprudences au sein de l'ordre juridictionnel judiciaire etc.

Au-delà, le recours non systématique au précédent judiciaire ne constitue pas, à notre sens, le signe d'une absence totale de contrainte si l'on veut bien considérer qu'il existe des degrés de contrainte comme il existe des degrés d'autorité. La contrainte peut en effet être plus ou moins forte selon la nature de l'élément considéré dans le raisonnement du juge – texte, jurisprudence interne, jurisprudence externe etc. – et sa contextualisation au regard du cas – degré d'analogie, marge d'interprétation d'un texte au regard des données du litige etc. Si la contrainte issue

---

[177] Par exemple pour des jurisprudences significatives : Concl. Romieu sur CE, 31 mai 1907, *Deplanque c/ Ville de Nouzon* : Rec. p. 513. - Concl. Long sur CE, Sect., 20 avril 1956, *ministre de l'Agriculture c/ Époux Bertin* : *RDP* 1956, p. 869.

d'un précédent judiciaire ne saurait être aussi puissante que celle d'un précédent interne ou d'un texte, elle n'est malgré tout pas nulle. Les considérations au fondement du caractère contraignant du précédent interne – égalité devant la loi, attentes légitimes des justiciables, sécurité juridique[178] – et du texte – essentiellement, l'État de droit et la hiérarchie des normes – paraissent en effet supérieures à celle liée à la cohérence juridique qui explique, nous y reviendrons, le caractère contraignant de la jurisprudence judiciaire ; nos propos n'ont bien entendu pas vocation à présenter le précédent judiciaire comme une contrainte absolue. Ensuite, il est vrai que lorsque le rapporteur public fait référence à un ou plusieurs précédents judiciaires, c'est bien souvent à l'occasion d'un développement particulier. La résolution d'un litige implique la plupart du temps de la part du rapporteur public de répondre à plusieurs questions en cascades ou à des questions indépendantes les unes des autres. Dans ce cas, il est bien rare que la jurisprudence judiciaire soit mobilisée de bout en bout, du début jusqu'à la fin des conclusions. Hormis quelques très rares cas où les précédents judiciaires sont mobilisés substantiellement presque tout au long des conclusions[179], la référence est surtout intermittente, épisodique. Malgré tout, les précédents judiciaires, s'ils n'apparaissent que sporadiquement dans les conclusions, se révèlent être principalement et très largement mobilisés lorsqu'il s'agit de traiter d'une question de principe et lorsque le débat se situe au niveau de la fonction jurisprudentielle du juge

---

[178] V. sur les arguments traditionnellement avancés en faveur du recours au précédent interne (et sur leur caractère peu convaincant) O. De Schutter, « Le précédent et le juge européen. Pour une structure des révolutions juridiques », *RRJ* 1993, p. 1127.

[179] Not. Concl. Bertrand sur CE, 8 oct. 1965, *Commissaire du gouvernement près la commission régionale des dommages de guerre de Dijon c. Renard* : *D.* 1965, p. 239 à propos de l'office du juge de cassation en matière contractuelle sur l'interprétation des stipulations contractuelle faite par le juge du fond. – Concl. Boulouis sur CE, Sect., 11 juill. 2011, *Mme Gilles* : Rec. p. 334 à propos de la compétence juridictionnelle en matière de sous-occupation domaniale et du droit des tiers à se prévaloir d'une inexécution contractuelle. – Concl. Pellissier sur CE, Ass., 9 nov. 2016, *Société Fosmax LNG* : Rec. p. 471 à propos de la compétence juridictionnelle en matière d'arbitrage international (Critère de l'internationalité de l'arbitrage et demande *d'exequatur*), du contrôle par le juge administratif des sentences arbitrales internationales et de l'arbitrabilité du litige (date à laquelle apprécier la licéité de la convention d'arbitrage).

administratif[180]. Encore faut-il distinguer son poids dans l'argumentation, ce sur quoi nous reviendrons[181].
Enfin, l'importance quantitative de la référence aux précédents judiciaires doit être analysée individuellement et d'une façon comparative entre les conclusions. Il convient de relever que certains rapporteurs mobilisent un unique[182] voire deux précédents[183], justifiant parfois cette référence limitée au fait que ce « seul arrêt [...] parait résumer le mieux sa doctrine : cassation Fournier contre Goyer, 8 février 1886, Dalloz,

---

180 Sur la distinction fonction juridictionnelle et fonction jurisprudentielle V. not. Y. Gaudemet, *Les méthodes du juge administratif*, LGDJ 1972, Rééd. 2014, coll. « Anthologie du droit », 321 p.

181 V. *infra*.

182 Par ex. Concl. Long sur CE, Sect., 19 oct. 1956, *Sté Le Béton* : *RDP* 1957, p. 310 : « La Cour de cassation a consacré, dans ses grandes lignes, la position doctrinale de sa Chambre civile du 7 novembre 1950 (Cass. civ., 7 novembre 1950, S. 1952, 1, p. 173, note G. Tixier) qui a suivi, presque à la lettre, la définition adoptée le 6 novembre 1947 par la Commission de réforme du Code civil et d'après laquelle [...]. Votre jurisprudence est, pour employer une expression à la mode, moins "engagée" ».

183 Not. Concl. David sur CE, 11 mai 1872, *Butin c/la ville de Beauvais (conflits de l'Oise)* : Rec. p. 265. – Concl. Marguerie sur CE, 17 nov. 1882, *Cie générale des eaux et Ville de Paris c/Cie des eaux de la banlieue et ville de Courbevoie* : Rec. p. 888. – Concl. Valabrègue sur CE, 20 févr. 1891, *Cie des Chemins de fer du Midi c. époux Salles* : Rec. p. 145.- Concl. Romieu sur CE, 6 juin 1902, Sieur Goret : Rec. p. 420. – Concl. Pichat sur CE, 4 mars 1910, *Thérond* : Rec. p. 193. – Concl. Corneille sur CE, 2 juill. 1915, *Repéré, Pépin, Cardona* : Rec. p. 223. – Concl. Rivet sur CE, 23 mai 1924, *Sté des Affréteurs réunis* ; D. 1924, III, p. 26. – Concl. Mayer sur CE, 1er août 1924, *Chem. de fer de l'État c. Gauthereau* ; Dalloz 1924, III., p. 55. – Concl. Latournerie sur CE, 9 mars 1928, *Cie des Scieries africaines* : *D.* 1930, p. 13. – Concl. Delvolvé sur CE, 22 déc. 1950, *Syndicat de la propriété agricole du Roannais* : *D.* 1951, p. 310. – Concl. Heumann sur CE, sect., 25 mars 1960, *SNCF c. dame Barbey* : Rec. p. 222. – Concl. Gentot sur CE, sect., 12 oct. 1973, *SEITA* : Rec. p. 565. – Concl. Bertrand sur CE, 25 févr. 1972, *SADE c. Sté Thomson-Houston-Hotchkiss-Brandt* : Rec. p. 168. – Concl. Labetoulle sur CE, sect., 5 nov. 1982, *Ville de Dôle* : Rec. p. 375. – Concl. Bergeal sur CE, Ass., 5 mars 1999, *Président de l'Assemblée nationale* : Rec. p. 43. – Concl. Lasvignes sur CE, Ass., 10 juin 1994, *Cne de Cabourg* : Rec. p. 300. – Concl. Dacosta sur CE, Ass., 11 juill. 2008, *Sté Krupp Hazemag* : Rec. p. 275. – Concl. Glaser sur CE, Ass., 28 déc. 2009, *Commune de Béziers* : Rec. p. 512. – Concl. Cortot-Boucher sur CE, 19 nov. 2013, *SNI* : Rec. p. 283.

87.1.23 »[184]. D'autres invoquent plus simplement et seulement « la jurisprudence » (implicitement judiciaire)[185], « la jurisprudence judiciaire »[186], « la Cour de cassation »[187] ou encore « les tribunaux civils » et leur pratique[188] sans autre précision. D'autres, plus rares et au contraire, multiplient abondamment les références (plus de 10 références) mobilisant parfois jugement du fond et arrêts de la Cour de cassation[189]. Mais le plus souvent, les précédents judiciaires sont cités quantitativement d'une façon que l'on juge mesurée (entre 3 et 10 références)[190]. Si cette distinction ne dit absolument rien sur

---

[184] Concl. Riboulet sur CE, 26 juillet 1912, *Cie d'Orléans et du Midi c. L'État* : Rec. 1912, p. 889 : « Nous ne retiendrons de celle-ci qu'un seul arrêt, qui nous parait résumer le mieux sa doctrine : cassation Fournier contre Goyer, 8 février 1886, Dalloz, 87.1.23 ».

[185] Concl. Romieu sur CE, 5 mars 1897, *Sieur Verdier* (1ere esp.), *sieur Daumas* (2eme esp.), Sirey 1898.3.17. – Concl. Mayer sur CE, 1er août 1924, *Chem. de fer de l'État c. Gauthereau* ; D. 1924, III., p. 55. – Concl. Fornacciari sur CE, 7 nov. 1986, *Ville de Toulouse, Marchés publics*, janv.-Fév. 1988, p. 29 après avoir parlé « de la doctrine et la jurisprudence judiciaire ».

[186] Concl. Pellissier sur CE, 24 févr. 2016, *Département de l'Eure* : Rec. p. 46. – Concl. Fornacciari sur CE, 7 nov. 1986, *Ville de Toulouse, Marchés publics*, janv.-Fév. 1988, p. 29

[187] Concl. Jagerschmidt sur CE, 14 févr. 1890, *Roussey c. commune de Longevelle* : Rec. p. 179. – Concl. Riboulet sur CE, 27 juin 1919, *Sté du gaz et de l'électricité de Nice* : Rec. p. 570 : « La Cour de cassation dans de nombreux arrêts qui ne se démentent point, n'accord, en effet, le caractère de force majeure ou de cas fortuit qu'aux évènements qui opposent à l'exécution de l'obligation un obstacle insurmontable ».

[188] Concl. Detton sur CE, 27 janv. 1933, *Le Loir* : D. 1934.III.68.

[189] Concl. Chardennet sur CE, 30 mars 1916, *Cie générale d'éclairage de Bordeaux c. Ville de Bordeaux* : Rec. p. 125 ; *D.* 1916. III. p. 26 (11 références). – Concl. Aubin sur CE, Sect., 28 nov. 1975, *Ville de Douai* : Rec. p. 604 (11 références). – Concl. Bergeal sur CE, Sect., 11 juill. 2001, *Sté des eaux du Nord* : Rec. p. 351 (18 références).

[190] Concl. Valabrègue sur CE, 26 déc. 1891, *Cie du gaz de Saint-Étienne c. Ville de Saint Étienne* : Rec. p. 789. (4 références). – Concl. Tardieu sur CE, 29 janvier 1909, *Cie des messageries maritimes c/l'État* : Rec. p. 112 (9 références). – Concl. Odent, CE, 5 mars 1943, *Cie générale des eaux et syndicat des communes de la banlieue de Paris pour les eaux* : D. 1 943 121 (3 références). – Concl. Chardeau sur CE, sect., 13 juill. 1956, *Office public d'habitation à loyers modérés du département de la Seine* : Rec. p. 343 (4 références). – Concl. Guionin sur CE, 9 janv. 1953, *Ville de Saint-Maurice c. Letot* : D. 1954 p. 278 (4 références). – Concl. Guillaume sur CE, Sect., 11 févr. 1972, *OPHLM du Calvados et Caisse franco-néeerlandaise de*

l'autorité que confère effectivement le rapporteur public aux précédents qu'il cite dans la mesure où un seul précédent peut avoir dans l'argumentation plus de poids qu'une série de précédents citée à titre purement informatif, on peut cependant légitimement voir dans la pratique de la citation multiple – et de sa récurrence – un indice de la crédibilité de la jurisprudence judiciaire pour le rapporteur public et de l'importance qu'il lui attache.

2. *La constance*

41. L'usage de précédents judiciaires par les auteurs de conclusions est une pratique ancienne ; elle s'est même intensifiée au fil du temps, de sorte qu'aujourd'hui, cet argument

---

cautionnements ; *AJDA* 1972, p. 245 (9 références). – Concl. Kahn sur CE, Ass., 9 juin 1972, *Sté Électricité pour la Lumière et la Force* : Rec. p. 428 (4 références). – Concl. Rougevin-Baville sur CE, Ass., 2 févr. 1973, *Sieur Trannoy* : Rec. p. 95 (6 références) – - Concl. Vught sur CE, Sect., 24 mai 1974, *Sté Paul Millet et cie* : Rec. p. 310 (6 références). – Concl. Grévisse sur CE, 8 nov. 1968, *Cie d'assurances générales contre l'incendie et les explosions* ; *RDP* 1969, p. 135 (5 références). – Concl. Touvet sur CE, 22 mars 1996, *Assoc. de gestion des écoles Saint-Martin, Jeanne d'Arc, Sainte-Marie, Marguerite-Marie et du Sacré-Cœur* : Rec. p. 93 (8 références). – Concl. Le Chatelier sur CE, avis Ass., 6 déc. 2002, *Syndicat intercommunal des établissements du second cycle du second degré du district de L'Haÿ-les-Roses* : Rec. p. 435 (8 références). – Concl. Piveteau sur CE, Ass., 5 mars 2003, *ordre des avocats à la cour d'appel de Paris* : Rec. p. 92. (7 références). – Concl. Casas sur CE, Ass., 16 juill. 2007, *Sté Tropic Travaux signalisation* : Rec. p. 363. (5 références). – Concl. Dacosta sur CE, sect., 10 avr. 2008, *Sté Decaux et département des Alpes-Maritimes* : Rec. p. 156 (4 références). – Concl. Geffray sur CE, Ass., 8 avr. 2009, *Cie générale des eaux et commune d'Olivet* : Rec. p. 120 (10 références). – Concl. Pellissier sur CE, 19 juill. 2017, *Centre hospitalier interdépartemental de psychiatrie de l'enfant et de l'adolescent* : Rec. p. 267 (10 références). – Concl. Pellissier sur CE, 9 nov. 2018, *Société Cerba* : Rec. p. 411 (5 références). – Concl. Lallet sur CE, Sect., 1er juill. 2019, *Association pour le musée des Îles Saint-Pierre et Miquelon* : Rec. p. 271 (9 références). – Concl. Le Corre sur CE, 27 mars 2020, *Société Lacroix Signalisation* : Rec. p. 144 (3 références). – Concl. Victor sur CE, 25 juin 2021, *Société Mezzi et Fonderia* : Rec. p. 182 (3 références). – Concl. Ciavaldini sur CE, 4 oct. 2021, *Société sportive professionnelle Olympique de Marseille* : Rec. p. 291 (4 références).

est devenu un élément bien souvent incontournable dans leur raisonnement en droit des contrats administratifs.
On ne saurait en être surpris. De nombreux travaux de recherche nous ont appris que les rapports entre le droit privé et le droit administratif sont inévitables et qu'il est faux de croire que chacun de ces droits vit sans contact de l'autre[191]. Il est même devenu commun de dire que l'un et l'autre se servent mutuellement de source d'inspiration. Des études d'ampleurs ont d'ailleurs très justement tenté d'en comprendre les raisons[192]. La chose est bien connue et ces travaux expliquent à bien des égards ce phénomène continu de références aux précédents judiciaires alors même que l'autonomie du droit administratif s'est inscrite plus sereinement dans le paysage juridique français et que la justice administrative s'est consolidée[193]. « L'antériorité

---

[191] Même si le constat est sans doute plus vrai d'un côté plutôt que l'autre.

[192] Pour ce qui est de la source d'inspiration que le droit privé peut constituer au profit du droit administratif V. not. G. Jèze, « De l'application des règles de droit privé aux manifestations unilatérales et contractuelles de volonté du droit public », *RDP* 1923, p. 5. – A. Hauriou, « L'utilisation en droit administratif des règles et principes du droit privé, in *Recueil d'études sur les sources du droit en l'honneur de François Gény*, Sirey, 1935, t. III, p. 92. – C. Connan, *La réception du droit privé par le droit administratif français*, Thèse dactyl, Poitiers, 2000. – B. Plessix, *L'utilisation du droit civil dans l'élaboration du droit administratif*, Thèse Paris II, 2001, éd. Panthéon-Assas, 2003. – N. Boulouis, "Regards d'un rapporteur public du côté du droit privé des contrats", *AJDA* 2009, p. 921. – J. Martin, *Les sources de droit privé du droit des contrats administratifs,* Thèse dactyl. Paris 2, 2008. – J. Antipass, « L'utilisation du droit administratif en droit civil », *RFDA* 2014, p. 795. – J. Martin (dir.) *L'influence de la réforme du droit des obligations sur le droit des contrats administratifs*, LexisNexis, coll. « Perspectie(s) », 2019.

[193] Ce qui est le fait de plusieurs facteurs dont notamment : la « déclaration d'indépendance » du droit administratif par l'arrêt Blanco (B. Plessix, *Op. cit.*, p. 819) ; la création de chaires de droit administratif faisant croître l'influence du Conseil d'État (F. Burdeau, *Histoire du droit administratif*, PUF, 1995, p. 109) ; la création de la *Revue du droit public et de la science politique en France et à l'étranger* en 1894 (O. Beaud, « La distinction entre droit public et droit privé : un dualisme qui résiste aux critiques », in *La distinction du droit public et du droit privé : regards français et britanniques*, J.-B. Auby, M. Freedland (dir.), Ed. Panthéon-Assas, spéc. p. 42) ; la réforme du doctorat par les décrets du 20 juillet 1882 et du 30 avril 1895 qui a eu pour effet d'augmenter considérablement le nombre de thèses soutenues en droit public (J. Imbert, « Passé, présent et avenir du doctorat en France », *Annales d'histoire*

historique, technique et doctrinale du droit civil, et sans négliger le phénomène sociologique de prestige du Code civil » sont les explications les plus convaincantes du constat selon lequel « les juristes administrativistes sont en effet allés puiser dans le fonds du droit civil, toutes sources confondues (Code civil, jurisprudence judiciaire, doctrine privatiste) »[194]. Même, « dans le domaine commun des obligations [...], les administrativistes se sont ainsi délibérément inspirés de certaines règles, de certaines notions, de certaines théories du droit civil : en matière de contrats ou de responsabilité, celui-ci a été un réservoir de solutions pratiques prêtes à porter pour le juge administratif [...]. De tels emprunts ont ainsi permis au juge et à la doctrine de combler certains manques techniques : ils ont aussi été parfois d'utiles arguments pour fournir certaines thèses ou favoriser certaines idées »[195]. En bref, les précédents judiciaires permettent de soutenir et légitimer des orientations jurisprudentielles sensibles. Au-delà, ils constituent une pièce parfois importante et incontournable de la stratégie argumentative des rapporteurs publics comme nous l'exposions en introduction. Sur les raisons profondes d'une mobilisation constante du droit privé, et partant, de la jurisprudence judiciaire, tout a peut-être été dit.

42. L'étude sur le temps long de conclusions sous un angle argumentatif et dans une matière en particulier, le droit des contrats administratifs, nous offre cependant un terrain d'observation singulier. On peut ainsi apporter quelques remarques sur le sujet de la constance et l'ancienneté de la référence aux précédents judiciaires sur la base des données du tableau reproduit ci-dessous.

---

des facultés de droit, 1984, spéc. pp. 24 et s.) ; la partition du concours d'agrégation.

194 B. Plessix, *Droit administratif général*, LexisNexis, 2022, 4e éd., n° 531.

195 *Idem.*

	Conclusions étudiées	Conclusions où au moins un précédent judiciaire est mobilisé	Taux de référence
1872 – 1880	4	1	25 %
1881 – 1889	14	1	7,1 %
1890 – 1899	10	6	60 %
1900 – 1909	11	4	36,4 %
1910 – 1920	11	6	54,5 %
1921 – 1930	10	9	90 %
1931 – 1940	6	1	16,7 %
1941 – 1950	2	2	100 %
1951 – 1960	10	5	50 %
1961 – 1970	4	2	50 %
1971 – 1980	8	8	100 %
1981 – 1990	4	4	100 %
1991 – 2000	11	4	36,4 %
2001 – 2010	18	9	50 %
2011 – 2022	26	12	46,2 %

Taux de référence aux précédents judiciaires

43. S'il est impossible d'affirmer objectivement que le précédent judiciaire est mobilisé aujourd'hui plus qu'hier – le nombre de conclusions étudiées n'étant pas identiques selon les décennies et la mobilisation du précédent judiciaire résultant de données et facteurs particulièrement variés et subjectifs –, une évolution sensible de la pratique de la référence aux précédents judiciaires se remarque. La tendance ne s'est jamais effacée et s'est même plutôt amplifiée, au moins d'un point de vue qualitatif.

En effet, si lors des premières décennies étudiées les commissaires du gouvernement font référence dans leurs conclusions à des uniques précédents judiciaires, très souvent sans guère de développement, une tendance à la fois à la multiplication des citations et au développement des propos à leurs égards se fait jour à partir de la fin des années 1900 et au début des années 1910[196]. Le style change ; les commissaires du gouvernement substituent à une mobilisation plutôt modeste du précédent judiciaire, une mobilisation plus substantielle aussi bien quantitativement (plus de précédents sont cités) que qualitativement (plus de discussion à leur propos). En affinant l'analyse, cette même tendance se renforce – certes, bien plus à la marge – tout au long des XXe et XXIe siècles. Au-delà du nombre de références aux précédents judiciaires, c'est leur présentation, leur analyse, leur discussion, parfois leur critique, qui sont exposées bien plus longuement et avec plus de précision.

44. Il est particulièrement délicat de donner une explication unique et péremptoire à ce phénomène – si tenter que l'on puisse même l'expliquer – d'autant que cette question dépasse très largement le cadre de cette étude. Sans doute, un lien peut-il être fait entre cet approfondissement et l'émancipation du droit des contrats administratifs. La fin des années 1900 et le début des années 1910 constituent une période d'affirmation franche de la spécificité du droit des contrats administratifs et de développement continu du droit administratif du fait d'une jurisprudence du Conseil d'État particulièrement innovante. Tout est alors à faire et les grandes notions de la matière commencent à s'y déployer : clauses exorbitantes du droit commun,

[196] V. les notes de bas de pages précédentes.

imprévision, fait du prince, pouvoir de modification unilatérale, déchéance, sanctions de l'inexécution etc. Si durant le XIXe siècle l'influence du droit privé est forte, c'est surtout parce que les commissaires du gouvernement adoptent le langage et les méthodes du droit privé plus que les solutions de la jurisprudence judiciaire elle-même[197], ce qui explique en partie la faible importance quantitative des références aux précédents judiciaires que l'on a constatée entre 1872 et 1890. Or, les choses commencent à changer dès lors qu'à partir de la fin du XIXe siècle, le droit administratif jurisprudentiel se construit par opposition au droit commun : « c'est là une vérité historique : c'est à partir de ce droit [privé] que le droit administratif s'est formé par un long effort de différenciation »[198]. C'est très justement parce que les premières années d'existence du Conseil d'État ont été marquées par un renvoi systématique de l'application des règles de droit privé devant le juge judiciaire[199] qu'un approfondissement de la référence aux précédents judiciaires est apparu naturellement. Lorsqu'il s'est agi de s'en émanciper, il eut été difficile de faire table rase du passé et d'oublier aussi abruptement tout un passé juridique avec lequel il fallait pourtant composer, les commissaires du gouvernement rappelant les inconvénients que des solutions trop divergentes pourraient entrainer.

Le droit des contrats administratifs n'est ainsi pas parti d'un vide. Précisément, les contrats de l'administration étant soumis alors au juge judiciaire par principe, le droit qui leur était applicable était celui qui l'était à tous les contrats, soit le droit privé. En effet, sauf exception[200], quand bien même un contrat fut souscrit par l'administration, il n'en demeurait pas moins un contrat de

---

[197] F.-P. Benoit, « Juridiction judiciaire et juridiction administrative », *JCP* 1964, I.1838. – Y. Gaudemet, *Les méthodes du juge administratif*, LGDJ 1972, Rééd. 2014, coll. « Anthologie du droit », p. 183.

[198] J. Rivero, « Existe-t-il un critère du droit administratif ? », *RDP* 1952, p. 279.

[199] G. J. Guglielmi, « Le rôle du Conseil d'État dans la distinction entre le droit public et le droit privé », *RFDA* 1996, p. 307.

[200] Ce fut le cas par exemple, des marchés de fournitures de l'Etat, ceux des communes ressortissantes toutefois de la compétence du juge judiciaire, et des marchés de travaux publics.

nature civil n'étant pas supposé engager l'administration comme puissance publique[201]. Il était donc inévitable de tenir compte de ce droit, sinon de tirer profit de ce riche passé, de l'antériorité historique, de la stabilité du droit privé et de son prestige, et du fait que « les réponses données par la jurisprudence judiciaire [...] sont d'accès aisé pour le juge administratif »[202] pour en déceler les éléments à conserver, ceux qu'il fallait créer et ceux qu'il fallait rejeter. Le tout début du XXe siècle marque un tournant pour le droit des contrats administratifs[203] où il s'est agi, pour les commissaires du gouvernement, de discuter de ce que la jurisprudence administrative doit garder du droit privé et de ce dont elle doit s'éloigner. De ce fait, la jurisprudence judiciaire constitua une donnée dont les commissaires du gouvernement ne pouvaient faire l'économie dans ce processus de différenciation relative. Au-delà, la reconnaissance unanime tant par la doctrine organique (à partir de Laferrière[204]) que la doctrine universitaire (disons à partir d'Hauriou[205]) de la jurisprudence comme principale source du droit administratif[206] a sûrement eu pour conséquence de favoriser aussi la référence au précédent judiciaire. Dès lors que l'on considéra le droit administratif comme prétorien – c'est-à-dire que son développement est principalement commandé par la jurisprudence du Conseil d'État – là où en droit privé la jurisprudence n'était pas (encore) considérée comme une source formelle du droit[207], il ne pouvait

---

201 V. sur ce point, C. Friedrich, *Les contrats de l'administration mis en discours. Une histoire doctrinale du droit administratif (1800-1960)*, L'Harmattan, coll. « Logiques juridiques », 2 t., 2022.

202 Y. Gaudemet, *op. cit.*, p. 184.

203 Sans affirmer cela d'une façon péremptoire, on peut penser que le développement et l'autonomisation du droit administratif général sont quant à lui plus précoces et débutent sans doute dès les années 1870 jusqu'aux années 1930.

204 E. Laferrière, *Traité de la juridiction administrative et des recours contentieux*, t. 1, Paris Berger-Levrault et Cie, 1887.

205 M. Hauriou, Droit administratif, *Répertoire du Droit administratif*, Paris, Dupont, tome XIV, 1987, p. 1.

206 Ch. Jamin, F. Melleray, *Droit civil et droit administratif. Dialogue(s) sur un modèle doctrinal*, Dalloz, coll. « Méthodes du droit », 2018, p. 16.

207 Même s'il est vrai qu'une partie de la doctrine, à cette époque, tenta d'expliquer le pouvoir créateur du juge. Gény (*Méthode d'interprétation et sources en droit privé positif*, Paris, A. Chevalier-Marescq et Cie, 1re éd., 1899 ;

être nié toute autorité au précédent judiciaire. Partant, s'y référer n'avait rien d'incongru en raison de l'autorité particulière accordée à la jurisprudence, en général, par les publicistes, dès la période de construction du droit administratif.

45. Cette première remarque ne permet cependant pas de comprendre pourquoi la référence aux précédents judiciaires en particulier ne cesse de s'approfondir, qualitativement et quantitativement. S'il s'agit de simples intuitions, on dira d'abord qu'il ne faut pas dénier le poids historique des méthodes du juge administratif et, plus particulièrement, des commissaires du Gouvernement. Nous voulons dire par là que chaque commissaire du gouvernement et rapporteur public s'inscrivent dans un passé institutionnel et méthodologique dont ils sont les héritiers[208]. Les conclusions de leurs prédécesseurs constituent à ce titre pour eux des modèles tant sur la forme, que sur le fond et la méthode[209]. C'est donc par le jeu de l'habitude, du mimétisme voire de la tradition ou d'une forme d'*habitus* de corps que peut aussi s'expliquer, en partie, la constance de la référence aux précédents judiciaires. Des conclusions des commissaires du Gouvernement à ceux des rapporteurs publics d'aujourd'hui, il y a une véritable forme de continuité qui explique, certes non exclusivement, cette référence continue.

Paris, LGDJ, 2e éd., 2 vol., 1919) et Planiol (*Traité élémentaire de droit civil*, Paris, LGDJ, t. 1, 1re éd., 1899), par exemple, utilisèrent la coutume pour considérer que le juge judiciaire disposa d'un certain pouvoir créateur alors que Saleilles soutint qu'une interprétation aussi novatrice soit-elle due toujours être rattachée à un texte de loi y compris de façon artificielle et formelle (Préface, F. Geny, *Méthode d'interprétation et sources en droit privé positif*, *op cit.*, p. I.).

[208] Le corporatisme, puissant au sein du Conseil d'État quoi qu'on en dise, favorisant d'ailleurs ce phénomène. Pour une réflexion proche à propos de l'utilisation des précédents internes V. A. Bancaud, « Une “constance mobile” : la haute magistrature », *Actes de la recherche en sciences sociales* 1989, vol. 76, n° 1, p. 30 pour qui « le culte de la continuité et du précédent n'est pas seulement inscrit dans les itinéraires professionnels et les origines sociales, il est aussi objectivé dans les corps et les choses, les pierres et les cérémonies, les règles de promotion et les procédures de travail » ; « pratique de la stabilité et de l'ordre, de la permanence et de la cohérence, l'art judiciaire l'est d'abord et surtout par le respect du “précédent” et des prédécesseurs, des décisions judiciaires antérieures et des pairs décédés » ;

[209] V. pour une réflexion proche à propos de l'utilisation des précédents internes

Ensuite, dès lors que l'autonomie du droit administratif – et du droit des contrats administratifs – s'est inscrite sereinement dans le paysage juridique français[210], la référence aux précédents judiciaires pouvait plus largement se déployer et s'amplifier. Arrivé à un stade de maturité, lorsque l'autonomie du droit des contrats administratifs n'est plus discutée et ne risque plus d'être remise en cause, les commissaires du gouvernement peuvent sans complexe argumenter dans une véritable logique de droit comparé interne, c'est-à-dire, très schématiquement, de confrontation des droits dans le but de justifier les différences ou les rapprochements et de susciter des évolutions. La tentation du rapprochement peut même être avancée sans détour et sans risque que soient niées les spécificités du droit des contrats administratifs[211]. À l'inverse, la jurisprudence judiciaire peut être mobilisée sans qu'elle soit vue comme le modèle à suivre instinctivement. Le phénomène de banalisation du droit administratif et le mouvement de repli sur le droit privé, largement décrit par la doctrine[212], n'ont par ailleurs jamais fait douter de la nécessité d'un droit administratif spécifique[213]. Cette

---

[210] Si l'on reprend les périodes identifiées par Ch. Jamin et F. Melleray, à partir de 1930 jusqu'à 1970. Elle constitue une période d'« épanouissement du droit administratif et [de] comparaison plus apaisée avec le droit civil, l'autonomie du droit administratif semblant acquise (ce qui permet de ne plus systématiquement l'exalter et de pointer les éléments de convergence avec le droit civil) », *op. cit.*, tableau p. 216.

[211] V. G. Vedel, chron. 1953 de la thèse de R. Chapus, cité par Ch. Jamin, F. Melleray, *Droit civil et droit administratif. Dialogue(s) sur un modèle doctrinal*, préc. p. 60 : « Pour se constituer, le droit administratif a eu besoin d'affirmer son autonomie ; c'est un réflexe de jeunesse. Parvenu à maturité, il peut sans danger s'inspirer et se rapprocher du droit civil tout comme, d'ailleurs, le droit civil peut tirer grand profit des méthodes et solution du droit administratif ».

[212] Parmi une littérature foisonnante J.-B. Auby, « Le mouvement de banalisation du droit des personnes publiques et ses limites », *Études offertes à Jean-Marie Auby*, Dalloz, 1992, p. 5. – Ch. Debbasch, « Le droit administratif, droit dérogatoire au droit commun ? », in *Mélanges René Chapus*, Montchrestien, 1992, p. 127. – J.-C. Venezia, « Le droit administratif français est-il encore dérogatoire au droit commun ? », in *État-loi-administration, Mélanges en l'honneur d' E-P. Spiliotopoulos*, Sakkoulas et Bruylant, 1998, p. 453.

[213] J. Boulouis, « Supprimer le droit administratif ? », *Pouvoirs* 1988, p. 5. – D. Truchet, « Avons-nous encore besoin du droit administratif ? » in *Le droit*

période[214] de débat sur la banalisation du droit administratif n'a pu d'ailleurs que favoriser les références aux précédents judiciaires, le droit des contrats administratifs n'étant pas exclu des questionnements sur le point de savoir s'il doit se rapprocher des règles de droit privé (ou s'il s'en rapproche)[215].

46. Enfin, le repli massif de la doctrine privatiste sur l'étude de la jurisprudence judiciaire au tout début du XXe siècle lorsqu'il s'est agi de rénover le droit civil[216] n'est pas sans lien avec le développement de la référence aux précédents judiciaires par les commissaires du gouvernement à la même époque. « La querelle de l'interprétation » et le travail de rénovation méthodologique qui en a découlé[217] ont eu pour effet de valoriser la jurisprudence judiciaire dès lors que la jurisprudence est prise pour objet principal d'étude par les auteurs privatistes[218]. Le juge administratif ne peut rester indifférent à l'importance prise par la jurisprudence judiciaire avant la Première Guerre mondiale, mais surtout à l'entre-deux-guerres. D'une part, à partir du moment où la jurisprudence judiciaire devient le point cardinal de l'attention doctrinale et qu'elle est présentée, synthétisée, interprétée, critiquée et systématisée dans la plupart des manuels et traités, les précédents judiciaires apparaissent aux commissaires du Gouvernement plus accessibles ; leur interprétation est plus aisée ; partant, leur mobilisation est facilitée dans un contexte où l'accès aux données jurisprudentielles n'était bien entendu pas

---

administratif : permanences et convergences. Mélanges en l'honneur de J.-F. Lauchaume, Dalloz, 2007, p. 1039.

214 À partir des années 1970.

215 La thèse de F. Llorens dédiée aux *Contrat d'entreprise et marché de travaux publics (Contribution à la comparaison entre contrat de droit privé et contrat administratif)*, LGDJ 1981, en est un exemple significatif.

216 V. sur ce point Ch. Jamin, F. Melleray, *Droit civil et droit administratif. Dialogue(s) sur un modèle doctrinal*, Dalloz, coll. « Méthodes du droit », 2018, spéc. pp. 19, 25 et s., 34, 43

217 V. pour une approche historique et critique B. Frydman, *Le sens des lois. Histoire de l'interprétation et de la raison juridique*, Bruylant et LGDJ, 2011, 3e éd..

218 A. Esmein, « La jurisprudence et la doctrine », *RTD Civ*, Paris, Dalloz, t. 1, 1902, p.5 : « il faut que la doctrine aille plus loin et prenne la jurisprudence pour son principal objet d'étude ». – L. Josserand, *Cours de droit civil positif*, Paris, Sirey, t. 1, 1re éd., 1932 : « Le droit que nous avons pris pour objet de notre étude est avant tout le droit jurisprudentiel, c'est-à-dire celui qui se réalise ».

informatisé. À travers ces ouvrages, les commissaires du gouvernement disposent d'un accès rapide et complet aux précédents judiciaires leur permettant d'avoir une vue d'ensemble assez précise et claire. En toute hypothèse, une telle facilité les a nécessairement poussés à s'y référer davantage dès lors que l'effort de la part du juge décroit et qu'en conséquence le coût d'opportunité d'une référence au précédent judiciaire croît quant à lui puisqu'elle implique une charge de travail moindre. L'informatisation et la création de bases de données informatiques expliquent, dans le même ordre d'idée, l'amplification progressive de la référence aux précédents judiciaires. D'autre part, cette attitude de la doctrine privatiste à l'égard de la jurisprudence n'a pu que renforcer le regard que portaient déjà, à notre avis, les commissaires du gouvernement sur la jurisprudence judiciaire : une source du droit – privé – au même titre que la jurisprudence du Conseil d'État pour le droit administratif. On en vient à avancer que l'autorité de la jurisprudence judiciaire en droit privé se confirme progressivement à cette période pour les commissaires du gouvernement qui peuvent alors y voir sans obstacle, pour le droit administratif, la source d'une contrainte.

3. Des domaines privilégiés

47. Les manifestations du caractère contraignant du précédent judiciaire dans les conclusions des rapporteurs publics paraissent toutefois dépendre de la thématique abordée. Tout se passe en effet comme si certains domaines juridiques étaient absolument réfractaires à tout recours au précédent judiciaire alors que d'autres constituent au contraire un terrain privilégié de son expression[219].

a. Des domaines perméables au précédent judiciaire

48. En focalisant l'analyse selon les thématiques abordées, les décisions du juge judiciaires apparaissent quelquefois comme

---

[219] Certains membres du Conseil d'Etat parlant à juste titre de de champ du droit particulièrement « identitaire » : A. Goin, L. Cadin, « Czabaj en terre inconnue », *AJDA* 2024, p. 1210.

une référence incontournable. On peut en effet identifier des thématiques particulièrement perméables au précédent judiciaire. Tel est le cas lorsque le litige se déploie dans des matières qui paraissent être considérées par les auteurs des conclusions comme relevant par nature du juge judiciaire ou qu'il lui est reconnu une expertise particulière et une pratique plus ancienne est poussée[220]. C'est bien le cas du droit de la consommation, du droit de la concurrence, du droit de l'arbitrage et de la transaction, des garanties post-contractuelles[221], des vices du consentement ou encore du droit de la prescription où les références à des précédents judiciaires sont à la fois multiples et récurrentes.

En ces domaines, la jurisprudence judiciaire demeure inévitablement contraignante. En témoignent certaines expressions et certains éléments de langage.

On voit ainsi écrit que le Conseil d'État doit « prendre garde à ne pas développer en jurisprudence administrative une conception trop autonome des notions du droit de la concurrence. S'il faut concilier la prise en considération du droit de la concurrence avec les autres intérêts publics dont l'administration a la charge, nous

---

[220] C'est ce qui ressort notamment des conclusions Bertrand sur CE, 8 oct. 1965, *Commissaire du gouvernement près la commission régionale des dommages de guerre de Dijon c. Renard* : *D.* 1965, p. 239 : « Il ne faut pas oublier en effet que la Cour est souvent appelée à contrôler l'application d'un contrat par le juge du fond, tandis que vous n'avez à exercer semblable contrôle qu'à une fréquence de l'ordre vicennal. Cela peut justifier l'alignement, dans une large mesure, de votre jurisprudence sur la jurisprudence judiciaire ». V. aussi Concl. Victor sur CE, 25 juin 2021, *Société Mezzi et Fonderia* : Rec. p. 182 : « la Cour de cassation, à la jurisprudence de laquelle il est permis de se référer s'agissant de règles du droit international privé ».

[221] Concl. Rougevin-Baville sur CE, Ass., 2 févr. 1973, *Sieur Trannoy* : Rec. p. 95 : « Nous pensons cependant qu'en face d'un problème qui est le même dans son principe, vous ne devez vous écarter de la solution judiciaire qu'en toute connaissance de cause, soit qu'elle vous apparaisse critiquable en elle-même, soit que les nécessités propres aux travaux publics et tenant tant à la mission et aux prérogatives du maître de l'ouvrage qu'au particularisme de ses relations contractuelles avec les hommes de l'art imposent une solution différente ». – Concl. Guionin sur CE, 9 janv. 1953, *Ville de Saint-Maurice c. Letot* : D. 1954 p. 278. – Concl. Vught sur CE, Sect., 24 mai 1974, *Sté Paul Millet et cie* : Rec. p. 310. – Concl. Aubin sur CE, Sect., 28 nov. 1975, *Ville de Douai* : Rec. p. 604. – Concl. Labetoulle sur CE, Sect., 5 nov. 1982, *Ville de Dôle* : Rec. p. 375.

pensons que cette conciliation doit avoir lieu et ne doit pas emprunter la voie d'une traduction administrative des concepts du droit de la concurrence »[222]. L'idée est la même en matière de prescription où le Conseil d'État doit s'« attach [er] autant que possible à reprendre les solutions de la jurisprudence judiciaire (sauf désaccord d'analyse ou, plus fréquemment, sauf lorsque les spécificités de l'action publique justifiaient une interprétation différente du texte, dans les limites autorisées par sa lettre) dont, pour reprendre les mots du commissaire du gouvernement Lagrange dans ses conclusions sur une décision *Brandon* du 18 juin 1937, « il serait fâcheux de s'écarter en une matière où vous avez à appliquer directement les dispositions du Code civil, et non pas seulement les principes qui s'en dégagent » (Michel Bernard le confirmait dans ses conclusions sur la décision d'Assemblée *Secrétaire d'État à l'agriculture c/Manière*, du 13 mai 1960 (p. 328) »[223].
Le droit de l'arbitrage ou de la transaction est aussi propice à la mobilisation de précédents judiciaires puisque « le droit privé de l'arbitrage international représente aujourd'hui, le droit commun, la juridiction judiciaire exerçant désormais, depuis l'arrêt *INSERM*, une compétence de principe pour connaitre des sentences arbitrales internationales qui s'étend aux autres contrats administratifs que ceux de la commande publique ou de l'occupation domaniale »[224].

---

[222] Concl. Stahl sur CE, Sect., 26 mars 1999, *Sté EDA* : *AJDA* 1999 p. 427 ».
[223] Concl. Lallet sur CE, Sect., 1er juill. 2019, *Association pour le musée des Îles Saint-Pierre et Miquelon* : Rec. p. 271. Également Concl. Le Corre sur CE, 27 mars 2020, *Société Lacroix Signalisation* : Rec. p. 144.
[224] Concl. Pellissier sur CE, Ass., 9 nov. 2016, *Société Fosmax LNG* : Rec. p. 471. Aussi : « dans le domaine des transactions en particulières qui, par certains aspects, se rapproche de l'arbitrage, vous avez, comme le rappelait Gilles Le Châtelier dans ses conclusions sur l'avis d'Assemblée du 6 décembre 2002 "Syndicat intercommunal des établissements du second cycle du second degré du district de L'Haÿ-les-Roses" (n° 248153, p. 433), "été conduits à définir un régime de la transaction administrative qui emprunte sur de nombreux points à celui mis en œuvre par les juridictions judiciaires sur la base du Code civil", tout en s'en éloignant lorsque cela apparaissait nécessaire » ; « Ce droit public que vous allez définir ne peut ensuite ignorer le droit existant de l'arbitrage international privé qu'il a vocation à compléter ».

Si la jurisprudence judiciaire est une donnée incontournable dans ces matières, c'est bien parce que le juge administratif doit composer, soit directement, soit indirectement par le biais des principes généraux, des « principes dont s'inspire »[225] ou en tant que simple source d'inspiration[226], avec la législation de droit privé. La méthode reste dans l'un et l'autre des cas toujours la même : « s'il [Le code de procédure civile] n'est pas transposable tel quel et nécessité des adaptations aux spécificités de votre contrôle, la méthode consistant à élaborer un droit spécial à partir d'un socle commun dont il ne convient de s'écarter qu'en tant que de besoin vous est habituelle. Vous l'avez suivie de manière générale pour déterminer les règles applicables aux personnes publiques, après avoir été investi par l'arrêt Blanco d'une compétence pour connaitre de leurs litiges. [...] Le droit des contrats fourmille d'exemples de régimes juridiques puisant leur source dans le Code civil, directement ou indirectement par

---

[225] Concl. Lallet sur CE, Sect., 1er juill. 2019, *Association pour le musée des Îles Saint-Pierre et Miquelon* : Rec. p. 271 : « Le recours aux "principes inspirants" est plus discuté lorsque vous créez vous-mêmes le vide juridique, c'est-à-dire lorsque vous les dégagez dans un domaine où, jusqu'alors, vous appliquiez purement et simplement le Code civil. La responsabilité des constructeurs en est un exemple presque éculé. Vous affirmez et assumez alors votre rôle de bâtisseur d'un droit spécifique, non pas par dogmatisme ou par coquetterie, mais par nécessité, celle de l'intérêt général. Là où l'application directe du Code civil réduit vos marges de manœuvre au seul pouvoir d'interprétation jurisprudentielle des textes, lui-même conditionné par la jurisprudence judiciaire, les "principes inspirants" vous offrent la liberté d'adapter les règles de la prescription aux particularités irréductibles de l'action administrative. Cette justification fonctionnelle est peut-être celle qui a inspiré votre avis I... déjà mentionné, qui panache de manière inédite à notre connaissance les deux courants, puisqu'il applique directement l'article 2224 du Code civil posant la règle de la prescription quinquennale, avant de mettre en œuvre les "principes dont s'inspire le titre XX du livre III du Code civil" pour ce qui concerne les règles relatives à l'interruption et à la suspension de ce délai, contrairement d'ailleurs à ce que vous faisiez avant l'abrogation de l'article 2227 ».

[226] Concl. Pellissier sur CE, Ass., 9 nov. 2016, *Société Fosmax LNG* : Rec. p. 471 : « Le code de procédure civile n'est bien entendu pas applicable aux litiges portés devant les juridictions administratives. Toutefois, en l'absence de toute disposition applicable aux recours en matière d'arbitrage portés devant les juridictions administratives, il nous semble que vous pourrez utilement vous en inspirer, pour plusieurs raisons ».

l'intermédiaire des principes généraux du droit (notion de contrat ; vices du consentement ; responsabilités quasi-contractuelles et post-contractuelles ; ect.). […] Cette méthode nous semble enfin la mieux à même de garantir qu'une fois les principes de votre contrôle posés, le droit français de l'arbitrage international apparaisse comme un droit lisible et cohérent qui intègre harmonieusement les spécificités des différents contrats auxquels il peut s'appliquer »[227].

Il existe donc une corrélation parfaitement évidente entre l'influence plus ou moins directe d'un texte de droit privé et le choix de recourir à un précédent judiciaire. Elle tient à un souci élémentaire de cohérence juridique bien souvent rappelé par les auteurs des conclusions[228]. En bref, lorsqu'il s'agit de s'inspirer ou d'appliquer un texte de droit privé, l'interprétation qu'en donne le juge administratif doit rester, dans les limites de ce que les contraintes propres à l'action administrative imposent, similaire à celle du juge judiciaire, ce qui implique en creux un réflexe, certes souvent canalisé compte tenu des exigences propres au droit administratif, de mimétisme de la jurisprudence administrative envers la jurisprudence judiciaire.

Quitte à faire un pas de côté, c'est également vrai lorsque le litige implique d'interpréter une notion commune mobilisée tant par le juge administratif que le juge judiciaire, car, à propos de l'onérosité des contrats, « là encore, pour interpréter une notion qui se trouve à l'identique dans le code des marchés publics et dans le Code civil, nous ne voyons pas de raison de vous écarter de l'interprétation retenue par la Cour de cassation. Un tel choix, nous le soulignons, se comprendrait d'autant plus que la matière contractuelle se prête mal à des divergences entre les deux ordres de juridictions »[229]. La même idée transparait quand est abordée la notion de force majeure en matière contractuelle, car « ce qui

---

[227] *Idem.*

[228] Par ex. Concl. Vught sur CE, Sect., 24 mai 1974, *Sté Paul Millet et cie* : Rec. p. 310 : « Pour s'écarter de la jurisprudence judiciaire dans un domaine où les données de fait des affaires soumises aux deux ordres de juridictions sont bien souvent comparables ; il faudrait, à notre avis, des motifs sérieux que nous n'apercevons pas ».

[229] Concl. Casas sur CE, Ass., 4 nov. 2005, *Sté Jean-Claude Decaux* : Rec. p. 480.

est vrai des tribunaux civils ou de commerce, juges des contrats entre particuliers, est vrai, pour les mêmes motifs, des tribunaux administratifs, juges des contrats passés pour le fonctionnement des services publics. Les raisons de décider sont les mêmes et la jurisprudence administrative peut s'inspirer des décisions rendues par l'autorité judiciaire dans des circonstances analogues »[230] ou encore celle d'erreur[231].

On remarquera en dernière analyse que c'est précisément dans les domaines où les rapporteurs publics attachent une importance particulière aux précédents judiciaires que le droit des contrats administratifs a sans doute le plus évolué. La chose s'explique assez facilement. Tout se passe comme si le précédent judiciaire servait d'habilitation ou d'appui pour le juge administratif à prendre des initiatives, à s'autoriser à jouer un rôle créateur et à lui donner l'audace de s'engager dans des voies nouvelles. Il y a là un élément qui joue dans le sens du progrès du droit administratif.

b. Des domaines étanches au précédent judiciaire

49. Le domaine sur lequel le rapporteur public développe son raisonnement peut être beaucoup moins perméable et ouvert, voire franchement hostile à la mobilisation du précédent judiciaire, et cela dans deux sortes d'hypothèses.

La première hypothèse se comprend aisément et ne mérite guère de développements. Le domaine sur lequel se déploie le litige est exclusif de toute intervention du juge judiciaire et le litige ne connait pas d'équivalent en droit privé de telle sorte que la jurisprudence judiciaire n'est par définition d'aucun secours pour le résoudre. Il peut s'agir de litiges qui n'impliquent que l'interprétation d'une loi exclusivement réservée à la matière administrative telle que les lois du 18 mai 1878 et du 31 juillet 1879 ayant eu pour effet de transférer au domaine national certaines lignes de chemin de fer[232], une simple interprétation

---

[230] Concl. Tardieu sur CE, 29 janvier 1909, *Cie des messageries maritimes c/ l'État* : Rec. p. 112.

[231] Concl. Pellissier sur CE, 9 nov. 2018, *Société Cerba* : Rec. p. 411.

[232] Concl. Marguerie sur CE, 15 juill. 1881, *Le syndic de la faillite de la compagnie d'Orléans à Rouen c/le Département d'Eure-et-Loir* : Rec. p. 700.

d'une convention sans rapport avec le droit privé[233], la recherche de la commune intention des parties[234] (en dépit du fait, parfois, que sa mobilisation aurait pu se justifier[235]), qu'il s'agisse d'appliquer, d'interpréter ou d'apprécier la validité la législation propre aux contrats de la commande publique et aux marchés publics[236] en particulier concernant leur passation[237], d'appliquer

---

[233] Concl. sur CE, 24 novembre 1882, *Min. des trav. Publ. c/Cie des chemins de fers Paris-Lyon-Méditerranée* : Rec. p. 938 : à propos de l'absence de droit du ministre d'imposer au concessionnaire la création d'une gare nouvelle, sans son accord préalable et alors même qu'aucun travail n'a commencé et en l'absence de réserve dans le cahier des charges. – Concl. Gomel sur CE, 20 juin 1884, *ministre de la Guerre c/Pechwerty* : Rec. p. 507.- Concl. Le Vavasseur de Précourt sur CE, 8 janv. 1886, *Ville de Paris c/Pinturier* : Rec. p. 15. – Concl. Teissier sur CE, 23 janv. 1903, *Cie des chemins de fer économiques du Nord* : Rec. p. 63. – Concl. Helbroner sur CE, 11 juill. 1913, *Cie des chemins de fer du Sud de la France c. Dpt de la Côte-d'Or* : Rec. p. 854. – Concl. Josse sur CE, 5 juin 1931, *Chem. de fer de l'Est* : D. 1932.III .52.

[234] Concl. Le Vavasseur de Précourt sur CE, avr. 1884, *Cie Parisienne de Gaz c/Ville de Paris* : Rec. p. 288. – Concl. Joss sur CE, 28 avr. 1939, Cie des Chemins de fer de l'Ouest : D. 1940.III .15.

[235]Concl. Jagerschmidt sur CE, 11 janv. 1895, *Cie Paris-Lyon-Méditerranée* : Rec. p. 32 : la jurisprudence judiciaire aurait ici été toutefois d'une aide précieuse pour légitimer la méthode d'interprétation que se propose de suivre le commissaire du gouvernement puisque, semble-t-il, s'est bien cette méthode que suit le juge judiciaire lorsqu'il doit interpréter une convention. Si l'on comprend bien que la jurisprudence judiciaire ne soit pas convoquée lorsqu'il s'agit d'appliquer la méthode définie aux clauses des conventions en cause puisque cela concerne un problème exclusif au droit administratif (la garantie d'intérêt de l'Etat vis-à-vis de ses concessionnaires), la méthode d'interprétation des conventions est bien une question que partagent les deux ordres juridictionnels.

[236] Concl. David sur CE, 2 mars 1877, *Institut catholique de Lille* : Rec. p. 221 : à propos de l'existence d'un pouvoir du ministre de l'Intérieur d'annuler un arrêté préfectoral approbatif d'un contrat passé par un établissement public alors que celui-ci a été exécuté partiellement. – Concl. Gomel sur CE, 11 janv. 1884, *Level c/le Département du Pas-de-Calais* : Rec. p. 39 où le commissaire du gouvernement remarque l'absence d'analogie entre la concession et les contrats de droit privé, les contrats de concession se suffisant à eux même et formant un tout complet. – Concl. Casas sur CE, 29 oct. 2004, *Sueur et autres* : Rec. p. 402. – Concl. Boulouis sur CE, 9 juill. 2007, *Syndicat EGF-BTP* : Rec. p. 313. – Concl. Dacosta sur CE, Sect., 30 janv. 2009, *Agence nationale pour l'emploi* : Rec. p. 5. – Concl. Dacosta sur CE, 3 févr. 2012, *Commune de Veyrier-du-Lac* : Rec. p. 20.

[237] Concl. Saint-Paul sur CE, 4 août 1905, *Sieur Lespinasse et autres c/ministre de la guerre* : Rec. p. 757. – Concl. Dacosta sur CE, 11 mai 2009, *Ville de*

les théories des aléas extracontractuels propres, là encore, à la matière administrative ou du moins sans commune mesure avec le droit privé[238] (sauf rares exceptions[239]) ; en bref, lorsque la question est exclusive au droit public[240].

On peut aussi supposer que l'absence de référence à un précédent judiciaire dans un domaine ou pour une question où la jurisprudence judiciaire est pourtant fournie et peut-être même plus complète que celle du Conseil d'État s'explique par la certitude et l'évidence de la solution aux yeux de l'auteur des conclusions. Dans ces conditions, nul besoin d'une

---

Toulouse : Rec. p. 193. – Concl. Le Corre sur CE, 25 nov. 2021, *Collectivité de Corse* : Rec. p. 354

[238] Pour les travaux imprévus : Concl. Valabrègues sur CE, 8 févr. 1889, *Corre et Rosuel* : Rec. p. 182.- Pour le fait du prince : Concl. Saint-Paul sur CE, 8 mars 1901, *Sieur Prévet et Cie c. ministre de la Guerre* : Rec. p. 279.- Concl. Teissier sur CE, 20 mai 1904, Cie Marseillaise de navigation à vapeur : Rec. p. 425.- Concl. Romieu sur CE, 29 décembre, *Sieur Bardy c/Ville de Bergerac* : Rec. p. 1015.- Pour l'imprévision : Concl. Riboulet sur CE, 11 avr. 1919, *Cie française d'éclairage et de chauffage par le gaz* : Rec. p. 379. – Concl. Josse, 28 mars 1930, *Min. des travaux publics c. Chem. de fer du Midi* : D. 1930.3.27. – Pour la force majeure administrative : Concl. Josse sur CE, Ass., 9 déc. 1932, *Cie des tramways de Cherbourg*, n° 89655 : Rec. p. 1050.

[239] Concernant l'imprévision : Concl. Chardennet sur CE, 30 mars 1916, *Cie générale d'éclairage de Bordeaux c. Ville de Bordeaux* : Rec. p. 125 ; *D.* 1916. III. p. 26. – Concl. Corneille sur CE, 18 févr. 1918, *Sté d'éclairage de Poissy* ; Rec. p. 121. – Concl. Riboulet sur CE, 27 juin 1919, *Sté du gaz et de l'électricité de Nice* : Rec. p. 570.

[240] Concl. Saint-Paul sur CE, 8 mars 1895, *Gaz de Bourg c. Ville de Bourg* : Rec. p. 217 : Une commune peut-elle constituer au profit d'un tiers le monopole de l'éclairage privé ou du moins de s'interdire de favoriser tout établissement faisant concurrence au concessionnaire d'éclairages ? – : Concl. Blum sur CE, 11 mars 1910, *ministre des Travaux publics c. Cie générale française des tramways* : Rec. p. 216 : Sur le pouvoir de modification unilatérale dans l'intérêt général. – Concl. Josse sur CE, 18 juillet 1930, *Chem. de fer Paris-Lyon-Méditerranée, de l'Est, du Nord, de Paris à Orléans, du Midi et syndicat des chem. de fer de Ceintures* : *D.* 1931 III.22 : sur l'étendue du pouvoir de contrôle du ministre. – Concl. Dacosta sur CE, Ass., 21 déc. 2012, *Commune de Douai* : Rec. p. 483. – Concl. Pellissier sur CE, 8 oct. 2014, *Sté Grenke Location* : Rec. p. 303. – Concl. Henrard sur CE, 11 mai 2016, *Communauté urbaine Marseille-Provence-Métropole* : Rec. p. 167. – Concl. Henrard sur CE, Sect., 29 juin 2018, *ministre de l'Intérieur c. Communauté de communes de la vallée de l'Ubaye* : Rec. p. 288.

argumentation plus poussée et fondée sur le précédent judiciaire[241].

La seconde hypothèse est quant à elle plus remarquable. Tout en supposant qu'un précédent judiciaire puisse être tout à fait pertinent, le rapporteur public se refuse pourtant à le mobiliser dans certains domaines précis. Tout se passe comme si certains domaines étaient considérés par les rapporteurs publics comme réservés à la seule jurisprudence administrative. Les exemples des questions de compétences juridictionnelles en matière contractuelle[242] et de contentieux contractuel[243] sont

---

241 En ce sens Concl. Romieu sur CE, 8 août 1892, *Cie lyonnaise des tramways c. consorts Piraud* : Rec. p. 713 sur une question concernant l'effet relatif des conventions.

242 Concl. Gomel sur CE, 26 févr. 1886, *Cie des chemins de fer de Paris-Lyon-Méditerranée c/ministre des Travaux public*s : Rec. p. 182. – Concl. Feuilloley sur CE, 4 juin 1910, *Cie d'assurances « Le soleil » c. l'État*, Rec. p. 446. – Concl. Blum sur CE, 31 juill. 1912, *Sté des granits porphyroïdes des Vosges c. Ville de Lille* : Rec. p. 909. – Concl. Cahen-Salvador sur CE, 19 décembre 1924, *Cie des phosphates de Constantine* ; D. 1925 p. 53..-Concl. Cahen-Salvador sur CE, 3 juill. 1925, *De Mestral* ; D. 1926, p. 17. – Concl. Josse sur CE, 22 juin 1928, *Époux de Sigalas c. Soc. Hydro-électrique du Palais* ; D. 1928, 3. 49. – Concl. Lagrange sur CE, 4 déc. 1936, *Min. travaux publics c. Blondiaux* : D. 1938.III .63. – Concl. Tricot sur CE, 23 déc. 1953, *Dame veuve Lillo* : Rec. p. 573. – Concl. Mayras sur CE, Sect., 18 décembre 1959, *Ville de Nantes* : Rec. p. 696. – Concl. Guillaume sur CE, Sect., 3 mars 1989, *Sté des autoroutes de la région Rhône-Alpes* : Rec. p 69. – Concl. Savoie sur CE, 20 mai 1998, *Communauté de communes du Piémont-de-Barr, Service des eaux et de l'assainissement du Bas-Rhin* : Rec. p. 204. – Concl. Savoie sur CE, Ass., 6 févr. 1998, *Tête* : Rec. p. 32. – Concl. Dacosta sur CE, 3 juin 2009, *Sté Aéroports de Paris* : Rec. p. 219. – Concl. Escaut sur CE, Sect., 3 déc. 2010, *Ville de Paris et association Jean Bouin* : Rec. p.478. – Concl. Boulouis sur CE, 19 mars 2012, *SA Groupe Partouche* : Rec. p. 93.

243 Concl. Gauwin sur CE, 7 juin 1889, *Cie des chemins de fer Paris-Lyon-Méditerranée* : Rec. p. 747 : question de la recevabilité d'une demande faite au Conseil de préfecture d'interpréter les clauses d'un contrat en l'absence de tout litige. – Concl. Le Vavasseur de Précourt sur CE, 21 mars 1890, *Chambre syndicale des Entrepreneurs de la ville de Paris et sieur Bourgaux* ; *Caillette* (2 esp.) : recevabilité du recours pour excès de pouvoir contre les délibérations d'un conseil municipal approuvant les conditions d'exécution des travaux communaux et les arrêtés municipaux mettant en adjudication divers travaux de la commune. – Concl. Romieu sur CE, 5 août 1905, *Martin* : Rec. p. 749. – Concl. Mayer sur CE, 1er août 1924, *Chem. de fer de l'État c. Gauthereau* ; Dalloz 1924, III., p. 55 sur une question de compétence interne à la juridiction administrative. – Concl. Josse sur CE, 26 janv. 1940, *Soc. des chemins de fer et*

particulièrement frappants. Les précédents judiciaires ne sont que très rarement mobilisés, et s'ils le sont, ce n'est qu'à la marge et dans des hypothèses très particulières (lorsque par exemple le juge judiciaire s'est déjà prononcé sur le même litige ou pour montrer une situation de déni de justice)[244], alors pourtant même que la Cour de cassation est elle aussi confrontée régulièrement à des questions semblables. L'originalité congénitale et originelle, souvent mise en avant, du contentieux administratif et partant, du contentieux administratif des contrats, y est sans doute pour beaucoup. Tout se passe comme si le contentieux des contrats administratifs était d'une nature très particulière qui rend vaine toute tentative de rapprochement avec le contentieux de droit privé, ce qui est, au demeurant, tout à fait contestable.

---

tramways du Var et du Gard : *D.* 1942.159. – Concl. Heumann sur CE, 23 nov. 1955, *Min. de la Reconstruction et du logement c. Soc. Cuillerai* : D. 1956, p. 83. – Concl. Heumann sur CE, Sect., 7 nov. 1958, *Société « Électricité et eaux de Madagascar » et territoire de Madagascar c. sieur Nicola* : Rec. p. 530. – Concl. Schwartz sur CE, 7 oct. 1994, *Époux Lopez* : Rec. p. 430. – Concl. Chantepy sur CE, 3 nov. 1995, *CCI de Tarbes et des Hautes-Pyrénées* : Rec. p. 396. – Concl. Stahl sur CE, Sect., 30 oct. 1998, *Ville de Lisieux* : Rec. p. 376. – Concl. Hubac sur CE, Ass., 8 avr. 1998, *Sté Serc Fun Radio* : Rec. p. 141. – Concl. Stahl sur CE, Sect., 26 mars 1999, *Sté Hertz France et autres* : Rec. p. 98. – Concl. Casas sur CE, 22 févr. 2008, *Schmeltz et Orselli* : Rec. p. 59. – Concl. Dacosta sur CE, Sect., 3 oct. 2008, *Syndicat mixte intercommunal de réalisation et de gestion pour l'élimination des ordures ménagères du secteur Est de la Sarthe* (SMIRGEOMES) : Rec. p. 327. – Concl. Cortot-Boucher sur CE, Sect., 21 mars 2011, *Commune de Béziers* : Rec. p. 120. – Concl. Dacosta sur CE, Ass., 4 avr. 2014, *Dpt du Tarn-et-Garonne* : Rec. p. 73. – Concl. Pellissier sur CE, Sect., 30 juin 2017, *Syndicat mixte de promotion de l'activité transmanche* : Rec. p. 212. – Concl. Henrard sur CE, 9 févr. 2018, *Communauté d'agglomération Val d'Europe Agglomération* : Rec. p. 36.

[244] En matière de répartition juridictionnelle : Concl. David sur CE, 11 mai 1872, *Butin c/la ville de Beauvais (conflits de l'Oise)* : Rec. p. 265.- Concl. Valabrègue sur CE, 20 févr. 1891, *Cie des Chemins de fer du Midi c. époux Salles* : Rec. p. 145. – Concl. Pichat sur CE, 4 mars 1910, *Thérond* : Rec. p. 193. – Concl. Corneille sur CE, 2 juill. 1915, *Repéré, Pépin, Cardona* : Rec. p. 223 – Concl. Rivet sur CE, 23 mai 1924, *Sté des Affréteurs réunis* ; Dalloz 1924, III, p. 26. – Concl. Bergeal sur CE, Ass., 5 mars 1999, *Président de l'Assemblée nationale* : Rec. p. 43. – Concl. Casas sur CE, Ass., 4 nov. 2005, *Sté Jean-Claude Decaux* : Rec. p. 480. – Concl. Boulouis sur CE, Sect., 11 juill. 2011, *Mme Gilles* : Rec. p. 334.

En matière de contentieux : Concl. Casas sur CE, Ass., 16 juill. 2007, *Sté Tropic Travaux signalisation* : Rec. p. 363.

Quant aux questions de compétence juridictionnelle, il est tenant de l'expliquer par la proximité historique du Conseil d'État avec le Tribunal des conflits et les questions de répartition des compétences. Il faut garder à l'esprit qu'il revenait historiquement au Conseil d'État le soin de départager les compétences juridictionnelles en cas de conflits entre les juridictions jusqu'à l'installation d'un juge répartiteur spécialisé[245], d'abord momentanément[246], puis durablement[247]. Il y a sans doute là un élément à prendre en compte si l'on cherche à expliquer le peu de référence à la jurisprudence judiciaire pour résoudre des questions de compétence juridictionnelle. Le poids de l'histoire joue donc en faveur d'une forme de chasse gardée ou d'un réflexe où seules apparaissent pertinentes les jurisprudences du Conseil d'État et du Tribunal des conflits. Ensuite, mais cela est lié à la remarque précédente, pour de multiples raisons, on ne peut nier que la procédure de conflit a pour but de garantir l'indépendance de l'administration face aux possibles empiètements des tribunaux judiciaires[248]. Sa localisation au Palais-Royal dans les locaux du Conseil d'État, la procédure de conflit positif d'attribution (historiquement protectrice du juge administratif), l'identité de méthode, de vocabulaire, de culture, de personne, la publication de ses décisions dans le *Recueil Lebon* et, jusqu'à la loi du 16 février 2015, sa présidence par le Garde des Sceaux[249] lourds d'enjeux constitutionnels[250] n'ont, sur cet angle, rien d'anodin. Le

---

245 Ce qui a par ailleurs largement contribué à refouler les ambitions que portait le juge judiciaire envers le contentieux de l'administration au XIXe siècle. V. G. Bigot, *L'autorité judiciaire et le contentieux de l'administration, vicissitudes d'une ambition (1800-1872)*, LGDJ, coll. « Bibliothèque de science administrative », 1999 ; *Ce droit qu'on dit administratif... Etudes d'histoire du droit public*, La Mémoire du Droit, 2020, 2e éd.

246 Par l'article 89 de la Constitution de 1848 jusqu'à sa suppression au lendemain du coup d'État du 2 décembre 1851.

247 Par la loi du 14 mai 1872.

248 V. sur ce point G. Bachelier, « Le Tribunal des Conflits, juge administratif ou juge judiciaire ? », in *Tribunal des Conflits, rapport 2005,* p. 41 qui parle « d'apparences favorables à la juridiction administrative ».

249 G. Jèze, « La présidence du tribunal des conflits », *RDP* 1908, p.257.

250 G. Bigot, *Ce droit qu'on dit administratif... Etudes d'histoire du droit public*, La Mémoire du Droit, 2020, 2e éd, pp. 149 et s.. L'auteur y propose un

Tribunal des conflits partage à certains égards les intérêts du Conseil d'État à tel point qu'il « *existe entre les deux jurisprudences du Conseil d'État et du Tribunal des Conflits une véritable symbiose* »[251] ce qui est de nature à favoriser l'éviction de la jurisprudence judiciaire de l'argumentation. Enfin et plus généralement, canaliser l'argumentation en cette matière autour des seules jurisprudences du Conseil d'État et du Tribunal des conflits participe à une stratégie institutionnelle tendant à faire croître son influence en maximisant l'importance des précédents internes et, corrélativement, en minimisant de fait celle des précédents judiciaires, sous-exploités.
On en déduit alors que dans ces domaines et pour ces raisons, le précédent judiciaire n'a rien de contraignant.

B. La condition d'une connaissance du précédent judiciaire

50. Pour qu'un précédent judiciaire puisse être contraignant, encore faut-il qu'il soit connu. L'accès et la connaissance de la jurisprudence judiciaire est donc la condition fondamentale et première au jeu de la contrainte. Or, celle-ci ne peut jouer que dans un cadre déterminé où des variables psychosociologiques, organisationnelles ou institutionnelles vont avoir pour effet de tendre vers une connaissance du précédent judiciaire. Ainsi, le degré de connaissance d'un précédent judiciaire dépend d'une variété de facteurs que l'on serait bien en peine de lister de façon exhaustive. Pêle-mêle, disons que des considérations liées à l'organisation institutionnelle d'un dialogue avec le juge judiciaire, à la tradition juridique, à la personnalité du juge[252] et à sa réputation, à son expérience, à sa formation académique ou à son affinité avec le corpus juridique judiciaire, à la disponibilité

---

chapitre dédié aux « enjeux constitutionnels de la présidence du Tribunal des conflits ».

[251] F. Gazier, « Réflexions sur les symétries et dissymétries du Tribunal des Conflits », *RFDA* 1990, p. 745.

[252] Sur l'influence de la personnalité du juge sur la décision juridictionnelle V. J. Frank, *Law and the Modern Mind*, s.l., Tudor Publishing Company, 1936. – « Are Judges Human Part 2 : As Through a Class Darkly », *U. Pa. L. Rev.*, 1931, vol. 80, p. 242.

et l'accès aux précédents judiciaires, aux méthodes de travail, à la mise en avant d'un précédent judiciaire par un justiciable, la doctrine ou le juge judiciaire lui-même ou encore à la charge de travail[253] pesant sur le rapporteur public sont susceptibles de contribuer d'une manière ou d'une autre à la connaissance du précédent judiciaire par le rapporteur public. Des raisons variées, pouvant parfaitement se combiner, contribuent ainsi à expliquer qu'un précédent judiciaire n'a pas été ignoré par un rapporteur public même si, et il faut bien l'avouer, la prudence s'impose. Les propos suivants ne sont donc que des hypothèses que les données dont nous disposons ne permettent bien souvent pas de valider ou d'infirmer avec certitude.
Si l'on tente d'isoler parmi ces facteurs ceux qui, se situant en dehors d'une logique argumentative, peuvent favoriser ou freiner sensiblement le recours à un précédent judiciaire, on peut dire qu'ils sont d'ordre institutionnel et organisationnel (1.) et d'ordre sociologique et contentieux (2.).

1. Les variables institutionnelles et organisationnelles

51. Il va sans dire que l'existence de rencontres officielles, à travers le Tribunal des conflits par exemple, ou officieuses, telles que celles mensuelles entre juridictions, leur permet de connaitre leurs jurisprudences respectives, de les confronter et donc de s'influencer réciproquement ne serait-ce qu'en créant un état d'esprit favorable à l'utilisation réciproque des précédents. L'intensification des échanges institutionnalisés et informels entre les ordres de juridictions est donc une source de connaissance des précédents réciproques[254]. Il est en effet évident que le développement des relations entre le Conseil d'État et la Cour de cassation, que ce soit à travers le pratique des rencontres périodiques associant des membres du Bureau de la Cour de

[253] V. sur la question de la charge de travail et la décision juridictionnelle A. Dyevre, La décision juridictionnelle. Introduction à la théorie et à l'empirie du droit, Dalloz, coll. « Méthode du droit », 2024, pp. 147 et s.
[254] Voire des décisions du juge du fond notamment s'il est abordé la question de la réception d'un précédent de la Cour de cassation par eux.

cassation et des membres de la Section du contentieux, les échanges mensuels au sein du Tribunal des conflits, « instance de rencontre et de dialogue »[255], ou la mise en place de mécanisme de collaboration participent activement à ce rapprochement. Qu'ils soient institutionnalisés ou informels, ces échanges favorisent inévitablement l'utilisation des précédents de la Cour de cassation par les rapporteurs publics.

52. L'émergence d'outils permettant une connaissance plus fine et plus approfondie de la jurisprudence judiciaire est aussi de nature à faciliter l'obtention de l'information et donc l'utilisation du précédent judiciaire par les rapporteurs publics[256] : base de données sur laquelle seront partagés des documents et des informations susceptibles d'intéresser les magistrats des deux juridictions, des études communes[257] qui visent à mettre en lumière leurs différences d'approches et leurs convergences et à formuler des propositions visant à simplifier les règles de droit applicables ou d'un service de documentation spécialisé à l'instar du récent bureau « droit public »[258] du Service de documentation, des études et du rapport (SDER)[259].

De même, le passage d'un rapporteur public au Tribunal des conflits est sans doute de nature à favoriser sa pratique de citation des précédents judiciaires. Au-delà, tout cela participe *in fine* a « recens[er] les divergences de jurisprudence afin de faire le départ entre les deux significations de l'autonomie du droit

---

255 B. Stirn, concl. sous TC, 6 juin 1989, *Préfet de la région Île-de-France* ; *RFDA* 1989, p. 457.

256 Pour une approche générale V. not. F. Tap, *Recherches sur le précédent juridictionnel en France*, Mare et Martin, Bibliothèque des thèses, 2021, pp. 201 et s.

257 Par exemple, l'usage des regards croisés. V. par exemple « L'ordre public : regards croisés du Conseil d'État et de la Cour de cassation », 2017, disponibles sur les sites du Conseil d'État et de la Cour de cassation. La dernière édition (7e) en date fut consacrée au thème « De la régulation à la compliance : quel rôle pour le juge ? ».

258 V. *infra*.

259 Y. Massart, A. Lacabarats, « Le service de documentation et d'études a 60 ans », *BICC* n° 665, 15 juill. 2007 ; J. Léonnet, « Le Service de documentation et d'études, mémoire de la Cour de cassation », *in* L'image doctrinale de la Cour de cassation, préc., p. 63.

public naguère distinguées par le doyen Vedel : l'autonomie essentielle et l'autonomie accidentelle »[260].

Au-delà, on peut se demander si les citations de solutions du juge judiciaire par les rapporteurs publics ne leur permettent pas d'être à leur tour cités par le juge judiciaire (en particulier dans les travaux préparatoires) et la doctrine privatiste, ce qui serait de nature à favoriser dans une logique circulaire une politique institutionnelle de citation du précédent judiciaire. Le recours au précédent judiciaire est un élément qui s'inscrit aussi selon nous dans le cadre d'une politique de communication et d'influence du juge administratif et du Conseil d'État comme l'est l'usage du droit comparé externe[261]. Par le recours à la jurisprudence judiciaire, l'auteur des conclusions met en avant la capacité d'ouverture du Conseil d'État et une interaction qui renforce la légitimité de la juridiction et surtout, fait de ses propres précédents un produit d'exportation en recherchant l'adhésion d'un auditoire élargi au juge judiciaire. En bref, en mobilisant la jurisprudence judiciaire, les rapporteurs publics favorisent l'utilisation des précédents du Conseil d'État par le juge judiciaire.

53. D'autres éléments de nature organisationnelle ne sont pas à écarter si l'on veut saisir le plus complètement possible les facteurs qui soutiennent la connaissance par les rapporteurs publics de la jurisprudence judiciaire. Certains éléments qui se rapportent en effet aux ressources dont disposent le Conseil d'État et les auteurs de conclusions – financières, temporelles, documentaires, humaines etc. – vont pouvoir peser. On ne peut en effet écarter l'idée selon laquelle, à l'instar du droit comparé externe[262], l'utilisation des précédents judiciaires ne dépend pas,

---

[260] B. Genevois, « Juge administratif et juge judiciaire : ressemblances et différences », in *De l'intérêt de la summa divisio droit public-droit privé ?,* B. Bonnet et P. Deumier (dir), Dalloz, 2010, pp. 155-175.

[261] V. en ce sens à propos du droit comparé externe F. Melleray, « L'utilisation du droit étranger par le Conseil d'État statuant au contentieux », in *Mélanges en l'honneur du Président B. Genevois*, Dalloz, 2009, p. 779.

[262] A. Bretonneau, A. Dahan, D. Fairgrieve, « L'influence grandissante du droit comparé au Conseil d'État : vers une procédure juridictionnelle innovante ? », *RFDA* 2015, p. 855. V. aussi F. Melleray, « L'utilisation du droit étranger par le Conseil d'État statuant au contentieux », in *Mélanges en l'honneur du Président B. Genevois*, Dalloz, 2009, p. 779.

au-delà de facteurs subjectifs et des éléments susmentionnés, de la mise en place d'une « politique organisationnelle » favorable (ou à l'inverse défavorable) à une pratique de citation de la jurisprudence judiciaire. Les auteurs de conclusions doivent disposer de moyens de connaissance de la jurisprudence judiciaire particulièrement étoffés notamment grâce à une infrastructure en personnel et en matériel et surtout, être insérés dans une culture juridique favorable aux apports extérieurs.
À ce titre, on peut même se demander si l'initiative et l'influence du Président de la section du contentieux ou du Vice-président du Conseil d'État qui manifesteraient l'un ou l'autre une volonté d'ouverture vers le droit privé ne pourrait pas y contribuer[263]. L'influence de certains Présidents a été manifeste sur certains sujets tels que l'ouverture au droit de l'Union européenne[264] ; il est donc aussi tout à fait possible de l'envisager s'agissant de l'ouverture aux précédents judiciaires.
De la même façon, c'est ce vers quoi tendrait une politique de recrutement de juristes spécialisées en droit privé – quel que soit son statut. On pense aussi à l'accueil au Conseil d'État de magistrats judiciaires – ce qui se fait déjà – et à l'ouverture aux Professeurs des Universités et des Maîtres de conférences en droit privé – ce qui se fait beaucoup moins à notre connaissance, mais l'on peut se tromper – par la voie du service extraordinaire[265]. Le maniement de précédents judiciaires suppose en effet des compétences et connaissances particulières.

54. Bien entendu, au-delà de l'importance de disposer d'un fonds bibliothécaire fourni d'un point de vue de la littérature de droit privé de toute sorte (thèses, manuels etc.), le développement

---

263 Sur l'importance de cette fonction V. P. Cassia, « Le président de la section du contentieux du Conseil d'État », *Juger l'administration, administrer la justice, Mélanges en l'honneur de Daniel Labetoulle,* Dalloz, 2007, p. 125.

264 On pense à l'influence des Vice-présidents Long et Sauvé et des Présidents de la section du contentieux Combarnous et Stirn.

265 Il reste à savoir si cette voie d'accès a été fondue dans celle « action publique » organisée par l'Institut Nationale du Service Public. V. arrêté du 9 août 2023 autorisant l'ouverture au titre de l'année 2024 de la procédure de recrutement de maîtres des requêtes en service extraordinaire et conseillers référendaires en service extraordinaire par la voie « action publique ».

de l'*open data*[266] et d'une base de données accessible (de jurisprudences et de doctrine) ne peut que faciliter l'obtention de l'information et donc l'utilisation par les rapporteurs publics de la jurisprudence judiciaire[267]. D'autant que la motivation souvent lacunaire[268] ou défaillante, et cela malgré l'adoption d'une motivation dite « enrichie »[269] pour les arrêts les plus importants (revirement de jurisprudence[270], question de principe, intérêt pour l'unification de la jurisprudence, questions préjudicielles au Conseil d'État ou à la Cour de Justice de l'Union européenne, renvoi au Tribunal des conflits, réponse à un moyen tiré de la violation d'un droit ou d'un principe fondamental)[271], rend son

---

266 J.-H. Stahl, « "Open data" et jurisprudence », *Dr. Adm.* 2016, n° 11, repère 10. V. sur ce point L. Cadiet, C. Chainais et J.-M. Sommer (dir.), S. Jobert et E. Jond-Necand (rapp.), *La diffusion des données décisionnelles et la jurisprudence*, Rapport remis à la première présidente de la Cour de cassation et au procureur général près la Cour de cassation - juin 2022, disponible en ligne sur le site de la Cour.

267 V. E. Serverin, « De l'informatique juridique aux services de justice prédictive, la longue route de l'accès du public aux décisions de justice dématérialisées », *Arch. phil. droit*, 2018, T. 60, *La justice prédictive*, p. 23. – X. Henry, « La jurisprudence accessible. Mégacode civil : théorie d'une pratique », *RRJ* 1999-3, p. 631 et s., spéc., p. 631-632.

268 D'une façon informelle, un ancien membre de la Cour de cassation nous a relaté les difficultés récurrentes d'interprétation des décisions de sa propre chambre et dont parfois, il avait été lui-même le rapporteur. Il n'est en effet pas rare, selon ses propos, que les membres de la formation de jugement ne perçoivent pas, à la seule lecture de l'arrêt, les motifs qui les avaient pourtant eux-mêmes conduits à rendre la décision.

269 A. Martinel, « La motivation enrichie prend racine à la Cour de cassation », *JCP G.*, n° 5, 2024, doctr. 172. – C. Soulard, « Considérations sur le sens de la motivation enrichie ou pourquoi la Cour de cassation doit poursuivre l'enrichissement de ses décisions », in *Mélanges Loïc Cadiet*, LexisNexis, 2023, p. 1477.

270 V. Cass. 3e civ., 14 déc. 2022, n° 21-21.305, B, § 14.

271 Guide de la motivation enrichie, dir. A. Martinel, sept. 2023, disponible sur le site de la Cour de cassation :
https://www.courdecassation.fr/files/files/Demain/Guide_de_r%C3%A9daction_en_motivation_enrichie_sept_2023.pdf. V. not. M. Dugué, J. Traullé (dir.), *La motivation enrichie des arrêts rendus par la Cour de cassation*, LexisNexis, 2023, 162 p. – P. Deumier, « Motivation enrichie : bilan et perspectives », *D.* 2017, p. 1783. – P. Deumier, « A la recherche des limites de la motivation enrichie », *RTD Civ.* 2024, p. 65. Cass., Ass. plén., 5 avril 2019, n° 18-17.442, *D.* 2019, p. 922, obs., note P. Jourdain ; *JA* 2019, n° 598, p. 11, obs. D. Castel ; *Dr. soc.* 2019, p. 456, note D. Asquinazi-Bailleux.

accès plus difficile. Les problèmes de temps, de surcharge de travail et d'encombrement du prétoire peuvent tout autant freiner la recherche de précédents judiciaires. Les contraintes de temps et de moyens sont de nature à brusquer le travail de recherches, d'où la nécessité de favoriser son accès et sa compréhension (ne serait-ce que pour identifier un revirement et la portée d'un arrêt) et d'allouer des moyens, humains et matériels, dédiés à la connaissance du droit privé. On signalera à ce titre que « l'institutionnalisation d'une pratique juridique comparée par la création d'une cellule de droit comparé » [272] interne la favoriserait. Tout comme la cellule de droit comparé (externe) affiliée au Centre de Recherches et de Diffusion juridiques du Conseil d'État mise en place en 2008, une unité comparable composée de juristes et stagiaires ayant des compétences en droit privé pourrait tout à fait soutenir la Section du contentieux, mais aussi les sections administratives. L'instauration d'un bureau « droit privé » au sein du Centre de recherches et de diffusion juridiques au Conseil d'État sur le même modèle de celui, récent, du SDER de la Cour de cassation conduirait sans doute aux mêmes résultats. En effet, créé en juin 2009, le bureau « droit constitutionnel » s'est transformé entre les mois d'octobre et décembre 2020 en un bureau « droit public » ; les membres (un chef de bureau - magistrat de l'ordre administratif -, deux juristes assistants et éventuellement, des stagiaires) ont pour missions principales, selon les différentes fiches de postes diffusées sur le site *choisirleservicepublic.gouv.fr* : de réaliser des études juridiques à destination des différentes chambres de la Cour de cassation portant sur des questions complexes touchant à l'ensemble du droit public (droit constitutionnel et droit administratif) ; d'élaborer des veilles juridiques portant sur les questions prioritaires de constitutionnalité, la jurisprudence administrative et la jurisprudence du Tribunal des conflits ; d'assurer un suivi des questions prioritaires de constitutionnalité posées devant la Cour de cassation. Il est donc indéniable qu'un

[272] Pour reprendre le terme utilisé, à propos de l'usage du droit comparé externe par le Conseil d'État, par A. Bretonneau, A. Dahan, D. Fairgrieve, « L'influence grandissante du droit comparé au Conseil d'État : vers une procédure juridictionnelle innovante ? », préc.

tel bureau ne peut que favoriser la connaissance de la jurisprudence administrative par les membres de la Cour de cassation. Son instauration marque par ailleurs clairement la volonté, au moins symbolique, d'ouverture de la Cour vers le droit administratif ce qui est loin d'être anodin.

55. Malgré tout, le déploiement d'un nombre considérable d'outils de connaissance de la jurisprudence judiciaire peut d'un point de vue argumentatif apparaitre contre-productif. L'accès à l'intégralité de la jurisprudence judiciaire nécessite un travail de sélection et de rationalisation de cet ensemble disparate[273] que les auteurs des conclusions peuvent difficilement mener, pour des raisons là encore, de temps et de moyens. Il risque surtout et aussi de rendre plus difficile l'utilisation à bon escient des précédents judiciaires. Le développement depuis quelques années par la Cour de cassation d'une politique de promotion et de diffusion – de ses arrêts sous différentes formes (notes explicatives[274], communiqués, diffusion des travaux préparatoires, sigles de diffusion[275], chroniques de la Cour de cassation, rapport annuel etc.)[276] contribue à pallier ce risque. Elle assure en même temps une meilleure connaissance de la jurisprudence par les membres du Conseil d'État, certes sans toutefois bouleverser les choses[277], et surtout, sans avoir une quelconque influence sur le fait de savoir s'en servir ce qui relève d'une autre question. On peut donc penser qu'elle a pour conséquence d'en faciliter le recours

---

[273] G. Canivet, « La Cour de cassation au défi de l'innovation », *RTD Civ.* 2021, p. 331.

[274] V. G. Loiseau, A. Martinon, « La note explicative », *Les Cahiers Sociaux*, 2017, n° 292, p. 3.

[275] B. Cathala, « Le nouveau langage des sigles de la Cour de cassation », *Dr. Soc.* 2021, P. 676.

[276] A. Lacabarats, « Les outils pour apprécier l'intérêt d'un arrêt de la Cour de cassation », *D.* 2007, p. 889.

[277] Et encore faut-il que le procédé de promotion en question n'apporte pas plus de questions que de réponses et n'entre pas en contradiction avec l'arrêt. Le risque de divergence entre les motifs d'un arrêt et le support de sa promotion est bien réel et conduit nécessairement à troubler les destinataires. V. pour un exemple P. Ancel, « Faut-il "faire avec" ? », *RDC* 2007, p. 538 à propos de l'arrêt d'Assemblée plénière du 6 octobre 2006 et de sa discordance avec la note au BICC.

dans les conclusions[278]. Cette stratégie leur permet en effet de mieux identifier les arrêts les plus normatifs et les revirements de jurisprudence tout en permettant une meilleure compréhension de leur portée.
Cette stratégie communicationnelle volontariste ne doit cependant pas conduire à occulter ses limites. En plus d'être d'un usage aléatoire selon les chambres de la Cour[279], elle ne concerne, à l'instar de la motivation enrichie, que certains arrêts d'une importance particulière et non la masse des précédents judiciaires, certes inédits, mais susceptibles d'être mobilisés quand bien même par les rapporteurs publics. En effet, « les arrêts inédits ne sont pas condamnés à l'oubli et peuvent être intéressants et utiles à l'argumentation »[280] et cela d'autant plus que les rapporteurs publics ne semblent pas s'arrêter, dans leur argumentation, aux seuls arrêts jugés normatifs par la Cour de cassation elle-même.
Sans pouvoir le démontrer, on mentionnera pour finir que l'état des rapports de force qui existent entre le Conseil d'État et la Cour de cassation qui varient selon le contexte juridique, politique et institutionnel dans lequel intervient le rapporteur public, pourrait avoir une influence dans un sens ou un autre sur l'usage du précédent judiciaire. Les arguments mobilisés par les parties et le contexte procédural et sociologique jouent certainement un rôle similaire.

2. Les variables sociologiques et contentieuses

56. Aux titres des facteurs contextuels, deux éléments méritent d'être envisagés. Le premier est d'ordre sociologique tient à la personnalité de l'auteur des conclusions (A) ; le second est d'ordre procédural et tient à l'écriture des parties (B).

---

[278] Et peut-être surtout assurer son bon maniement. Cf. *infra*.

[279] H. De Castries, N. Molfessis (dir.), *Sécurité juridique et initiative économique*, rapport du Club des juristes, mai 2015, n°s 111 et s. – P. Deumier, *Répertoire de droit civil, Jurisprudence – Élaboration de la jurisprudence*, Dalloz, 2017, n° 84.

[280] P. Deumier, *Répertoire de droit civil, Jurisprudence – Élaboration de la jurisprudence*, Dalloz, 2017, n° 85

a. Facteur sociologique : la personnalité du rapporteur public

57. Si cela tient du lieu commun, il est important de préciser que la question de la formation des juges administratifs au droit privé et à la comparaison des droits, ses études, son expérience professionnelle et sans doute l'époque dans laquelle il évolue, sont des données importantes pour qui veut bien considérer que la culture juridique est un élément clé de compréhension et d'ouverture vers l'extérieur. L'éventuelle propension au recours aux précédents judiciaires dépend en effet à la fois des compétences en droit privé des membres de la juridiction administrative et de leur attention particulière, sinon de leur attrait, pour le droit privé.

Par là, un juge administratif ayant suivi des études de droit privé et ayant été formé au droit privé, sera probablement plus naturellement amené à examiner les solutions du juge judiciaire et à introduire dans son raisonnement justificatif ses précédents[281]. Mais sans aller aussi loin, il nous parait impossible d'exclure l'idée que la référence à un précédent judiciaire peut parfois être intimement liée à la personnalité et à la culture juridique du rapporteur public. Le professeur Melleray l'a soutenu à propos des droits étrangers, les exemples « *tiennent le plus souvent aux circonstances de l'espèce et aux lectures et autres rencontres réalisées par les membres du Conseil d'État dans le cadre de leurs fonctions* »[282]. Un tel constat nous parait tout à fait soutenable pour le droit comparé interne, certes dans une moindre mesure puisqu'au-delà de la proximité naturelle des deux droits et de l'unité de l'ordre juridique[283], on peut espérer que les membres du Conseil d'État aient reçu à un moment ou un autre de leur formation quelques enseignements de droit privé, ce

---

[281] On peut penser par exemple à M. Jean Delvolvé qui entra au Conseil d'État en 1940 après avoir été magistrat.

[282] F. Melleray, « L'utilisation du droit étranger par le Conseil d'État statuant au contentieux », in *Mélanges en l'honneur du président B. Genevois*, Dalloz 2009, p. 779. *Adde* A. Le Quinio, « Le recours aux précédents étrangers par le juge constitutionnel français », *RIDC* 2014, p. 581.

[283] V. R. Chapus, « Dualité de juridictions et unité de l'ordre juridique », *RFDA* 1990, p. 739.

qui en facilite la mobilisation en comparaison aux droits externes. L'originalité de la pensée de certains membres de la juridiction administrative, ici et là parfois relevée[284], et de la conception que se fait un rapporteur public du rapport entre les jurisprudences administratives et judiciaires peut ne pas être sans conséquence sur la connaissance du précédent judiciaire. Si ce n'est que de l'ordre de la supposition[285], on peut avancer l'idée que certains rapporteurs publics ont plus d'attrait pour le droit privé que d'autres, voire même pour certains, un tropisme et une connaissance fine de la jurisprudence judiciaire. Seule une étude comparative plus approfondie et ciblée en particulier sur un nombre important de conclusions rendues par certains rapporteurs publics précisément pourrait l'infirmer ou le confirmer[286].

Au-delà, il ne faut pas négliger des facteurs personnels qui peuvent plus ou moins influencer le travail de chaque rapporteur public. On pense d'abord à l'attention portée à leur réputation et leur ambition professionnelle qui peuvent impliquer une volonté de bien motiver pour éviter toute critique ou faire de leurs conclusions de véritables « pages de doctrine » et donc,

---

[284] À propos de l'originalité de la pensée de D. Labetoulle V. F. Melleray, « Les conclusions contraires Labetoulle », in *Juger l'administration, administrer la justice, Mélanges en l'honneur de Daniel Labetoulle,* Dalloz, 2007, p. 625. – À propos de la pensée de J. Romieu V. G. Cahen-Salvador, « Un grand commissaire du gouvernement : Jean Romieu », *Livre jubilaire pour le 150e anniversaire du Conseil d'État*, 1949, Sirey, 1952, p. 323. – F. Rolin, *Conclusions prononcées par Jean Romieu (1888 – 1907),* La mémoire du droit, 2019. – À propos de celle de L. Blum, P. Juvigny, « Un grand commissaire du gouvernement : Léon Blum », *Livre jubilaire pour le 150e anniversaire du Conseil d'État*, 1949, Sirey, 1952, p. 337.

[285] Et sauf à considérer qu'un phénomène de socialisation particulièrement poussé conduit à standardiser complètement la culture juridique et la part d'individualité « juridique » des membres du Conseil d'État ce que l'on ne peut que nier.

[286] V. par exemple l'analyse proposée par F. Rolin, *Essai sur la théorie générale du droit administratif de Jean Romieu*, Ed. La mémoire du droit, 2019, p. 13 qui, sur 58 conclusions étudiées de Romieu, en décèle 19 faisant explicitement référence à un précédent judiciaire : « On trouve dans les 19 des conclusions publiées des références explicites à la jurisprudence judiciaire. Il est vrai que pour une partie ces conclusions sont prononcées devant le Tribunal des conflits ce qui déforme quelque peu le corpus. Ce nombre significatif témoigne de deux phénomènes importants ».

éventuellement, tenir compte des précédents judiciaires. Si cela a tendance à être minoré dans les analyses juridiques, on pense aussi à l'effet de la charge de travail, le temps de l'effort intellectuel et son intensité qu'un rapporteur public peut raisonnablement consacrer à chaque dossier varie d'un juge à l'autre[287] en raison de leurs capacités intellectuelles et des choix extra-professionnels (vie de famille, loisir etc[288].)[289]. Or, cette charge de travail a nécessairement un effet sur le comportement des juges et sur leur façon d'argumenter. Ces considérations sont autant de contraintes / opportunités pour le juge qui sera sont le cas plutôt tenter d'ignorer le précédent judiciaire (charge de travail importante + absence d'intention de diffuser les conclusions) ou plutôt enclin à s'y référer (charge de travail allégé + intention de diffuser largement les conclusions).
Ceci étant dit, l'usage abondant du précédent judiciaire, quelle que soit la personnalité de l'auteur des conclusions, tend plutôt à démontrer que la curiosité, la formation ou la culture juridique de l'auteur des conclusions n'ont du reste qu'une influence marginale.

---

[287] A. Dyevre, *La décision juridictionnelle. Introduction à la théorie et à l'empirie du droit*, Dalloz, coll. « Méthodes du droit », 2024, p. 123 : « Les ressources en temps et en énergie d'un juge sont limitées. Même si le juge a la possibilité de faire des heures supplémentaires, le temps passé au travail est autant de temps qu'il ne peut consacrer à d'autres activités, notamment extra-professionnelles ».

[288] Si cela n'a pas lieu d'être en France, on peut illustrer ce propos avec une étude récente démontrant que les juges élus aux États-Unis motivaient plus brièvement et simplement leurs décisions lorsqu'ils étaient en campagne pour leur réelection : E. Ash, W.B. MacLeod, « Intrinsic motivation in public service : Theory and evidence from state supreme courts », *The Journal of Law and Economics*, 2015, vol. 58, n° 4, p. 863.

[289] Une étude empirique a par exemple démontré que l'écriture d'une opinion séparée à un arrêt par les juges des juridictions fédérales américaines dépend en partie du niveau du volume contentieux et de la compexité des affaires à traiter : L. Epstein, W.M. Landes et R.A. Posner, « Why (and When) Judges Dissent : A Theoritical And Empirical Analysis », *Journal of Legal Analysis*, mars 2011, vol. 3, n° 1, p. 101.

b. Facteur procédural : l'écriture des parties

58. Si seule une étude approfondie et systématique pourrait le démontrer[290], on peut tout de même avancer que les justiciables n'hésitent pas à mettre en avant les précédents judiciaires dans leurs mémoires afin de convaincre le juge administratif de leurs prétentions[291]. Ce faisant, ils font eux-mêmes du précédent judiciaire un argument au soutien de leurs moyens pour renforcer leur argumentation et légitimer leur position au même titre d'ailleurs, que les rapporteurs publics. Cela d'autant plus qu'ils sont incités à le faire par les membres du Conseil d'État eux-mêmes qui n'hésitent pas à mobiliser la jurisprudence judiciaire au sein des travaux préparatoires, mais plus largement, dans l'ensemble de leur production parallèle[292]. Cette appropriation des précédents judiciaires par les parties au litige est donc en partie la conséquence de son usage par le Conseil d'État et donc, d'une forme de mimétisme. Le rôle des avocats aux Conseils[293] n'est aussi à cet égard sûrement pas neutre. L'existence de cet ordre spécialisé dont les membres, même s'il existe de fait une certaine spécialisation, interviennent à la fois devant le Conseil d'État et la Cour de cassation, favorise nécessairement le phénomène de mobilité des précédents d'un ordre juridictionnel

---

[290] Nous convenons qu'il serait tout à fait intéressant de mobiliser les mémoires des avocats aux Conseils tant ils permettraient de prendre connaissance de l'usage argumentatif des précédents judiciaires par les parties devant le Conseil d'État. L'approche serait tout à fait intéressante. On pourrait ainsi déceler le rôle qu'ils jouent à ce propos, Mais cela nous parait relever d'une autre étude en raison de l'ampleur de la tâche.

[291] Sur l'importance du précédent interne dans les écritures des parties V. L.-X. Simonel, « Le juge et son précédent », *Gaz. Pal.* 1999, p. 2.

[292] On pense notamment aux différents rapports et études que l'institution publie et la chronique de jurisprudence à l'*AJDA* par les responsables du Centre de recherches et de documentation du Conseil d'État qui fourmillent de références à la jurisprudence judiciaire et qui constitue le « meilleur compagnon de la jurisprudence » selon B. Stirn (« Le meilleur compagnon de la jurisprudence », *AJDA* 2014, p. 87). V. aussi X. Domino, A. Bretonneau, E. Bokdam-Tognetti, J. Lessi, « Que fait le centre ? », AJDA 2014, p. 81. – J.-M. Sauvé, « 60 ans du CRDJ et de la chronique AJDA », *AJDA* 2014, p. 73.

[293] Sur leur rôle V. not. J. Boré, « La fonction d'avocat auprès des Cours suprêmes », *D.* 1989, p. 159. – J. Barthélémy, « Les avocats aux Conseils et la bonne administration de la justice », *Justice et Cassation* 2013, p. 49.

vers l'autre et partant, l'invocation de précédent de l'autre ordre au sein des écritures.

Au-delà, la mention régulière des précédents par le Conseil d'État quel que soit le support de sa diffusion, est en réalité une forme d'aveu qu'il s'agit là d'un argument tout à fait valable dont peuvent se prévaloir les parties. Il y a là un acte implicite d'encouragement à mobiliser les précédents judiciaires dans leurs écritures ce que ne peuvent manquer de faire les requérants seulement soucieux d'obtenir gain de cause devant le juge. Autrement dit, ils sont incités à adapter leur argumentaire par rapport à ce qu'ils perçoivent dans le propre argumentaire du juge. Plus le juge promouvra l'argument tiré du précédent judiciaire, plus les justiciables en feront usage dans leur mémoire et plus le juge sera incité en retour à le prendre en compte.

Dans cette perspective, on ne peut pas nier qu'elle en soit aussi la cause, les parties attendant de la Haute juridiction qu'elle prenne en compte les précédents judiciaires. Il n'est donc pas impossible que la référence aux précédents judiciaires au sein des conclusions ne soit finalement que la résultante d'une incitation d'une partie ou d'une réponse au mémoire d'une partie l'invoquant. Autrement dit, les parties peuvent tout à fait inciter le juge administratif à développer son argumentation dans le cadre tracé par le juge judiciaire. En fin de compte, l'usage du précédent judiciaire dépend aussi des interactions entre le juge administratif et les requérants.

Le précédent judiciaire est donc un argument comme les autres au soutien de leurs moyens ayant pour effet par ailleurs de diffuser et de valoriser le précédent judiciaire. Pour des raisons tenant à la légitimité et l'acceptabilité du raisonnement suivi, l'auteur des conclusions ne pourra sans doute jamais totalement occulter les décisions judiciaires soulevées par les parties. La solution qu'il propose sera en effet d'autant plus acceptée que le raisonnement qui la sous-tend repose en partie ou s'écarte explicitement du précédent judiciaire invoqué par une partie. Mais dans l'un et l'autre de ces cas, une justification et une motivation seront attendues de la part du rapporteur public par les parties.

C'est comme cela que l'on peut en partie expliquer la stratégie récente de requérants devant le juge judiciaire qui consiste à lui demander expressément de transposer une jurisprudence – controversée – du Conseil d'État, en l'espèce la jurisprudence *Czabaj*[294]. S'ils l'ont fait, c'est bien parce qu'ils croient que la Cour de cassation peut y être réceptive justement parce qu'elles les y invitent à le faire depuis que certains de ses arrêts sont rédigés sous la forme d'une motivation enrichie faisant apparaitre parfois des précédents du Conseil d'État[295].

59. Les conclusions ne faisant jamais apparaitre les positions de chacune des parties[296], aucun exemple manifeste ne peut nous servir d'appui[297]. Tout au plus pouvons-nous citer les conclusions Rougevin-Baville sur l'arrêt *Sieur Trannoy* rendu en matière de garantie décennale[298] où l'on peut voir écrit que « l'avocat de M. Trannoy a produit un mémoire fort intéressant dans lequel il critique la pertinence de ces deux précédents [judiciaires mentionnés préalablement par le commissaire du gouvernement]. Il pense que l'arrêt du 9 janvier 1969 se borne à faire application d'une clause contractuelle spéciale, mais nous avons peine à penser qu'un entrepreneur se soit engagé par écrit à livrer un immeuble ne comportant aucun vice de construction et nous restons persuadés que, pour la Cour de cassation, il s'agit d'un engagement non écrit, inhérent à tout contrat d'entreprise. Quant à la solution concernant le promoteur, auquel il ajoute deux exemples plus récents (Civ. 3e ch., 10 oct. 1972 et 14 nov. 1972), nous venons d'expliquer qu'il n'y a pas d'opposition entre la situation juridique du vendeur et celles des constructeurs ». S'ensuit alors une réponse du commissaire du gouvernement pour contredire l'écriture de cette partie et confirmer la

---

[294] Cass., Ass. plé., 8 mars 2024, *Sté City*, n° 21-21.230. – Cass., Ass. plén., 8 mars 2024, *Sté Cora*, n° 21-12.560. V. à propos des ces arrêts A. Meynaud-Zeroual, « Au nom de la forme », *Dr. Adm.*, 2024, alerte 51.

[295] Pour un exemple V. Cass., Ass. Plén., 20 janv. 2023, n° 20-23.673, § 11.

[296] Contrairement aux conclusions des avocats généraux à la Cour de justice de l'Union européenne. V. L. Navel, *op. cit.*, n° 186.

[297] V. toutefois en dehors du droit des contrats les conclusions Romieu sur CE, 31 juill. 1903, *Lefort et autres* : Rec. p. 585 : « Que résulte-t-il de cet exposé de jurisprudence ? **C'est que la jurisprudence de la Cour de cassation invoquée contre les requérants** est antérieure au décret du 22 juin 1863 […] ». On en déduit que la jurisprudence judiciaire a été invoquée par la partie défenderesse.

[298] Concl. Rougevin-Baville sur CE, Ass., 2 févr. 1973, *Sieur Trannoy* : Rec. p. 95.

pertinence de ces deux précédents judiciaires. Quoi qu'il en soit, tout porte à croire que les deux précédents mobilisés par l'auteur des conclusions l'ont été sur l'invitation de la partie défenderesse. Par ailleurs, on voit ici que le demandeur cite lui-même deux nouveaux précédents, « plus récents » auxquels il est fait référence, sans grand intérêt cependant.

60. Pour finir, on pourrait se demander si, de la même façon, l'usage par la doctrine universitaire de précédents judiciaires n'inciterait pas les rapporteurs publics à la mobiliser. La réponse est sans doute positive, mais le phénomène est bien trop diffus pour être plus amplement développé. Disons seulement que la doctrine, publiciste et privatiste, est une source d'information et d'argumentation dans laquelle les rapporteurs publics peuvent puiser les éléments nécessaires à l'appui de leur raisonnement. La curiosité d'un rapporteur public et son attrait pour les lectures doctrinales sont donc des éléments favorables à la connaissance des précédents judiciaires, eux-mêmes mobilisés dans des travaux doctrinaux. À ce titre, peut-être pouvons-nous voir dans l'usage par les rapporteurs publics de la doctrine privatiste, la source dans laquelle a été puisée les précédents judiciaires mobilisés[299] et partant, une source de sa connaissance sans que l'on puisse écarter le même constat concernant la doctrine publiciste. Si elle est par nature moins amenée à citer des précédents judiciaires que la doctrine privatiste, les références sont tout de même assez importantes et récurrentes ; surtout, on peut s'avancer pour penser qu'elle est lue avec plus de régularité par les membres du Conseil d'État que celle privatiste.

61. À ce stade de l'étude, nous voulions dresser un état des lieux permettant de constater que le précédent judiciaire est un élément central, quoique non systématique, dans les raisonnements que tiennent les auteurs des conclusions. Sans être quantitativement et qualitativement aussi important que la référence aux précédents internes, leur raisonnement est bien souvent ponctué de multiples renvois aux précédents judiciaires. En ce sens, s'ils apparaissent si proches du cœur de l'argumentation des rapporteurs publics, c'est sans doute parce que ces derniers sont sensibles aux poids des décisions du juge

[299] Sur ce point V. *infra*. « Les usages de la doctrine privatiste ».

judiciaires dont ils ont connaissance et qu'ils s'astreignent à tenir compte au même titre que leurs propres précédents.

§2. L'indifférence du recours aux précédents internes et judiciaires

62. Dans bien des cas, le précédent judiciaire apparait, dans le raisonnement mené, tout à fait substituable au précédent interne ; les auteurs des conclusions font en effet référence indistinctement à l'un et/ou à l'autre. Tout se passe comme si le précédent judiciaire jouissait de la même autorité que le précédent interne et en épousait la forme contraignante. La présentation formelle (A) et la reprise formelle (B) du précédent judiciaire contribuent à le démontrer.

A. La présentation formelle du précédent judiciaire

63. L'emploi récurrent de certaines formules et expressions manifeste la considération particulière que les rapporteurs publics accordent aux précédents judiciaires en les présentant formellement d'une façon similaire aux propres précédents de sa juridiction.
En effet, les auteurs de conclusions invoquent bien souvent les précédents judiciaires avec un formalisme identique à la citation des précédents internes. La pratique formelle de l'autoréférence apparait alors très proche de celle de la référence à la jurisprudence judiciaire à tel point, même, qu'il en est parfois fait usage indistinctement, d'une façon confondue[300]. On la retrouve

---

[300] Par ex. Concl. Valabrègue sur CE, 26 déc. 1891, *Cie du gaz de Saint-Étienne c. Ville de Saint Etienne* : Rec. p. 789. : « M. le commissaire du gouvernement, après avoir rappelé que la jurisprudence des arrêts des 20 mai 1881 (p. 522), *ville de Crest* et 17 novembre 1882 (p. 888), *compagnie des Eaux,* et des arrêts de la Cour de cassation des 25 juillet 1882 et 8 août 1884 (D. 83. 1. 106 ; 84. 1. 31), autorise les villes à créer au profit de leur éclairage public un monopole de fait pour l'éclairage privé en leur concédant le droit exclusif de poser une canalisation dans les voies publiques et établies que ce privilège exclusif avait été donné à leurs concessionnaires par les villes de Saint-Étienne et de Montluçon, de façon continue en ces termes ».

en effet citée parmi les arrêts de la juridiction administrative sans que soit évoquée une quelconque particularité. Aussi, sans y voir

---

1. Concl. Romieu sur CE, 20 janv. 1905, *Cie départementale des eaux et services municipaux c/ Ville de Langres* : Rec. p. 55 : « Pour les concessions, on a prétendu que cette autorisation n'était pas nécessaire, en raison de ce que le contrat a précisément un caractère beaucoup moins personnel, qu'il est indépendant de la personne du concessionnaire, qu'il n'est pas résolu par sa mort, qu'il est généralement exécuté par des sociétés anonymes. Mais la doctrine et la jurisprudence sont aujourd'hui d'accord pour reconnaitre à l'autorité qui a fait la concession le droit d'approuver toute substitution d'un concessionnaire à un autre, qu'il s'agisse de cessions volontaires ou de cessions forcées (Avis du Conseil d'État, 9 août 1871, Chemins de fer de la Croix Rousse ; 17 févr. 1876, Chemin de fer d'Anvers à Calais. Cass., 14 févr. 1859, Mancel ; 14 juill. 1862, Chemin de fer de Graissessac à Béziers ; 5 déc. 1882, Tramways de Paris à Sèvres; 11 févr. 1884, Chemin de fer de Clermont à Tulle. Arr. C. 16 mai 1872, Coiret ; 31 mai 1878, Meritens ; 17 déc. 1897, Société de l'Ardoisière de l'Union) ». – 2. Concl. Pichat sur CE, 4 mars 1910, *Thérond* : Rec. p. 193 : « Plus tard, la même jurisprudence a été étendue aux actions en responsabilité formées contre les départements, les communes et les établissements publics (Cons. D'État, 31 janv. 1902, *Grossant*, p. 56 – Tribunal des conflits, 29 fév. 1908, *Feutry*, p. 208 et les conclusions de M. le commissaire du Gouvernement Teissier ; 11 avr. 1908, *de Fonscolombe*, p. 448 ; 23 mai 1908, Joullié c. *Association syndicale du canal de Gignac*, p. 569 - Cass. civ., 16 nov. 1908, *Préfet de l'Aude, c/ Vié-Cuxac*) ». – 3. Concl. Geffray sur CE, Ass., 8 avr. 2009, *Cie générale des eaux et commune d'Olivet* : Rec. p. 120 : « Il a été constamment réaffirmé tant par votre jurisprudence [...] que par celle de la Cour de cassation (Cass. civ. 3e, 3 juillet 1979, JCP G 1980, II, 19384, note F. Dekeuwer-Defossez, voir pour une application récente, Cass., ch. Mixte, 22 septembre 2006, n° 05-13-517, D. 2006-2391, sur la non-application du nouvel article L. 341-4 du code de la consommation aux contrats de cautionnement conclus avant son entrée en vigueur). Il en résulte, selon votre jurisprudence, qu'une règle qui s'applique aux contrats en cours est nécessairement rétroactive, et en principe, s'il s'agit d'une disposition réglementaire, illégale [...] puisque l'application immédiate de la norme nouvelle remet en fait en cause des situations définitivement fixées dans le passé par une convention. Tel est également le sens de la jurisprudence de la Cour de cassation (Cass., 27 mai 1861 ; Civ. 1re, 29 avril 1960, D. 1960.294, note G. Holleaux ; Ch. Mixte, 22 septembre 2006, précité). – 4. Concl. Pellissier sur CE, Ass., 9 nov. 2016, *Société Fosmax LNG* : Rec. p. 471 : « Ces dernières ne sont pas compétentes pour connaitre des décisions de justice étrangères. Elles ne peuvent donc appréhender une sentence rendue à l'étranger qu'à l'occasion d'une demande tendant à son exequatur (voyez notamment, en ce qui concerne les juridictions administratives françaises, votre décision *syndicat mixte des aéroports de Charente* du 19 avril 2013, n° 352750, au Recueil p. 102 et, en ce qui concerne la juridiction judiciaire : Civ. 1re, 12 octobre 2011, n° 11-11058, au Bull.) ».

une forme de hiérarchie, il n'est pas rare de voir des précédents judiciaires être présentés, assez complètement d'ailleurs, préalablement à l'exposé de la jurisprudence administrative. Ils peuvent également se retrouver mobilisés parmi les arrêts de la juridiction administrative, avec, semble-t-il, la même autorité, du moins sans hiérarchie manifeste ni mise en avant de spécificités notables[301].

64. Les auteurs des conclusions ne cherchent donc pas à autonomiser les précédents judiciaires de l'argument tiré d'un précédent interne, mais au contraire à les lier. Ainsi, après avoir écrit que « la jurisprudence [judiciaire] reconnait qu'il n'y a pas de formule sacramentelle nécessaire, qu'on n'a pas à exiger dans le contrat les mots dispense de mise en demeure ; mais il faut qu'il y ait une formule indiquant formellement la volonté des parties sur la dispense de cette formalité. C'est ainsi que lorsqu'on rencontre dans un contrat les mots de peine de déchéance, ces mots n'impliquent pas la dispense de la mise en demeure », Romieu poursuit en ces termes : « en droit administratif les règles sont les mêmes »[302]. Dans le même sens, ce n'est qu'après avoir identifié la position des tribunaux judiciaire et « la jurisprudence la plus récente [qui] résulte d'un arrêt de la chambre civile de la Cour de cassation du 22 novembre 1994 », qu'il est fait état de « votre jurisprudence [qui] a, pour sa

---

[301] Pour présenter d'emblée un exemple : Concl. Guillaume sur CE, Sect., 11 févr. 1972, *OPHLM du Calvados et Caisse franco-néeerlandaise de cautionnements* ; *AJDA* 1972, p. 245 : « Si ces droits lui avaient été retirés en cours d'exécution du contrat, la caisse eût été déchargée de toute obligation en vertu de l'article 2037 du Code civil qui prévoit une telle décharge "lorsque la subrogation aux droits, hypothèques et privilèges du créancier ne peut plus, du fait du créancier, s'opérer en faveur de la caution. Certes, selon votre jurisprudence, ce texte ne vise pas les simples facultés offertes au créancier telle la retenue du 1/12e […]. Mais il couvre toutes les sûretés et tous les droits dont le créancier s'est privé même sans faute (Sect., 18 mai 1945, *Société auxiliaire de gestion et d'avances*, Leb. p. 99), qu'il s'agisse du privilège du Trésor (Cass. civ. 6 février 1911, D. 1911.I.501), d'un droit de rétention ou de restitution (Cass. civ. 8 juillet 1913, D. 1914.I.241) ou même d'une affectation de fonds différente de celle prévue au contrat (Cass. Req. 27 novembre 1906, *Banque de l'Indochine c/ Camouilly*, D. 1909.I.48) ».

[302] Concl. Romieu sur CE, 5 mars 1897, *Sieur Verdie*r (1ere esp.), sieur Daumas (2eme esp.), Sirey 1898.3.17.

part, été moins hésitante »[303]. Même, lorsque le commissaire du gouvernement n'identifie pas de précédents internes, seuls les précédents judiciaires sont exploités[304]. Pour exemple, à la suite du constat selon lequel ni la doctrine administrativiste ni la jurisprudence administrative ne se sont intéressées à la question de savoir si l'accord d'une commune à la conclusion d'un contrat valait aussi pour sa tacite reconduction, le commissaire du gouvernement fait état d'une « jurisprudence civile [...] en revanche plus fournie »[305].

65. D'autres formules, proches sinon identiques à celles utilisées lorsqu'est mobilisé un précédent interne, évoquent plus

---

303 Concl. Bergeal sur CE, Sect., 11 juill. 2001, *Sté des eaux du Nord* : Rec. p. 351. Dans le même sens V. Concl. Genevois sur CE, 9 déc. 1983, *Ville de Paris,* Rec. p. 499.

304 Par ex. à propos de la notion de mandat Concl. Piveteau sur CE, Ass., 5 mars 2003, *ordre des avocats à la cour d'appel de Paris* : Rec. p. 92 : « La jurisprudence de la Cour de cassation a constamment cherché à maintenir cette frontière entre le contrat de mandat et le contrat d'entreprise (Cass. civ., 2 juillet 1974, Bull civ. III, n° 273 ; Cass. civ., 5 janvier 1980, Bull. civ. I, n° 12 ; Cass. civ. 16 juillet 1998, Bull. civ. I, n° 244) même s'il faut bien admettre qu'elle est subtile, parce que les services ont souvent une double nature. Autre caractéristique importante et qui se déduit de la notion de représentation : les contrats passés par le mandataire, sous réserve qu'il agisse dans la limite de ses pouvoirs, vont engager directement son mandant. Ce dernier est considéré comme le seule et véritable partie au contrat. Pour reprendre une formule courante en jurisprudence civile : "l'exécution des obligations contractuelles nées des actes passés par un mandataire pour le compte et au nom de son mandant incombe à ce dernier seul" (Cass. soc., 16 mai 1974, Bull. civ. V, n° 307 ; Cass. civ., 14 novembre 1978, Bull. civ. I, n° 346). Enfin, et malgré le rappel par l'article 1986 que le "mandat est gratuit s'il n'y a convention contraire" c'est aujourd'hui le mandat salarié qui est la règle. Dans la vie des affaires, le contrat de mandat se négocie et se paie comme n'importe quel contrat : la Cour de cassation a d'ailleurs jugé que les mandats devaient être présumés salariés » lorsqu'ils sont en faveur de personnes » qui font profession de s'occuper d'affaires d'autrui (Cass. civ., 10 février 1981, Bull. civ. I, n° 50 ; Cass. civ., 19 février 1989, Bull. Civ. I, n° 399. À la lumière de ces quelques traits, on constate que le mandat de représentation « en vue du règlement d'un litige », c'est-à-dire celui de l'avocat dans un procès ou dans une transaction, est l'exemple même du contrat de mandat au sens de l'article 1984 ».

305 Concl. Touvet sur CE, 22 mars 1996, *Assoc. de gestion des écoles Saint-Martin, Jeanne d'Arc, Sainte-Marie, Marguerite-Marie et du Sacré-Cœur* : Rec. p. 93.

indirectement la dimension précédentielle de la jurisprudence judiciaire telle que pour exemples :

- « nous pensons invoquer dans le même sens un arrêt de la Cour de cassation »[306] ;
- « la question a d'ailleurs été jugée par le 25 juillet 1882 par la Cour de cassation » ;
- « cette question a été depuis longtemps résolue dans un sens négatif par la jurisprudence de la Cour de cassation dont la doctrine jamais démentie était déjà énoncée en ces termes dans un arrêt de la chambre civile du 30 nov. 1892 »[307] ;
- « la Cour de cassation, dans des situations en tous points identiques à celle de la présente espèce, en souligne avec insistance la portée générale et nous citerons par exemple, un arrêt de la chambre civile »[308] ;
- « selon une règle affirmée de façon constante par votre jurisprudence, par celle du Tribunal des conflits comme par celle de la Cour de cassation, la responsabilité d'une personne physique ou morale ne peut être engagée sur le terrain extracontractuel à l'égard de la victime d'un dommage que si cette personne et la victime ne sont pas l'une envers l'autre dans une situation contractuelle »[309] ;
- « la jurisprudence [à la fois administrative et judiciaire semble-t-il] la plus récente résulte d'un arrêt de la chambre civile de la Cour de cassation du 22 novembre 1994 »[310] ;

---

[306] Concl. David sur CE, 11 mai 1872, *Butin c/ la ville de Beauvais (conflits de l'Oise)* : Rec. p. 265.

[307] Concl. Bertrand sur CE, 8 oct. 1965, *Commissaire du gouvernement près la commission régionale des dommages de guerre de Dijon c. Renard* : *D.* 1965, p. 239.

[308] Concl. Kahn sur CE, Ass., 9 juin 1972, *Sté Électricité pour la Lumière et la Force* : Rec. p. 428.

[309] Concl. Genevois sur CE, Sect., 11 janv. 1978, *Cie « Union et le Phénix espagnol »* : Rec. p. 6.

[310] Concl. Bergeal sur CE, Sect., 11 juill. 2001, *Sté des eaux du Nord* : Rec. p. 351.

- « il a été constamment réaffirmé tant par votre jurisprudence [...] que par celle de la Cour de cassation »[311] ;
- « le principe selon lequel la cession ne transfère au cessionnaire que les droits et obligations à naitre semble par ailleurs fermement établi en droit civil »[312] ;

66. Cette stratégie n'est pas neutre d'un point de vue argumentatif. Adjoindre un précédent judiciaire à un précédent interne contribue à décupler la mention de précédents allant dans le même sens, peu importe leur origine, et partant, « l'ampleur de l'argumentation »[313]. Par là, l'auteur « renforce la conviction de l'auditoire, confronté à la multiplicité des réponses convergentes qu'il a données par le passé à un même problème de droit »[314]. Il arrive même parfois que dans ces cas, la conjugaison d'un précédent interne et d'un précédent judiciaire suffise pour justifier une solution sans autre considération et sans autre forme de discussion. Tout se passe comme si la convergence des précédents internes et externes jouait comme un argument d'autorité autosuffisant. Elle conduit alors directement à la solution proposée.

67. Par ces quelques exemples, nous voulions montrer la parenté qu'il peut exister entre la citation formelle des précédents internes du Conseil d'État et ceux de la juridiction judiciaire par les rapporteurs publics[315]. En plaçant ainsi les précédents judiciaires aux côtés de ceux du Conseil d'État, une identité formelle se dessine qui est, selon nous, de nature à contribuer à

---

311 Concl. Geffray sur CE, Ass., 8 avr. 2009, *Cie générale des eaux et commune d'Olivet* : Rec. p. 120.

312 Concl. Pellissier sur CE, Sect.,19 déc. 2014, *Commune de Propriano* : Rec. p. 395.

313 Ch. Perelman, L. Olbrechts-Tyteca, *Traité de l'argumentation, Bruxelles*, Éd. de l'Université de Bruxelles, 6e éd., 2008, spéc. p. 628.

314 G. Leroy, *op. cit.*, n° 116.

315 D'une façon beaucoup plus ciblée, l'analyse du professeur Rolin à propos des conclusions Romieu parait aller dans le même sens (*Essai sur la théorie générale du droit administratif de Jean Romieu*, Ed. La mémoire du droit, 2019, pp. 13 et 14). Selon lui, « sur de nombreux points, Romieu procède à une analyse très méticuleuse, **presqu'interne**, de la jurisprudence judiciaire pour déterminer s'il convient de la suivre ou au contraire de s'en écarter ».

dévoiler une autorité semblable, comme l'est un second élément, la reprise du précédent judiciaire par le rapporteur public.

B. La reprise formelle du précédent judiciaire

68. La proposition de suivre fidèlement – si ce n'est *verbatim* – la solution énoncée par un précédent judiciaire traduit également et sans doute avec encore plus de force la logique précédentielle qui préside à sa mobilisation. En effet, la rhétorique précédentielle est plus poussée et explicite, lorsque, après avoir rappelé qu'il verrait dans une solution « le prolongement d'une jurisprudence ancienne qui admettait, sans doute plus largement qu'aujourd'hui, de reconnaitre le caractère d'ouvrage public à tout immeuble qui était spécialement réalisé "en vue d'assurer l'exécution d'un service public" (voyez Cass. civ., 2 juin 1913, *Société nîmoise d'éclairage électrique*, S. 1914-1-31 ; CE, 15 mars 1961, *Ville de Lavaur*, T. p. 1200) », il lui « apparait particulièrement tentant de faire appel à cette lignée jurisprudentielle pour résoudre les difficultés que soulève un type de contrat où interfèrent deux régimes juridiques qui se prêtent mal à conciliation »[316].

Il en va de même lorsqu'il est dit que « les critères d'interprétation utilisés par le juge judiciaire peuvent vous guider dans cette appréciation »[317]. Est également remarquable l'attitude du commissaire du gouvernement demandant de se faire « pardonner » « d'invoquer, avec cette insistance, une jurisprudence de la Cour de cassation ; mais on prend son bien où on le trouve et, dans le domaine de la procédure au moins, la pratique judiciaire a souvent inspiré la vôtre »[318] afin de convaincre de l'opportunité de la suivre. Certes, une telle formulation reste ambiguë. On peut y voir une attitude du commissaire du gouvernement s'excusant de demander au

---

316 Concl. Lasvignes sur CE, Ass., 10 juin 1994, *Cne de Cabourg* : Rec. p. 300.

317 Concl. Bergeal sur CE, Sect., 11 juill. 2001, *Sté des eaux du Nord* : Rec. p. 351.

318 Concl. Kahn sur CE, Ass., 9 juin 1972, *Sté Électricité pour la Lumière et la Force* : Rec. p. 428. « Vous nous pardonnerez ».

Conseil d'État de suivre la même position que le juge judiciaire par peur que cet acte soit pris comme de l'inféodation au juge judiciaire et à sa jurisprudence. En ce sens, le précédent judiciaire peut être vu comme un précédent « inférieur » au même titre que la jurisprudence des juges administratifs du fond. Il n'en demeure pas moins que dans le cas exposé, le précédent judiciaire joue comme un substitut en l'absence de précédent interne empreint d'une même autorité.

La logique est tout à fait visible lorsque le rapporteur public cite une jurisprudence admise de longue date par la Cour de cassation « à [...] laquelle il est permis de se référer s'agissant de règles du droit international privé »[319].

Un commissaire du gouvernement a même pu anticiper la solution du juge judiciaire après avoir fait référence à ses précédents pour proposer à sa formation de jugement de suivre cette ligne jurisprudentielle. Ainsi, « la jurisprudence criminelle citée a surtout statué sur le cas de maires pour lesquels la mission de surveillance est générale, ou pour des adjoints délégués ou conseillers qui étaient effectivement chargés de cette surveillance (comme l'architecte qui a fait l'objet de l'arrêt Reglain) [...] Nous ne croyons pas que les juridictions pénales appliqueraient l'article 175 à un conseiller municipal, en cette seule qualité, s'il n'avait pas la surveillance effective de l'entreprise ou du marché »[320].

A d'autres occasions, le commissaire du gouvernement est allé jusqu'à proposer « d'étudier sur quel fondement juridique on

---

319 Concl. Victor sur CE, 25 juin 2021, *Société Mezzi et Fonderia* : Rec. p. 182.

320 *Idem*. V. également Concl. Labetoulle sur CE, sect., 5 nov. 1982, *Ville de Dôle* : Rec. p. 375. Aujourd'hui ces controverses sont largement taries, en partie parce que la Cour de cassation qui, pendant un temps nous paraissait tout de même plutôt opté, dans la tendance majoritaire de la jurisprudence pour le principe de l'abattement « du neuf au vieux » (Civile, 2 juill. 1953, Dalloz 1954, p. 73, note R. Savatier ; 1er avr. 1963, 2e ch. Civile, JCP, 1963.II.13408, note Esmein) considère maintenant qu'il s'agit là d'une question de fait relevant de l'appréciation souveraine des juges du fond, ce qui conduit d'ailleurs certains commentateurs à déduire trop hâtivement de ses décisions qu'elle se rallie à telle ou telle position ; la thèse à cet égard la plus répandue – mais à notre sens à tort – est que la Cour de cassation récuserait le principe de l'abattement de vétusté au moins en ce qui concerne la responsabilité contractuelle ou post contractuelle des architectes ou entrepreneurs ».

peut essayer d'asseoir cette doctrine pour la concilier avec les principes rappelés par l'arrêt de la Cour de cassation » et de trouver un « terrain de conciliation sur lequel les deux jurisprudences de la Cour de cassation et du Conseil d'État pourraient s'accorder »[321] ou relevant des « fluctuations [...] de part et d'autre dans les précédents [judiciaires] » s'interrogeant sur « quelle solution nous arrêter ? »[322].
Finissons par un dernier exemple où il est indiqué que la solution et l'« analyse » proposées s'expliquent parce qu'il s'agit d'« une simple transposition dans cette matière, de la jurisprudence judiciaire relative à des litiges identiques entre particuliers », que « cette jurisprudence n'est d'ailleurs pas isolée ; elle existe dans d'autres domaines et elle est approuvée par la doctrine » et que malgré quelques réserves, « la jurisprudence judiciaire qui repose sur l'existence d'une responsabilité directe et personnelle de l'exécution envers la victime du dommage peut être appliquée en matière administrative au regard de l'entrepreneur »[323].

69. Ces quelques exemples montrent bien que le raisonnement des auteurs de conclusions s'appuie parfois sur un raisonnement déjà éprouvé dans un précédent judiciaire. La consécration d'une solution passe alors par « un procédé de formalisation » tendant à rattacher la solution à une règle

---

[321] Concl. Romieu sur CE, 6 juin 1902, *Sieur Goret* : Rec. p. 420.

[322] Concl. Rivet sur CE, 20 juin 1930, *Marrot* : *D.* 1931.III.31 rendues certes à propos d'un litige concernant la domanialité : « sur cette question des conséquences légales d'une désaffectation de fait d'une portion du domaine, la jurisprudence est, à vrai dire, des plus incertaines. Du côté judiciaire prévaut, tout d'abord, très nettement, la théorie en vertu de laquelle, la destination cessant en fait, le caractère de domanialité disparait : en ce sens, toute une série d'arrêts anciens qui vient confirmer un arrêt de la chambre civile du 3 août 1915. Dans un arrêt postérieur de la même chambre du 26 mai, parait, toutefois, se dessiner un revirement en faveur de la thèse contraire, de la thèse formaliste, d'après laquelle aucune "sortie" du domaine n'est possible sans déclassement régulier... Telles étant les fluctuations relevées de part et d'autre dans les précédents, à quelle solution nous arrêter ? »

[323] Concl. Guionin sur CE, 9 janv. 1953, *Ville de Saint-Maurice c. Letot* : D. 1954 p. 278 à propos de l'irrecevabilité de la demande de mise en cause de l'entrepreneur par une commune en cas de dommage causé à un immeuble à la suite de malfaçons constatées dans l'exécution d'un travail public formée plus de dix ans après la réception du travail à la suite d'une action en indemnité d'un tiers étranger au marché

jurisprudentielle judiciaire que le juge administratif interprète, mais qu'il n'a pas lui-même édictée et qui n'a pas été édictée pour la situation qui lui est soumise[324]. Ils le réitèrent et entendent ainsi inscrire leur solution dans un courant jurisprudentiel identifié au sein de l'ordre juridictionnel judiciaire. Autrement dit, le précédent judiciaire leur permet de prouver que la solution qu'ils défendent s'inscrit dans une certaine continuité jurisprudentielle extérieure au Conseil d'État. Grâce à lui, quelle que soit la nature de la solution proposée, qu'elle conduise à un bouleversement, à une simple innovation, ou un maigre aménagement, elle s'appuiera sur une apparence de continuité si l'on porte le regard non pas sur le seul ordre juridictionnel administratif, mais sur l'ordre juridique en général. On retrouve finalement ici la même logique qui sous-tend la pratique plus naturelle, de la prise en compte par les hautes juridictions de leurs propres précédents. L'usage du précédent judiciaire permet quoi qu'il en soit de tempérer le caractère inédit d'une solution dans l'hypothèse d'un revirement ou d'une solution spectaculaire. Par là, son pouvoir créateur est en partie dissimulé. On peut donc y voir une tentative de masquer une solution inédite derrière un précédent qui lui est étranger mais qui s'en trouve dénaturé puisqu'il n'avait pas vocation à s'appliquer ici. Un tel procédé est bien pratique en l'absence de texte pouvant servir de « point d'appui plausible pour un emprunt formel »[325] ; il en constitue quelque part un substitut pour rattacher la solution à une règle préexistante, formelle ou jurisprudentielle.

70. Dans une telle hypothèse, le précédent interne ainsi constitué à partir d'un précédent judiciaire semble tendre à progressivement effacer ce dernier et à constituer avec le temps l'unique point de référence précédentiel, autant pour le juge que pour la doctrine. On s'en explique à travers un exemple qui, s'il ne concerne pas le droit des contrats administratifs, nous parait le plus significatif. Il se rapporte au critère dit réducteur de la

---

[324] F. Zenati, *La jurisprudence*, préc. p. 151 à propos du « pouvoir de qualification pour rattacher au moyen d'une technique herméneutique codifiée (argument a pari, a contrario, a fortiori…) une situation à une règle formelle qui n'a pas été édictée pour elle ».
[325] *Idem.*

domanialité publique, l'aménagement spécial. Dans une affaire où la question principale était celle de la domanialité d'un immeuble d'une cité ouvrière mis à la disposition par la SNCF à l'un de ses agents, le commissaire du gouvernement Heumann se propose de mener « un effort de clarification juridique » à propos de la limite à l'intégration des biens pourtant affectés à un service public dans le domaine public[326]. Car, selon lui « les divergences se manifestent dès qu'il s'agit de définir le critère suivant lequel s'opérera cette limitation ». Or, s'il indique que « des indications intéressantes sont également fournies en ce sens par certains de vos arrêts récents » et que notamment l'exigence d'un aménagement en vue du service public « s'exprime en revanche avec beaucoup de netteté dans l'arrêt de section *Sté le Béton* », il est auparavant fait état de la « conception doctrinale que la Cour de cassation a consacrée dans un arrêt de sa Chambre civile du 7 novembre 1950 (S.1952.I.173) *Admin. Des Chemins de fer algériens* » elle-même tirée de la solution adoptée le 6 novembre 1947 par la Commission de réforme du Code civil. Selon elle, font partie du domaine public les biens « affectés à un service public, pourvu qu'en ce cas, ils soient par nature ou par des aménagements particuliers adoptés exclusivement ou essentiellement aux besoins particuliers de ces services ». Ainsi, la Cour de cassation avait six ans avant le Conseil d'État[327] consacré explicitement ce qui dans le fond constitue déjà l'exigence d'un aménagement spécial (ou « particulier » pour la Cour de cassation). Or, ce précédent de la Cour de cassation constitue pourtant celui originel ; il est néanmoins rapidement tombé dans l'oubli dès lors que le Conseil d'État avait fixé sa jurisprudence sur le point de l'aménagement spécial. L'ensemble de la doctrine, universitaire[328] et organique, fait aujourd'hui plus

[326] Concl. Heumann sur CE, Sect., 21 déc. 1956, *SNCF c/ Giraud* ; *AJDA* 1957, p. 55.

[327] Trois ans s'il est pris comme référence non par la décision *Sté Le Béton,* mais la décision *SNCF* du 30 octobre 1953 : Rec. p. 463 où il est déjà fait état d'un bien qui « n'avait pas été aménagé en vue du service public ».

[328] V. cependant C. Chamard-Heim, *Droit des biens publics*, PUF, 2022, n° 362 qui relève que « la Cour de cassation fut la première à l'utiliser (Cass. civ., 7 nov. 1950, S., 1952-I, p. 173), puis le Conseil d'Etat lui emboîta le pas

volontiers référence aux décisions postérieures et en tout point identiques du Conseil d'État *Sté Le Béton* et *Dauphin* lorsqu'il s'agit d'identifier l'origine jurisprudentielle du critère réducteur de la domanialité publique. S'il y aurait beaucoup à dire sur un tel phénomène, on se contentera de faire remarquer que cette substitution progressive du précédent interne, plus récent, au précédent judiciaire, plus ancien, mais identique, montre bien le caractère substituable dans l'argumentation des deux types de précédents.

L'usage courant d'une forme de *distinguishing* et du raisonnement par analogie à partir d'un précédent judiciaire est également de nature à en démontrer le caractère contraignant.

(implicitement d'abord, dans l'arrêt Sté Le béton, puis explicitement : CE, 21 déc. 1956, SNCF c./ Epoux Giraux) ».

§3. La récurrence du recours à la distinction et à l'analogie

71. Le recours à l'analogie[329] à une forme de *distinguishing*[330] de la part des rapporteurs publics n'a rien de surprenant ; on sait en effet que le Conseil d'État recourt abondamment aux extensions et aux distinctions entre les cas, car

---

[329] Sur la notion V. M. Atienza, « L'analogie en droit », *RIEJ*, 1988, vol. 21, p. 33. – G. Cornu, « Le règne discret de l'analogie », in *Mélanges Colomer*, Litec, 1993, p. 129. – J.-L. Bergel, « Les fonctions de l'analogie en méthodologie juridique », *Cah. méth. Jur. RRJ* 1995-4, p. 1079. – P. Delnoy, « En quel sens le juriste raisonne-t-il aujourd'hui par analogie », *Cah. méth. Jur. RRJ* 1995-4, p. 1023. – M.-J. Falcon y Tella, « Quelques remarques à propos de l'analogie en droit », *RIEJ*, 1998, vol. 41, p. 67. – E. Sherwin, « A defense of Analogical Reasoning », *The University of Chicago Law Review*, 1999, vol. 66, p. 1179. – Ch. Perelman, L. Olbrechts-Tyteca, *Traité de l'argumentation*, *op. cit.* pp. 499 et s. – F. Rouvière, « Traiter les cas semblables de façon identique : un aspect méthodologique de l'aspect de justice », *Jurisprudence. Revue critique*, Université de Savoie, 2012, p. 89. – G. Lamond, « Analogical reasonning in the Common Law », *Oxford journal of legal Studies*, 2014, vol. 34, p. 567. – L. L. Weinreb, *Legal Reason. The Use of Analogy in Legal Argument*, New York, Cambridge University Press, 2e éd., 2016. 188 p. – J.C. Teiteilbaum, « Analogical legal reasonning : theory and eivdence », *American Law and Economics Review*, 2017, vol. 17, p. 160. – F. Rouvière, *Argumentation juridique*, PUF, 2022, n°s 217 et s.
Sur l'usage de l'analogie par le Conseil d'État V. R. Latournerie, « Essai sur les méthodes juridictionnelles du Conseil d'État », », in *Livre jubilaire pour le 150e anniversaire du Conseil d'État*, 1949, Sirey, 1952, p. 177, spéc. pp. 229 et s. *Adde*. F. Tap, *Recherche sur le précédent juridictionnel en France*, Mare et Martin, Bibliothèque des thèses, 2021, pp. 291 et s.
Sur l'usage de l'analogie par la Cour de justice de l'Union européenne V. L. Navel, *op. cit.*, pp. 492 et s. – L. Coutron, « Style des arrêts de la Cour de justice et normativité de la jurisprudence communautaire », *RDT eur.* 2009, p. 643.
Sur l'usage de l'analogie par la Cour européenne des droits de l'Homme V. A. Palanco, *Le précédent dans la jurisprudence de la Cour européenne des droits de l'Homme*, Bruylant, 2019.

[330] Sur la notion V. J. L. Montrose, « Distinguishing Cases and the Limits of Ratio Decidendi », *Modern Law Review* 1956, p. 525. – K.I. Wilson, « On treating like cases alike », *California Law Review*, 1974, vol. 62, p. 1. – R. Cross et J. W. Harris, *Precedent in English Law*, 4e éd., Clarendon Law Series, Oxford, Clarendon Press, 1991, spéc. p. 74. – V. Petev, « Analogie et "distinction" », *RRJ* 1995-4, p. 1031. – N. Duxbury, *The nature and Authority of Precedent*, Cambridge University Press, 2008, spéc. pp. 112 et s. – F. Rouvière, *Argumentation juridique*, PUF, 2022, n°s 144 et s.

il est réticent « à s'enfermer dans des définitions conçues comme un ensemble de conditions nécessaires et suffisantes » et préfère raisonner « plutôt sur la base d'un faisceau d'indices et de ressemblances factuelles plus ou moins prégnantes »[331]. Ce qui est plus surprenant en revanche est l'usage récurrent de ces types de raisonnement lorsque le cas déjà jugé dont il s'agit de mettre en valeur les ressemblances ou les distinctions, est issu du droit privé.

72. Disons dès à présent que ces modes d'argumentation montrent l'autorité particulière que leur accordent les auteurs des conclusions dans la mesure où rien ne leur impose ni de mettre en valeur un certain degré d'analogie entre un précédent judiciaire et le cas d'espèce pour appuyer une solution ni surtout, de distinguer les précédents judiciaires de l'affaire en cause[332]. En cela, ces techniques argumentatives paraissent de nature à dévoiler le précédent judiciaire comme une contrainte argumentative. C'est ce que nous voudrions mettre en lumière dans les lignes qui suivent. Les conclusions sont de parfaites illustrations de la mise en œuvre du raisonnement par analogie[333] et du raisonnement par distinction et constituent donc un terrain d'observation particulièrement pertinent. Il ressort de notre analyse qu'ils se tournent finalement vers les précédents judiciaires entretenant un degré d'analogie suffisant avec l'espèce afin de trouver dans l'état de la jurisprudence judiciaire

---

331 F. Rouvière, *Argumentation juridique*, PUF, 2022, n° 223.

332 Pour un auteur dissociant toutefois le raisonnement par analogie et l'application d'un précédent voyant ainsi dans le recours à l'analogie une fonction purement rhétorique comportant une dimension fondamentale de liberté. Le raisonnement par analogie ne montre selon lui en rien une contrainte de se soumettre au précédent. F. Schauer, *Penser en juriste. Nouvelle introduction au raisonnement juridique*, traduit et présenté par S. Goltzberg, Dalloz, « Rivages du droit », 2018. Il n'en reste pas moins que si l'analogie ne lie pas comme l'énonce G. Lamond (« Precedent and Analogy in Legal Reasoning », préc.), son recours contribue à montrer qu'une contrainte formelle existe au stade de sa prise en compte.

333 On retiendra la définition de l'analogie formelle selon laquelle, deux cas qui présentent des ressemblances suffisamment importantes pourront être traités de façon identique. L'hypothèse est donc celle d'une argumentation visant à étendre une solution prévue par un précédent judiciaire à un litige semblable ou une question de droit semblable soumis au Conseil d'État. Sur l'analogie formelle V. F. Rouvière, *Argumentation juridique, op. cit.*, n° 221.

une réponse ou des éléments de réponses – du moins le support d'une argumentation juridique – à la problématique de droit posée dans l'affaire. À l'inverse, il arrive que des distinctions soient mises en valeur pour réfuter l'analogie ; le rapporteur public s'attache alors à souligner les différences qui séparent le précédent judiciaire mobilisé et le litige qui lui est soumis pour lui dénier toute portée. Autrement dit, dans de nombreuses circonstances, il est soit recherché les décisions du juge judiciaire dont la portée doit être relativisée en raison de la distinction des situations (B), soit, au contraire, recherché un précédent judiciaire pertinent en raison de l'analogie des situations (A.). Si de tels procédés se rapprochent par ailleurs de ceux mobilisés par le juge anglo-saxon dans les systèmes de *common law*[334] et participe manifestement à la mise en avant d'une rhétorique précédentielle[335], ils sont surtout à notre sens un aveu du caractère contraignant du précédent judiciaire pesant sur l'argumentation.

A. La mise en avant de précédents judiciaires analogues

73. En soi, toute mobilisation d'un précédent judiciaire par un rapporteur public peut être considérée comme un procédé

---

334 V. C. Bouix, « La référence aux précédents externes à l'ordre de juridictions », in *Le raisonnement juridique*, P. Deumier (dir.), Dalloz, coll. « Méthodes du droit », p. 59. – P. Deumier, « Les "motifs des motifs" des arrêts de la Cour de cassation – Étude des travaux préparatoires », in *Mélanges en l'honneur de Jean-François Burgelin*, Dalloz, 2008, p. 125, spéc. p. 153.

335 Concernant le raisonnement par analogie, il est possible de distinguer l'argument précédentiel de l'argument par analogie. Un nombre conséquent d'auteurs les distinguent en se fondant notamment sur la marge de manœuvre que le second octroie au juge et le caractère automatique du premier (V. not. G. Lamond, « Précedents and Analogy in legal Reasoning », in E. N. Zalta (éd.), *The Standford Encyclopedia of Philosophy*, 2016). Toutefois, d'autres auteurs contestent cette distinction en raison du caractère indéniablement similaire des deux arguments. L'argument précédentiel n'est en réalité qu'un type d'argument par analogie, sans doute le plus abouti (V. not. N. MacCormick, *Legal Reasoning and Leagal Theory*, Oxford, Clarendon Press, 1994, pp. 186 et s. – D. Hunter, « Reason is too large, Analogy and Procedent in Law », *Emory Law Journal*, 2001, p. 1197. – L. Weinreb, *Legal Reason the Use of Analogy in Legal Argument,* Cambridge University Press, 2005, pp. 190 et s.).

argumentatif par analogie dans la mesure où l'on fait face à deux ordres juridiques différents, dont les droits qui en sont issus ne seront jamais en tout point identiques. Néanmoins, le terme d'analogie est ici utilisé dans un sens plus resserré pour qualifier la démarche consistant à rapprocher deux situations relativement différentes, mais suffisamment proches pour qu'un lien d'analogie soit établi. L'analogie ne vise ici que cette deuxième situation.

74. Ceci étant dit, le raisonnement par analogie est employé par les rapporteurs publics en prenant pour point de référence un précédent judiciaire ce qui leur permet de relativiser l'originalité et la spécificité du litige en cause, en le rapprochant d'un autre cas, certes ayant donné lieu à une réponse du juge judiciaire, mais considéré comme suffisamment semblable. En quelque sorte, en dépit de son origine externe à l'ordre juridictionnel administratif, l'auteur des conclusions ramène « l'inconnu au connu, l'inédit au déjà dit »[336] ce qui suppose que le précédent judiciaire soit transposable au litige soumis au juge administratif. Pour s'en convaincre, il nous faut en exposer les manifestations (1.) avant d'en exposer l'intérêt (2.), mais aussi les risques qu'un tel procédé argumentatif représente (3.).

1. Les manifestations du raisonnement par analogie à partir d'un précédent judiciaire

75. Les auteurs des conclusions mettent parfois en avant des précédents judiciaires jugés souvent implicitement pertinents, car rendus sur une question identique ou proche. Les conclusions du rapporteur Ciavaldini sur l'arrêt *Société sportive professionnelle Olympique de Marseille,* rendues à propos de la condition d'extériorité en matière de force majeure contractuelle, sont particulièrement démonstratives : après avoir admis que « sur cette question nous n'avons pas trouvé de jurisprudence topique », il est fait état d'un précédent judiciaire relatif aux

---

[336] Ch. Atias, « Juris dictio : redire l'inédit », *D.* 1992, p. 281, spéc. n° 2.

« préposés ou substitués du débiteur, dont les faits ne peuvent, selon la Cour de cassation, constituer la force majeure, faute d'extériorité par rapport au débiteur », celui-ci étant « le cas le plus proche »[337], jurisprudence administrative et jurisprudence judiciaire confondues. Cet exemple est particulièrement intéressant, car il montre parfaitement qu'ici, l'analogie est un outil argumentatif qui vient au secours du rapporteur public n'ayant pas su trouver une réponse directe dans un précédent interne à la question de droit posée par le litige. Il montre aussi une forte correspondance entre le précédent judiciaire et le cas qui lui est soumis tout en le présentant comme un précédent subsidiaire au précédent interne.

L'analogie est également perceptible lorsque le rapporteur public rapproche le mandat civiliste de la délégation de service public dans le but d'appliquer au second des précédents de la Cour de cassation : après avoir constaté que « même si la délégation n'est pas un mandat, dans la mesure où le délégataire exploite le service à ses risques et périls et n'engage, durant la période de la délégation, que lui, ces deux conventions ont pour point commun qu'elles confient à un tiers la réalisation de missions qui relèvent de la compétence de la personne qui s'en décharge temporairement », une telle similitude lui permet d'exposer et d'appliquer par analogie « une jurisprudence judiciaire constante » jugeant que « le mandant n'est pas tenu d'exécuter les actes faits par son mandataire au-delà du pouvoir qui lui a été donné (Cass. 1re civ., 26 janv. 1999, Bull. civ. I, n° 988 ; Cass. com., 26 mars 2008, Bull. civ. IV, n° 69) sauf s'il les a ratifiés (Cass. 1re civ., 4 décembre 1979, Bull. civ. I, n° 304). Le délégant ne saurait être davantage tenu du fait des actes de son délégataire que le mandant du fait de ceux de son mandataire »[338].

Il est aussi des cas où l'argumentation repose sur une analyse de la jurisprudence judiciaire rendue « en des situations en tout point identiques »[339]. Parfois, l'analyse est proposée « comme une

---

[337] Concl. Ciavaldini sur CE, 4 oct. 2021, *Société sportive professionnelle Olympique de Marseille* : Rec. p. 291.

[338] Concl. Pellissier sur CE, Sect.,19 déc. 2014, *Commune de Propriano* : Rec. p. 395.

[339] Concl. Kahn sur CE, Ass., 9 juin 1972, *Sté Électricité pour la Lumière et la Force* : Rec. p. 428. V. aussi Concl. Grévisse sur CE, 8 nov. 1968, *Cie*

simple transposition dans cette matière, de la jurisprudence judiciaire relative à des litiges identiques entre particuliers »[340], ce qui a pour effet de minimiser le processus argumentatif par analogie. L'analogie est dans cette dernière hypothèse poussée au point que le commissaire du gouvernement Guionin se propose de substituer les parties au cas d'espèce à ceux ayant donné lieu au précédent judiciaire mobilisé : « il suffit pour reconnaitre, très précisément, la situation de la présente espèce, de remplacer la société d'études et d'entreprises générales par le sieur Hourtoule, l'Union des remorqueurs par la ville de Saint-Lô et la commission de renflouement par la société d'électricité pour la lumière et la force »[341]. De même, il a été écrit que « pour s'écarter de la jurisprudence judiciaire dans un domaine où les données de fait des affaires soumises aux deux ordres de juridictions sont bien souvent comparables ; il faudrait, à notre avis, des motifs sérieux que nous n'apercevons pas »[342]. Une telle expression est le type même de formulation qui se retrouve dans des systèmes où le précédent a une forte autorité (quelles que soient d'ailleurs les raisons de cette autorité : cohérence, sécurité juridique, autorité de la source etc…).

76. Le terme même d'analogie est dans certaines conclusions expressément utilisé[343]. Ainsi, à propos de l'appréciation de la

---

d'assurances générales contre l'incendie et les explosions ; *RDP* 1969, p. 135 : « la Cour de cassation déclare qu'on ne peut déduire de la seule constatation d'une faute commune la solidarité de ses coauteurs au regard de l'article 1202 (Civ., 14 déc. 1964, Dalloz 1965, n° 14, 175) ; et, plus spécialement que "la solidarité doit être écartée entre deux entrepreneurs dont la responsabilité contractuelle résulte de deux contrats distincts qui ne présentent aucun point commun autre que l'identité du maître de l'ouvrage" (Civ., 9 nov. 1960 au Dalloz 1961, p. 83). Telle est la situation en l'espèce ».

340 Concl. Guionin sur CE, 9 janv. 1953, *Ville de Saint-Maurice c. Letot* : D. 1954 p. 278.

341 *Idem.*

342 Concl. Le Chatelier sur CE, avis Ass., 6 déc. 2002, *Syndicat intercommunal des établissements du second cycle du second degré du district de L'Haÿ-les-Roses* : Rec. p. 435.

343 V. pour un exemple en dehors du droit des contrats Concl. C. Guibé sur CE, oct. 2022, *Sté KF3 Plus*, n° 443476, disponibles sur ArianeWeb : « Par ailleurs, et dans la mesure où d'autres moyens de cassation seraient de nature à entrainer, s'ils étaient fondés, l'annulation totale de la décision attaquée, la logique commande de les examiner en amont de l'application de la loi nouvelle.

force majeure en matière contractuelle le commissaire du gouvernement Tardieu, après avoir exposé longuement une véritable revue de jurisprudence judiciaire, admet que « ce qui est vrai des tribunaux civils ou de commerce, juges des contrats entre particuliers, est vrai, pour les mêmes motifs, des tribunaux administratifs, juges des contrats passés pour le fonctionnement des services publics. Les raisons de décider sont les mêmes et la jurisprudence administrative peut s'inspirer des décisions rendues par l'autorité judiciaire dans des circonstances analogues »[344]. De même, concernant cette fois-ci une affaire où se posait la question du délai de prescription de l'action en contestation d'un contrat administratif par un cocontractant, le rapporteur public Lallet énonce que « concrètement, et par analogie avec la jurisprudence judiciaire, ce devrait être, en matière de contrat, la date de sa conclusion ou celle de son avenant si l'action porte sur une clause nouvelle, sauf dans le cas de vices du consentement tels que le dol, dont seule la découverte dans toute son ampleur permet de déclencher le délai, ou la violence, qui conduit à reporter le point de départ à la date à laquelle elle cesse »[345]. D'une façon très proche, l'analogie est perceptible lorsqu'il est écrit que « cette interprétation exclusive du décret-loi rejoint celle donnée dans les mêmes hypothèses par la Cour de cassation »[346].

77. Ces quelques exemples suffisent à montrer que l'argument visant à transposer une solution prévue par un précédent judiciaire à un cas semblable soumis à la juridiction administrative n'est pas rare. L'analogie est en effet de nature à attirer le précédent judiciaire dans le raisonnement des auteurs des conclusions. Dans ces hypothèses, la mobilisation par les rapporteurs publics des précédents judiciaires laisse entendre qu'ils retiennent une solution inspirée par les mêmes

---

Relevons, par analogie, que c'est ainsi que procède la Cour de cassation dans la même configuration (arrêt n° 97-21.894, précité) ».

344 Concl. Tardieu sur CE, 29 janvier 1909, *Cie des messageries maritimes c/ l'État* : Rec. p. 112.

345 Concl. Lallet sur CE, Sect., 1er juill. 2019, *Association pour le musée des Îles Saint-Pierre et Miquelon* : Rec. p. 271.

346 Concl. Heumann sur CE, Sect., 25 mars 1960, *SNCF c. dame Barbey* : Rec. p. 222.

considérations que celles sous-tendant les solutions consacrées dans l'ordre judiciaire sur des problèmes de droit analogues. Il faut en comprendre alors l'intérêt, mais aussi avoir conscience des risques que l'analogie peut susciter pour le raisonnement.

2. *L'intérêt du raisonnement par analogie à partir d'un précédent judiciaire*

78. La récurrence du recours à l'analogie s'explique sans doute par les vertus qui lui sont généralement associées[347] à peine différente lorsqu'il s'agit de l'appliquer en partant d'un précédent judiciaire. D'abord, elle conduit à une structuration du droit des contrats par son uniformisation autour de règles et de principes transversaux ; partant, elle tend à favoriser la cohérence juridique souvent d'ailleurs mise explicitement en avant lorsqu'il est fait usage du raisonnement par analogie.
Ensuite, il constitue un facteur indéniable de légitimation et d'acceptabilité de la solution proposée au-delà des considérations d'égalité de traitement entre les justiciables et de cohérence et d'unité des droits (privé et public). La solution sera d'autant plus acceptable qu'elle est fondée sur la réception d'une règle ou d'un principe, certes issue de la jurisprudence judiciaire, mais déjà connue et peut-être même largement consensuelle en droit privé. L'un des objectifs de l'analogie est alors d'accroître la légitimité d'une règle par le biais du crédit prodigué par le modèle judiciaire. Il s'agit d'une analogie-alliée utilisée comme appui argumentatif ne serait-ce en ce qu'elle permet d'indiquer à l'auditoire que la solution défendue est partagée par une autre juridiction.
Enfin, le raisonnement par analogie permet au rapporteur public de gagner du temps dans la résolution de l'affaire tout en utilisant un élément familier et revêtu d'une certaine autorité. Se référer au précédent judiciaire peut offrir un certain confort sur le plan de l'efficacité et de la célérité du traitement de l'affaire au rapporteur public soumis à une charge de travail importante et

---

[347] Nous nous inspirons ici les différentes finalités mises en exergue par L. Navel, *op. cit.*, pp. 418 et s.

qui ne dispose pas du soutien d'assistants : on conçoit en effet que la nécessité de traiter un volume d'affaires important puisse inciter le juge à se référer sinon se conformer à un précédent judiciaire dès lors que son investissement intellectuel et argumentatif sera nécessairement moins lourd. Le rapporteur public n'a ainsi qu'à transposer des règles ou des principes issus de la jurisprudence judiciaire qui a déjà produit une argumentation en les adaptant éventuellement. En un sens, la transposition d'un précédent judiciaire à un cas analogue en droit administratif se révèle confortable pour les rapporteurs publics. En somme, l'acceptabilité et la légitimité de son raisonnement et de la solution qu'il propose s'en retrouvent renforcées à condition d'en montrer bien entendu la pertinence.

3. Les risques du raisonnement par analogie à partir du précédent judiciaire

79. Si la mention de l'utilisation par analogie d'un précédent judiciaire peut enrichir une argumentation, elle peut aussi lui être préjudiciable lorsqu'un tel raisonnement est utilisé dans de mauvaises conditions : le rapporteur public prend le risque que l'analogie judiciaire soit discutée, voire réfutée, d'autant que la pertinence de son usage n'est presque jamais explicitée et que son maniement est intrinsèquement malléable. Un effort de pédagogie de la part des rapporteurs publics aurait le mérite d'éviter le risque de telles critiques et de renforcer la légitimité d'une telle forme d'argumentation ; les considérations qui justifient l'application par analogie d'une solution antérieure d'un précédent judiciaire pourraient être à cet égard mises en valeur[348]. La mobilisation du raisonnement par analogie nécessite la mise en œuvre d'« une règle de prudence [...] impliquant l'exigence à charge de celui qui la propose de justifier de sa pertinence »[349]. On remarque ainsi que l'usage du procédé par

---

[348] Voir en ce sens s'agissant du recours à l'analogie par la CJUE L. Navel, *op. cit.*, n°s 499 et s.

[349] B. Frydman, « Les formes de l'analogie », *RRJ* 1995, p. 1053, spéc., p. 1063.

analogie ne fait l'objet d'aucun « effort argumentatif »[350]. L'analogie est simplement présentée sans que sa pertinence et sa réalité (ou à l'inverse, sa faiblesse) ne soient jamais vraiment discutées et questionnées[351] sauf lorsqu'une des parties le lui impose. C'est ce que l'on retrouve dans les conclusions Rougevin-Baville[352] où il est clairement fait référence au « mémoire fort intéressant » de l'avocat du demandeur « dans lequel il critique la pertinence de ces deux précédents [judiciaires mentionnés préalablement par le commissaire du gouvernement] ». Le commissaire du gouvernement est alors tenu d'expliquer la pertinence de l'analogie entre ces précédents judiciaires qui servent son argumentation et la situation litigieuse qu'il doit traiter. Il en vient ainsi à justifier le lien d'analogie en précisant d'abord que le premier précédent ne se borne pas à faire application d'une clause contractuelle spéciale, mais « que, pour la Cour de cassation, il s'agit d'un engagement non écrit, inhérent à tout contrat d'entreprise ». Quant au second précédent, il est dit que « nous venons d'expliquer qu'il n'y a pas d'opposition entre la situation juridique du vendeur et celles des constructeurs ». Cette absence d'opposition, plus amplement développée au préalable[353], marque bien l'élément d'analogie.
Au-delà de cet exemple, tout se passe donc comme si l'analogie était naturelle et évidente et qu'elle n'avait aucunement besoin d'être développée.

---

350 Cela rejoint la constatation dressée par G. Leroy à propos de la pratique de l'analogie à partir des précédents internes : *La pratique du précédent en droit français. Étude à partir des avis de l'avocat général à la Cour de cassation et des conclusions du rapporteur public au Conseil d'État*, LGDJ, coll. « Bibliothèque de droit privé », 2023, n° 89.

351 V. sur la pertinence des analogies M.-A. Frison-Roche, « Une typologie des analogies dans le système juridique ("bonnes" et "mauvaises" analogies en droit) », *RRJ* 1995-4, p. 1043.

352 Concl. Rougevin-Baville sur CE, Ass., 2 févr. 1973, *Sieur Trannoy* : Rec. p. 95.

353 « Il est vrai qu'il s'agit ici d'un contrat de vente et non d'un louage d'ouvrage ; mais l'un des objets de la loi du 3 janvier 1967 est précisément d'aligner la responsabilité du vendeur d'appartements à construire sur elle des architectes et entrepreneurs, l'article 1646-1° ajouté par cette loi au Code civil renvoie en effet aux articles 1792 et 2270 ».

80. Globalement et dans la plupart des cas, un problème méthodologique est donc à souligner si l'on s'entend pour considérer que l'usage de l'analogie se doit d'être justifié. Or, si les rapporteurs publics font parfois un rappel précis et bien souvent chronologique des précédents judiciaires, ils ne citent que rarement les motifs, les arrêts étant également souvent présentés sans le rappel de la question précise qui était posée ce qui ne permet en réalité pas de déceler les rapprochements ou les distinctions avec le litige en discussion. Qu'il s'agisse de l'existence d'un précédent judiciaire pertinent et apte à l'analogie, de la justification du bien-fondé de la règle transposée ou de son caractère transposable au cas soumis au juge administratif, l'ensemble de ces points mériteraient des précisions. Il faut l'avouer, cela suppose que le juge judiciaire ait lui-même exposé les circonstances qui ont l'ont conduit à telle ou telle solution ce qui n'a rien d'évident. Sans cela, la comparaison par le rapporteur public, c'est-à-dire l'identification de situations analogues et distinctes, ne peut être que périlleuse[354] : « exacte dans les circonstances de la cause, cette solution le serait peut-être plus dans d'autres : il faut donc que les circonstances qui la justifient soient soigneusement relevées. Autrement l'arrêt devient une énigme pour ceux qui sont appelés à le commenter et surtout en tirer des conséquences pratiques »[355].

Or, il n'en est rien dans la plupart des cas. Tout se passe comme si les rapporteurs publics se contentaient de transposer un précédent judiciaire au litige qui leur est soumis sans prendre le temps d'exposer les éléments qui l'ont conduit à raisonner par analogie. Rien ne permet donc d'exclure l'idée d'une instrumentalisation de l'analogie, c'est-à-dire d'une analogie dont l'usage n'apparait pas pertinent ou qui résulte d'une minimisation contestable des différences. Si l'on comprend que l'analogie est précisément utilisée à des fins de stratégies argumentatives et donc instrumentalisée, encore faut-il qu'elle

---

[354] P. Deumier, « Création du droit et rédaction des arrêts par la Cour de cassation », *Arch. Phil. Droit* 2006, p. 49, spéc. p. 56.

[355] A. Breton, « L'arrêt de la Cour de cassation », *Annales de l'Université des sciences sociales de Toulouse*, T. 2, 1975, p. 5, spéc. p. 10.

soit légitime. Et cela passe par la validité de ses méthodes et par une méthodologie rigoureuse[356].

Il arrive certes que l'analogie au lieu d'être prolongée soit réfutée[357] par le rapporteur public lui-même (après avoir exposé la potentielle analogie, le rapporteur public la réfute directement). Ce mode de procédé montre alors que l'analogie était inadéquate dès le départ. Au-delà de mettre en lumière la fragilité et la subjectivité de l'usage de l'analogie, le rapporteur public en prenant les devants, en montrant ce qu'il y a d'inadéquat dans une analogie, en développant sa thèse comme le contrepied d'une analogie possible, renforce *in fine* son argumentation. L'avantage de cette technique argumentative est alors d'anticiper une critique qui aurait consisté à montrer l'intérêt d'un rapprochement avec les précédents judiciaires. Quelque part, il parvient à suggérer une critique potentielle fondée sur le raisonnement par analogie qu'il combat en prenant soin de réfuter par une forme de *distinguishing* ou du moins, par un amendement à l'analogie.

B. La pratique proche du *distinguishing* à partir d'un précédent judiciaire

81. Si la démarche tendant à distinguer les situations pour relativiser la portée de certaines décisions est typique du

---

356 P. Martens, « Rapport de synthèse », *IIe congrès international de méthodologie juridique*, Association internationale de méthodologie juridique, 1992, Bruxelles, Story-Sscienta, p. 286 cité par P. Orianne, « Nature et rôle de la jurisprudence dans le système juridique », *Cahiers de méthodologie juridique*, 1993, p. 1295 : « on n'arrivera probablement jamais à extirper de l'acte de juger sa part d'inexplicable, de passionnel, d'humain. Mais c'est le ravaler à une fonction magique, sentimentale et finalement totalitaire que de l'accomplir dans le désordre des impressions et dans l'obscurité des postulats. C'est le travail préparatoire de sa propre activité que le juge doit divulguer, expliquer, classer et justifier. N'ayant plus le secours d'une révélation sûre, d'une législation claire et d'un prestige incontesté, c'est par la validité de ses méthodes qu'il rendra ses décisions légitimes. C'est une méthodologie rigoureuse qui le prémunira le plus sûrement contre les travers de l'arbitraire ».

357 Ch. Perelman et L. Olbrechts-Tyteca, *Traité de l'argumentation*, préc., pp. 520 et s.

raisonnement en *Common Law*, elle est en réalité mobilisée par l'ensemble des juridictions[358].

En justifiant l'inapplication au cas d'espèce d'une décision précédemment rendue dans une affaire similaire par l'existence de circonstances de fait et/ou de droit suffisamment distinctes, les juridictions adoptent bel et bien une forme de règle du précèdent (interne) pourtant traditionnellement présentée comme étant propre au système de *stare decisis* anglo-saxon[359]. La distinction permet, en déniant à un arrêt antérieur sa portée de précédent en l'espèce, de retenir une solution différente sans toutefois remettre en cause la validité de cette décision antérieure. La distinction constitue en cela un corollaire à la règle du précédent : il faut apporter une réponse distincte à des affaires distinctes[360].

C'est bien une démarche sensiblement identique que l'on retrouve dans les conclusions des commissaires du gouvernement et des rapporteurs publics lorsque sont mobilisés des précédents judiciaires[361]. On s'aperçoit en effet d'une mise

---

[358] Pour la Cour de cassation V. P. Deumier, « Les "motifs des motifs" des arrêts de la Cour de cassation – Étude des travaux préparatoires », préc. p. 153. ; Pour le Conseil d'État et la Cour de cassation V. C. Pros-Phalippon, « La référence aux précédents de la juridiction », in *Le raisonnement juridique*, *op. cit.*, spéc. n° 60. ; Pour la CJUE V. L. Coutron, « Contrôle abstrait/contrôle concret : l'impossible systématisation de la jurisprudence de la Cour de justice de l'Union européenne relative au contrôle des actes des États membres », *RDLF*, 2019, chro. n° 3 qui y voit « une technique en vogue ». V. aussi du même auteur, « Style des arrêts de la Cour de justice et normativité de la jurisprudence communautaire », *RDT eur*. 2009, p. 643.

[359] C. Jauffret-Spinosi, « Comment juge le juge anglais ? », *Droits* 1989, p. 64.

[360] V. en ce sens en « droit des relations de travail », D. Piveteau, « La dualité de juridictions à l'épreuve du droit du travail », *Dr. soc.* 2017, p. 415 pour qui le juge administratif doit s'imposer de « n'aller vers une divergence de jurisprudence **que si elle se justifie par une véritable différence de situation**, ou par un motif d'intérêt général, et que la divergence ainsi introduite est en rapport direct avec l'objet de la norme ». Accréditant et illustrant cette idée D. Pradines, A. Goin, « Parallaxe : le droit du travail vu du Palais-Royal », *AJDA* 2023, p. 1116.

[361] V. *infra*. Pour donner un exemple ici : Concl. Guillaume sur CE, Sect., 11 févr. 1972, *OPHLM du Calvados et Caisse franco-néeerlandaise de cautionnements* ; *AJDA* 1972, p. 245 : « de ce fait, la Cour de cassation a, par exemple, décidé il y a bien longtemps que les dettes de jeu ne pouvaient être valablement cautionnées (par exemple, Cass. civ. 19 juin 1855, D. 1855,

en évidence de distinctions entre le cas présent et le cas précédent qu'a eu à résoudre le juge judiciaire de façon à échapper légitimement à l'emprise d'un précédent judiciaire, celui-ci étant intransposable à l'espèce. Il s'agit en bref de démontrer d'une façon ou d'une autre que la situation soumise au juge administratif est différente pour une quelconque raison. Cette technique permet en somme de s'écarter d'un précédent judiciaire antérieur en exposant une différence dans les éléments constitutifs de sa *ratio decidendi*[362] et ceux de l'espèce dont il a à connaitre : si nous y revenons plus loin dans cette étude[363], à ce stade, disons seulement que ces différences dûment exposées peuvent tout autant se rapporter au contexte[364], à des objets ou

---

p. 293). De même, si le cautionnement donné pour le paiement du prix ostensible d'un office ministériel agréé par la Chancellerie est valable, il n'en est pas de même du cautionnement concernant le supplément de prix dissimulé par les cocontractants (Cass. 18 mars 1895, *Consorts Marquis*, D.P. 1895.I.346). Aussi pourrait-on soutenir qu'en l'espèce la caution n'a pu garantir le remboursement d'avances illégales. **Mais ce raisonnement nous semblerait inexact. En effet, dans la présente affaire, l'obligation principale cautionnée est une obligation de remboursement** ». C'est donc parce qu'en l'espèce il s'agit d'une obligation de remboursement qui est cautionnée que la solution offerte par la jurisprudence judiciaire ne peut être transposée.

[362] Cette notion est au demeurant parfaitement polysémique V. not. P. Chiassoni, « La filosofía del precedente : análisis conceptual y reconstrucción racional », in. *Fundamentos filosóficos de la teoría del precedente judicial*, Pulido Carlos Bernal et al. (éd.), Universidad Externado de Colombia, 2009, coll. Serie de teoría jurídica y filosofía del derecho, n° 71, p. 21 - J. Stone, « The Ratio of The Ratio Decidendi », The Modern Law Review, 1959, vol. 22, n° 6, - G. Lamond, « Precedent and Analogy in Legal Reasoning », *op. cit.,* p. 5. – G. Marshall, « What is Binding in a Precedent », in *Interpreting Precedents: À Comparative Study*, N. maccormick et al. (éd.), *op. cit*., p. 503.

[363] V. *infra*

[364] Concl. Boulouis sur CE, Sect., 11 juill. 2011, *Mme Gilles* : Rec. p. 334 : à propos de l'effet relatif des contrats et de la décision d'Assemblée plénière du 6 octobre 2006, *Consorts Loubeyre et autre c/ Société Myr'ho SARL,*, le rapporteur public va fonder une partie de son argumentation sur une démarche de distinction de contexte : le droit administratif aurait déjà admis, selon lui, des solutions pertinentes, pour « socialiser » le contrat administratif et n'a donc pas besoin de la solution admise par la Cour de cassation en 2006 : « autrement dit, la socialisation du contrat a été au moins partiellement intégrée d'une autre manière dans le droit de la responsabilité publique ».

des notions juridiques particuliers[365], à des différences factuelles, à la nature des contentieux[366], aux conceptions de l'office du juge[367] ou la différence de logique même entre le droit administratif et le droit privé[368] à travers la notion d'intérêt général[369], le service public[370] ou la personnalité publique[371]. Pour ne donner que quelques exemples, il s'agit de s'écarter d'un précédent judiciaire parce que « comme le relevait Emmanuel Glaser dans ses conclusions sur la décision Béziers I, dans le système contentieux civiliste, la prescription est l'une des rares garanties de sécurité juridique apportées aux parties. L'action "Béziers I" procède d'une inspiration radicalement différente. Elle incorpore l'exigence de sécurité juridique dans l'office

365 Concl. Corneille sur CE, 18 févr. 1918, *Sté d'éclairage de Poissy* ; Rec. p. 121

366 Concl. Lallet sur CE, Sect., 1er juill. 2019, *Association pour le musée des Îles Saint-Pierre et Miquelon* : Rec. p. 271. Concl. Guillaume sur CE, sect., 3 mars 1989, *Sté des autoroutes de la région Rhône-Alpes* : Rec. p 69.

367 Concl. Bertrand sur CE, 8 oct. 1965, *Commissaire du gouvernement près la commission régionale des dommages de guerre de Dijon c. Renard* : *D.* 1965, p. 239.

368 Concl. Pellissier sur CE, 9 nov. 2018, *Société Cerba* : Rec. p. 411 : « Mais vous n'avez jamais transposé aux contrats administratifs cette distinction entre nullités relatives et absolues qu'il serait difficile d'appliquer de manière identique aux personnes publiques et aux personnes privées dont la rencontre des volontés forme la plupart des contrats administratifs. La protection particulière de l'intégrité du consentement que constitue le régime d'ordre public des vices du consentement dans les contrats administratifs est justifiée pour les personnes publiques qui ne disposent pas de leurs droits comme les personnes privées et par l'intérêt légitime de certains tiers à défendre la sincérité et la régularité de l'action publique ».

369 Concl. Chardennet sur CE, 30 mars 1916, *Cie générale d'éclairage de Bordeaux c. Ville de Bordeaux* : Rec. p. 125 ; *D.* 1916. III. p. 26. – Concl. Corneille sur CE, 18 févr. 1918, *Sté d'éclairage de Poissy* ; Rec. p. 121.

370 Concl. Odent, CE, 5 mars 1943, *Cie générale des eaux et syndicat des communes de la banlieue de Paris pour les eaux* : D. 1943.121 : « que le cahier des charges est un acte mixte, qui a un double caractère dû à ce qu'il est imprégné de cette notion de service public qui domine toute une partie de notre droit public, qui lui confère un aspect très particulier et qui rend vaines toute tentative de rapprochement, toute recherche d'analogie avec les règles habituelles du droit privé, civil ou commercial »

371 Concl. Pellissier sur CE, Ass., 9 nov. 2016, *Société Fosmax LNG* : Rec. p. 471.

même du juge du contrat, à trois niveaux »[372] ou encore parce que « la protection particulière de l'intégrité du consentement que constitue le régime d'ordre public des vices du consentement dans les contrats administratifs est justifiée pour les personnes publiques qui ne disposent pas de leurs droits comme les personnes privées et par l'intérêt légitime de certains tiers à défendre la sincérité et la régularité de l'action publique »[373]. De même, la distinction est mise en œuvre lorsque le commissaire du gouvernement, à propos des contrats administratifs et des contrats de droit privé, s'interroge de la façon suivante : « pourquoi diffèrent-ils ? C'est d'abord : 1° que des contrats de la nature de ceux dont il s'agissait dans votre arrêt sont avant tout, des contrats de bonne foi, qu'ils doivent l'être tant du côté de l'État que du côté de son cocontractant ; c'est 2° que ce sont des contrats de nature particulière où intervient l'idée de l'intérêt général du service public, c'est qu'il faut, avant tout, que le service se fasse ; qu'il ne se ferait pas si l'on s'en remettait aux solutions pures du Code civil »[374]. En ce sens, c'est bien une démarche proche du *distinguishing* qui est adoptée, ce qui est d'autant plus remarquable que le juge administratif français ne se considère pas lié par ses propres précédents, au moins formellement, et donc, encore moins, par ceux judiciaires.

82. Pour se départir de la proposition formulée par la jurisprudence judiciaire, des distinctions sont en effet opérées et qu'il faut bien justifier, car souvent « pour s'écarter de la jurisprudence judiciaire dans un domaine où les données de fait des affaires soumises aux deux ordres de juridictions sont bien souvent comparables ; il faudrait, à notre avis, des motifs sérieux »[375] et cela « d'autant plus que la matière contractuelle se prête mal à des divergences entre les deux ordres de

---

[372] Concl. Lallet sur CE, Sect., 1er juill. 2019, *Association pour le musée des Îles Saint-Pierre et Miquelon* : Rec. p. 271.

[373] Concl. Pellissier sur CE, 9 nov. 2018, *Société Cerba* : Rec. p. 411.

[374] Concl. Corneille sur CE, 18 févr. 1918, *Sté d'éclairage de Poissy* ; Rec. p. 121.

[375] Concl. Le Chatelier sur CE, avis Ass., 6 déc. 2002, *Syndicat intercommunal des établissements du second cycle du second degré du district de L'Haÿ-les-Roses* : Rec. p. 435.

juridictions »[376] impliquant que « là encore, pour interpréter une notion qui se trouve à l'identique dans le code des marchés publics et dans le Code civil, nous ne voyons pas de raison de vous écarter de l'interprétation retenue par la Cour de cassation ». De même, il a pu être écrit que « nous pensons cependant qu'en face d'un problème qui est le même dans son principe, vous ne devez vous écarter de la solution judiciaire qu'en toute connaissance de cause, soit qu'elle vous apparaisse critiquable en elle-même, soit que les nécessités propres aux travaux publics et tenant tant à la mission et aux prérogatives du maître de l'ouvrage qu'au particularisme de ses relations contractuelles avec les hommes de l'art imposent une solution différente »[377]. La technique du *distinguishing* apparait alors comme un procédé argumentatif bien commode pour se départir d'un précédent judiciaire ressenti, on le voit par ces citations, comme contraignant. Mais ces expressions dévoilent en réalité une obligation d'application de la jurisprudence judiciaire, certes « sous réserve » qui n'en reste pas moins une obligation d'application[378] ce qui est particulièrement troublant puisque cela revient à considérer que les auteurs des conclusions ne se sentent pas libres de l'écarter.

Quoi qu'il en soit, ces exemples montrent à nouveau que le recours au précédent judiciaire est, dans le domaine contractuel[379], une contrainte pour le juge administratif. Une unité de solution est attendue, il faut donc se justifier pour adopter une solution différente. Cela est d'autant plus remarquable qu'il existe sans doute naturellement et nécessairement une différence dans les éléments constitutifs de la *ratio decidendi* d'un précédent judiciaire et l'affaire soumise au juge administratif ; la présence d'une personne publique ou

---

[376] Concl. Casas sur CE, Ass., 4 nov. 2005, *Sté Jean-Claude Decaux* : Rec. p. 480.

[377] Concl. Rougevin-Baville sur CE, Ass., 2 févr. 1973, *Sieur Trannoy* : Rec. p. 95 :

[378] P. Deumier, « La prise en considération d'une norme par le juge : le chaînon manquant ? », *D.* 2022, p. 1668.

[379] On peut s'interroger sur le point de savoir s'il existe à ce propos une spécificité du domaine contractuel.

plus largement d'un contrat administratif pourrait impliquer systématiquement une différence de situation.

Même, en s'astreignant à suivre les précédents judiciaires sauf s'il existe de sérieuses et de bonnes raisons de ne pas le faire, ces citations font ressortir explicitement que la pratique du précédent judiciaire par les rapporteurs publics est à la fois identique à leur pratique du précédent interne et à la pratique des juges du système de *common law*. Notre analyse nous amène presque à penser qu'au même titre que les précédents internes, le précédent judiciaire est « un élément fondamental de la raison pratique, une pratique naturelle de l'esprit humain »[380].

C'est de là que l'on peut en déduire le caractère contraignant du précédent judiciaire.

Section 2. Le fondement de la contrainte : le principe de cohérence

83. Il ressort des développements qui précèdent que les rapporteurs publics font bien souvent état de distinctions et d'analogies entre les précédents judiciaires invoqués et les litiges qui leur sont soumis dans le but de justifier une solution convergente ou divergente. L'idée est de faire admettre une divergence et, partant, de légitimer la solution opposée dans la mesure où elle est explicable ; des solutions différentes sont ainsi justifiées par des situations différentes ainsi que par une particularité qui en constitue la raison. Au contraire, l'accent peut être mis sur des analogies avec un précédent judiciaire pour, là encore, appuyer une solution cette fois-ci convergente. La cohérence, entendue comme « la négation de toute

---

[380] G. Leroy, *op. cit.*, n° 15, citant N. Maccormick, R.S. Summers (dir.), *Interpretinf Precedents. A comparative Study*, Ashgate publishing, 1997, p. 1. – A. Goodhart, « Precedent in English and Continental Law », *Law Quarterly Review*, 1934, vol. 50, p. 40, spéc. p. 41. – A. Palanco, *Le précédent dans la jurisprudence de la Cour européenne des droits de l'homme*, Bruylant, 2019, p. 27. – R. Odent, *Contentieux administratif*, Dalloz, t. 1, 2007, p. 37 : « toute formation juridictionnelle est [...] contrainte d'avoir une jurisprudence, de s'y tenir et par suite, d'en imposer le respect ».

contradiction » entre les jurisprudences[381], est ainsi préservée dès lors que l'opposition jurisprudentielle s'explique. Elle devient même assurée lorsque l'analogie est mise en évidence.

84. On ne saurait donc nier qu'une telle attitude témoigne d'un souci direct d'harmonisation des jurisprudences et de cohérence, lesquels sont, dans certaines conclusions, explicitement exposées[382]. Il faut à cet égard mentionner deux arrêts d'Assemblée plénière de la Cour de cassation particulièrement remarquables[383] par lesquels elle a refusé de faire entrer dans son prétoire le délai raisonnable issu de la jurisprudence Czabaj du Conseil d'État[384]. Pour ce faire, de façon inédite, la Cour de cassation énonce, quoique pour y déroger, le principe selon lequel « une convergence jurisprudentielle entre les deux ordres de juridiction est recherchée lorsqu'il est statué sur des questions en partage » en le justifiant par les « impératifs de clarté et de prévisibilité du droit ». Si l'on peut y voir la manifestation d'une exigence de cohérence, le choix de mentionner ces deux impératifs parait aussi guidé par la jurisprudence de la Cour Européenne des Droits de l'Homme. En effet, celle-ci, sur le fondement de l'article 6 de la convention, juge que les divergences entre deux ordres juridictionnels sans lien hiérarchique sont certes tolérables mais à ma condition que « le système juridique interne offre la capacité de les résorber »[385].

---

[381] M. Bouattour, « Cohérence et schématisation argumentative », in *Cohérence et discours*, F. Calas (dir.), PUPS, 2006, p. 83, spéc. p. 83. V. aussi L. Silance, « Quelques exemples d'antinomie et essai de classement », *Dialectica*, 1964, vol. 18, p. 63, spéc. p. 63 pour qui « un système juridique devrait, théoriquement, former un tout cohérent, ce qui serait de nature à exclure toute contrariété de dispositions ; deux ou plusieurs éléments du système juridique, deux ou plusieurs règles de droit [...] ne pourraient dans un pareil système se contredire expressément ou implicitement. ».

[382] V. not. Concl. Romieu sur CE, 6 juin 1902, *Sieur Goret* : Rec. p. 420. – Concl. Casas sur CE, Ass., 4 nov. 2005, *Sté Jean-Claude Decaux* : Rec. p. 480.

[383] Cass. Ass. plén., 8 mars 2024, n° 21-12.560 et n° 21-21.230.

[384] CE, Ass., 13 juill. 2016, n° 387763 : Rec. p. 340 avec les conclusions ; A*JDA* 2016. 1479 ; *ibid.* 1629, chron. L. Dutheillet de Lamothe et G. Odinet ; *AJFP* 2016. 356, et les obs. ; *AJCT* 2016. 572, obs. M.-C. Rouault ; *RDT* 2016. 718, obs. L. Crusoé ; *RFDA* 2016. 927, concl. O. Henrard ; *RTD com.* 2016. 715, obs. F. Lombard ; *Dr. adm.* 2016, comm. 63, note G. Eveillard.

[385] CEDH, 20 oct. 2011, *Nedjet Sahin, Perihan Sahin c/ Turquie*, n° 13279/05

Aussi, en mettant l'accent sur les différences, le rapporteur public parvient à légitimer l'adoption d'une décision différente de celle du juge judiciaire et, paradoxalement, à promouvoir une forme de cohérence. En fournissant les raisons qui expliquent et dissipent l'idée d'une contradiction entre un précédent judiciaire et un précédent interne, passée ou en construction, les auteurs des conclusions limitent l'atteinte à la cohérence. Ils résolvent la divergence en l'expliquant. Du moins, elle apparait tolérable, car explicable et expliquée par des situations différentes ou par une spécificité qui en constitue la raison. Partant, la recherche de distinctions constitue un important levier entre les mains du rapporteur public pour s'affranchir, non sans justification[386], de la jurisprudence judiciaire, et plus généralement du droit privé ; pour proposer la création d'un précédent propre à la juridiction administrative. En un sens, le raisonnement par distinction, tout comme celui par analogie, est une voie puissante d'adaptation, d'autonomisation et d'élaboration du droit administratif. Il constitue une technique argumentative fondamentale sur laquelle s'appuient les innovations majeures du droit des contrats administratifs. Des théories des aléas imprévisibles au droit public de l'arbitrage en passant par les garanties post-contractuelles ou la responsabilité contractuelle, la structuration de ce droit et la construction de son exorbitance ont été fondées, d'un point de vue argumentatif, sur un subtil mélange de raisonnements par distinction et par analogie.

On ne peut toutefois négliger qu'il existe un rapport entre la motivation d'un précédent judiciaire, sa capacité à convaincre et l'attitude du rapporteur public à son égard. En effet, plus la décision du juge judiciaire sera motivée et plus elle apparaitra convaincante, plus la contrainte motivationnelle pesant sur les rapporteurs publics sera forte. En renforçant la légitimité d'une

---

[386] *Contra* Concl. Touvet sur CE, 22 mars 1996, *Assoc. de gestion des écoles Saint-Martin, Jeanne d'Arc, Sainte-Marie, Marguerite-Marie et du Sacré-Cœur* : Rec. p. 93 où le commissaire du gouvernement, étrangement, ne fait aucunement référence ni à l'administrativité du litige, ni à la présence d'une personne publique ou à l'intérêt général. Il se contente d'énoncer que le juge administratif n'est pas tenu par la jurisprudence judiciaire et qu'une autre solution est envisageable même si, au demeurant, ce n'est pas la solution *in fine* défendue.

décision, le choix de s'en écarter sera plus difficilement explicable. Face à un précédent judiciaire particulièrement persuasif (car particulièrement bien motivé et difficilement écartable d'un point de vue motivationnel) les rapporteurs publics peuvent donc être poussés dans leur retranchement. Ils pourront alors décider soit de ne pas évoquer un précédent judiciaire qui contrarierait la solution qu'ils préconisent, soit y avoir recours formellement et à titre informationnel sans chercher à argumenter pour s'en départir. Mais dans l'un et l'autre des cas, le précédent judiciaire constitue un handicap dans le raisonnement qui peut conduire à l'exclusion de sa mention.

Si l'exemple qui suit ne concerne pas le domaine contractuel, c'est cette hypothèse, assez parlante, que nous croyons pouvoir identifier dans les conclusions Malverti rendues à propos de l'affaire dite des « hijabeuses »[387]. Rappelons brièvement que le rapporteur public a argumenté en faveur de la licéité de l'inscription de l'interdiction du port de signes religieux ostentatoires dans les statuts de la Fédération Française de Football (FFF) pour les personnes sélectionnées dans les équipes de France de football au motif qu'elles sont mises à sa disposition et soumises à son pouvoir de direction pour le temps des manifestations et compétitions auxquelles elles participent à ce titre et qui sont, dès lors, soumises au principe de neutralité du service public. La question se posait ainsi de déterminer si ces personnes étaient ou non soumises au pouvoir de direction de la FFF. Sans remettre en cause ni la solution défendue par le rapporteur public, ni son raisonnement, on peut être cependant particulièrement étonné qu'aucune référence ne soit faite à la jurisprudence judiciaire dès lors que l'on sait que la Chambre sociale, dans un arrêt du 22 janvier 2009, n° 07-19.039, y avait déjà répondu à propos d'un litige opposant l'URSSAF à la FFF[388]. Elle avait en effet jugé qu'une Cour d'appel ne pouvait

[387] CE, 26 juin 2023, n° 458088 et autres, conclusions disponibles sur ArianeWeb.

[388] *Urssaf de Paris et de la région parisienne c/ Féd. Française de Football* ; *D.* 2009. 435 ; *D.* 2010. 400, obs. C. de droit et d'économie du sport Université de Limoges ; Dr. soc. 2009. 854, note G. Vachet L'URSSAF avait en effet enjoint la FFF à intégrer dans son assiette de cotisations sociales les primes de matchs versées à l'ensemble des arbitres ainsi que les sommes versées aux

se fonder sur le seul pouvoir disciplinaire de la FFF à l'égard des joueurs de l'équipe de France de football pour caractériser un pouvoir de direction, de contrôle et de sanction de cette fédération à l'égard des joueurs mis à sa disposition par les clubs dont ils sont salariés[389]. Si cet arrêt ne prend pas directement le parti de disqualifier le pouvoir de direction de la FFF sur les joueurs de l'équipe de France puisque la Cour de cassation se contente de casser le raisonnement tenu par la Cour d'appel, elle semble tout de même fortement s'orienter dans cette direction. C'est du moins l'interprétation qu'en retient la doctrine majoritaire. Voilà sans doute pourquoi le rapporteur public ne préféra pas le mentionner, argumenter contre cet arrêt aurait été périlleux. En premier lieu, car si l'on veut bien considérer que la notion de « pouvoir de direction » est plus souvent et plus largement maniée par la Cour de cassation que le Conseil d'État, il aurait été difficile d'argumenter contre un arrêt disposant d'une certaine légitimité « technique » dont ne dispose peut-être pas, en ce domaine, le juge administratif. En second lieu, il aurait été délicat de mettre sciemment en lumière une telle divergence et surtout de l'expliquer. Comment rendre en effet acceptable, notamment aux yeux des justiciables, un raisonnement qui conduit à qualifier un pouvoir de direction de la FFF sur les joueurs de l'équipe de France là ou une autre décision a répondu (ou est interprété comme répondant) diamétralement l'inverse ? Il s'agit en effet dans ces deux affaires, rappelons-le, de qualifier

---

membres de l'Équipe de France, pour leur participation et mise à disposition en faveur de la fédération.

[389] « Attendu que pour valider le redressement correspondant à la réintégration dans l'assiette des cotisations des sommes versées par la FFF aux joueurs membres de l'équipe de France, l'arrêt, après avoir énoncé que l'examen des conditions dans lesquelles les joueurs participaient aux matchs de l'équipe de France démontrait que la FFF organisait unilatéralement le service au sein duquel ils évoluaient, relève que dirigeant et contrôlant l'activité des joueurs pendant le temps de leur mise à disposition, la FFF exerce sur eux un pouvoir disciplinaire, tout manquement à leurs obligations exposant ces joueurs à des sanctions pouvant notamment les conduire à se voir écartés d'une prochaine sélection ou relégués dans un poste de remplaçant ;
Qu'en statuant par de tels motifs, impropres à caractériser un pouvoir de direction, de contrôle et de sanction de la FFF à l'égard des joueurs mis à sa disposition par les clubs dont ils sont salariés, la cour d'appel a violé les textes susvisés ; ».

le pouvoir que détient la FFF à l'encontre de ces joueurs soit dans le but de qualifier la relation de contractuelle, soit d'appliquer aux seconds le principe de neutralité. Si toute argumentation contre l'arrêt n'aurait pas été impossible, comme en témoigne le commentaire du responsable du centre de recherches et de diffusion juridiques du Conseil d'État sur cette décision[390], la stratégie suivie par le rapporteur public a été plutôt celle de l'évitement en raison de l'effort argumentatif que la mise en évidence de l'arrêt de la Cour de cassation aurait présenté pour lui et sans doute, de ses résultats, peu convaincants[391]. On ajoutera que cette stratégie a été en partie payante dans la mesure où la doctrine publiciste n'a pas, à notre connaissance, relevé cette contradiction.

85. Au-delà et paradoxalement, cette démarche dévoile une caractéristique plus profonde du précédent judiciaire. Si la recherche de distinctions et d'analogies est un instrument de légitimation de la solution défendue en ce qu'elle permet d'expliquer les raisons pour lesquelles un précédent n'est pas suivi ou doit être suivi, elle montre aussi que la jurisprudence judiciaire est un élément contraignant pour le rapporteur public ; que son autorité est prise au sérieux. Rien n'impose en effet de distinguer, de rapprocher et de justifier l'existence de différences ou des similitudes décisives dès lors que l'on suppose la liberté de se référer à un précédent. Or, c'est bien ce que contredit

---

[390] A. Goin, « La main de Dieu », *AJDA* 2023, p. 1646 : « On peut incidemment relever que la Cour de cassation avait considéré que ces éléments ne suffisaient pas à caractériser un lien de subordination au sens du droit du travail (Civ. 2e, 22 janv. 2009, n° 07-19. 039, *URSSAF de Paris et de la région parisienne c/ Fédération française de football*, D. 2010. 400, obs. Centre de droit et d'économie du sport, Université de Limoges ; Dr. soc. 2009. 854, note G. Vachet). L'analyse faite par le Conseil d'État dans la décision commentée peut donc laisser penser que le pouvoir de direction au sens de l'article 1er de la loi du 24 août 2021 couvre un périmètre différent de celui du rapport de subordination qui permet de caractériser la relation de travail en droit privé - ce qui se conçoit d'ailleurs compte tenu du caractère fonctionnel de chacune de ces notions ».

[391] Nous sommes en effet à titre personnel que très peu convaincus par l'idée selon laquelle la notion de « pouvoir de direction » d'une fédération sportive puisse se définir différemment selon le texte applicable alors que dans chaque cas, le juge recherche les mêmes éléments.

l'attitude des rapporteurs publics en recherchant explicitement et presque systématiquement des distinctions et des analogies. Même, ce n'est qu'en raison de distinctions que le Conseil d'État est autorisé ou que les tribunaux administratifs « ont le droit »[392] de suivre une approche autonome d'une notion ou d'un problème. Ces éléments de langage révèlent à notre sens très clairement l'idée de contrainte argumentative que les précédents judiciaires font peser dans l'argumentation. Ils montrent bien que les rapporteurs publics se sentent par principe tenus d'en tenir compte. C'est ce qui ressort très clairement de certaines conclusions dont, en particulier, celles de M. Dacosta rendues sur la décision d'Assemblée *Société Krupp* du 11 juillet 2008[393]. On peut y lire en effet que « *le rôle que vous exercez au sein de l'ordre juridictionnel administratif vous autorise à avoir une approche autonome* ».

86. Comparer apparait alors tout à la fois comme un élément de légitimation et comme un aveu de l'autorité dont jouissent les précédents judiciaires, à tout le moins certains d'entre eux, dans l'ordre juridictionnel administratif. Tout se passe comme si les rapporteurs publics tentaient de se justifier pour anticiper la critique selon laquelle le précédent judiciaire aurait dû être suivi. Dès lors qu'est ressenti le besoin d'expliquer les raisons qui poussent à s'en détacher, la pratique des distinctions est, à notre

---

[392] Concl. Tardieu sur CE, 29 janvier 1909, *Cie des messageries maritimes c/ l'État* : Rec. p. 112 : « *ce qui est vrai des tribunaux civils ou de commerce, juge des contrats entre particuliers, est vrai, pour les mêmes motifs, des tribunaux administratifs, juges des contrats passés pour le fonctionnement des services publics. Les raisons de décider sont les mêmes et la jurisprudence administrative peut s'inspirer des décisions rendues par l'autorité judiciaire dans des circonstances analogues.* ***Toutefois, étant donné que les entrepreneurs, fournisseurs ou concessionnaires des services publics sont chargés d'une mission qui présente un intérêt général, les tribunaux administratifs ont le droit, à raison précisément de cet intérêt général qui est en jeu*** *de se montrer plus sévères dans l'appréciation de la conduite de l'entrepreneur, et d'exiger de lui plus d'efforts pour assurer l'exécution de son contrat que les tribunaux judiciaires n'en exigeraient d'un entrepreneur privé* ».

[393] Concl. Dacosta sur CE, Ass., 11 juill. 2008, *Sté Krupp Hazemag* : Rec. p. 275.

avis, le signe qu'un sentiment de contrainte de prise en compte[394], sans doute implicite, voire inconscient[395], pèse sur le juge administratif s'agissant du précédent judiciaire. Et s'il y a contrainte, quelque part il y a autorité. C'est d'ailleurs ce que tendent à conforter les nombreuses expressions des rapporteurs publics qui, en substance, révèlent que les divergences entre les jurisprudences judiciaire et administrative doivent rester mesurées, au moins justifiées.

À ce stade, il convient d'attirer l'attention sur le fait que cette autorité n'est pas nécessairement le signe d'une soumission, d'une emprise ou d'une subordination au juge judiciaire et à sa jurisprudence, mais plutôt d'un souhait d'assurer la cohérence du droit. Si le justiciable n'a peut-être pas été au centre des attentions du Conseil d'État pendant bien longtemps[396], c'est bien cette cohérence qu'il recherche et l'on peut supposer que cette démarche est aussi empruntée par le juge judiciaire[397]. C'est donc

---

394 V. V. Champeil-Desplats, M. Troper, « Proposition pour une théorie des contraintes juridiques », in *Théorie des contraintes juridiques*, M. Troper, V. Champeil-Desplats, Ch. Grzegorczyk (dir.), Bruylant, LGDJ, coll. « La pensée juridique », 2005, p. 1 : « La contrainte juridique est une situation de fait dans laquelle un acteur du droit est conduit à adopter telle solution ou tel comportement plutôt qu'une ou un autre, en raison de la configuration du système juridique qu'il met en place ou dans lequel il opère ».

395 Ch. Grzegorczyk, « Obligations normes et contraintes juridiques. Essai de reconstruction conceptuelle », in *Théorie des contraintes juridiques*, préc., p. 25 : « La conscience de l'agent concret n'est pas indispensable pour que la contrainte existe ; même si cet agent n'est pas conscient des contraintes qui pèsent sur lui, il est encore objectivement contraint, seulement il ne le sait pas ».

396 J. Rivero, « Une crise sous la Ve République : de l'arrêt Canal à l'affaire Canal », in *Le Conseil d'État de l'an VIII à nos jours*, Jean Massot (dir.), Adam Biro, 1999, p. 32 : faisant parler un membre du Conseil d'État en réponse à sa suggestion d'améliorer la situation du justiciable : « Mais enfin, monsieur le professeur, pourquoi vous intéressez-vous au requérant ? Le requérant, c'est le jeton qu'on introduit dans l'appareil et qui déclenche le mécanisme contentieux. Après quoi, il tombe au fond de l'appareil, et pourquoi s'occuper de lui ? Vous voulez que nous entrions en contact avec ces gens ? Et pourquoi n'offriraient-ils pas, alors, des fleurs et des bonbons à nos femmes pour le 1er janvier ? ». V. également L. Cohen-Tanugi, *Le droit sans l'État. Sur la démocratie en France et en Amérique*, PUF, 1985.

397 P. Deumier, « Les "motifs des motifs" des arrêts de la Cour de cassation », préc., spéc. pp. 158 et 159 : « c'est en définitive avec le Conseil d'État que les magistrats semblent partager le plus fort souci de cohérence jurisprudentielle. Lorsqu'il existe une décision sur une question analogue, annulation une

davantage à un principe de cohérence des solutions jurisprudentielles, et plus largement, du droit, que le juge « se soumet ». En ce sens, par le truchement d'un supposé principe de cohérence, le précédent judiciaire apparait contraignant. Car, si l'on recherche la justification à cette contrainte argumentative, sans doute faut-il dire qu'il est indispensable d'éviter des conflits d'interprétation et de maintenir à cet égard une harmonie entre les plus hautes juridictions françaises. Il y va en effet de la cohérence juridique. Si le dualisme juridictionnel contribue à l'enrichissement réciproque des jurisprudences, les deux ordres de juridiction se livrant de fait à une « compétition pour l'excellence »[398] qui se traduit par une observation attentive de leurs jurisprudences particulièrement visibles dans les matières qu'ils partagent, il peut aussi contrevenir à la cohérence du droit. Le précédent judiciaire doit dès lors être mentionné et il apparait nécessaire d'argumenter avec ou contre lui. Certains précédents s'imposent donc comme un élément incontournable dans le raisonnement au regard de la pression juridique qu'impose la cohérence du système juridique dans son ensemble elle-même issue de l'unité de notre ordre juridique.

87. Le recours à la jurisprudence judiciaire apparait donc bien souvent moins comme un choix éclairé que comme une contrainte dont le rapporteur public ne peut faire l'économie au sein de son argumentation. À notre sens le recours au précédent judiciaire révèle un choix délibéré dans le cadre d'une contrainte de cohérence. La mobilisation du précédent judiciaire permet au mieux de satisfaire ce principe.

On peut ainsi dire que le précédent judiciaire se situe entre le précédent interne au Conseil d'État qui fait peser sur le rapporteur public la contrainte la plus forte [399] et d'autres types

disposition réglementaire pertinente ou rejetant un recours en annulation, elle est exposée, parfois au même rang que celles de la Cour de cassation, souvent avec l'éclairage des conclusions du commissaire du gouvernement, et pèse dans le sens d'une harmonisation, car “il est souhaitable que votre décision reste en cohérence avec la jurisprudence administrative” ».

398 Concl. J-D. Combrexelle sur CE Sect., 28 juin 1996, *M. Krief*, n° 138874.

399 B. Genevois, « Le commissaire du gouvernement devant le Conseil d'État statuant au Contentieux ou la stratégie de la persuasion », *RFDA* 2000, p. 1207, spéc. p. 1209.

arguments tels que le droit comparé externe ou l'argument sociologique dont le recours n'est jamais contraint, mais provient d'un choix entièrement délibéré[400].

Il reste à présent à identifier les situations où l'exigence de cohérence peut se déployer et partant, imposer la prise en compte du précédent judiciaire.

Section 3. Le domaine de la contrainte : les manifestations de la cohérence

88. Si la référence aux précédents judiciaires par le rapporteur public est loin d'être univoque et présente au contraire de multiples facettes, elle est fondée sur une contrainte qu'il faut à présent chercher à identifier, afin d'esquisser les formes d'un domaine du recours à la jurisprudence judiciaire. Il importe dès lors de recenser ces cas d'utilisation pour en dégager une typologie, autant que possible exhaustive. Autrement dit, à quelles occasions le souci de cohérence se fait-il sentir ?

Nous reconnaissons certes que la diversité des contextes rend toutes classifications difficiles et forcément partielles ; néanmoins nous pensons pouvoir identifier trois situations où le souci de cohérence se manifeste : lorsqu'il se prononce pour la première fois sur une question (ou sur l'interprétation d'une norme, d'une convention, d'une notion ou d'un principe) déjà tranchée par la jurisprudence judiciaire ; lorsqu'en raison de jurisprudences peu claires ou contradictoires il apparait un besoin de conciliation entre des précédents internes ou externes ; lorsque le rapporteur public s'interroge sur l'opportunité de remettre en cause un précédent.

On remarque que dans l'un ou l'autre de ces cas, on peut identifier une difficulté jurisprudentielle, c'est-à-dire l'impossibilité pour un précédent interne du Conseil d'État de servir à lui seul de base au raisonnement du rapporteur public. Accoutumés à s'appuyer sur les précédents propres au Conseil

---

400 Pour le droit comparé externe V. not. C. Maillafet, « Le recours au droit comparé par le juge lors de la saisine du juge constitutionnel : argument téléologique ou technique décorative ? », in *Le recours au droit comparé par le juge*, Th. Di Manno (dir.), Bruylant 2014, p. 185.

d'État[401] et à les appliquer « sans états d'âme »[402], les rapporteurs publics vont trouver, subsidiairement, un appui dans les précédents judiciaires dans l'hypothèse précise où les auteurs des conclusions ne peuvent pas raisonner à partir de l'argument classique tiré du précédent interne. Il est autrement dit, incapable, à lui seul, de fonder le raisonnement en raison de son inexistence, de son imprécision, des défauts qui lui sont opposés ou de l'évolution des circonstances ayant présidé à son élaboration, soit qu'il s'agisse d'une situation de lacune jurisprudentielle (§ 1.), d'évolution jurisprudentielle (§ 2.) ou de divergence jurisprudentielle (§ 3.). Finalement, c'est lorsque la jurisprudence administrative est incertaine, hésitante ou inexistante, lorsqu'un texte, une convention ou une notion est ambigu en raison de multiples possibilités interprétatives qu'il ouvre, lorsque des vents contraires soufflent et imposent une réflexion sur l'avenir d'un précédent interne, bref, face à l'impasse que crée le seul raisonnement juridique fondé sur l'argument du précédent, la mobilisation de la jurisprudence judiciaire apparait contraignante. En creux, dans ces situations, c'est bien le souci de cohérence et d'harmonisation des jurisprudences qui parait contraindre l'auteur des conclusions de mobiliser le précédent judiciaire.

Au-delà et en dépit de toute difficulté, le besoin de renforcer un précédent interne par la démonstration d'une convergence jurisprudentielle est aussi une hypothèse particulièrement visible de mobilisation du précédent judiciaire. Elle intervient donc également de façon récurrente lorsque l'auteur des conclusions ressent le besoin d'appuyer une solution jurisprudentielle partagée par les deux ordres de juridiction. On remarque même que les auteurs de conclusions ne manquent (presque) jamais de

---

[401] V. not. Ch. Pros-Phalippon, « La référence aux précédents de la juridiction », in *Le raisonnement juridique. Recherches sur les travaux préparatoires des arrêts*, P. Deumier (dir.), Dalloz, coll. « Méthodes du droit », 2013, p. 33. – G. Leroy, *La pratique du précédent en droit français. Étude à partir des avis de l'avocat général à la Cour de cassation et des conclusions du rapporteur public au Conseil d'État*, LGDJ, coll. « Bibliothèque de droit privé », 2023.

[402] D. Labetoulle, « Le juge administratif et la jurisprudence », *Rev. adm.* 1999, numéro spécial, p. 59.

mentionner une telle convergence. L'exigence de cohérence se manifeste également dans ces situations (§ 4.).

§1. La lacune jurisprudentielle

89. L'absence de précédent interne pertinent (1), l'imprécision d'un précédent interne exploitable (2) et la contradiction entre des précédents internes (3.) constituent des situations de difficulté argumentative assez courante nécessitant la prise en compte du précédent judiciaire.

A. L'absence de précédent interne

90. Dans le cas où apparait une nécessité de préciser pour la première fois le sens d'un texte, d'une notion, d'une convention ou d'un principe que le juge judiciaire a déjà interprété ou plus généralement, lorsqu'une question similaire a déjà donné l'occasion au juge judiciaire de se positionner, les rapporteurs publics ne paraissent jamais l'occulter.

De la sorte, la référence au précédent judiciaire, dans cette hypothèse précise, semble être ressentie comme une contrainte ce qui ne contredit par ailleurs en rien la liberté du rapporteur public de le suivre ou non. Le choix de mobiliser formellement un précédent judiciaire est en effet distinct de la question du sens et de la nature de son utilisation (emprunter la solution, la rejeter, s'en inspirer etc.) ; recourir à un précédent judiciaire ne débouche en effet pas nécessairement sur un mimétisme.

Il n'y a ici rien d'étonnant : lorsqu'une règle ou une norme a vocation à être appliquée à la fois par le juge administratif et par le juge judiciaire et qu'il n'existe pas de précédents internes, il serait tout à fait préoccupant, voire « pathétique »[403], que le rapporteur public l'ignore complètement en raison du souci élémentaire de cohérence et d'harmonisation des jurisprudences.

Ainsi, confronté à une question nouvelle, le rapporteur public s'intéresse assez naturellement aux jurisprudences judiciaires

---

[403] À propos du droit comparé « externe », Concl. M. Guyomar sur CE, 30 oct. 2009, *Mme Perreux*, n° 298348 ; *AJDA* 2009, p. 2028.

suffisamment proches et plus anciennes, à des fins d'argumentation, de compréhension et de légitimation. On rajoutera que lorsque la solution défendue est audacieuse, le rapporteur public peut même être heureux de trouver un précédent judiciaire qui apparait alors pour lui comme une aubaine.

91. On voit ainsi d'une façon récurrente des commissaires du gouvernement faire usage de précédents judiciaires dans un tel contexte. Par exemple, la jurisprudence administrative n'ayant pas réglé la question de savoir si la tacite reconduction est une simple prolongation du même contrat ou si elle fait naitre un nouveau contrat[404] et « la doctrine administrative ne s'[étant] guère intéressée au problème non plus », « plus fournie », la jurisprudence judiciaire est intuitivement mobilisée[405].
C'est aussi en l'absence de jurisprudence administrative « topique » sur la question de l'appréciation de l'existence de la force majeure et sur la prise en compte de l'existence d'un contrat qui conduit un rapporteur public à rechercher, par analogie, « le cas le plus proche » du cas qui lui est soumis. Or, le cas le plus proche est constitué d'un précédent judiciaire, « celui des préposés ou substitués du débiteur, dont les faits ne peuvent, selon la Cour de cassation, constituer la force majeure, faute d'extériorité par rapport au débiteur »[406]. Encore, c'est bien parce que « votre jurisprudence n'apport [ant] pas d'éclairage déterminant », qu'il est nécessaire de recourir à la jurisprudence de la Cour de cassation en matière de droit international privé pour déterminer si le régime français de la domanialité publique

---

[404] Afin de savoir si l'accord d'une commune à la conclusion d'un contrat d'association entre l'État et un établissement privé d'enseignement pour les classes maternelles valait aussi pour la tacite reconduction de ce contrat.

[405] Concl. Touvet sur CE, 22 mars 1996, *Assoc. de gestion des écoles Saint-Martin, Jeanne d'Arc, Sainte-Marie, Marguerite-Marie et du Sacré-Cœur* : Rec. p. 93

[406] Concl. Ciavaldini sur CE, 4 oct. 2021, *Société sportive professionnelle Olympique de Marseille* : Rec. p. 291. V. Également Concl. Bertrand sur CE, 25 févr. 1972, *SADE c. Sté Thomson-Houston-Hotchkiss-Brandt* : Rec. p. 168. Une telle action est cependant difficile à écarter *a priori*, d'autant que la jurisprudence judiciaire parait incliner à l'admettre. Nous n'en avons pas trouvé d'exemples caractéristiques dans votre jurisprudence, ce qui ne signifie pas qu'elles doivent être exclues ».

peut s'appliquer à un bien situé à l'étranger.[407] On notera également que sans être tout à fait inexistante, « la jurisprudence administrative, beaucoup moins fournie sur ce sujet que la jurisprudence judiciaire »[408] constitue à notre sens une hypothèse de lacune jurisprudentielle nécessitant de recourir, abondamment, aux précédents judiciaires[409] pour interpréter une notion commune, l'erreur sur le prix.

92. La référence à un précédent judiciaire est bien évidemment incontournable lorsqu'une loi ou une convention[410] a déjà fait l'objet d'une interprétation par la Cour de cassation. Ainsi, dans l'affaire de la *Société des Affréteurs réunis*, le commissaire du gouvernement Rivet précise bien que « la première question que vous avez à vous poser est donc une question de compétence, et nous ajoutons que l'examen que vous avez à en faire doit être particulièrement attentif, la chambre des requêtes de la Cour de cassation ayant, par un arrêt du 31 janv. 1923 (supra 1re partie, p. 102) assimilé les contrats passés sous le régime de la loi de 1917 à ceux qui avaient été conclus sous l'empire du texte de 1915, et affirmé, à l'égard des uns comme des autres, la compétence des tribunaux judiciaires »[411]. La Cour de cassation ayant interprété la convention qu'il revient à présent au Conseil d'État d'interpréter, il aurait été bien difficile de ne pas en tenir compte dans l'argumentation.
Encore, avant de citer la jurisprudence judiciaire sur la question de la légalité d'une adjudication en raison de l'attribution du

---

[407] Concl. Victor sur CE, 25 juin 2021, *Société Mezzi et Fonderia* : Rec. p. 182.

[408] Concl. Pellissier sur CE, 9 nov. 2018, *Société Cerba* : Rec. p. 411.

[409] Dans le même sens à propos de la nullité d'une clause compromissoire et de ses conséquences V. Concl. Guillaume sur CE, Sect., 3 mars 1989, *Sté des autoroutes de la région Rhône-Alpes* : Rec. p 69 : « La jurisprudence judiciaire considérait traditionnellement que la sentence arbitrale était susceptible d'appel et non de cassation. La règle est inscrite dans le nouveau code de procédure aux articles 1481 et 1482 issus du décret du 12 mai 1981. De votre côté, où l'arbitrage se rencontre beaucoup plus rarement, vous avez transposé dans une large mesure les principes privatistes » ce qui parait justifier le recours aux précédents judiciaires.

[410] Concl. Valabrègue sur CE, 20 févr. 1891, *Cie des Chemins de fer du Midi c. époux Salles* : Rec. p. 145.

[411] Concl. Rivet sur CE, 23 mai 1924, *Sté des Affréteurs réunis* ; *D.* 1924, III, p. 26.

marché à un conseiller municipal et partant, de sa contrariété probable avec l'article 175 du Code pénal dans sa rédaction d'alors, le commissaire du Gouvernement Chardeau précise qu'« il est curieux de noter que cette question importante n'a jamais été tranchée par le Conseil d'État »[412]. Tout porte à croire que la jurisprudence judiciaire est sollicitée en l'absence de précédent administratif pour s'interroger sur sa transposition aux faits de l'espèce. C'est d'ailleurs bien ce à quoi procède le commissaire du Gouvernement en prédisant ce que serait la position de la Cour de cassation si le litige lui avait été soumis. Il conclut en effet son raisonnement de cette façon : si « la jurisprudence criminelle citée a surtout statué sur le cas de maires pour lesquels la mission de surveillance est générale, ou pour des adjoints délégués ou conseillers qui étaient effectivement chargés de cette surveillance », « nous ne croyons pas que les juridictions pénales appliqueraient l'article 175 à un conseiller municipal, en cette seule qualité, s'il n'avait pas la surveillance effective de l'entreprise ou du marché ».

93. L'absence de précédent interne à la juridiction administrative est souvent tue et se dégage implicitement des conclusions[413]. Ainsi, c'est bien parce qu'aucun précédent interne n'est apte à éclairer le sens de la loi du 5 janvier 1988 que le rapporteur public Cortot-Boucher se réfère à des précédents judiciaires. Dans l'affaire *Société Nationale Immobilière*, il s'agissait de déterminer si une simple opération d'entretien de locaux de casernement pouvait constituer une opération d'intérêt général au sens de la loi du 5 janvier 1988, puisqu'à la date de la conclusion de la convention, la loi ayant créé le Bail emphytéotique administratif dit « valorisation » n'était pas applicable. Pour ce faire, le rapporteur public va d'abord préciser que la loi de 1988 repose sur une exigence de contrepartie en

---

[412] Concl. Chardeau sur CE, Sect., 25 janv. 1957, *Société Cracco* : Rec. p. 56.

[413] Outre les exemples cités par la suite V. aussi à propos de la possibilité de transiger après l'intervention d'une décision passée en force de chose jugée, une transaction est possible, Concl. Dacosta sur CE, Ass., 11 juill. 2008, *Sté Krupp Hazemag* : Rec. p. 275. – à propos de la compétence juridictionnelle en matière de contrat international soumis à un droit étranger (not. le critère de l'internationalité du litige), Concl. Victor sur CE, 25 juin 2021, *Société Mezzi et Fonderia* : Rec. p. 182.

termes de mise en valeur du domaine public, construite en référence au bail emphytéotique prévu à l'article L. 451-1 du code rural. Le détour par cet article permet alors à l'auteur des conclusions de se référer directement à la jurisprudence judiciaire l'interprétant afin de montrer que cette contrepartie doit s'entendre comme une plus-value réalisée sur le fonds et non un simple entretien, une gestion courante.

94. L'évolution profonde du contentieux contractuel à partir de la fin des années 2000 et la consécration d'actions en contestation de validité du contrat, conjuguée à la réforme du droit de la prescription, ont aussi conduit à ce qu'aucun précédent interne ne puisse résoudre la question du délai de prescription de l'action en contestation – directe ou par voie d'exception – d'un contrat administratif par un cocontractant[414]. C'est ce qui explique que le rapporteur public Lallet se tourne très largement vers la jurisprudence judiciaire, d'autant plus que la matière s'y prête particulièrement[415]. Aussi afin d'affirmer que « la loi ne permet pas que le commerce de l'eau soit l'objet d'un monopole » dans une commune, le commissaire du gouvernement s'appuie sur un précédent judiciaire et précise que « la question, d'ailleurs, a été jugée le 25 juillet 1882 par la Cour de cassation à l'occasion d'un débat entre la compagnie des Eaux de Maisons-sur-Seine et la compagnie générale des Eaux, et nous demandons au Conseil la permission de lui mettre sous les yeux un extrait de l'arrêt du 25 juillet dernier »[416].

Dans les affaires *Verdier* et *Daumas*, c'est parce qu'aucun précédent du Conseil d'État ne vient traiter directement la question et qu'aucun texte ne peut servir d'appui à la résolution du litige[417] que le commissaire du gouvernement Romieu, faisant

---

[414] CE, Sect., 1er juill. 2019, *Association pour le musée des Îles Saint-Pierre et Miquelon* : Rec. p. 271.

[415] L'article 2227 du Code civil disposait en effet jusqu'à son abrogation par la loi du 17 juin 2008 n° 2008-561 que « l'État, les établissements publics et les communes sont soumis aux mêmes prescriptions que les particuliers, et peuvent également les opposer ».

[416] Concl. Marguerie sur CE, 17 nov. 1882, *Cie générale des eaux et Ville de Paris c/ Cie des eaux de la banlieue et ville de Courbevoie* : Rec. p. 888.

[417] « Les règles relatives à l'exécution de pareils contrats ne se trouvent nulle part, dans aucun texte de droit positif ».

par ailleurs œuvre d'une très grande pédagogie et méthodologie, décide de « faire appel aux principes généraux du droit commun », et à la jurisprudence judiciaire (tout en « s'inspir[ant] aussi de ce qui se passe dans les contrats analogues que l'on peut rencontrer en droit administratif ») pour proposer au Conseil d'État une obligation de mise en demeure préalable à la résiliation du contrat par l'Administration[418].

B. L'imprécision du précédent interne

95. Différente est l'hypothèse d'une imprécision jurisprudentielle nécessitant l'appui d'un précédent judiciaire. Cette situation trouve une illustration dans les conclusions rendues sous l'affaire *Compagnie des scieries africaines*. Le commissaire du gouvernement Latournerie, hésitant à propos de la jurisprudence du Conseil d'État pourtant « abondante sur cette question », mais peu explicite, semble mobiliser des précédents judiciaires, quant à eux plus francs et précis, pour confirmer l'interprétation des précédents internes. Cela le conduit à admettre, à l'instar de la jurisprudence judiciaire, que toutes les fautes contractuelles de l'administration ne peuvent pas aboutir nécessairement à la décharge des pénalités, mais seulement celles qui sont assimilables à un cas de force majeure[419].
Une autre affaire illustre ce même cas de figure. Le litige se rapporte à une question de légalité d'une clause contractuelle prévoyant, par le jeu de la garantie de l'entrepreneur employeur de la victime, une irresponsabilité d'une personne publique condamnée à réparer les conséquences d'un dommage de travaux publics constituant en même temps un accident du travail. Pour résoudre cette question, le commissaire du gouvernement Gentot, après avoir fait état de la position de la jurisprudence judiciaire, fait appel aux précédents internes à la juridiction administrative et constate que sur ce point, la convergence des positions (« votre

---

[418] Concl. Romieu sur CE, 5 mars 1897, *Sieur Verdie*r (1ere esp.), *Sieur Daumas* (2eme esp.), Sirey 1898.3.17.

[419] Concl. Latournerie sur CE, 9 mars 1928, *Cie des Scieries africaines* : *D.* 1930, p. 13.

jurisprudence s'est également engagée dans ce sens »). Or, elle le fait « mais moins nettement, et c'est ce qui explique le renvoi de cette affaire devant la Section ». La fin de la citation montre ici bien la difficulté à laquelle fait face le rapporteur public : s'il existe bien une jurisprudence administrative, celle-ci est imprécise, peu claire et nécessite un positionnement franc de la section du contentieux. Mais surtout, l'auteur des conclusions a recours au précédent judiciaire pour éclaircir la position du juge administratif[420] : « c'est précisément parce que les deux actions – celle en réparation dans laquelle la victime est en cause et celle qui est relative à l'exécution d'un contrat – sont totalement indépendantes l'une de l'autre, que nous vous proposerons de ne pas vous écarter de la jurisprudence de la Cour de cassation et de confirmer votre jurisprudence *Delvermoz* ».
La même incertitude quant à la portée des précédents internes est révélée lorsque, à propos de la question de savoir si un contrat de location était un contrat de droit privé ou un contrat de droit administratif (ce qui impliquait de déterminer la domanialité publique ou privée des terrains), le commissaire du gouvernement Long relève que « votre jurisprudence est, pour employer une expression à la mode, moins "engagée" » après avoir écrit que « la Cour de cassation a consacré, dans ses grandes lignes, la position doctrinale de sa Chambre civile du 7 novembre 1950 (Cass. civ., 7 novembre 1950, S. 1952, 1, p. 173, note G. Tixier) qui a suivi, presque à la lettre, la définition adoptée le 6 novembre 1947 par la Commission de réforme du Code civil et d'après laquelle [...] »[421].

C. La contradiction entre précédents internes

96. La troisième situation de lacune jurisprudentielle renvoie quant à elle au cas où, s'il existe bien des précédents internes susceptibles de servir le raisonnement du rapporteur public pour résoudre la question posée par le cas, ils se révèlent difficilement

[420] Concl. Gentot sur CE, Sect., 12 oct. 1973, *SEITA* : Rec. p. 565.
[421] Concl. Long sur CE, Sect., 19 oct. 1956, *Sté Le Béton* : *RDP* 1957, p. 310.

conciliables. Cette difficulté jurisprudentielle implique alors l'emploi de précédents judiciaires.
L'absence d'uniformité, plus ou moins importante selon les cas, de la jurisprudence administrative rend difficile, du moins plus fragile, tout raisonnement fondé sur des précédents internes à la juridiction. À nouveau, le précédent judiciaire va servir, d'une façon plus ou moins intense, de clé argumentative pour l'aider à trancher la divergence dans un souci de cohérence.

97. Cette démarche ressort assez explicitement de l'affaire *Société Électricité pour la Lumière et la Force*[422] où le commissaire du gouvernement s'interroge de la façon suivante à propos de deux précédents internes difficilement conciliables (l'un admettant la recevabilité de l'appel provoqué s'il est dirigé contre le garant ; l'autre l'irrecevabilité du même appel s'il est dirigé contre le demandeur principal) : « comment expliquer que la Section ait réglé par des solutions contraires deux hypothèses que, jusque-là, nul ne songeait à dissocier ? ». Il tente alors par la suite d'expliquer et de concilier ces deux précédents : « la raison, sans doute, en est que, dans la conception de la Section, l'appel provoqué n'est recevable que s'il émane d'une partie qui n'aurait pas juridiquement intérêt à former un appel principal. [...]. Ainsi, la condition de recevabilité de l'appel provoqué serait celle-ci : les conclusions récursoires sont recevables si, et seulement si, elles sont présentées par une partie qui aurait été sans intérêt à former un appel principal ; nous ne voyons en tout cas, aucun autre moyen de concilier les arrêts de 1967 et 1968 ». Cette conciliation ne lui apparaissant pas opportune, il lui faut remettre en cause une des deux solutions, ce qu'il s'emploie à faire lorsqu'il écrit : « nous allons montrer, à présent, que la distinction sur laquelle est fondée la jurisprudence est arbitraire dans son principe et que, contraire à la doctrine judiciaire comme à votre pratique elle-même, cette jurisprudence, enfin, est particulièrement défavorable aux collectivités publiques ». On le voit, les précédents judiciaires qui vont être mobilisés après cette déclaration, le sont bien afin de résoudre une difficulté interne à la jurisprudence administrative.

---

422 Concl. Kahn sur CE, Ass., 9 juin 1972, *Sté Électricité pour la Lumière et la Force* : Rec. p. 428.

98. Tel est aussi le cas lorsqu'il s'agit, pour le rapporteur public, d'infirmer ou de confirmer une jurisprudence interne isolée, comme dans un arrêt du Conseil d'État du 21 juillet 1970 *Sieur Rinaudo*, rendu à propos d'un dommage de travaux publics. Le Conseil d'État y avait écarté la règle traditionnelle selon laquelle les intérêts d'une indemnité sont dus à compter du jour de la demande et font courir ceux-ci de la date retenue pour l'évaluation du préjudice[423]. Pour résoudre la contradiction interne, la jurisprudence judiciaire est impliquée dans le raisonnement dans la mesure où, hormis la jurisprudence *Sieur Rinaudo*, la jurisprudence administrative « est ainsi radicalement différente, tant en ce qui concerne le champ d'application de l'article 1153 que le point de départ des intérêts de celle des tribunaux judiciaires »[424]. Autrement dit, les précédents judiciaires ne peuvent être occultés puisqu'ils viennent au secours de ladite jurisprudence isolée, que le commissaire du gouvernement tente pourtant d'infirmer (et l'a peut-être même inspirée). La décision dissidente peut alors faire courir un danger à l'ensemble jurisprudentiel dès lors qu'elle est confortée par des précédents judiciaires. La référence aux précédents judiciaires ne nuit cependant pas au raisonnement tenu, mais le légitimise dès lors que l'auteur cherche à la fois à justifier la divergence entre la jurisprudence administrative et la jurisprudence judiciaire[425] et

---

423 Concl. Aubin sur CE, Sect., 28 nov. 1975, *Ville de Douai* : Rec. p. 604.

424 « Devant les tribunaux judiciaires, la règle est que l'évaluation d'un préjudice doit être faite au jour du jugement (Cass. civ., 15 juill. 1943, J. 81) alors que la jurisprudence administrative admet, en principe, que le droit à réparation prenant naissance le jour où le dommage se produit, c'est à cette date ou, plus exactement, à la date à laquelle le dommage prend fin, qu'il faut se placer pour évaluer l'indemnité ».

425 « Nous n'avons pas pu établir avec certitude la raison de ces divergences de jurisprudence.

1. Une première explication nous parait cependant pouvoir être trouvée dans l'interprétation libérale que vous donnez de l'article 1153 et dans le fait que vous n'en limitez pas le bénéfice aux créanciers titulaires d'une obligation de somme d'argent [...]. Pour les tribunaux judiciaires qui appliquent à la lettre l'article 1153, la victime d'un dommage lui ouvrant droit à indemnité ne devient titulaire d'une obligation de somme d'argent qu'à dater de l'intervention du juge.

2. Les principes selon lesquels les tribunaux judiciaires, d'une part, les juridictions administratives de l'autre procèdent à l'évaluation des dommages

à montrer les inconvénients pratiques et théoriques en droit administratif de la décision isolée (pourtant conforme à la jurisprudence judiciaire).

99. Il est cependant des cas où la référence aux précédents judiciaires n'est d'aucun secours pour le rapporteur public, ceux-ci étant tout aussi contradictoires.

Il en est ainsi dans l'affaire *SADE c. Sté Thomson-Houston-Hotchkiss-Brandt*[426] s'agissant des jurisprudences administrative et judiciaire en matière de lien de causalité. Il y est fait état des difficultés « de dégager de cette double série de précédents[427], dont certains pourraient être regardés comme contradictoires, une définition du préjudice direct ». L'auteur en vient alors à faire part de ses doutes à la formation de jugement, n'étant pas « sûr que cette construction [qu'il propose] ne soit pas en contradiction avec des positions prises par la jurisprudence judiciaire ou par la vôtre, ni qu'elle n'aboutisse pas elle aussi à des conséquences paradoxales ».

C'est aussi le cas lorsqu'après avoir constaté que « la jurisprudence judiciaire est donc loin d'être uniforme et la doctrine plus loin encore d'être unanime [...], à propos de la question de savoir si l'obligation de garantie mise à la charge des architectes et des entrepreneurs est une obligation de moyen ou de résultat, l'auteur écrit qu'en droit administratif, « la question n'a guère passionné la doctrine ». S'ensuivent de longs développements dédiés à la recherche d'un précédent du Conseil d'État pertinent, finalement introuvable, la jurisprudence administrative admettant d'une façon contradictoire l'une ou

---

peuvent aussi, dans une certaine mesure, expliquer la différence des solutions retenues en ce qui concerne les intérêts ».

426 Concl. Bertrand sur CE, 25 févr. 1972, *SADE c. Sté Thomson-Houston-Hotchkiss-Brandt* : Rec. p. 168.

427 Il est fait état d'une première série de précédents « qui subordonne toute réparation à la constatation d'une relation directe de cause à effet entre la faute ou le fait imputé à la puissance publique et le préjudice [et] reconnait avec un libéralisme croissant l'existence d'une telle relation [...]. La jurisprudence judiciaire manifeste, avec peut-être encore plus d'audace, la même tendance libérale que la vôtre ». La seconde série fait référence à « la résistance à une extension indéfinie dite notion de dommage direct ressort pourtant de nombre d'autres décisions, parmi lesquelles on peut citer celles ayant considéré comme préjudice indirect [...] ».

l'autre des conceptions -obligation de moyen ou de résultat : « nous ne cherchons pas à vous convaincre que ces arrêts ont tranché la question et nous avons d'ailleurs de bonnes raisons de croire que notre Assemblée n'a pas voulu la trancher en 1971 ; nous voulions simplement vous montrer que les deux courants coexistent dans votre jurisprudence, la plupart des décisions se plaçant sur un terrain de fait, et se réfugiant derrière la notion ambiguë de "vice de conception", de "vice de construction" ou de "malfaçon" ». Malgré tout, la référence aux précédents judiciaires permet au commissaire du gouvernement de conclure « que le droit civil s'oriente vers la consécration d'une obligation de résultat », système « que nous vous proposerons de rallier »[428]. Ainsi, la difficulté liée à la coexistence de précédents internes contradictoires nécessite le recours aux précédents judiciaires, qui, certes, manque d'uniformité, mais qui contribue à résoudre la dissonance interne.

100. On le voit par ces quelques illustrations, l'aveu d'une lacune jurisprudentielle, qu'elle soit explicitée ou qu'elle se dévoile implicitement dans les conclusions, est un élément fondamental si l'on cherche à comprendre ce qui peut déclencher le besoin de faire référence à un précédent interne. Le caractère peu fourni de la jurisprudence administrative, son imprécision ou sa contradiction conditionnent son besoin de recourir à un précédent judiciaire dans l'argumentation comme l'est la situation de contradiction jurisprudentielle.

§2. L'évolution jurisprudentielle

101. Choisir d'opérer un revirement de jurisprudence n'est jamais une affaire simple et impose une argumentation solide de la part de celui qui la défendrait. L'évolution de la jurisprudence judiciaire peut bien souvent conduire les rapporteurs publics à s'interroger sur l'opportunité d'une même évolution en droit administratif lorsqu'elle conduit à une divergence de jurisprudence. Parfois, la divergence de jurisprudence devient même, lorsqu'elle est le produit d'une évolution récente de la

---

[428] Concl. Rougevin-Baville sur CE, Ass., 2 févr. 1973, *Sieur Trannoy* : Rec. p. 95.

jurisprudence judiciaire, un élément fondamental pris en compte par le rapporteur public pour s'interroger sur l'opportunité d'un revirement[429] en droit des contrats administratifs. Le précédent judiciaire sert de support à un questionnement, car il fait peser un risque pour la cohérence. On se contentera de trois exemples pour illustrer ce propos.

102. D'abord, pour revenir sur le refus jurisprudentiel de reconnaitre au juge administratif des référés le pouvoir de prononcer des astreintes envers une personne de droit privé dans le cadre d'un marché public de travaux, le commissaire du gouvernement Chardeau s'appuie sur « la pratique des astreintes [qui] a évolué depuis une vingtaine d'années. La Cour de cassation, qui, autrefois, ne permettait pas au juge des référés d'ordonner des astreintes (Civ., 10 juin 1898, D., 98.1.536 ; cf. Garsonnet, n° 193, p. 398, note 15) lui reconnait aujourd'hui ce pouvoir (Civ., 9 févr. 1937, S., 37.1.141 ; Soc., 28 mars 1950, Revue droit civil, 1950, p. 366) »[430]. Pour renforcer cette première considération, il poursuit ainsi : « et même un arrêt récent de la Cour de cassation, Chambre commerciale, (17 avril 1956, publié à la Semaine juridique du 6 juin) a condamné la ville de Marseille, sous astreinte, à payer une indemnité d'expropriation. ». Si cette solution fait l'objet de réserves en raison « des doutes sur sa portée pratique, faute de voie d'exécution », il faut néanmoins retenir « que l'ensemble de l'évolution s'est fait dans le sens de l'extension de la pratique des astreintes ».

Ensuite, c'est bien en raison de l'évolution de la jurisprudence de la Cour de cassation en matière de garantie décennale – « la Cour de cassation semble avoir amorcé une évolution de la

---

[429] V. sur la thématique du revirement lié à la jurisprudence de la Cour de cassation Ch. Pros-Phalippon, *Le juge administratif et les revirements de jurisprudence*, LGDJ, coll. « Bibliothèque de droit public », 2018, pp. 437 et s. V. en matière de responsabilité extra-contractuelle les Concl. G. Guillaume sur CE, Sect., 13 oct. 1972, *Caisse régionale de réassurances mutuelles agricoles de l'Est et Société mutuelle d'assurances l'Auxiliaire* ; *AJDA* 1973, p. 153 : « L'évolution de la jurisprudence de la Cour de Cassation sur la solidarité devait nécessairement vous amener à réviser votre position ».

[430] Concl. Chardeau sur CE, Sect., 13 juill. 1956, *Office public d'habitation à loyers modérés du département de la Seine* : Rec. p. 343.

présomption de faute vers la présomption de responsabilité, consacrant ainsi l'obligation de garantie mise à la charge des constructeurs » qui conduit le commissaire du gouvernement Rougevin-Baville à s'interroger sur la pertinence de consacrer une obligation de résultat en la matière[431].

Enfin, mais nous l'avons déjà fait remarquer[432], l'évolution de la jurisprudence de l'Assemblée plénière de la Cour de cassation à propos de la question de la relativité de la faute contractuelle, « arrêt [qui] a fait couler beaucoup d'encre, qui n'était pas toujours sympathique, une grande partie de la doctrine étant critique, voire très critique, comme elle l'avait été avec la jurisprudence des chambres civiles, avant 2006 », « invite à réfléchir aux solutions de la jurisprudence administrative »[433]. Sans cette évolution, le rapporteur public Boulouis ne se serait très certainement pas questionné sur l'opportunité de revenir sur la jurisprudence du Conseil d'État qui considère depuis fort longtemps qu'un tiers à un contrat administratif ne peut engager la responsabilité quasi-délictuelle d'un cocontractant que s'il démontre que ce dernier a commis une faute de nature quasi-délictuelle.

Il est d'ailleurs remarquable que dans ces mêmes conclusions, mais à propos de la question de la compétence juridictionnelle pour connaitre d'un litige se rapportant à la sous-occupation du domaine public, le rapporteur public s'appuie sur un précédent judiciaire isolé pour démontrer « l'amorce sinon d'une contestation, à tout le moins d'une réflexion sur le sujet », et ce en dépit par ailleurs de la cohérence des jurisprudences du Conseil d'État, du Tribunal des conflits et de la Cour de cassation.

---

431 Concl. Rougevin-Baville sur CE, Ass., 2 févr. 1973, *Sieur Trannoy* : Rec. p. 95.

432 V. *supra*.

433 Concl. Boulouis sur CE, Sect., 11 juill. 2011, *Mme Gilles* : Rec. p. 334. V. également dans une certaine mesure Concl. Ciavaldini sur CE, 4 oct. 2021, *Société sportive professionnelle Olympique de Marseille* : Rec. p. 291. – Concl. Casas sur CE, Ass., 16 juill. 2007, *Sté Tropic Travaux signalisation* : Rec. p. 363.

§3. La divergence jurisprudentielle

103. Parler de divergence jurisprudentielle[434] implique de faire état de solutions contradictoires sur des questions identiques entre les jurisprudences administrative et judiciaire. Si de prime abord, on aurait pu croire que les rapporteurs publics aient naturellement tendance à taire cette divergence dans la mesure où elle pourrait conduire à affaiblir le raisonnement fondé sur le précédent interne, une telle situation n'est en réalité que rarement occultée[435]. L'identification par l'auteur des conclusions d'une contradiction entre des précédents internes et judiciaires les conduit plutôt à l'exploiter et à expliciter la difficulté jurisprudentielle qu'elle implique, à savoir la cohérence jurisprudentielle.

Les divergences semblent particulièrement sensibles pour les rapporteurs publics sans doute attachés à un fort souci de cohérence et d'unité du droit et refusent alors de les taire. C'est ce qui ressort à notre sens des expressions suivantes : « nous avons au surplus noté, pour ce qui est du second cas, le parallélisme de votre jurisprudence avec celle de la Cour de cassation. Cela nous parait militer en faveur de son maintien »[436] ; « pour s'écarter de la jurisprudence judiciaire dans un domaine où les données de fait des affaires soumises aux deux ordres de juridictions sont bien souvent comparables ; il faudrait, à notre avis, des motifs sérieux que nous n'apercevons pas »[437] ; « là encore, pour interpréter une notion qui se trouve à l'identique dans le code des marchés publics et dans le Code civil, nous ne voyons pas de raison de vous écarter de l'interprétation retenue

[434] Sur la notion au sens large V. F. Zenati, « La notion de divergence de jurisprudence », in *Les divergences de jurisprudence*, P. Ancel et M.-C. Rivier (dir.), PUSE, 2003, p. 53.

[435] Parmi de nombreux exemples : Concl. Romieu sur CE, 6 juin 1902, Sieur Goret : Rec. p. 420. – Concl. Rougevin-Baville sur CE, Ass., 2 févr. 1973, *Sieur Trannoy* : Rec. p. 95.- Concl. Aubin sur CE, Sect., 28 nov. 1975, *Ville de Douai* : Rec. p. 604.

[436] Concl. Bertrand sur CE, 8 oct. 1965, *Commissaire du gouvernement près la commission régionale des dommages de guerre de Dijon c. Renard* : *D.* 1965, p. 239.

[437] Concl. Vught sur CE, Sect., 24 mai 1974, *Sté Paul Millet et cie* : Rec. p. 310.

par la Cour de cassation. Un tel choix, nous le soulignons, se comprendrait d'autant plus que la matière contractuelle se prête mal à des divergences entre les deux ordres de juridictions »[438] ; « Cette méthode nous semble enfin la mieux à même de garantir qu'une fois les principes de votre contrôle posés, le droit français de l'arbitrage international apparaisse comme un droit lisible et cohérent qui intègre harmonieusement les spécificités des différents contrats auxquels il peut s'appliquer »[439].
Il peut même être fait état de « scrupules [...] éprouv [és] à l'idée de vous proposer une décision qui, rapprochée de l'arrêt de la chambre des requêtes du 31 janv. 1923, fera apparaitre un désaccord manifeste »[440]. La formation de jugement peut aussi être mise en garde lorsqu'« il n'est pas certain que la solution que nous vous demandons d'adopter soit conforme à celle qui résulte de la jurisprudence de la Cour de cassation, qui, plus fréquemment que le juge administratif est saisie de litiges de ce genre »[441].

104. Les exemples sont toutefois peu nombreux, même inexistants, où des conclusions manifestent expressément le souhait de mettre fin à une divergence, de l'espérer ou de le suggérer voire même de se féliciter de sa survenance. D'ailleurs, la nécessité de mettre fin à une divergence n'est jamais présentée comme un progrès, elle n'est jamais mise en scène, théâtralisée ou dramatisée afin de renforcer la nécessité d'y mettre fin et proposer un apaisement par une décision qui serait unificatrice. Tout se passe comme si le souci d'éviter des jurisprudences discordantes ou contradictoires, dans un souci de cohérence, imposait de tenir compte de la divergence sans toutefois nécessairement la combattre. Autrement dit, l'existence même

---

[438] Concl. Casas sur CE, Ass., 4 nov. 2005, *Sté Jean-Claude Decaux* : Rec. p. 480.

[439] Concl. Pellissier sur CE, Ass., 9 nov. 2016, *Société Fosmax LNG* : Rec. p. 471.

[440] Concl. Rivet sur CE, 23 mai 1924, *Sté des Affréteurs réunis* ; *D*. 1924, III, p. 26 : malgré tout, « il nous parait impossible de ne pas voir dans ces nouvelles dispositions des raisons, décisives cette fois, d'affirmer votre compétence au regard du pourvoi qui vous est soumis ».

[441] Concl. Odent, CE, 5 mars 1943, *Cie générale des eaux et syndicat des communes de la banlieue de Paris pour les eaux* : D. 1943.121.

d'une divergence peut apparaitre tolérable. Ce qui l'est moins en revanche, c'est l'absence de justification, car, « les usagers de la justice s'accommodent bien en général des divergences opposant les jurisprudences administrative, civile et pénale. Une partie de ces divergences se justifie par le particularisme du domaine dans lequel s'inscrit chaque contentieux. Mais il n'en va pas toujours ainsi, notamment sur des questions fondamentales, telles que celles touchant aux sources du droit. La divergence apparait alors comme choquante, car l'interprétation différente du droit débouche sur une différence de traitement qui n'est pas nécessairement compatible avec le principe d'égalité »[442]. On peut ainsi voir dans la technique des distinctions et dans la recherche de justification des différences une forme de lutte contre la divergence dans une démarche de cohérence jurisprudentielle.

105. Lorsqu'une divergence est identifiée, argumenter en se fondant sur le précédent interne devient périlleux si les raisons la justifiant ne sont pas précisées ou si le précédent judiciaire ne fait l'objet d'aucune critique de nature à montrer ses défauts[443]. Bien exposée, d'un point de vue de la stratégie argumentative, elle peut devenir plutôt un atout dans l'argumentation. Elle peut même être de nature à légitimer la solution contraire dès lors qu'il est fait œuvre de pédagogie sur les raisons profondes qui la justifient. Autrement dit, la cohérence n'est pas menacée dès lors que la divergence est explicable ; la différence n'est alors pas une contradiction. Lorsque deux précédents sont apparemment contradictoires, mettre à jour les différences factuelles ou juridiques séparant les litiges le permet aussi. La cohérence est sauve lorsque l'opposition des solutions est justifiée par une

[442] F. Zenati, « La notion de divergence de jurisprudence », in *Les divergences de jurisprudence*, P. Ancel et M.-C. Rivier (dir.), PUSE, 2003, p. 53.

[443] Concl. Rougevin-Baville sur CE, Ass., 2 févr. 1973, *Sieur Trannoy* : Rec. p. 95 : « nous pensons cependant qu'en face d'un problème qui est le même dans son principe, vous ne devez vous écarter de la solution judiciaire qu'en toute connaissance de cause, soit qu'elle vous apparaisse critiquable en elle-même, soit que les nécessités propres aux travaux publics et tenant tant à la mission et aux prérogatives du maître de l'ouvrage qu'au particularisme de ses relations contractuelles avec les hommes de l'art imposent une solution différente ».

différence de situation[444]. Elle conduit à une conciliation qui permet de neutraliser les divergences pour faire du système juridique un ensemble cohérent.
En choisissant de ne pas taire la divergence identifiée, en exposant ses contours et les raisons qui la justifient, les auteurs des conclusions dépassent la difficulté initiale. Plutôt que de la taire[445], il est alors opportun de l'expliquer, de la justifier[446]. Il s'agit donc d'y apporter un remède pour légitimer le raisonnement suivi. Tenter de concilier des jurisprudences *a priori* divergentes peut aussi permettre, d'un point de vue sans doute plus « politique », de réaliser une synthèse ordonnée autour de quelques principes et règles communes en réconciliant les différences. Elle participe à la cohérence et à l'harmonisation des jurisprudences permettant d'éviter des conflits de juridictions tout en renforçant la jurisprudence de chacun des deux ordres juridictionnels.
C'est ce qui ressort de l'interrogation d'un commissaire du gouvernement : « mais ne serait-il pas possible d'arriver à la même solution par des motifs différents ? »[447] après avoir exposé un arrêt de la Cour de cassation qui s'est prononcée pour l'incompétence de l'autorité judiciaire en voyant dans une convention un contrat administratif et les « réserves qui pourraient être faites » sur le motif retenu. Une telle attitude conciliatrice est encore plus manifeste dans les conclusions Romieu dans l'affaire *Sieur Goret* : « il y a donc désaccord entre les deux juridictions souveraines et ce désaccord devant se manifester dans l'appréciation du même acte, il importe, croyons-nous, d'examiner la question de très près et de rechercher s'il n'existe pas – non point pour l'affaire actuelle où

---

[444] V. *supra* sur les distinctions.
[445] Taire un précédent judiciaire est sans doute une stratégie argumentative courante.
[446] Pour des exemples significatifs déjà mentionnés : Concl. Corneille sur CE, 18 févr. 1918, *Sté d'éclairage de Poissy* ; Rec. p. 121. – Concl. Bertrand sur CE, 8 oct. 1965, *Commissaire du gouvernement près la commission régionale des dommages de guerre de Dijon c. Renard* : *D.* 1965, p. 239. – Concl. Boulouis sur CE, Sect., 11 juill. 2011, *Mme Gilles* : Rec. p. 334.
[447] Concl. Valabrègue sur CE, 20 févr. 1891, *Cie des Chemins de fer du Midi c. époux Salles* : Rec. p. 145.

l'accord ne nous parait malheureusement pas possible – mais, pour l'avenir, un terrain d'entente sur lequel les deux jurisprudences pourraient s'accorder »[448].

Voilà donc les raisons qui nous paraissent expliquer pourquoi, face à une divergence de jurisprudences ou à un risque de contradiction, plutôt que de l'occulter, les rapporteurs font le choix de l'exposer précisément et de l'exploiter pleinement. La convergence jurisprudentielle est quant à elle plus naturellement mise en avant, car par essence, elle montre la cohérence des jurisprudences.

§4. La convergence jurisprudentielle

106. C'est sans doute ce même souci de cohérence qui explique que les rapporteurs publics n'hésitent jamais à rappeler les concordances entre les jurisprudences[449]. En présence d'une jurisprudence constante et convergente du Conseil d'État et du

---

[448] Concl. Romieu sur CE, 6 juin 1902, *Sieur Gore*t : Rec. p. 420 : « Résumant ces observations, nous pensons que le terrain de conciliation sur lequel les deux jurisprudences de la Cour de cassation et du Conseil d'État pourraient s'accorder serait les suivants :
1° la permission de voirie est un acte émané de l'autorité publique préposée à la garde du domaine public, et ne peut être retirée que dans l'intérêt de la viabilité, de la circulation, de la sécurité : le retrait, dans un intérêt privé ou dans l'intérêt financier de la commune, constitue un détournement de pouvoir comme le déclare à bon droit la Cour de cassation ; ces principes s'appliquent à toutes les permissions de voirie proprement dites, c'est-à-dire à celles qui sont délivrées aux propriétaires ou industriels pour leur éclairage exclusif, sans distribution au public parce qu'il n'y a pas là de question de contrat et de contrat et que l'intérêt du domaine public est seul en jeu.
2°, Mais les autorisations délivrées aux électriciens pour occuper la voie publique en vue d'effectuer un service de distribution d'éclairage au public sont des actes de gestion, d'ordre contractuel, dont la validité est avant tout subordonnée aux engagements antérieurs que les communes ont pu prendre dans les contrats qui les lient aux compagnies concessionnaires de l'éclairage au gaz. Si donc ces autorisations sont déclarées illicites par le juge de ces contrats, la commune a le droit d'en faire cesser l'effet »

[449] Selon le professeur Seiller, la posture générale du juge judiciaire et du juge administratif est d'ailleurs de privilégier la convergence à la divergence : « Les grands conflits entre le Conseil d'État et la Cour de cassation, aspects contemporains », in colloque de l'AFDA, *Le juge judiciaire*, Dalloz, coll.« Thèmes et commentaires », 2019.

juge judiciaire, les auteurs des conclusions ne pensent pas bon de troubler l'accord qui s'est fait sur un point entre les deux hautes juridictions. Sauf exception, ils font souvent remarquer qu'un accord existe sur un point précis. Le recours aux précédents judiciaires permet alors de montrer l'aptitude de la décision à s'insérer de façon cohérente dans l'ordre juridique positif.

107. L'idée de convergence relève parfois de l'implicite lorsque la jurisprudence judiciaire est citée à la suite de celle du Conseil d'État dans une même référence[450] ou dans une référence distincte, mais directement liée[451]. Elle est toutefois dans la plupart des cas explicitée. On la retrouve à travers des expressions telles que « si nous passons maintenant à l'examen de votre contentieux, nous y trouvons l'affirmation des mêmes

---

[450] Concl. Romieu sur CE, 20 janv. 1905, *Cie départementale des eaux et services municipaux c. Ville de Langres* : Rec. p. 55 : « Pour les concessions, on a prétendu que cette autorisation n'était pas nécessaire, en raison de ce que le contrat a précisément un caractère beaucoup moins personnel, qu'il est indépendant de la personne du concessionnaire, qu'il n'est pas résolu par sa mort, qu'il est généralement exécuté par des sociétés anonymes. Mais la doctrine et la jurisprudence sont aujourd'hui d'accord pour reconnaitre à l'autorité qui a fait la concession le droit d'approuver toute substitution d'un concessionnaire à un autre, qu'il s'agisse de cessions volontaires ou de cessions forcées (Avis du Conseil d'État, 9 août 1871, Chemins de fer de la Croix Rousse ; 17 févr. 1876, Chemin de fer d'Anvers à Calais. Cass., 14 févr. 1859, Mancel ; 14 juill. 1862, Chemin de fer de Graissessac à Béziers ; 5 déc. 1882, Tramways de Paris à Sèvres; 11 févr. 1884, Chemin de fer de Clermont à Tulle. Arr. C. 16 mai 1872, Coiret ; 31 mai 1878, Meritens ; 17 déc. 1897, Société de l'Ardoisière de l'Union) ».
Concl. Pichat sur CE, 4 mars 1910, *Thérond* : Rec. p. 193 : « Plus tard, la même jurisprudence a été étendue aux actions en responsabilité formées contre les départements, les communes et les établissements publics (Cons. D'État, 31 janv. 1902, *Grossant*, p. 56 – Tribunal des conflits, 29 fév. 1908, *Feutry*, p. 208 et les conclusions de M. le commissaire du Gouvernement Teissier ; 11 avr. 1908, *de Fonscolombe*, p. 448 ; 23 mai 1908, Joullié c. *Association syndicale du canal de Gignac*, p. 569 - Cass. civ., 16 nov. 1908, *Préfet de l'Aude, c/ Vié-Cuxac*) »

[451] Concl. Valabrègue sur CE, 26 déc. 1891, *Cie du gaz de Saint-Étienne c. Ville de Saint Étienne* : Rec. p. 789. – Concl. Bergeal sur CE, Sect., 11 juill. 2001, *Sté des eaux du Nord* : Rec. p. 351 : à propos de la nature juridique du cahier des charges d'une concession « Votre jurisprudence a, pour sa part, été moins hésitante ».

principes »[452], « la Cour de cassation s'était inspirée des mêmes principes »[453], « c'est également le caractère de domanialité publique que consacre un jugement du tribunal civil de Soissons »[454], « vous considérez depuis toujours, comme la jurisprudence civile Cass. civ., 6 mars 1876, *Canal de Craponne*, faisant application de l'article 1134 du Code civil que le contrat est la loi des parties »[455], « la jurisprudence du Conseil d'État, abondante sur cette question, nous parait faire cette distinction nécessaire »[456], « selon une règle affirmée de façon constante par votre jurisprudence, par celle du Tribunal des conflits comme par celle de la Cour de cassation »[457], « il a été constamment réaffirmé tant par votre jurisprudence [...] que par celle de la Cour de cassation »[458], « la Cour de cassation, quant à elle, juge également que »[459], « votre jurisprudence lui donne la même portée »[460].

---

452 Concl. Riboulet sur CE, 26 juillet 1912, *Cie d'Orléans et du Midi c. L'État* : Rec. 1912, p. 889.

453 Concl. Corneille sur CE, 2 juill. 1915, *Repéré, Pépin, Cardona* : Rec. p. 223.

454 Concl. Heumann sur CE, Sect., 25 mars 1960, *SNCF c. dame Barbey* : Rec. p. 222.

455 Concl. Glaser sur CE, Ass., 28 déc. 2009, *Commune de Béziers* : Rec. p. 512.

456 Concl. Latournerie sur CE, 9 mars 1928, *Cie des Scieries africaines* : *D.* 1930, p. 13.

457 Concl. Genevois sur CE, Sect., 11 janv. 1978, *Cie « Union et le Phénix espagnol »* : Rec. p. 6.

458 Concl. Geffray sur CE, Ass., 8 avr. 2009, *Cie générale des eaux et commune d'Olivet* : Rec. p. 120.

459 Concl. Cortot-Boucher sur CE, 27 févr. 2015, *Commune de Béziers* : Rec. p. 70.

460 Concl. Fornacciari sur CE, 7 nov. 1986, *Ville de Toulouse* ; *Marchés publics*, janv.-Fév. 1988, p. 29. À propos de l'obligation solidaire parfaite et imparfaite : « l'obligation solidaire dite passive, c'est-à-dire qui s'applique aux débiteurs, est définie aux articles 1200 et suivants du Code civil ; son effet principal est de permettre au créancier de contraindre chacun des débiteurs pour le tout, le paiement fait par un seul libérant les autres envers le créancier. Désireuses de limiter certaines conséquences de la solidarité telle qu'elle était définie par le Code, la doctrine puis la jurisprudence judiciaire ont peu à peu introduit la notion de solidarité in solidum. Cette dernière entraine l'effet principal de la solidarité parfaite, mais non les effets dits secondaires de celle-ci, qui résultent des articles 1205 à 1207 du Code civil ou de la jurisprudence : poursuites faites à l'égard de l'un des débiteurs interrompant la prescription à l'égard des autres, représentation mutuelle tacite des co-obligés, autorité de la chose jugée à l'égard de l'un d'eux étendue aux autres etc. Si nous avons bien compris, devant

Dans tous ces cas, si des précédents judiciaires sont rappelés dans l'argumentation, c'est parce qu'ils permettent de confirmer la pertinence d'une ligne jurisprudentielle du Conseil d'État, partant, de renforcer la pertinence d'une argumentation fondée sur l'argument tiré du précédent interne. La cohérence devient alors un atout argumentatif qu'il faut mettre en valeur.

108. Différent est le cas où l'auteur des conclusions ressent un besoin de s'interroger sur l'opportunité de confirmer ou d'infirmer un précédent interne pourtant partagé par la Cour de cassation – pour de multiples raisons possibles que l'on ne saurait ici recenser. Le cas est rare, mais il apparait que la convergence des précédents administratifs et judiciaires n'est pas suffisante pour faire obstacle à l'idée d'un revirement de jurisprudence. Deux exemples particuliers peuvent illustrer cette situation.

Le premier cas se rapporte aux conclusions Bergeal rendues sur l'arrêt d'Assemblée plénière du 5 mars 1999, *Président de l'Assemblée nationale*[461]. Le Conseil d'État devait déterminer la compétence juridictionnelle pour connaitre de la légalité et de l'exécution des marchés des assemblées parlementaires et du droit qui leur était applicable. Or, sur cette question, les jurisprudences judiciaire et administrative étaient au diapason, puisque l'une et l'autre reconnaissaient l'invulnérabilité contentieuse des marchés des Assemblées : « le juge judiciaire, contre l'opinion de Laferrière (« Traité de la juridiction administrative », 1888, t. II, p. 26) ne s'est jamais, pour sa part, reconnu compétent, cf. les décisions Cass. 13 juin 1879, S 1879, I 385, et Cass. 30 janvier 1883, *Baudry d'Asson*, S 1883, I 111, plusieurs commentateurs dénoncèrent un "déni de justice" (note Quermonne sous *Vouters*, D 1952, 217, note Moreau sous Lam. 12 1957, *Rev. adm.* 1957, p. 137, et Laubadère, Encycl. Dalloz, droit administratif I) avant que Louis Favoreu ne fasse de la question l'un des chapitres qu'il consacra en 1964 au "Déni de justice en droit public français" ». Or, c'est précisément pour

---

les juges judiciaires l'absence de ces effets procéduraux secondaires est, concrètement, la seule distinction entre les deux sortes de solidarité. Votre jurisprudence lui donne la même portée ».

[461] Concl. Bergeal sur CE, Ass., 5 mars 1999, *Président de l'Assemblée nationale* : Rec. p. 43.

résorber cette situation de déni de justice, jugée bien évidemment insatisfaisante, que le rapporteur public propose de reconnaitre la compétence du juge administratif (« 1.1, Un revirement de jurisprudence nécessaire »). Il ne s'agit donc nullement de démontrer les lacunes, limites ou incohérences des précédents judiciaires, mais de les associer aux précédents du Conseil d'État pour mettre en évidence un état du droit conduisant à des dénis de justice et provoquer ainsi un revirement de jurisprudence.
Le second cas que nous voudrions rapporter relève d'une question de compétence juridictionnelle pour connaitre des contestations nées à l'occasion des rapports existants entre l'administration du réseau de l'État et son personnel. Le commissaire du gouvernement fait état d'une jurisprudence concordante du Conseil d'État et de la Cour de cassation admettant que les actes du conseil d'administration qui nomme les agents des chemins de fer de l'Etat et qui les révoque sont des actes administratifs dont l'appréciation relève du juge administratif. La raison en est que la qualité de fonctionnaires publics leur a été attribuée par un texte formel (décret du 25 mai 1878). Or, il est aussi constaté qu'une loi du 21 mars 1905 « a été faite pour contrecarrer la jurisprudence des tribunaux judiciaires et administratifs »[462]. Ici, le précédent interne doit évoluer, bien que la solution qu'il prévoit soit partagée avec la Cour de cassation, en raison de l'intervention d'une loi interprétée par le commissaire du gouvernement comme s'opposant clairement à la ligne jurisprudentielle décrite, mais également en raison des inconvénients de ces décisions prévoyant la compétence du juge administratif[463].

---

[462] Concl. Corneille sur CE, 2 juill. 1915, *Repéré, Pépin, Cardona* : Rec. p. 223.

[463] « Or, dans l'état de la jurisprudence du Conseil d'État, lors de ces arrêts, ce renvoi présentait, pour les employés en cause, des inconvénients. En effet, le fonctionnaire lésé par une mesure administrative, ne pouvait, à cette époque, obtenir réparation du préjudice à lui causé qu'après avoir au préalable fait constater, par la voie du recours pour excès de pouvoir, l'irrégularité de ladite mesure et en avoir obtenu l'annulation. Et ce recours ne pouvait se fonder que sur l'incompétence, le vice de forme, le détournement de pouvoir ou la violation des règlements. Il était rejeté d'avance s'il demandait, purement et simplement, l'appréciation du bien fondé en fait de la mesure prise. Si bien que les agents des chemins de fer de l'État, de par les suites de cette jurisprudence, se trouvaient, en fait, dans un état d'infériorité, vis-à-vis des agents des autres

On remarquera toutefois que la divergence n'est jamais expressément regrettée[464] et la convergence apportée par l'unification des jurisprudences jamais félicitée. Autrement dit, ni la divergence ni la convergence n'est mise en scène contrairement à la tendance générale qui se perçoit dans le discours doctrinal[465]. Le recours au précédent judiciaire s'approfondit toutefois lorsque, bien qu'il existe des précédents internes clairs et pertinents, le rapporteur public ressent le besoin d'opter pour une interprétation innovante ou du moins, sur la nécessité de s'interroger sur l'opportunité d'un revirement.

109. En conclusion, il apparait que le recours à un précédent judiciaire résulte à la fois d'un besoin lié à l'imperfection du système d'autoréférencement et, mais cela est lié, au besoin d'assurer une forme de cohérence juridique. Constatant l'absence ou l'imprécision d'un précédent interne, la contradiction interne, la divergence des jurisprudences administrative et judiciaire ou certaines données justifiant de s'interroger sur l'opportunité d'un revirement, le rapporteur public aura toujours tendance à prendre en compte la jurisprudence judiciaire dès lors que la cohérence du droit peut être entamée.

---

compagnies ; car ils ne bénéficiaient pas, en leur entier, des dispositions de l'art. 1780 du Code civil sur les dommages-intérêts, en cas de renvoi injustifié ».

464 Par exception : Concl. Pellissier sur CE, Ass., 9 nov. 2016, *Société Fosmax LNG* : Rec. p. 471 : « la question vous est aujourd'hui posée et la solution que nous vous proposerons devrait faire mentir sur ce point, cet arrêt, qui, en l'état, crée une situation potentielle de conflits positifs qu'il serait souhaitable que le Tribunal des conflits puisse trancher le plus tôt possible ».

465 À propos des divergences de jurisprudences judiciaires M.-L. Mathieu-Izorche, « Les procédés discursifs d'amplification ou de réduction des divergences », *Les divergences de jurisprudence*, P. Ancel et M.-C. Rivier (dir.), PUSE, 2003 p. 93.

Conclusion du chapitre 1.

110. Le précédent judiciaire est un argument à prendre en compte si l'on veut tenter de saisir les ressorts du raisonnement argumentatif à l'œuvre et procédant à la formation du droit administratif. Loin d'être hostiles ou indifférents aux précédents judiciaires, ces acteurs particuliers du droit administratif, y ont recours abondamment pour légitimer leur raisonnement. Les données qu'ils offrent sont des considérations qui soutiennent bien souvent le raisonnement juridique et les interprétations tenus par eux dans l'ensemble des champs du droit des contrats administratifs. Autrement dit, ils sont bel et bien une source vers laquelle le juge administratif se tourne à l'instar de ses propres précédents ; le recours aux précédents judiciaires appartient manifestement à la pratique juridictionnelle du Conseil d'État qui n'est ni rare, ni limitée à des décisions isolées posant une difficulté ponctuelle susceptible de favoriser un regard vers les décisions du juge judiciaire.

Cela n'a à l'évidence rien d'étonnant. L'histoire même du droit administratif et de la juridiction administrative prédispose en réalité les juges administratifs à manier cet argument. Occulter le poids du précédent judiciaire aujourd'hui encore conduirait alors au risque de couper le droit administratif de son histoire et de son environnement en même temps qu'il priverait le juge administratif d'une source argumentative puissante.

L'analyse souhaitait ainsi mettre en lumière la fréquence du recours au précédent judiciaire en même temps qu'elle voulait révéler sa flexibilité et sa polyvalence. Les configurations dans lesquelles se déploie le précédent judiciaire sont multiples. On en vient à penser tout de même que sa prise en compte par les rapporteurs publics ne procède pas seulement de leur seule volonté, au regard d'un contexte, de le mobiliser au sein de son argumentation.

Les propos précédents auront sans doute moins démontré l'existence d'un mouvement unique de recours au précédent judiciaire par les auteurs de conclusions que mis en évidence la richesse de ce phénomène qui procède de multiples influences conjuguées. La pratique du précédent judiciaire est donc loin d'être homogène et, sans constituer une contrainte objective, procède plutôt d'une contrainte indirecte et subjective qui provient de l'attachement que les auteurs des conclusions portent à la cohérence de notre système juridique et au souci d'harmonisation des jurisprudences. À considérer qu'il s'agit là d'une contrainte ou d'un sentiment de contrainte plus qu'une volonté délibérée, elle repose donc moins sur le précédent judiciaire en lui-même que sur l'objectif de cohérence que l'existence d'une dualité juridictionnelle sous-tend. C'est en réalité un choix délibéré dans le cadre d'une contrainte de cohérence, le recours au précédent judiciaire permettant au mieux de satisfaire ce principe.

Malgré toute l'ambiguïté à laquelle conduit la démarche décrite, l'autorité dont jouit le précédent judiciaire ne peut être malgré tout qu'une autorité persuasive : se conformer à un précédent judiciaire n'est toujours qu'une option à laquelle le juge administratif décide d'avoir recours. Mais encore faut-il, pour le considérer comme un argument sérieux de nature à influencer la solution préconisée, que le rapporteur public en évalue sa validité. Dit autrement, si le choix de prendre en compte un précédent judiciaire parait être contraint par une exigence de cohérence à laquelle sont attachés les auteurs des conclusions, le choix d'en suivre le raisonnement et la solution est tout autre. Il dépendra notamment de l'adhésion du rapporteur public au raisonnement tenu par le juge judiciaire, à la motivation du précédent judiciaire[466]. Aussi étrange et ambigu que cela puisse paraitre, le précédent judiciaire constitue en ce sens tout à la fois une contrainte argumentative au stade de sa prise en compte et un argument librement manié au stade de son utilisation.

En effet, en dépit de ce qui vient d'être exposé et de l'usage mesuré de l'autonomie dont ils disposent vis-à-vis des précédents judiciaires, les rapporteurs publics ont toujours la faculté de ne pas suivre la jurisprudence judiciaire pourtant prise en considération.

---

466 G. Lamond, « Persuasive authority in the law », *The Harvard Review of Philosophy*, 2010, n° 1, p. 16, spéc. p. 25 où l'auteur parle de « normal reason ». – R. Bronaugh, « Persuasive précédent », in *Precedent in law*, L. Goldstein (dir), Oxford, Clarendon Press, 1987, p. 217, spéc. p. 224.

La façon dont les rapporteurs publics réceptionnent et utilisent le précédent judiciaire montre en effet, là encore, sa polyvalence. Un espace de liberté dont il faut déterminer les contours se dessine lorsqu'il s'agit de le manier dans l'argumentation.

Chapitre 2. La réception du précédent judiciaire, manifestation d'une liberté substantielle

111. L'action de mobiliser un précédent judiciaire au sein d'une argumentation implique en conséquence sa réception et son utilisation par le rapporteur public.
Or, s'il existe autant de conclusions dans lesquelles le rapporteur public s'est écarté dans son argumentation d'un précédent judiciaire, que de conclusions où le rapporteur a argumenté d'une façon ou d'une autre, en prenant appui sur les principes que ce précédent énonce[467], c'est bien parce qu'ils disposent en la matière d'une certaine liberté. La contrainte formelle que peut faire peser un précédent judiciaire sur l'argumentation n'est pas exclusive d'un usage stratégique qui aura justement vocation à l'instrumentaliser dans le sens de la thèse soutenue par le rapporteur public.
À ce titre, disons d'emblée que tout se passe comme si, en apparence, les rapporteurs publics conservent la faculté de ne pas suivre le précédent judiciaire lorsque des raisons le justifient et s'efforcent de n'user de leur autonomie qu'avec discernement, parce qu'ils regardent le juge judiciaire comme la source d'une autorité persuasive dont il faut tenir compte. On décèle en effet souvent de leur part un besoin d'examiner les précédents judiciaires, parfois avec attention, sans toutefois qu'ils s'obligent

[467] Un détour par les « fichages » des décisions du Conseil d'État au Receuil Lebon peut être à ce titre éclairant même s'il faut avoir conscience que cette donnée n'est pas nécessairement objective dans la mesure où ce fichage est le fait de la « Troïka » composée du président de la Section du contentieux et de ses trois présidents adjoints. Il est dès lors concevable que le fichage tente de dissimuler/atténuer des divergences ou de forcer des convergences. Malgré tout, citons les membres du centre de documents du Conseil d'État selon qui « les "fichages" des décisions du Conseil d'État au Receuil Lebon depuis 2000 attestent que le Conseil d'État a choisi au moins 150 fois de se placer consciemment dans le sillage de la Cour de cassation (par un "Rappr.") et de s'en écarter seulement 30 fois (par un "Comp.") ». A. Goin, L. Cadin, « *Czabaj* en terre inconnue », *AJDA* 2024, p. 1210.

quant au résultat de l'analyse. Si le précédent judiciaire doit être pris en considération en raison de son autorité persuasive et en raison d'un impératif de cohérence, les rapporteurs publics restent finalement tout à fait libres du résultat au fond, c'est-à-dire de le suivre, de s'en écarter ou d'en amender la solution. La référence aux précédents judiciaires est certes conséquente, mais on ne décèle jamais une greffe directe et automatique de la solution du juge judiciaire. Il s'agit davantage d'un argument de persuasion, une source d'inspiration éventuelle. Recourir à la jurisprudence judiciaire ne débouche pas nécessairement sur un mimétisme. Le sens du précédent judiciaire peut servir de guide, mais le rapporteur public n'est en aucun cas lié par lui s'il ne va pas dans le sens de la solution qu'il préconise.

En d'autres termes, d'un point de vue de l'influence du précédent judiciaire sur la substance de la solution – et partant, sur l'élaboration du droit – on dira qu'elle résulte de choix délibérés et stratégiques du rapporteur public. Il faut donc rechercher et tracer les éléments sur lesquels peut s'appuyer librement le rapporteur public pour orienter la réception d'un précédent judiciaire dans le sens de son raisonnement. Il le fait grâce à un travail d'évaluation, de hiérarchisation et de sélection entre les précédents à écarter et ceux de nature à renforcer et appuyer le raisonnement mené.

112. On peut dès lors distinguer trois niveaux de techniques argumentatives : le rapporteur public dispose d'abord de la liberté de s'adonner à l'interprétation et à l'appréciation d'un précédent judiciaire afin d'en déterminer lui-même sa signification et portée et ainsi conditionner l'usage qu'il en fera (Section 1.) ; il peut ensuite faire varier le poids du précédent judiciaire dans l'argumentation par une opération de hiérarchisation des précédents (Section 2.) ; enfin, il ressort de l'analyse que l'auteur des conclusions n'est jamais contraint d'adhérer à la solution qu'offre un précédent judiciaire mobilisé. Au contraire, il est tout autant susceptible d'y adhérer, de le neutraliser ou de l'adapter selon la solution qu'il souhaite défendre. Il sélectionne et manie alors stratégiquement au fond ceux des précédents qui doivent être écartés de ceux qui sont de nature à appuyer sa solution (Section 3.). Au regard de ces éléments et de sa plasticité, on en vient à toucher le caractère

intrinsèquement instrumental et stratégique de la réception des précédents judiciaires.
Nous avons évidemment conscience qu'il existe une forme de porosité entre ces différentes techniques argumentatives, ne serait-ce que parce que l'utilisation d'une technique ou d'une autre n'est pas nécessairement conscientisée par les auteurs. Si l'on peut dissocier, isoler et classifier après-coup chacune de ces stratégies argumentatives dans un but pédagogique et didactique, les unes et les autres restent entremêlées et participent à un même processus argumentatif.

Section 1. Évaluer le précédent judiciaire

113. Les auteurs des conclusions ne se contentent pas forcément d'exposer objectivement un précédent judiciaire qu'ils mobilisent. Ils l'évaluent parfois en ayant recours à l'interprétation et/ou l'appréciation[468].
Or, si cette opération d'évaluation[469] mérite d'être exposée, c'est bien parce qu'elle n'est pas neutre. Au-delà de dévoiler la liberté qu'elle implique pour l'auteur des conclusions, celui-ci procédant nécessairement d'un choix argumentatif dans la mesure où il n'est jamais tenu d'interpréter ou d'apprécier les décisions du juge judiciaire, il peut conditionner et orienter l'usage qu'il va en faire, son choix de le suivre, de l'adapter ou de le rejeter, en somme, d'instrumentaliser le précédent judiciaire.

114. Il faut en effet bien insister sur le fait que citer un précédent judiciaire ne se limite jamais à établir un simple constat. S'ils ne sont qu'un élément de la démonstration, le rapporteur public utilise des décisions en les intégrant dans le raisonnement et en les interprétant voire en les appréciant. Ainsi, l'utilisation d'un tel précédent, loin de se parer de neutralité objective comme s'il n'était que le constat d'une réalité, celle de

---

[468] V. C. Bouix « La référence aux précédents externes à l'ordre de juridictions », in *Le raisonnement juridique*, P. Deumier (dir.), Dalloz, coll. « Méthodes du droit », p. 59, spéc. pp. 68 et s.
[469] L'évaluation est ici comprise comme l'opération qui permet la détermination et la fixation du sens d'une décision ainsi que son appréciation.

la juridiction judiciaire, procède toujours d'une façon plus ou moins évidente et prononcée, d'un jugement de valeur et d'une interprétation de sa part. La précision est d'importance, car cela est rarement explicité, même plutôt dissimulé, de telle sorte qu'il est bien souvent impossible de discuter du précédent judiciaire et de son utilisation. L'évaluation d'un précédent judiciaire, si elle est libre, conditionne l'utilisation qu'en fera le rapporteur public puisque de son interprétation dépendra l'adhésion au raisonnement du juge judiciaire de son auditoire. Même, et il faut en avoir conscience, en évaluant la jurisprudence judiciaire, c'est-à-dire en l'interprétant et/ou en l'appréciant, le rapporteur public va « "façonner" le matériau jurisprudentiel de façon à construire une argumentation susceptible de convaincre leur auditoire »[470]. L'interprétation et l'appréciation de la portée d'un précédent judiciaire sont donc primordiales (§ 1.), mais doivent être manipulées avec une certaine prudence en raison des risques auxquels ce travail d'évaluation peut conduire (§ 2.) et aux implications qu'il induit (§ 3.).

§1. Les formes de l'évaluation : l'interprétation et l'appréciation du précédent judiciaire

115. La portée d'une décision du juge judiciaire se dégage de l'évaluation qui peut en être donnée. Il n'est ainsi pas rare que le rapporteur public s'interroge sur la portée exacte des décisions judiciaires. En effet, bien souvent, la motivation parfois très concise du précédent judiciaire rend nécessaire un effort d'interprétation de la part des rapporteurs publics pour en apprécier la portée exacte. Même, cette imprécision peut leur permettre de déterminer la portée qu'ils souhaitent lui attribuer et pouvoir ainsi l'utiliser d'une façon déterminée (A.). Dans

[470] G. Leroy, *La pratique du précédent en droit français, étude à partir des avis de l'avocat général à la Cour de cassation et des conclusions du rapporteur public au Conseil d'État*, *op. cit.*, n° 160 citant V. Ch. Atias, *Devenir juriste. Le sens du droit*, Lexisnexis, 2e éd., 2014, p. 98, n° 186 : « La "jurisprudence" n'est nullement une position unitaire. Celui qui l'invoque opère toujours une sélection et établit des hiérarchies ».

certaines hypothèses, les auteurs des conclusions ne se contentent pas de l'interpréter, mais vont aussi l'apprécier, c'est-à-dire mettre en évidence une caractéristique particulière du précédent judiciaire mobilisé dans leur argumentation (B.).

A. L'importance de l'interprétation

116. Parler d'autorité persuasive des précédents judiciaires revient à considérer les décisions du juge judiciaire comme un argument mobilisé pour convaincre ceux à qui le rapporteur public s'adresse, d'opter pour telle solution plutôt qu'une autre. Or, pour pouvoir être en mesure de convaincre, encore faut-il que le rapporteur public d'une part, accorde assez de crédit et de considération au juge judiciaire et d'autre part, reconnaisse à la motivation et aux motifs d'une décision du juge judiciaire une valeur intrinsèque suffisante pour juger bon de s'y référer explicitement. Pour reprendre les termes du Professeur Frydman, « *en ce sens, l'autorité marque la considération particulière que l'on accorde à l'avis de quelqu'un, en raison de sa position, de l'expérience ou de la compétence qui lui est généralement reconnue* »[471]. L'interprétation d'un précédent judiciaire, qu'elle soit au demeurant orientée ou non par l'objectif poursuivi par le rapporteur public, est un préalable nécessaire au processus conduisant à son adhésion (1.). Elle est toutefois maniée avec une certaine prudence (2.).

1. La condition d'une adhésion au précédent judiciaire

117. La liberté argumentative dont jouissent les rapporteurs publics se manifeste par un raisonnement souvent implicite et subtil, dans lequel peut se déceler tout à la fois une adhésion à la solution du juge judiciaire et une manifestation d'autonomie. Tel est le cas lorsque, par exemple, le rapporteur public entend

---

[471] B. Frydman, « Le dialogue international des juges et la perspective idéale d'une justice universelle », in *Le dialogue des juges*. Actes du colloque organisé le 28 avril 2006 à l'Université libre de Bruxelles, coll. « Les Cahiers de l'Institut d'études sur la justice », Bruylant, Bruxelles, 2007., p. 156.

élaborer sa propre solution tout en tenant compte, parmi les arguments juridiques recevables, de ceux qui ont pu conduire le juge judiciaire à se prévaloir de son interprétation, sans que cela apparaisse toujours expressément dans les conclusions. On peut donc parler d'autorité persuasive[472] des précédents judiciaires en tant qu'ils reposent sur une adhésion volontaire du rapporteur public et sur la force de conviction du raisonnement suivi par la juge judiciaire ; le rapporteur public conserve toujours la maîtrise de ses choix interprétatifs. Se conformer à un précédent judiciaire est une option, mais l'autorité de la source (« *theoretical authority* »[473]) – le juge judiciaire et plus encore celle de la Cour de cassation – et/ou la qualité et le contenu de la décision antérieure du juge judiciaire (« *practical authority* ») peut l'inciter à mobiliser un précédent judiciaire[474].

118. Le précédent judiciaire n'étant pas source d'une autorité de droit, il ne peut qu'être suivi en fait par une « adhésion raisonnée »[475]. Ainsi, selon Perelman, « le droit est simultanément acte d'autorité et œuvre de raison et de persuasion. Le droit autoritaire, celui qui s'impose par le respect et la majesté, n'a guère à être motivé. Celui qui se veut démocratique, œuvre de persuasion et de raison, doit chercher, par la motivation, à obtenir une adhésion raisonnée »[476]. Pour le rapporteur public, l'autorité du précédent judiciaire repose alors sur une conception persuasive via son adhésion au raisonnement tenu, ce qui suppose avant toute chose que la portée d'un arrêt ne soit pas ambiguë et que le juge judiciaire l'ait exprimé d'une

---

472 G. Lamond, « Persuasive authority in the law », *The Harvard Review of Philosophy*, 2010, vol. 17, n°1, p. 16.

473 *Idem. Adde.* L. Navel, *op. cit.* n° 102. - P. Vassart, G. Haarscher, L. ingber et R. Vander Elst (dir.), *Arguments d'autorité et arguments de raison en droit, Bruxelles*, Nemesis, 1988.

474 V. *infra.*

475 Ch. Atias, in *l'Image doctrinale de la Cour de cassation, La documentation française*, 1994, p. 73. – J. Maury, « Observation sur la jurisprudence en tant que source de droit », in *Mélanges G. Ripert*, t. 1, LGDJ, p. 28. – P. Deumier, « Création du droit et rédaction des arrêts par la Cour de cassation », préc., spéc. pp. 54 et s.

476 C. Perelman, « La motivation des décisions de justice, essai de synthèse », in *La motivation des décisions de justice*, Ch. Perelman et P. Foriers (dir.), Bruxelles, Bruylant, 1978, p. 425.

quelconque façon[477] ; qu'il ait expliqué « le raisonnement qui l'a conduit à adopter telle position plutôt que telle autre et argumenter sa décision pour la rendre acceptable »[478]. Ce n'est qu'à cette condition que le rapporteur public et son audience pourront être persuadés du bien-fondé du précédent judiciaire.

119. On le comprend, pour disposer d'une telle autorité persuasive, les raisons doivent être accessibles et compréhensibles. Il ne peut y avoir autorité persuasive que si le rapporteur public fait sienne la doctrine énoncée dans un arrêt du juge judiciaire. Cette réappropriation de la solution et/ou du raisonnement ne peut reposer que sur la puissance de conviction du juge judiciaire, par une autorité de raison ; pour ce faire, les raisons doivent apparaitre comme pertinentes. Ainsi, la présentation méthodique de l'interprétation d'un texte et plus largement d'une solution par le juge judiciaire sera évidemment essentielle pour parvenir à cette adhésion des rapporteurs publics. Sans cela, il leur sera difficile de rechercher les motifs d'un précédent judiciaire sans le dévoyer. Le processus n'est donc pas si différent de celui de réappropriation d'un précédent au sein de l'ordre juridictionnel judiciaire[479].

À la lecture des conclusions, rien ne permet d'établir avec certitude la systématicité de ce travail pourtant primordial. Du moins, le processus n'est que rarement rapporté formellement et explicitement dans les conclusions. On suppose toutefois qu'il existe un travail intellectuel systématique minimum en amont[480], d'analyse de la jurisprudence judiciaire et de sa pertinence qui convaincra ou ne convaincra pas le rapporteur public d'utiliser un précédent judiciaire voire de le mentionner expressément et d'en faire un argument dans sa motivation. On ne peut aussi

---

[477] À travers la motivation de l'arrêt, documents périphériques (travaux préparatoires notamment) et même grâce à la doctrine.

[478] Ce qui laisse supposer aussi « qu'il existe plusieurs interprétations entre lesquelles il convient de choisir la meilleure en se fondant sur des raisons, des arguments ». F. Malhière, « L'autorité du juge à l'épreuve (du refus) de son pouvoir d'interprétation », *Les cahiers de la justice* 2020/4, p. 633.

[479] P. Deumier, « Création du droit et rédaction des arrêts par la Cour de cassation », préc.

[480] Ce qui représente une certaine charge de travail qu'il ne faut pas négliger. Cela explique sans doute que le travail d'interprétation soit souvent limité.

exclure l'idée que le précédent judiciaire ait pu servir l'argumentation sans être cité, cela relève d'un autre choix, inaccessible.

120. L'exercice n'en demeure pas moins délicat. En raison d'une motivation souvent lacunaire des décisions judiciaires[481], le texte des arrêts du juge judiciaire peut ne pas exprimer clairement les « motifs des motifs » ou demeurer ambigu quant à sa portée[482]. En effet, « l'examen des notes de jurisprudence montre qu'un décryptage des décisions est parfois nécessaire et que le style des arrêts de la Cour de cassation est de nature à provoquer des incertitudes ou erreurs d'interprétation »[483] d'où la nécessité même, selon un auteur, d'un enseignement dédié à l'interprétation des arrêts de la Cour de cassation[484]. Il apparait ainsi parfois nécessaire de discerner le véritable sens du

---

[481] En dépit d'une volonté actuelle d'enrichissement de la motivation des décisions de la Cour de cassation. V. récemment la publication du *guide de la rédaction en motivation enrichie* publiée le 26 septembre 2023 par la Cour de cassation. On se contentera de faire remarquer que la présentation de ce guide fait état d'un lien entre une « argumentation convaincante de la décision » et « son autorité », que s'« il importe aujourd'hui que les décisions de justice soient plus intelligibles pour les justiciables, mais aussi, au-delà des parties, pour l'ensemble de la communauté des juristes, afin de garantir un droit plus prévisible » et que « dans un contexte de mondialisation du droit, ces décisions doivent également être comprises des juridictions étrangères ou supranationales dans le souci de favoriser un dialogue des juges ou tout au moins une diffusion de la jurisprudence », rien n'est dit sur le dialogue entre les juridictions administrative et judiciaire.

[482] Les rapporteurs publics font parfois état, implicitement, de l'absence de tout doute quant à la portée et le sens d'un précédent judiciaire. V. par exemple Concl. Romieu sur CE, 5 mars 1897, *Sieur Verdie*r (1ere esp.), sieur Daumas (2eme esp.), Sirey 1898.3.17. : « En droit civil, la nécessité de la mise en demeure pour la sanction des obligations est absolument formelle ».

[483] A. Lacabarats, « Les outils pour apprécier l'intérêt d'un arrêt de la Cour de cassation », *D.* 2007, p. 889. V. aussi P. Deumier, « Création du droit et rédaction des arrêts par la Cour de cassation », préc., n° 15 : « Il est difficile d'espérer l'adhésion raisonnée à une interprétation dans la situation actuelle qui exige, pour comprendre pleinement sa portée exacte, de s'en remettre à l'arrêt déféré, aux écritures des parties, à la notice accompagnant l'arrêt, quand il n'est pas indispensable d'avoir participé au délibéré. Difficile encore d'espérer l'application uniforme d'une interprétation sur le sens de laquelle conseiller rapporteur et doctrine, quand ce n'est pas doctrine et doctrine, s'écharpent ».

[484] J. Ghestin, « L'interprétation d'un arrêt de la Cour de cassation », *D.* 2004, Chron. 2239.

précédent judiciaire ce qui implique un travail d'interprétation du rapporteur public, étranger à la décision.
La question se pose alors de savoir où les rapporteurs publics trouvent ces raisons ? À ce titre, la doctrine, les travaux préparatoires et les communiqués de presse sont d'une aide précieuse. S'il n'est jamais clairement fait état des sources dans lesquelles sont allés puiser les rapporteurs publics pour tenter de comprendre les raisons qui ont conduit le juge judiciaire à adopter une solution plutôt qu'une autre, les nombreuses références à la doctrine, indépendamment de la citation de l'arrêt mobilisé[485] ou, plus régulièrement, accompagnant la référence[486], laissent supposer de leur utilité pour saisir la portée exacte de l'arrêt[487]. Or, au-delà de la doctrine privatiste, deux types de publications peuvent être exploités par les rapporteurs publics : celui du rapport du conseiller rapporteur[488] et de l'avis de l'avocat

485 Concl. Odent, CE, 5 mars 1943, *Cie générale des eaux et syndicat des communes de la banlieue de Paris pour les eaux* : D. 1943.121 : « L'analyse et la critique de cette jurisprudence a été faite par M. Pierre Laroque dans son ouvrage sur *Les usagers des services publics industriels* (p. 161 et s.). Les arrêts qu'il cite (Civ. 20 fév. 1923, *Grandin*, D.P. 1926.1.43 ; Civ. 10 fév. 1932, *Soc. Nord-Lumière*, et 24 oct. 1933, *Soc. l'Electrique de Bretagne,* D.P. 1935.1.33, note M. Blaevoet) paraissent conformes à la jurisprudence la plus récente (Req. 17 mai 1938, *Soc. anon. Tarn et Agout*, D.H. 1938. 419) ».
Concl. Labetoulle sur CE, sect., 5 nov. 1982, *Ville de Dôle* : Rec. p. 375 : « les ouvrages ou chroniques consacrés naguère à la responsabilité civile par R. Savatier, par le Doyen Esmein ou par les frères Mazeaud sont à cet égard significatifs ».
Concl. Cortot-Boucher sur CE, 19 nov. 2013, *SNI* : Rec. p. 283 : « Comme l'indiquent certains auteurs, cette exigence est à la fois "la raison d'être de la convention et le fondement, tant de la longue durée du contrat que de la modicité des redevances réclamées" (Corinne Saint Alary-Houin, Dalloz Action, *Droit de la construction*, fasc. 140, n° 110). Dans ce sens, la Cour de cassation juge que c'est par la plus-value réalisée sur le fonds, au terme du bail emphytéotique, que se rémunère essentiellement le propriétaire de celui-ci (Cass. civ. 3e 5 décembre 2001, n° 99-20.871, Bull. civ. III, n° 142) ».
486 Pour ne donner qu'un seul exemple Concl. Labetoulle sur CE, sect., 5 nov. 1982, *Ville de Dôle* : Rec. p. 375 citant « Civile, 2 juill. 1953, *Dalloz* 1954, p. 73, note R. Savatier ; 1er avr. 1963, 2e ch. Civile, *JCP,* 1963.II.13408, note Esmein ».
487 À tout le moins la façon dont celui-ci a été compris et reçu.
488 Concl. Valabrègue sur CE, 20 févr. 1891, *Cie des Chemins de fer du Midi c. époux Salles* : Rec. p. 145 (mais seulement mentionné).

général[489], et celles des divers supports diffusés par le Service de documentation et d'études de la Cour (BICC, Bulletin, communiqué)[490]. Ces supports, relativement récents pour la plupart, ne sont que très rarement explicitement mobilisés dans les conclusions[491]. Cela ne préjuge toutefois en rien de leur utilité effective, les auteurs des travaux préparatoires ayant de toute évidence très bien pu s'y référer sans avoir jugé utile de les citer expressément.

121. Quoi qu'il en soit, plus l'interprétation sera claire et précise, plus celle-ci pourra aisément recueillir l'adhésion. C'est peut-être ce qui explique que les rapporteurs publics ne se réfèrent parfois pas à la jurisprudence judiciaire, le raisonnement du juge judiciaire ne leur étant pas, ou pas suffisamment accessible. Mais une chose est certaine, que cela soit explicite ou implicite (par le biais par exemple de la citation de notes doctrinales accompagnant une décision citée), les conclusions témoignent d'une recherche tendant à saisir pleinement la portée, juridique et factuelle, exacte de l'arrêt, parfois de révéler les éléments tenant au contexte d'une jurisprudence.

122. Les propos qui précèdent infirment finalement l'idée que le juge administratif serait soumis à la contrainte d'un précédent judiciaire lors de son utilisation. La recherche d'une adhésion aux motifs ayant justifié la solution judiciaire, qu'elle soit implicite ou explicite dans le texte, révèle plutôt que la

---

489 Concl. Pellissier sur CE, Ass., 9 nov. 2016, *Société Fosmax LNG* : Rec. p. 471 : « La Cour de cassation l'interprète depuis les années 1930 comme conférant un caractère international à toute opération impliquant, selon la formule de son avocat général Paul Matter, "un mouvement de bien, de services ou un paiement à travers les frontières" (conclusions sur Civ., 17 mai 1927, *Pelissier du Bessert* ; Civ., 14 février 1934, *Banque hypothécaire franco-argentine*) ».

490 L'un et l'autre ont toutefois des défauts puisqu'il ne s'agit soit que d'une voie indirecte de la Cour de cassation (pour l'avis de l'avocat général qui a été rendu avant le prononcé de l'arrêt) soit officieuse (l'analyse n'engageant pas la Cour de cassation).

491 Concl. Ciavaldini sur CE, 4 oct. 2021, *Société sportive professionnelle Olympique de Marseille* : Rec. p. 291 : « D'une part, le communiqué de la Cour de cassation accompagnant les arrêts du 14 avril 2006 rappelle l'attachement de la Cour de cassation à ce critère et des arrêts postérieurs l'ont effectivement relevé comme une condition nécessaire ».

référence aux précédents judiciaires manifeste la « réception d'une proposition savante, par laquelle elle fait sienne la doctrine énoncée dans un arrêt de la Cour de cassation »[492]. C'est très justement parce que le rapporteur public se réfère à une proposition « exprimée sur le droit »[493] qu'il lui apparait comme n'étant pas directement contraignant, mais suffisamment important pour devoir l'utiliser dans son argumentation. Là réside toute l'ambiguïté du précédent judiciaire.

Au-delà, il ne faut pas voir dans la référence aux précédents judiciaires un aveu de faiblesse d'un système juridique imparfait cherchant appui sur la jurisprudence judiciaire pour pallier une crise d'autorité, voire de légitimité, ou encore un danger, celui de réduire un droit administratif à une simple copie du premier en dépit de tout ce qui a pu et peut encore fonder son autonomie et ses particularités. La référence aux précédents judiciaires est sans aucun doute un atout puissant entre les mains du rapporteur public pour la légitimité des solutions exposées et partant pour l'évolution du droit administratif. Ce n'est toutefois qu'à la condition que sa mobilisation soit maitrisée, c'est-à-dire qu'il en est fait à la fois un usage méthodologiquement rigoureux et qu'il soit utilisé pour ce qu'il est, à savoir un argument à prendre en compte, le cas échéant, parmi d'autres arguments (économiques, sociologiques, techniques, conséquentialistes etc.). En somme, d'un point de vue argumentatif, les rapporteurs publics se montrent « responsables » en ne brandissant pas l'autonomie du droit des contrats administratifs de façon dogmatique. Certes, elle œuvre toujours en fond dans l'argumentation. Mais les auteurs des conclusions paraissent avoir toujours conscience qu'il faut aussi parfois agir en vases communicants, que des rapprochements peuvent être justifiés et souhaitables également, que le précédent judiciaire doit être pris au sérieux. C'est en cela qu'il revêt une certaine autorité persuasive. En conservant leur liberté vis-à-vis du précédent judiciaire tout en l'utilisant lorsque sa pertinence est démontrée, les rapporteurs publics ne font donc pas acte de faiblesse, mais au contraire, de responsabilité.

---

[492] À propos des juges du fond P. Deumier, « La doctrine de la Cour de cassation : opinion ou précédent ? » *RTD civ.* 2006, p. 73.

[493] *Idem.*

2. *Les manifestations prudentes de l'interprétation*

123. Cette recherche des motifs d'un précédent judiciaire se matérialise de différentes façons.

Tantôt, le rapporteur public cite précisément l'ensemble des faits, la procédure ainsi que le considérant de principe[494] ce qui laisse supposer que la portée exacte de l'arrêt a été recherchée avec attention ; dans d'autres cas, il est explicitement fait état des raisons ayant conduit le juge judiciaire à pencher pour telle solution plutôt qu'une autre[495]. La compréhension de la jurisprudence judiciaire est encore plus explicite lorsqu'il est

---

[494] Concl. David sur CE, 11 mai 1872, *Butin c/ la ville de Beauvais (conflits de l'Oise)* : Rec. p. 265.

[495] Concl. Latournerie sur CE, 9 mars 1928, *Cie des Scieries africaines* : *D.* 1930, p. 13 : « On ne saurait, d'après nous, confondre à cet égard, celles qui peuvent bien avoir pour le fournisseur des conséquences onéreuses, qui peuvent modifier l 'équilibre financier du contrat et diminuer le nombre ou la valeur des prestations et des avantages sur lesquels le fournisseur était en droit de compter d'après les clauses de ce contrat, et celles qui empêchent au contraire le fournisseur de s'acquitter lui-même de ses obligations contractuelles, et que les tribunaux civils assimilent à la force majeure (En ce sens : Req. 11 mars 1901, D.P. 1902.1.549 ; Pand. Franç. 1902.1.33 et la note de M. Thibaut). Seules les fautes de ce dernier type sont de nature, à notre avis, à justifier une demande en décharge ou en réduction de pénalités, parce que seules elles constituent, l'obstacle matériel et insurmontable qui peut dégager le fournisseur. Les autres sont seulement de nature à motiver, de la part de ce dernier, une demande de résiliation ou encore, au même titre que les circonstances imprévisibles et le fait de l'Administration, une demande d'indemnité ». – Concl. Guionin sur CE, 9 janv. 1953, *Ville de Saint-Maurice c. Letot* : D. 1954 p. 278 : La Cour de cassation déclare cet appel en garantie recevable, même lorsqu'il est formé après la fin de la période de garantie décennale. Parce qu'elle considère l'action en garantie formée par le propriétaire non comme une action en responsabilité contractuelle, mais comme l'action du tiers, en responsabilité délictuelle, à l'exercice de laquelle le propriétaire est en quelque sorte subrogé, et cette action ne se prescrit qu'au bout de trente ans (Civ. 30 juin 1902, D.P. 1907. 1. 436 ; Req. 28 juin 1938, D.H. 1938. 563) ». – Concl. Bertrand sur CE, 8 oct. 1965, *Commissaire du gouvernement près la commission régionale des dommages de guerre de Dijon c. Renard* : *D.* 1965, p. 239 « On sait que la Cour de cassation est extrêmement respectueuse de la démarche du juge du fond portant sur la constatation des faits, mais qu'elle a, en contrepartie, poussé très loin son examen de leur appréciation par la voie du contrôle de la qualification. La théorie de la dénaturation des contrats peut être rattachée à cette tendance ».

écrit que « c'est peut-être dans le désir de régler rapidement les multiples difficultés qui peuvent naitre entre les usagers et les concessionnaires qu'il faut chercher la raison déterminante d'une jurisprudence [judiciaire] que nous trouvons très contestable »[496]. C'est encore le cas lorsque, après que le rapporteur public a exposé des exemples montrant « que ce sont principalement les interdictions organiques de compromettre posées par l'article 2060 qui concernent les personnes publiques, dont la juridiction judiciaire refuse d'assurer le respect dans les relations commerciales internationales », il poursuit en précisant que « ce refus repose à la fois sur une conception de l'arbitrage international comme relevant d'un ordre juridictionnel autonome, indépendant du droit national que nous partageons, et sur un principe d'estoppel, sur lequel nous sommes plus réservés […] »[497].
Il en va de même lorsqu'un rapporteur public expose longuement les raisons ayant conduit la Cour de cassation à admettre qu'un tiers à un contrat puisse invoquer au soutien de son action en responsabilité délictuelle une faute strictement contractuelle et s'interroge sur l'opportunité d'y adhérer par une forme de balance inconvénients/avantages[498]. Sans pouvoir citer l'ensemble des parties pertinentes de ces conclusions, on se contentera d'exposer le début du raisonnement tenu par le rapporteur public Boulouis qui illustre parfaitement nos propos : « il serait présomptueux de notre part de vouloir exposer les termes d'un débat riche et complexe dans lequel chaque notion – faute, inexécution contractuelle, causalité – mériterait un exposé précis. Disons de manière trop synthétique que cet arrêt est le fruit d'une évolution, qui n'est pas bornée au champ

---

[496] Concl. Odent, CE, 5 mars 1943, *Cie générale des eaux et syndicat des communes de la banlieue de Paris pour les eaux* : D. 1943.121 (la solution inverse imposerait au juge judiciaire de poser une question préjudicielle au juge administratif puisqu'il faudrait dans tous les cas interpréter le contrat de concession).

[497] Concl. Pellissier sur CE, Ass., 9 nov. 2016, *Société Fosmax LNG* : Rec. p. 471.

[498] Concl. Boulouis sur CE, Sect., 11 juill. 2011, *Mme Gilles* : Rec. p. 334 : « Mais il reste à démontrer que cette position de principe, qui a vocation à s'appliquer de manière subsidiaire, présente plus d'avantages que d'inconvénients ».

jurisprudentiel, dont les deux fils directeurs sont l'attention croissante portée au sort des victimes et la reconnaissance du fait contractuel dans la vie sociale ». C'est donc bien parce que cette jurisprudence judiciaire est crédible que le raisonnement parait persuasif qu'il est pleinement mobilisé dans l'argumentation.

124. La portée d'une jurisprudence peut aussi être tout simplement précisée et synthétisée. C'est ce qui ressort des formulations suivantes : « la jurisprudence judiciaire a, au moins depuis 1978, très nettement placé le préjudice comme un élément déterminant de la modulation du montant des pénalités » pour conclure à « la place importante voire prépondérante de la fonction réparatrice dans la conception civiliste de la clause pénale »[499]. En dépit de ses ambiguïtés, les auteurs des conclusions cherchent parfois à la clarifier en dévoilant son orientation : « la jurisprudence judiciaire est donc loin d'être uniforme et la doctrine plus loin encore d'être unanime ; il nous semble cependant permis de conclure que le droit civil s'oriente vers la consécration d'une obligation de résultat »[500].

Il arrive même que l'auteur des conclusions s'imagine à la place du juge judiciaire en projetant l'application que celui-ci aurait faite de son propre précédent à un litige identique à celui pendant devant la juridiction administrative. C'est notamment ce qui transparait dans l'expression suivante du commissaire du gouvernement Chardeau[501] : « nous ne croyons pas que les juridictions pénales appliqueraient l'article 175 à un conseiller municipal, en cette seule qualité, s'il n'avait pas la surveillance effective de l'entreprise ou du marché ». Il ressort des propos suivants la même idée, « la thèse à cet égard la plus répandue – mais à notre sens à tort – est que la Cour de cassation récuserait le principe de l'abattement de vétusté au moins en ce qui concerne les responsabilités contractuelle ou post contractuelles des architectes ou entrepreneurs »[502].

---

[499] Concl. Pellissier sur CE, 19 juill. 2017, *Centre hospitalier interdépartemental de psychiatrie de l'enfant et de l'adolescent* : Rec. p. 267.

[500] Concl. Rougevin-Baville sur CE, Ass., 2 févr. 1973, *Sieur Trannoy* : Rec. p. 9.

[501] Concl. Chardeau sur CE, sect., 25 janv. 1957, *Société Cracco* : Rec. p. 56.

[502] Concl. Labetoulle sur CE, sect., 5 nov. 1982, *Ville de Dôle* : Rec. p. 375.

125. On remarquera toutefois que l'interprétation d'un précédent judiciaire et la recherche de ses motifs sont très souvent empreintes d'une certaine prudence parfois même excessive. C'est ce qui transparait à travers certaines expressions de retenue et de nuances et d'outils grammaticaux exprimant le doute, la probabilité ou une perception incertaine. À ce titre l'usage de verbes modalisateurs exprimant une perception (sembler, avoir l'air, paraitre, croire que etc.), d'adverbes exprimant l'incertitude (peut-être, probablement, sans doute etc.) et du conditionnel présent ou passé sont largement présents dans les écritures des rapporteurs publics lorsqu'il s'agit de mobiliser un précédent judiciaire. Ces éléments sont de nature à montrer, sciemment ou non d'ailleurs, l'incertitude de l'auteur à propos de leur interprétation.

Quelques exemples suffisent à s'en convaincre : « une telle action est cependant difficile à écarter *a priori*, d'autant que la jurisprudence judiciaire parait incliner à l'admettre »[503] ; « les autorités judiciaires semblent en effet estimer que la police d'abonnement, le traité particulier qui lie l'usager et le concessionnaire font la loi des parties et que leur efficacité ou leur régularité ne peut être atténuée par l'inobservation d'engagements contractuels pris par le concessionnaire à l'égard du concédant et étrangers aux rapports entre le concessionnaire et l'usage »[504] ; « C'est sans doute cette considération qui a conduit la Cour de cassation à juger expressément qu'une clause prévoyant la garantie totale du maître de l'ouvrage par l'entrepreneur n'était contraire ni aux dispositions des articles L. 466 et suivants du Code de la sécurité sociale ni à aucune disposition d'ordre public »[505] ;

La prudence prend la forme de l'humilité lorsqu'il s'agit d'exposer les raisons ayant conduit l'Assemblée plénière de la

---

[503] Concl. Bertrand sur CE, 25 févr. 1972, *SADE c. Sté Thomson-Houston-Hotchkiss-Brandt* : Rec. p. 168 : rajoutant par ailleurs « nous ne sommes pas sûrs que cette construction ne soit pas en contradiction avec des positions prises par la jurisprudence judiciaire » ce qui implique que la portée de la jurisprudence judiciaire n'est pas des plus claires.

[504] Concl. Odent, CE, 5 mars 1943, *Cie générale des eaux et syndicat des communes de la banlieue de Paris pour les eaux* : D. 1943.121.

[505] Concl. Gentot sur CE, Sect., 12 oct. 1973, *SEITA* : Rec. p. 565.

Cour de cassation à opérer un revirement de jurisprudence. Ainsi, « il serait présomptueux de notre part de vouloir exposer les termes d'un débat riche et complexe dans lequel chaque notion – faute, inexécution contractuelle, causalité – mériterait un exposé précis. Disons de manière trop synthétique que cet arrêt est le fruit d'une évolution, qui n'est pas bornée au champ jurisprudentiel, dont les deux fils directeurs sont l'attention croissante portée au sort des victimes et la reconnaissance du fait contractuel dans la vie sociale »[506]. Parfois, la prudence est de mise lorsqu'un précédent judiciaire semble caractériser un revirement de jurisprudence. On peut se référer, certes en matière de droit de la domanialité publique, aux intéressantes conclusions Rivet sur l'arrêt *Marrot* [507]: « sur cette question des conséquences légales d'une désaffectation de fait d'une portion du domaine, la jurisprudence est, à vrai dire, des plus incertaines. Du côté judiciaire prévaut, tout d'abord, très nettement, la théorie en vertu de laquelle, la destination cessant en fait, le caractère de domanialité disparait : en ce sens, toute une série d'arrêts anciens qui vient confirmer un arrêt de la chambre civile du 3 août 1915. **Dans un arrêt postérieur de la même chambre du 26 mai, parait, toutefois, se dessiner un revirement en faveur de la thèse contraire**, de la thèse formaliste, d'après laquelle aucune "sortie" du domaine n'est possible sans déclassement régulier. Telles étant les fluctuations relevées de part et d'autre dans les précédents, à quelle solution nous arrêter ? ».

126. Le passage par la doctrine est également une manifestation de prudence, le rapporteur public préférant se ranger à une interprétation ou à une synthèse doctrinale plutôt qu'à sa propre interprétation. L'explicitation est alors d'origine doctrinale[508]. Ainsi, s'il est énoncé que « la Cour de cassation semble avoir amorcé une évolution de la présomption de faute vers la présomption de responsabilité, consacrant ainsi l'obligation de garantie mise à la charge des constructeurs » c'est

---

[506] Concl. Boulouis sur CE, Sect., 11 juill. 2011, *Mme Gilles* : Rec. p. 334.
[507] CE, 20 juin 1930, *Marrot* : *D.* 1931.III.31.
[508] V. G. Leroy, G. Leroy, *La pratique du précédent en droit français. Étude à partir des avis de l'avocat général à la Cour de cassation et des conclusions du rapporteur public au Conseil d'État*, LGDJ, coll. « Bibliothèque de droit privé », 2023, n° 166.

parce que « cette évolution » a été signalée par les professeurs Jestaz et Liet-Vaux[509]. De la même façon, le commissaire du gouvernement va chercher dans la doctrine « la thèse à cet égard la plus répandue – mais à notre sens à tort – est que la Cour de cassation récuserait le principe de l'abattement de vétusté au moins en ce qui concerne la responsabilité contractuelle ou post contractuelle des architectes ou entrepreneurs »[510]. Plus manifeste encore est l'expression selon laquelle « la doctrine a logiquement interprété cette évolution comme subordonnant le caractère exonératoire de la faute de l'appauvri à la commission d'une faute d'une certaine gravité »[511]. On peut d'ailleurs se demander si la doctrine n'est pas la source principale où les rapporteurs publics vont puiser l'interprétation qu'ils retiennent d'un précédent judiciaire. Les références à la doctrine sont en effet nettement (et logiquement[512]) plus nombreuses lorsqu'il est question d'interpréter un précédent judiciaire plutôt qu'un précédent interne[513]. Cette perméabilité du juge administratif à la doctrine privatiste est d'ailleurs soit directe, comme le montrent les exemples précédents, soit indirecte, les rapporteurs se contentant de signaler à la suite du précédent rapporté une unique et quelques fois plusieurs notes doctrinales écrites à son propos. Pour ne donner que quelques rapides exemples : « Civile, 2 juill. 1953, *Dalloz* 1954, p. 73, note R. Savatier ; 1er avr. 1963, 2e ch. Civile, *JCP*, 1963.II.13408, note Esmein »[514] ; « Cass. com. 14

---

509 Concl. Rougevin-Baville sur CE, Ass., 2 févr. 1973, *Sieur Trannoy* : Rec. p. 95

510 Concl. Labetoulle sur CE, sect., 5 nov. 1982, *Ville de Dôle* : Rec. p. 375.

511 Concl. Dacosta sur CE, sect., 10 avr. 2008, *Sté Decaux et département des Alpes-Maritimes* : Rec. p. 156.

512 Car il faut bien supposer que l'interprétation d'un précédent rendu par sa propre juridiction est plus aisée que celle d'un précédent externe. Les rapporteurs publics disposant d'ailleurs d'outils internes pour interpréter les premiers (base de données interne, conclusions des rapporteurs publics, notes des rapporteurs etc.)

513 Bien que le recours à la doctrine universitaire publiciste ait été plus massif à parti des années 1950. L'importance de son usage demeure toutefois assez relative. V. H. de Gaudemar, D. Mongoin, Les grandes conclusions de la jurisprudence administrative, Vol. 1 : 1831 – 1940 et Vol. 2. : 1940 - 2000, LGDJ, 2015 et 2020. – M.-A. Latournerie, « La doctrine vue par le Conseil d'État », Rev. Adm. 1997, n° spécial, p. 47.

514 Concl. Labetoulle sur CE, sect., 5 nov. 1982, *Ville de Dôle* : Rec. p. 375.

décembre 1993, *Société Guy Couach c/ Plascoa*, Bull. 1993-IV, n° 482, p. 352, note J. Leonnet, *CJEG* 1994, p. 126 et Cour d'appel de Paris, 6 novembre 1991, *JCP jur.*, n° 21885, note M. Suzanne »[515] ; « Cass. civ. 1re, 10 février 1998, *JCP* 1998, II, note Paisant [...] Cass. civ., 24 février 1993, *D.* 1994, 6, note Agostinelli »[516] ; « Cass. 3e, 2 octobre 2003, Bull. civ. III, n° 189, *D.* 2003, Somm. 731, obs. Damas ; *AJDI* 2003.25, note Birand »[517] ; « CA Orléans, 13 mai 2004, *JCP E* 2005, p. 1060, *RTD civ.* 2005, p. 589, obs. J. Mestre et B. Fages ; CA Paris, 6 juin 2005, *JCP* 2005.IV.3420 »[518].

Cette pratique – faire suivre la référence du précédent judiciaire de notes doctrinales – n'étant pas systématique, on peut supposer, sans en être certain, que lorsque la doctrine est mobilisée de cette façon, les rapporteurs publics en ont tenu compte. C'est du moins comme cela que l'on s'explique les pratiques formellement distinctes de citations des précédents judiciaires (avec ou sans la doctrine afférente) très souvent d'ailleurs au sein d'une même écriture[519].

---

515 Concl. Bergeal sur CE, avis, 8 nov. 2000, *Sté Jean-Louis Bernard Consultants* : Rec. p. 495.

516 Concl. Bergeal sur CE, Sect., 11 juill. 2001, *Sté des eaux du Nord* : Rec. p. 351.

517 Concl. Pellissier sur CE, Sect.,19 déc. 2014, *Commune de Propriano* : Rec. p. 395.

518 Concl. Pellissier sur CE, 9 nov. 2018, *Société Cerba* : Rec. p. 411.

519 Par exemple Concl. Le Chatelier sur CE, avis Ass., 6 déc. 2002, *Syndicat intercommunal des établissements du second cycle du second degré du district de L'Haÿ-les-Roses* : Rec. p. 435 : « Cependant, malgré ces rapprochements, une différence majeure continue de distinguer le régime de la transaction administrative. Certes, le juge judiciaire accepte de vérifier un certain nombre d'éléments relatifs au fond de la transaction. Outre le contrôle de l'objet de la transaction, il s'assurera que la transaction comporte bien des concessions réciproques, ce qui le distingue de la conciliation judiciaire (Cass. Soc., 28 mars 2000, D., 2000, p. 537 avec note Savatier), qu'elle ne fait pas suite à une procédure irrégulière (pour la nullité de la transaction intervenue à la suite d'un licenciement prononcé dans des formes irrégulières, Cass. soc., 2 décembre 1997, Bull. civ. V, n° 416) ou qu'elle ne fait pas obstacle à une règle de droit de niveau supérieur (pour une transaction écartée, car empêchant l'application de l'article 85-1 du Traité de Rome, Cass. Com., 26 mars 1979, JCP, 1979, II, 19249, note Jeantet). De même, conformément à l'article 2053 du Code civil, une erreur sur l'objet de la transaction est une cause de nullité : pour une transaction conclue par des parties qui ont cru à tort que le champ de leurs

B. L'opportunité de l'appréciation

127. Si le travail d'interprétation et d'appréciation est parfois difficile à dissocier, l'un et l'autre allant de pair, dans bien des cas, les auteurs des conclusions ne se contentent pas seulement d'interpréter un précédent judiciaire[520]. Ils décideront également de l'apprécier, c'est-à-dire de caractériser un précédent judiciaire, parfois sous couvert de neutralité, ou de le critiquer, positivement ou négativement. On comprend tout l'intérêt d'une telle manœuvre : l'appréciation d'un précédent judiciaire, même paré d'une certaine neutralité permet de rendre plus efficace son utilisation. En un sens, le choix d'apprécier un précédent est un moyen d'en instrumentaliser son usage soit pour y trouver un appui lorsqu'il va dans le sens de la démonstration menée par le rapporteur public, soit, au contraire, pour le neutraliser et s'en départir. Il n'en reste pas moins que l'appréciation d'un précédent judiciaire est la plupart du temps marquée par une certaine retenue (1.). Ses manifestations sont cependant multiples (2.).

1. La retenue de l'appréciation

128. L'appréciation d'un précédent judiciaire n'est à notre avis jamais neutre, mais comporte toujours un degré plus ou moins élevé de positivité ou de négativité. Lorsque le rapporteur public met en évidence la constance d'une jurisprudence[521], son

prétentions était limité (Cass. soc., 25 novembre 1998, Bull. civ. V, n° 515) ; dans l'hypothèse d'une transaction conclue à la suite de désordres affectant une construction, alors que certaines malfaçons n'ont été révélées que postérieurement (Cass. Civ. 3e, 24 mai 1978, Bull. civ. III, n° 221) ou pour une convention conclue sur la base d'une erreur de fait concernant le solde d'une opération (Cass. Civ. 1re, 13 décembre 1972, Gaz. Pal. 1973, 1.293 ; Cass. Civ. 3e, 1er avril 1971, Bull. civ. III, n° 279). ».

[520] Sur l'appréciation V. C. Bouix, art. préc.

[521] Par exemple Concl. Piveteau sur CE, Ass., 5 mars 2003, *Ordre des avocats à la cour d'appel de Paris* : Rec. p. 92. La jurisprudence de la Cour de cassation a constamment cherché à maintenir cette frontière entre le contrat de mandat et le contrat d'entreprise (Cass. civ., 2 juillet 1974, Bull civ. III, n° 273 ; Cass. civ., 5 janvier 1980, Bull. civ. I, n° 12 ; Cass. civ. 16 juillet 1998, Bull. civ. I,

isolement, sa clarté, sa fidélité à la ligne jurisprudentielle du Tribunal des conflits[522], ou encore son caractère récent, il est déjà conduit à porter un jugement, plus ou moins puissant, en faveur ou en défaveur de la solution qui en est issue. Une décision récente pourra avoir moins de poids et de légitimité dans une argumentation qu'une jurisprudence ancienne et constante ; une jurisprudence claire sera sans doute plus persuasive qu'une jurisprudence qui ne l'est pas.

129. Dans la plupart des cas, l'appréciation n'en demeure pas moins prudente. Qu'elle soit positive ou négative, elle est bien souvent indirecte, les auteurs des conclusions se référant alors volontiers à l'appréciation qu'en donne la doctrine privatiste[523] à l'instar du travail d'interprétation. Ils évitent par là les appréciations trop franches surtout lorsqu'elles sont négatives. Ce faisant, les auteurs de conclusions qui critiquent le

---

n° 244) même s'il faut bien admettre qu'elle est subtile, parce que les services ont souvent une double nature ».

522 Concl. Boulouis sur CE, Sect., 11 juill. 2011, *Mme Gilles* : Rec. p. 334 : « Mais la Cour de cassation y est moins fidèle. Dans un arrêt du 6 mars 2001 (Bull. civ. I, 2001, n° 61, p. 39), *Société White SAS*, la 1re chambre civile s'en est explicitement écartée jugeant que la simple occupation du domaine public suffisait à conférer au contrat un caractère administratif. Si elle ne parait pas avoir renouvelé cette position (28 janvier 2009, Société du Moulin-bâteau, n° 07-19750), contrairement à ce que certains auteurs ont pu croire, il y a là l'amorce sinon d'une contestation, à tout le moins d'une réflexion sur le sujet ».

523 Par exemple Concl. Valabrègue sur CE, 20 févr. 1891, *Cie des Chemins de fer du Midi c. époux Salles* : Rec. p. 145 : s'appuyant sur une controverse entre les annotateurs du Dalloz et du Sirey sur l'arrêt de la Cour. – Concl. Mayer sur CE, 1er août 1924, *Chem. de fer de l'État c. Gauthereau* ; Dalloz 1924, III., p. 55. – Concl. Odent, CE, 5 mars 1943, *Cie générale des eaux et syndicat des communes de la banlieue de Paris pour les eaux* : D. 1943.121. – Concl. Pellissier sur CE, 19 juill. 2017, *Centre hospitalier interdépartemental de psychiatrie de l'enfant et de l'adolescent* : Rec. p. 267 : « Bien que certains auteurs, et non des moindres (D. Mazeaud, Qualification de la clause pénale : encore et toujours…, Dalloz 2016, p. 1628), aient pu déplorer que cette dernière jurisprudence affaiblissait la fonction comminatoire de la clause pénale ». – Concl. Bergeal sur CE, Sect., 11 juill. 2001, *Sté des eaux du Nord* : Rec. p. 351 : à propos de l'expression « coup d'État jurisprudentiel » tirée de la doctrine. – Concl. Boulouis sur CE, Sect., 11 juill. 2011, *Mme Gilles* : Rec. p. 334 : « l'arrêt a fait couler beaucoup d'encre, qui n'était pas toujours sympathique, une grande partie de la doctrine étant critique, voire très critique, comme elle l'avait été avec la jurisprudence des chambres civiles, avant 2006 ».

sens d'une jurisprudence judiciaire pour soutenir une autre position préfèrent généralement s'appuyer sur la doctrine plutôt que d'assumer personnellement (et directement) les points de désaccord. On en vient à supposer que si les auteurs des conclusions peuvent trouver dans la doctrine un appui pour se départir d'un précédent judiciaire qui fait obstacle à son raisonnement, ils préfèrent se déporter sur elle plutôt que d'assumer directement leur position critique.
On peut y voir la manifestation d'une forme de révérence au juge judiciaire[524]. Du moins, la retenue qu'ils manifestent à l'endroit du précédent judiciaire peut être inspirée par une forme de « courtoisie juridictionnelle » qu'ils souhaitent voir également respectée par leurs homologues judiciaires, en retour, lorsque les rôles sont inversés. Mais il s'agit sans doute aussi d'une stratégie argumentative permettant de légitimer autant que possible la mise à l'écart, par sa critique, du précédent judiciaire pourtant mobilisé (ou le contraire).
Il arrive que le rapporteur public s'associe pleinement et expressément aux critiques de la doctrine privatiste et partant, se les approprie personnellement. Une telle attitude se perçoit notamment lorsqu'il est écrit que « nous pensons, avec une partie croissante de la doctrine privatiste très critique vis-à-vis de cette jurisprudence judiciaire, que ces principes fondamentaux du contrôle du juge étatique ne font pas obstacle à l'exercice d'un contrôle entier sur le respect de l'ordre public par les sentences arbitrales internationales ». On comprend alors que le fait de s'appuyer sur la doctrine suppose *a priori* un accord avec elle et que les arguments de la doctrine l'ont convaincu (du moins sont suffisamment convaincants pour pouvoir être utilisés).

130. Lorsque l'appréciation est positive, la position des rapporteurs publics se révèle au contraire plus directe et plus franche, le besoin de recourir à la doctrine, voire de se défausser sur elle, étant moins prégnant. Cela n'empêche toutefois pas les rapporteurs publics d'y avoir recours lorsqu'ils le jugent

---

[524] Dans un but de diplomatie juridictionnelle qui constitue indirectement aussi un moyen de ne pas ouvrir la voie à la critique de la jurisprudence administrative par le juge judiciaire et, très éventuellement, à des mesures de « rétorsion ».

opportun, le plus souvent en tant qu'élément permettant d'abonder dans leur sens. C'est par exemple le cas lorsqu'il est signalé que « cette jurisprudence n'est d'ailleurs pas isolée ; elle existe dans d'autres domaines et elle est approuvée par la doctrine (Colin et Capitant, Cours de droit civil, t. 2, p. 575 ; H. et L. Mazeaud, Traité de la responsabilité civile, 4e éd., t. 2, p. 39 ; Minvielle, note au D.P. 1924. 2. 99 sur l'arrêt précité du 21 déc. 1921 ; Lalou, note au D. 1949. 5, sous Caen, 16 avr. 1947, qui fait application de la jurisprudence de la Cour de cassation) »[525].

Ces éléments liminaires sur l'appréciation étant énoncés, il faut à présent s'intéresser à ses manifestations assez diverses.

2. *La diversité des appréciations*

131. Les appréciations positives des précédents judiciaires sont nombreuses et de nature variée. Bien souvent, elles permettent à l'auteur des conclusions d'acquiescer le raisonnement suivi et la solution du juge judiciaire pour *in fine*, proposer de le suivre. Selon un commissaire du gouvernement, par exemple, la sanction que prévoit la Cour de cassation, à savoir la nullité, est « la seule précaution efficace contre les conventions illicites et contraires aux dispositions d'ordre public édictées par la loi »[526]. Selon un autre, « le retrait, dans un intérêt privé ou dans l'intérêt financier de la commune, constitue un détournement de pouvoir comme le déclare à bon droit la Cour de cassation »[527]. Il a même été une fois fait état, en référence à la doctrine, d'un « coup d'État jurisprudentiel », d'« un arrêt

---

525 Concl. Guionin sur CE, 9 janv. 1953, *Ville de Saint-Maurice c. Letot* : D. 1954 p. 278. Après avoir exposé les « sérieuses réserves » et les « objections » envers cette jurisprudence, l'auteur y adhère toutefois en précisant que « ces objections sont sérieuses. Elles ne sont pas décisives. Et nous adopterons, pour notre part, le système des tribunaux judiciaires en lui apportant, bien entendu, les corrections que nécessitent les exigences propres au droit public ».

526 Concl. Jagerschmidt sur CE, 14 févr. 1890, *Roussey c. commune de Longevelle* : Rec. p. 179.

527 Concl. Romieu sur CE, 6 juin 1902, *Sieur Goret* : Rec. p. 420.

remarqué » faisant « une interprétation très constructive des termes de la loi »[528].

Parfois, il s'agit de valoriser un précédent interne par une appréciation positive d'un précédent judiciaire qui va dans le même sens : « cette doctrine, qui n'est écrite dans aucun texte, est l'œuvre de la jurisprudence du Conseil d'État, qui l'a affirmée dans de nombreux arrêts : c'est celle que rappelle en termes excellents l'arrêt de la Cour de cassation »[529] ; « la jurisprudence judiciaire manifeste, avec peut-être encore plus d'audace, la même tendance libérale que la vôtre »[530]. Si dans le premier exemple, ce sont les qualités rédactionnelles et formelles de la décision qui sont saluées, la seconde citation met plutôt en exergue une vertu substantielle, l'audace.

Elle peut permettre au contraire à l'auteur des conclusions d'opposer la qualité d'un précédent judiciaire au(x) défaut(s) d'un précédent interne : « cette jurisprudence [judiciaire] relative au contrôle du juge de cassation en matière d'application des contrats manifeste ainsi dans son ensemble une remarquable unité doctrinale. La vôtre est, Messieurs, en cette matière, d'apparence moins cohérente »[531].

Enfin, l'appréciation peut apparaitre positive, mais différentielle pour mieux justifier les distinctions qu'il faut nécessairement apporter entre les jurisprudences judiciaire et administrative. Ainsi, si « la jurisprudence judiciaire se comprend bien, dans la mesure où il s'agit de litiges de droit privé [...] devant le juge administratif, les nullités ont en principe un caractère absolu et peuvent être relevées d'office, car l'obligation ainsi sanctionnée est justifiée par des considérations d'intérêt public. Les parties n'ont pas le pouvoir d'y renoncer »[532].

---

[528] Concl. Bergeal sur CE, Sect., 11 juill. 2001, *Sté des eaux du Nord* : Rec. p. 351.

[529] Concl. Romieu sur CE, 6 juin 1902, *Sieur Goret* : Rec. p. 420.

[530] Concl. Bertrand sur CE, 25 févr. 1972, *SADE c. Sté Thomson-Houston-Hotchkiss-Brandt* : Rec. p. 168.

[531] Concl. Bertrand sur CE, 8 oct. 1965, *Commissaire du gouvernement près la commission régionale des dommages de guerre de Dijon c. Renard* : *D*. 1965, p. 239.

[532] Concl. Guillaume sur CE, Sect., 3 mars 1989, *Sté des autoroutes de la région Rhône-Alpes* : Rec. p 69.

132. Quant aux appréciations négatives, elles sont aussi nombreuses quoique plus récurrentes. À nouveau, on constate une diversité des approches.
Il a par exemple été mis en évidence qu'un « arrêt [de la Cour de cassation] répond sur l'art. 10 de la convention du 2 nov. 1880. Sur ce dernier motif, des réserves pourraient être faites. Mais ne serait-il pas possible d'arriver à la même solution par des motifs différents ? »[533]. Si le commissaire du gouvernement ne développe toutefois pas les critiques, le raisonnement suivi par le juge judiciaire est contesté bien que la solution en elle-même ne le soit pas puisqu'il cherche à argumenter différemment pour arriver à la même solution. Si le commissaire du Gouvernement s'aligne sur la position de la Cour de cassation, il ne reprend pas sa motivation et ses motifs sur le fondement d'une controverse entre les annotateurs du *Dalloz* et du *Sirey*.
La critique peut aussi apparaitre mesurée lorsqu'une « solution parfois discutée en doctrine, est régulièrement confirmée par la Cour de cassation, qui l'a étendue à d'autres types de contrats : bail à ferme (Cass. civ. III, 8 février 1984, Époux Debordes, Bull civ. III, n° 33, p. 26) ou bail rural échappant au statut du fermage (Cass. civ. III, 13 novembre 1985, Mme Hébert, Bull. civ., III, n° 141, p. 108) »[534].

133. Dans d'autres cas, la critique est plus franche[535]. Elle permet alors à l'auteur des conclusions de justifier la proposition de s'en écarter. Tel est le cas lorsqu'il est souligné que « semblable théorie, très discutable et d'ailleurs discutée, ne saurait être étendue en droit administratif »[536]. Encore, à propos d'« un arrêt récent de la Cour de cassation, Chambre

---

[533] Concl. Valabrègue sur CE, 20 févr. 1891, *Cie des Chemins de fer du Midi c. époux Salles* : Rec. p. 145.

[534] Concl. Touvet sur CE, 22 mars 1996, *Assoc. de gestion des écoles Saint-Martin, Jeanne d'Arc, Sainte-Marie, Marguerite-Marie et du Sacré-Cœur* : Rec. p. 93.

[535] Par exemple Concl. Bergeal sur CE, Sect., 11 juill. 2001, *Sté des eaux du Nord* : Rec. p. 351 : « c'est ainsi que le tribunal de grande instance de Mâcon, par un jugement du 25 février 1991 sévèrement critiqué à l'époque par la doctrine ».

[536] Concl. Mayer sur CE, 1er août 1924, *Chem. de fer de l'État c. Gauthereau* ; Dalloz 1924, III., p. 55.

commerciale, (17 avril 1956, publié à la Semaine juridique du 6 juin) [qui] a condamné la ville de Marseille, sous astreinte, à payer une indemnité d'expropriation », « on peut faire des réserves sur cette dernière solution et avoir, en tout cas, des doutes sur sa portée pratique, faute de voie d'exécution »[537]. C'est aussi le cas lorsqu'après avoir exposé les motifs d'un précédent judiciaire admettant qu'une demande d'exequatur devait être présentée à la juridiction judiciaire[538], il est écrit que « cette justification peut surprendre, car elle aurait plutôt dû conduire la Cour à appliquer à la sentence étrangère le même critère de compétence que celui applicable à la sentence nationale, votre jurisprudence n'ayant par ailleurs jusqu'à présent jamais révisé au fond une sentence arbitrale internationale. La question vous est aujourd'hui posée et la solution que nous vous proposerons devrait faire mentir sur ce point, cet arrêt, qui, en l'état, crée une situation potentielle de conflits positifs qu'il serait souhaitable que le Tribunal des conflits puisse trancher le plus tôt possible »[539]. Le raisonnement erroné du juge judiciaire est ici clairement affiché.

Quoique de façon plus indirecte et moins prononcée, c'est aussi le cas lorsqu'un commissaire du gouvernement précise que « l'analyse et la critique de cette jurisprudence a été faite par M. Pierre Laroque dans son ouvrage sur *Les usagers des services publics industriels* (p. 161 et s.). Les arrêts qu'il cite (Civ. 20 févr. 1923, *Grandin*, D.P. 1926.1.43 ; Civ. 10 févr. 1932, *Soc. Nord-Lumière*, et 24 oct. 1933, *Soc. l'électrique de Bretagne,* D.P. 1935.1.33, note M. Blaevoet) paraissent conformes à la jurisprudence la plus récente (Req. 17 mai 1938, *Soc. anon. Tarn et Agout*, D.H. 1938. 419) »[540] ou que « l'arrêt a fait couler

[537] Concl. Chardeau sur CE, Sect., 13 juill. 1956, *Office public d'habitation à loyers modérés du département de la Seine* : Rec. p. 343.

[538] Parce que la convention de New York pour la reconnaissance et l'exécution des sentences arbitrales étrangères du 10 juin 1958 « interdit toute discrimination entre les sentences étrangères et les sentences nationales ainsi que toute révision au fond ».

[539] Concl. Pellissier sur CE, Ass., 9 nov. 2016, *Société Fosmax LNG* : Rec. p. 471.

[540] Concl. Odent, CE, 5 mars 1943, *Cie générale des eaux et syndicat des communes de la banlieue de Paris pour les eaux* : *D.* 1943.121.

beaucoup d'encre, qui n'était pas toujours sympathique, une grande partie de la doctrine étant critique, voire très critique, comme elle l'avait été avec la jurisprudence des chambres civiles, avant 2006 »[541]. Dans une autre affaire, on déduit le caractère indécis et timide de la jurisprudence judiciaire en comparaison à « votre jurisprudence [qui] a, pour sa part, été moins hésitante »[542].

134. Parfois, les critiques à l'égard de la jurisprudence judiciaire sont exposées sans pourtant être écartées. En effet, si « de prime abord, cette solution parait appeler de sérieuses réserves » et qu'il existe une « sérieuse objection qui s'adresse au fondement même de la jurisprudence judiciaire », il est cependant relevé que ces objections (« sérieuses ») « ne sont pas décisives. Et nous adopterons, pour notre part, le système des tribunaux judiciaires en lui apportant, bien entendu, les corrections que nécessitent les exigences propres au droit public »[543]. Exposer de cette façon les critiques à l'encontre d'un précédent judiciaire tout en les réfutant par la suite est très habile ; ce procédé permet au commissaire du gouvernement tout à la fois d'anticiper les critiques similaires qui pourraient être émises à l'endroit de la solution qu'il propose et de les neutraliser.

Mentionnons enfin que la critique du précédent judiciaire peut s'avérer indirecte dans l'hypothèse d'une adéquation entre la jurisprudence judiciaire et une jurisprudence isolée du Conseil d'État que le commissaire du gouvernement tente de combattre[544]. Il prend des précautions en ne contredisant pas et en ne visant pas directement le précédent judiciaire dont il a par ailleurs tenté d'exposer les raisons qui expliquent la divergence avec la ligne jurisprudentielle du Conseil d'État, mais en démontrant les inconvénients pratiques et théoriques de la décision isolée. Partant, le précédent judiciaire est soumis, indirectement, aux mêmes critiques.

---

[541] Concl. Boulouis sur CE, Sect., 11 juill. 2011, *Mme Gilles* : Rec. p. 334.

[542] Concl. Bergeal sur CE, Sect., 11 juill. 2001, *Sté des eaux du Nord* : Rec. p. 351.

[543] Concl. Guionin sur CE, 9 janv. 1953, *Ville de Saint-Maurice c. Letot* : D. 1954 p. 278.

[544] Concl. Aubin sur CE, Sect., 28 nov. 1975, *Ville de Douai* : Rec. p. 604.

§2. Les risques de l'évaluation : les écueils méthodologiques

135. Si les rapporteurs publics prennent tant de précautions avant d'invoquer un précédent judiciaire en l'interprétant et l'appréciant avec prudence, parfois avec modestie, c'est sans doute parce que la pratique du droit comparé, qu'il soit interne ou externe, est un exercice redoutable. Et cela en dépit du fait même que la légitimité même de l'usage du précédent par les rapporteurs publics est incontestable.

En ce sens, la prudence qui caractérise l'exercice de l'évaluation d'un précédent judiciaire est tout à fait légitime et même judicieuse, car il faut bien avoir à l'esprit que lorsque le rapporteur public use de la jurisprudence judiciaire, il émet « une "simple" opinion doctrinale »[545]. Si un membre du Conseil d'État affirme qu'un arrêt a une signification et une portée spécifiques plutôt qu'une autre, son opinion dispose d'un certain poids du fait de son affiliation à l'institution qui l'a rendu. Il peut ainsi influencer la formation de jugement dans une affaire ultérieure en faveur de son interprétation[546]. Tout est bien différent lorsqu'il s'agit de discuter d'une jurisprudence du juge judiciaire puisque là, à l'instar du droit comparé externe[547], son analyse n'est jamais revêtue d'une autorité comparable.

Même, en dépit des qualités intellectuelles et d'une certaine culture juridique que l'on peut sans nul doute prêter aux rapporteurs publics, ils ne peuvent rivaliser avec la compétence d'un magistrat judiciaire en ce domaine. Le maniement de la jurisprudence judiciaire suppose des compétences et connaissances particulières[548] d'autant plus qu'elle ne se laisse

---

[545] F. Melleray, « L'utilisation du droit étranger par le Conseil d'État statuant au contentieux », in *Le dialogue des juges. Mélanges en l'honneur du président Bruno Genevois*, Dalloz, 2009, p. 779 spéc. p. 791.

[546] *Idem.*

[547] *Idem.*

[548] Ph. Jestaz, « Les divergences de jurisprudence. Synthèse », in *Autour du droit civil. Écrits dispersés. Idées convergentes*, Dalloz, 2005, p. 205 : « La divergence enfin peut résulter d'une simple inadvertance : aux termes d'une anecdote racontée hier, une des deux juridictions avait voulu et cru s'aligner sur l'autre, mais avait atteint le résultat inverse, faute sans doute d'avoir parlé le

pas aisément saisir ce qui favorise les lectures « défaillantes » d'un arrêt[549] et cela, malgré tous les bienfaits que peut procurer le développement d'une politique de promotion de ses arrêts sous différentes formes par la Cour de cassation et l'évolution de leurs motivations[550].

Cet élément, en vérité de nature psychologique ne serait-ce qu'en raison de la crainte du rapporteur public de mal interpréter une décision d'un ordre juridictionnel qu'il ne connait pas (du moins aussi bien que celle de son propre ordre juridictionnel), interprétant un droit qu'il ne pratique pas (du moins qu'il ne maitrise pas de la même façon que le droit administratif) est sans nul doute de nature à justifier une telle prudence. On peut rajouter à ce propos les contraintes de temps et de moyens qui peuvent brusquer et tromper le travail d'évaluation tout comme le biais de confirmation du rapporteur public, c'est-à-dire sa propension à rechercher et à interpréter des informations (ici le précédent

même langage que son homologue ! À mon avis, ce cas doit être plus fréquent qu'il n'y parait : nous-mêmes, professeurs de droit privé, craignons toujours de nous tromper sur la signification exacte d'un arrêt du Conseil d'État ; et réciproquement nos collègues de droit public ont de la peine à bien lire un arrêt de la Cour de cassation. Déjà présente quand il s'agit d'arrêts commentés ou ornés de conclusions, la difficulté s'aggrave avec les décisions publiées dans leur nudité. Or je suppose que les juges doivent se heurter aux mêmes incompréhensions que les professeurs ».

549 F. Descorps Declère, « Les motivations exogènes des décisions de la Cour de cassation », *D.* 2007, p. 2822 : Toutes les explications a posteriori d'une décision ne révèlent pas une motivation défaillante de l'arrêt, mais parfois une authentique lecture hâtive de celui-ci. Le rapport annuel a ainsi pu être l'occasion de tordre le cou à certaines interprétations erronées. Il y a lieu également d'exclure du propos les cas de contradiction entre le texte de l'arrêt et un document postérieur, telle la maladresse rédactionnelle relevée dans un communiqué d'ailleurs corrigée ensuite à l'occasion du Rapport annuel. Il en va de même des sommaires des arrêts au Bulletin, qui en résumant a posteriori ces derniers commentent parfois des infidélités à leur contenu exact dénuées de toute vertu explicative ».

550 V. *supra*.

judiciaire) d'une façon à confirmer son opinion intuitive et préconçue[551], ou encore le phénomène de *Cherry-picking*[552].

136. L'évaluation doit malgré tout être pratiquée avec rigueur et sérieux d'autant qu'il faut bien avoir conscience que ce travail peut conduire à orienter et à diriger la jurisprudence judiciaire en formation voire de la susciter ou plus simplement de coordonner les solutions afin de donner à l'ensemble jurisprudentiel les caractères d'un système intellectuellement cohérent.

Un risque important pour la légitimité de l'utilisation du précédent judiciaire dans une argumentation tient à la méthode elle-même. En effet, déclarer une jurisprudence bien établie, l'interpréter et l'apprécier de telle ou telle façon sans clarifier les arcanes de leur raisonnement et les sources leur ayant permis d'y arriver, se référer à des jurisprudences jugées suffisamment analogues pour servir l'argumentation sans en démontrer la pertinence et la cohérence soulèvent des problèmes d'ordre méthodologique susceptibles de mettre en péril la confiance et la légitimité de l'usage du précédent judiciaire.

La référence au précédent judiciaire peut s'avérer périlleuse et méthodologiquement douteuse dès lors que son utilisation peut prêter le flanc à la critique parce qu'elle repose sur une présentation approximative, partielle, inexacte, trop brutale et sans finesse de la jurisprudence judiciaire. On en vient à penser que l'usage du précédent judiciaire suppose le respect d'une méthodologie minimale qui ne va pas sans poser de nombreux problèmes pratiques. On pense notamment à la charge de travail que cela représente : citer les sources permettant de tenir pour acquise l'interprétation proposée, vérifier leur pertinence, écarter

---

551 V. A. Dyevre, *La décision juridictionnelle. Introduction à la théorie et à l'empirie du droit*, Dalloz, coll. « Méthodes du droit », 2024, p. 239. – Z. Kunda, « The case for motivated reasoning », *Psychological Bulletin*, nov. 1990, vol. 108, p. 488. – E. Dawson, T. Gildovich, D.T. Regan, « Motivated Reasoning and Performance on the wa on Selection Task », *Personality and Social Psychology Bulletin*, 2002, vol. 28, p. 1379.

552 A. Dyevre, *op. cit.* p. 242 citant E. Ash, D.L. Chen, W. Lu, « Motivated Reasoning in the Fiel : Partisanship in Precedent, Pros, Vote, and Retirement in US Circuit Courts, 1891 – 2013 », *TSE Working Paper*, n° 18-976, 2018 montrant que la cognition motivée a des conséquences importantes sur les choix des précédents invoqués dans la motivation juridictionnelle.

les intuitions, confronter l'appréciation à celle de la doctrine, peut-être même vérifier les faits qui ont fondé la décision etc. Tout cela prend du temps que n'ont peut-être pas systématiquement et pour chaque dossier les membres du Conseil d'État.

Pour éviter ces écueils méthodologiques – notamment une analogie trop rapide sans prendre en compte le contexte dans lequel le précédent a été rendu – les rapporteurs publics doivent disposer de moyens de connaissance de la jurisprudence judiciaire. Ils doivent donc prendre en compte et connaitre les risques méthodologiques propres à l'usage d'un précédent judiciaire afin de les éviter.

En bref, on peut craindre qu'une méthodologie peu rigoureuse accompagnant l'usage d'un précédent judiciaire ne sape l'autorité du raisonnement suivi dès lors qu'il n'est pas assuré que les conclusions ne contiennent pas des éléments faux, dépassés, partiels ou mal compris, une simplification abusive de certaines subtilités du droit privé, ou souffrent d'un manque de clarté qui résulterait de citations superflues.

Pour exemple, c'est ce que l'on croit pouvoir déceler dans les conclusions Boulouis sur l'arrêt de Section Mme Gilles du 11 juillet 2011 à propos de la question du droit des tiers à se prévaloir de la mauvaise exécution d'un contrat administratif. L'important arrêt d'Assemblée plénière de la Cour de cassation en date du 6 octobre 2006 où il avait été admis qu'un tiers à un contrat peut invoquer à l'appui de son action en responsabilité délictuelle toute faute de nature strictement contractuelle devait conduire le rapporteur public « à réfléchir aux solutions de la jurisprudence administrative » pour finalement confirmer la ligne jurisprudentielle du Conseil d'État et confirmer ainsi la divergence de jurisprudences[553]. L'essentiel n'est pas là, mais dans le conditionnement auquel conduit la présentation -négative – de cet important arrêt qui « a fait couler beaucoup d'encre, qui n'était pas toujours sympathique, une grande partie de la doctrine étant critique, voire très critique, comme elle l'avait été avec la

[553] V. sur ce point G. Viney, « La responsabilité du débiteur contractuel à l'égard des tiers : divergence de la jurisprudence entre le Conseil d'État et la Cour de cassation ? », *D.* 2012, p. 653.

jurisprudence des chambres civiles, avant 2006. Sa postérité est nombreuse, dans divers domaines du droit des contrats». Le rapporteur public insiste en effet dans ses conclusions sur les critiques nombreuses et quasi-unanimes dont il a fait l'objet. Or, ce qu'il omet de préciser, c'est que si cette décision a été largement critiquée c'est en vérité pour deux séries de raisons différentes. La critique doctrinale se partage en effet entre celles qui tendent à contester la confusion même des fautes contractuelles et délictuelles et celles, sans doute plus minoritaires, qui, jugeant la confusion des fautes pertinente et souhaitable, contestent le fondement de l'action, délictuelle alors qu'elle devrait être contractuelle une fois admise la confusion des fautes. Cet élément primordial pour comprendre pleinement la portée, les critiques et les enjeux de l'arrêt du 6 octobre 2006 est pourtant occulté. Il ne s'agit en aucun cas ici de discuter de la validité du raisonnement tenu que ne remet sûrement pas en cause la simple occultation de cet élément, mais seulement de mettre en lumière le fait que l'évaluation d'un précédent judiciaire est toujours partielle et orientée. On ne peut en effet reprocher à un rapporteur public de ne pas prendre en compte certains éléments d'interprétation, de débat ou d'appréciation pourtant importants. L'inverse serait irréaliste. Il faut toutefois avoir conscience des limites que comporte ce travail et de sa vocation par nature instrumentale dans l'argumentation d'autant qu'il ne va pas sans implication.

§3. Les implications de l'évaluation : la contribution discrète à la formation de la jurisprudence judiciaire

137. Il faut bien avouer que l'évaluation des précédents judiciaires par les rapporteurs publics n'est jamais neutre et que son utilisation va pouvoir produire un effet et se réfléchir sur l'ordre juridictionnel judiciaire : dans certaines conditions, la référence au précédent judiciaire va constituer un apport doctrinal. On peut alors y voir une conception du rôle du rapporteur public dans la constitution de la jurisprudence,

traditionnellement administrative, mais aussi, et c'est cela qui est remarquable, judiciaire.
L'évaluation des précédents judiciaires constitue à notre sens un acte révélateur du rôle doctrinal des rapporteurs publics[554]. En rendant compte de la jurisprudence judiciaire pour en tirer un profit quelconque, le rapporteur public a le pouvoir de la préciser, de la déformer, de l'organiser, de la réduire, de l'amplifier et surtout de l'influencer.
S'installe alors un jeu croisé d'influences au cours de la construction du droit jurisprudentiel. Ce jeu passe nécessairement par les travaux préparatoires, et plus spécifiquement par les conclusions des rapporteurs publics et des avis des avocats généraux. Nous croyons en effet que l'interprétation et l'appréciation des précédents judiciaires par les rapporteurs publics vont produire des influences et des actions effectives sur la jurisprudence judiciaire elle-même. En l'évaluant, ils contribuent tant à la formation de l'autorité d'un précédent judiciaire qu'à son évolution.

138. L'autorité normative d'une décision implique qu'elle ait été vue et perçue d'une certaine façon par différents acteurs. À suivre le professeur Deumier, elle procède de plusieurs

[554] J. Chevallier, « Changement politique et droit administratif », in *Les usages sociaux du droit*, PUF, 1989, p. 293, spéc. pp. 309 et 310 : « La structuration du droit administratif a été durablement modelée par le poids particulier conquis par la jurisprudence : en l'absence de textes généraux, c'est le juge administratif qui a été amené à forger les grands principes autour desquels s'est réellement construit le droit administratif ; et ce travail fondateur dotant la jurisprudence d'un prestige sans égal a laissé des traces profondes. D'abord il a abouti à lier étroitement l'essor du droit administratif au contentieux [...]. Ensuite, il a favorisé la confusion des rôles en donnant aux juges un rôle essentiel dans l'exercice de la fonction doctrinale [...]. Ainsi "une doctrine organique" coexiste-t-elle avec la "doctrine universitaire" en lui faisant une concurrence sévère ».
Certains membres du Conseil d'État n'hésitent d'ailleurs pas à voir dans certaines conclusions de véritables « pages de doctrine ». V. not. T. Sauvel, « Les origines des commissaires du gouvernement auprès du Conseil d'État statuant au contentieux », RDP 1949, p. 6. – J.Cl. Bonichot, « Le commissaire du gouvernement », in *Le Conseil d'État de l'an VIII à nos jours. Livre jubilaire du deuxième centenaire*, Adam Biro, 1999, p. 147.

facteurs[555] : l'interprétation par le juge lui-même (sigle de diffusion, formation de jugement etc.) et la réception de l'interprétation comme ayant une portée normative (attention de la doctrine, approbation ou critique par celle-ci, réception ou résistance des juges du fond, application dans des espèces analogues, épreuve du temps). Il a été justement montré que le dialogue des juges joue un rôle dans la détermination de la force obligatoire d'une règle jurisprudentielle, car elle dépend, en partie, de l'adhésion par d'autres juridictions[556]. Comme l'indiquent J. Allard et L. Van Den Eynde, « des juges siégeant dans des juridictions différentes et même à l'étranger, en citant ces règles jurisprudentielles, indiquent leur adhésion et participent donc à la formation de la règle jurisprudentielle »[557]. À ce titre, il est tout à fait envisageable que la réception par un rapporteur public d'un précédent judiciaire contribue à façonner et à diffuser son autorité normative. Si « la Cour de cassation reste maître de l'énoncé de l'interprétation et des signaux qu'elle lui accole, elle ne maitrise pas le destin de son arrêt »[558] ; justement, le rapporteur public en le réceptionnant pourra révéler ses imperfections, ses difficultés d'application, son inopportunité, ses sens cachés, mais aussi son potentiel, ses virtualités, ses promesses, bref, participer à son sort normatif. L'interprétation et l'appréciation du précédent judiciaire par les rapporteurs pourront ainsi rétroagir sur le juge judiciaire. Si l'on s'accorde pour considérer que « la collaboration entre la doctrine

---

555 P. Deumier, « un arrêt non publié peut-il faire jurisprudence ? », *RTD civ.* 2011, p. 87.

556 M. Van de Kerchove, « La jurisprudence revisitée : un retour aux sources », in *Les sources du droit revisitées* vol. 2 : Normes internes infraconstitutionnelles, I. Hachez, Y. Cartuyvels, H. Dumont, Ph. Gérard, F. Ost, M. Van de Kerchove (dir.), Presses de l'Université Saint-Louis, 2012, p. 667, spéc. p. 702.

557 J. Allard, L. Van Den Eynde, « Le dialogue des jurisprudences comme source du droit. Arguments entre idéalisation et scepticisme », in *Les sources du droit revisitées*, vol. 3 : Normativités concurrentes, préc., p. 285, spéc. p. 314.

558 *Idem.* V. Également N. MacCormick, « Introduction », in *Interpreting Precedents. À comparative Study*, N. MacCormick et R. Summers (éds.), Aldershot, Ashgate, 1997, p. 1.

et le juge est de l'essence même de la jurisprudence »[559], que c'est grâce aux travaux de la doctrine que les précédents acquièrent l'abstraction et un degré de systématisation nécessaire[560] et que les rapporteurs publics exercent une fonction doctrinale indéniable[561], alors, en réceptionnant des précédents judiciaires, les auteurs des conclusions participent bel et bien à sa formation. Un tel phénomène est d'autant plus prégnant que le rapporteur public se situe parfois comme un intermédiaire entre le juge judiciaire et la doctrine privatiste. Dès lors que l'auteur des conclusions se réfère d'une façon ou d'une autre à la doctrine, pour interpréter un arrêt ou l'apprécier, « ce va-et-vient constant

---

[559] C. Castets-Renard, « Les mutations de la production de la norme en droit privé : d'une concurrence à une collaboration des producteurs de la norme », in *Regards critiques sur quelques (r)évolutions récentes du droit*, M. Hecquard-Théron, J. Krynen, PU de Touluse, t. 1, 2005, p. 11.

[560] F. Zénati, *La jurisprudence,* Dalloz, 1991, p. 245 : « L'histoire de la jurisprudence enseigne que le précédent judiciaire ne peut apparaitre et se développer sans l'intervention des docteurs ». – P.-Y. Gauthier, « L'influence de la doctrine sur la jurisprudence », *D.* 2003, *chr.,* p. 2839. – Ph. Jestaz, « La jurisprudence, ombre portée du contentieux », *Dalloz-Sirey*, 1989, Chron. XXIII, p. 149 et s., spéc. p. 149 : « (…) la jurisprudence est-elle seulement l'œuvre des tribunaux ou n'est-elle pas plutôt cette œuvre telle que vue, commentée, et transfigurée, par la doctrine ? Car la doctrine est agrippée à la jurisprudence comme un naufragé à sa bouée, de sorte que, pour ma part, j'ai parfois de la peine à les distinguer ».

[561] J. Rivero, « Jurisprudence et doctrine dans l'élaboration du droit administratif », *EDCE* 1955, p. 27, spéc. p. 35 qui parle de « doctrine jurisprudentielle ». – M. Deguergue, « Les commissaires du gouvernement et la doctrine », *Droits* 1994, n° 20, p. 125, spéc. p. 125. – F. Melleray, « Les conclusions contraires Labetoulle », in *Juger l'administration, administrer la justice. Mélanges en l'honneur de Daniel Labetoulle*, coll. « Études, mélanges, travaux », Paris, Dalloz, 2007, p. 625, spéc. p. 628 : « Les conclusions (qu'elles soient suivies ou non) constituent ensuite une production hybride, présentant tout à la fois une dimension doctrinale indéniable et se rattachant à certains égards, comme l'a précisé l'arrêt *Esclatine*, à la "fonction de juger" ».
Certains auteurs nuancent tout de même ce propos : V. par ex. P. Morvan, « La notion de doctrine », *D.* 2005, p. 2421, spéc n° 6 : « A l'évidence, les écrits d'un magistrat, détachés de tout litige particulier, ont vocation à constituer la doctrine. Le doute est davantage permis lorsque des conseillers-rapporteurs et des avocats généraux à la Cour de cassation ou des commissaires du gouvernement devant les juridictions administratives publient leurs rapports, avis ou conclusions. Mais ces écrits ne relèvent pas de la doctrine en ce qu'ils participent d'une décision judiciaire à venir, même s'ils contiennent une réflexion doctrinale ».

entre la réception des arrêts par la doctrine et l'intégration des productions doctrinales à l'argumentation de l'avocat général ou du rapporteur public contribue à la construction de l'édifice jurisprudentiel. La doctrine, qui apparait donc à la fois comme observateur et initiateur privilégié des mouvements de la jurisprudence, se voit ouvrir, par l'intermédiaire des travaux préparatoires, un canal de communication privilégié auprès des juridictions suprêmes »[562].

Parce qu'elle contribue à inspirer les rapporteurs publics et, partant, le Conseil d'État, la jurisprudence judiciaire est nécessairement valorisée. La prise en compte de la jurisprudence judiciaire par d'autres acteurs juridictionnels lui confère une valeur ajoutée indéniable. Dès lors que certains précédents judiciaires s'exportent dans l'ordre juridictionnel administratif, ils nous paraissent en tirer un supplément d'autorité, sinon de pérennité.

On suppose en effet qu'une fois réceptionnée, une jurisprudence judiciaire par un rapporteur public qui en montrerait les vertus, la Cour de cassation trouvera là un argument en faveur de son maintien. À l'inverse, une jurisprudence critiquée par un rapporteur public pourrait constituer un argument supplémentaire pour la Cour de cassation si cette jurisprudence venait à être critiquée au sein même de l'ordre juridictionnel judiciaire et/ou par la doctrine privatiste. La prise en compte de la jurisprudence judiciaire par les rapporteurs publics pourrait ainsi rétroagir sur le juge judiciaire soit en sa faveur si elle est valorisée par le juge administratif, soit en sa défaveur si au contraire elle est dévalorisée. On touche ici du doigt un potentiel dialogue très subtil entre les deux juridictions.

139. En résumé, tout se passe comme si la réception d'un précédent judiciaire par un rapporteur public en raison de son autorité persuasive dans l'ordre juridictionnel administratif pouvait rétroagir sur le juge judiciaire lui-même en renforçant son autorité normative au sein de l'ordre juridictionnel judiciaire. En ayant droit de cité dans l'ordre juridictionnel administratif par le biais des conclusions, le rapporteur public contribue par son

---

[562] G. Leroy, *op. cit.*, n° 167. V. aussi sous un autre angle A. Esmein, « La jurisprudence et la doctrine », *RTD Civ.* 1902, p. 5.

rôle éminemment doctrinal à renforcer ou faire évoluer l'autorité normative du précédent judiciaire en direction du juge judiciaire. De ce point de vue, le juge judiciaire doit être attentif aux considérations propres à la réception de ses décisions par le Conseil d'État qui constituent un auditoire à part entière[563]. On peut tout à fait supposer qu'une interprétation et une appréciation d'un rapporteur public fassent découvrir au juge judiciaire des revirements, des innovations, des lacunes ou des critiques qu'il n'avait pourtant pas envisagés. À ce titre, les conclusions des rapporteurs publics sont, pour le juge judiciaire, un outil de connaissance pertinent lui permettant de mettre en relief l'incertitude persistante sur une question et de provoquer une réflexion nouvelle et approfondie qui le conduira peut-être à revenir ou à faire évoluer une décision discutable et discutée (ou qui serait perçue à ce moment grâce aux conclusions comme telle). Mme De Silva l'énonce clairement en disant que « le commissaire peut tenter d'inciter une autre juridiction suprême (Cour de cassation, Conseil constitutionnel, Tribunal des conflits) à remédier à une divergence de jurisprudence avec le Conseil d'État (ou indiquer les raisons pour lesquelles ce dernier pourrait s'éloigner de solutions dégagées par ces

---

[563] Ce qui est également vrai d'une façon générale de toutes les cours suprêmes. V. M. Guyomar, « L'argument sociologique dans le procès administratif », in *L'argument sociologique*, D. Fenouillet (dir.), *L'argument sociologique. Pluriel et singularité*, Dalloz, coll. « Thèmes et commentaires », 2015, 338 p. : « c'est aussi de ce point de vue qu'entrent en compte les considérations propres à la réception des décisions par les autres juridictions qui forment un quatrième auditoire. À l'heure de la multipolarité juridictionnelle, il n'existe plus d'étanchéité entre les réseaux de normes ni entre ceux qui en ont la charge. Il s'ensuit qu'il n'y a plus de complète autonomie des cours suprêmes entre elles. La question de la souveraineté juridictionnelle s'en trouve nécessairement rebattue. Il s'agit davantage aujourd'hui de trouver la bonne réponse que d'avoir le dernier mot. Le recours croissant au droit comparé, la veille mise en place pour suivre les évolutions jurisprudentielles des autres cours suprêmes, européennes et nationales, la circulation des modèles, la recherche, au-delà des procédures de coopération institutionnalisées, de solutions en harmonie grâce à l'application des standards de politique juridictionnelle que sont devenues les techniques de l'interprétation conforme et de l'équivalence des protections participent de la justification des solutions adoptées et, partant, de leur légitimation. Pour autant ne doivent pas être niées les questions de pouvoir et de rapport de force que soulèvent les relations entre institutions »

juridictions) »[564]. Il est donc tentant de voir dans les conclusions une possibilité d'apport doctrinal en termes de création/évolution du droit jurisprudentiel privé qui ne serait pas négligeable et cela d'autant plus si la solution critiquée ne fait pas l'unanimité au sein de la Cour de cassation ou dans la doctrine privatiste.
En révélant une résistance, la Cour de cassation peut faire sienne les critiques et révéler la prise en considération de ces résistances soit en abandonnant sa position, soit en la réaffirmant, mais en faisant l'effort de mieux faire comprendre sa position. Le rapporteur public peut alors espérer susciter une évolution et un ralliement. En tout cas, il peut espérer être remarqué par le juge judiciaire et être nommé par lui en raison de la qualité de son argumentation ou au moins, susciter la réflexion chez les auteurs privatistes[565].

140. Même, en acceptant de mobiliser directement un précédent judiciaire, l'auteur des conclusions signifie qu'il le reconnait comme étant du droit produit de manière valide, une

---

[564] I. De Silva, « Les conclusions, fragments d'un discours contentieux », in *Le dialogue des juges, Mélanges en l'honneur du président Bruno Genevois,* Paris, Dalloz, 2009, p. 359.

[565] V. par exemple G. Viney, « La responsabilité du débiteur contractuel à l'égard des tiers : divergence de la jurisprudence entre le Conseil d'État et la Cour de cassation ? », *D.* 2012, p. 653 citant à quatre reprises les conclusions du rapporteur public Boulouis sur l'arrêt de Section *Mme Gilles*. Pour ne donner qu'un seul exemple : « d'ailleurs, le rapporteur public, dans l'avis qu'il a donné à propos de l'affaire ayant abouti à l'arrêt ici commenté, a effectivement reconnu que le Conseil d'État lui-même ne se fait pas faute de malmener ce principe de relativité lorsqu'il en sent le besoin. "*Vous ne vous interdisez pas* », a-t-il souligné, « *de contourner l'effet relatif ou d'y déroger quand vous le jugez opportun. Comme le juge civil, vous admettez que la faute contractuelle puisse être par ailleurs une faute quasi-délictuelle en dehors de l'hypothèse des clauses réglementaires. Ainsi, par exemple, de la faute commise par un employé communal à l'occasion de l'exécution d'un marché qui porte préjudice à une banque ayant accepté ce marché en nantissement* » (CE 28 avr. 1978, n° 03091, *Société Générale*, Lebon 198). « *Mais vous allez plus loin. C'est ce que vous avez fait, par exemple, par votre arrêt de section Derobert du 25 avril 1969* » (revenant sur 18 mars 1962, *Bernard*) « *en donnant effet erga omnes aux stipulations du marché avec l'entrepreneur sur le point de départ de la garantie décennale, jugeant ce point de départ applicable à l'architecte. Et nous ne sommes pas sûrs qu'il n'y ait pas d'autres exemples dans le droit des marchés des travaux d'opposabilité de stipulations d'un contrat à un participant à l'opération, pourtant tiers à ce contrat* » ».

action créatrice antérieure tout à fait crédible[566]. Partant, il faut considérer qu'ils admettent et avalisent « de manière certes diffuse et différée la capacité du juge judiciaire à poser des règles générales et abstraites qui deviendront du droit à part entière, et qui serviront de point de départ à la résolution de cas futurs »[567]. Cette reconnaissance différée par les rapporteurs publics de l'autorité de la règle formulée par le juge judiciaire signifie en creux qu'ils participent pleinement à sa construction. En participant à faire d'une décision judiciaire antérieure un précédent valide, on peut suggérer que c'est aussi par l'intervention de ces acteurs du procès administratif, en tant qu'ils constituent un juge second[568], qu'une solution aura vocation à devenir le droit applicable à toutes les situations analogues.

141. On le voit, si l'utilisation stratégique des précédents judiciaires représente un risque pour la légitimité de la méthode elle-même et *in fine* pour l'argumentation, elle a une portée qui dépasse les seules questions d'argumentation et témoigne, par la mise en œuvre discrète d'un dialogue juridictionnel, de l'ambivalence de la construction de l'autorité d'un précédent et du droit jurisprudentiel. Loin d'être univoque, elle se réalise par la conjugaison de plusieurs facteurs. À ce titre, il nous parait que les rapporteurs publics y contribuent dans une certaine mesure, par la réception qu'ils font des précédents judiciaires dans leurs conclusions et cela en tant qu'ils adoptent un discours doctrinal à l'endroit du juge judiciaire avec toute la marge de liberté que cela implique dans la façon dont ils vont l'utiliser dans leur stratégie argumentative.

---

566 Dans le même sens C. Bouix, « La référence aux précédents externes à l'ordre de juridictions », préc., spéc. pp. 75 et 76. V. pour ce qui concerne la reconnaissance par la Cour de justice de l'Union européenne de son pouvoir normatif antérieur L. Navel, *L'argument de continuité jurisprudentielle dans la jurisprudence de la Cour de justice de l'Union européenne*, Bruylant, 2021, n°s 181 et 182.

567 L. Navel, *op. cit.* n° 181.

568 P. Orianne, « Nature et rôle de la jurisprudence dans le système juridique », Cahiers de méthodologie juridique, 1003, vol. 8, n° 4, p. 1295, spéc., p. 1299. – N. Aloupi, C. Kleiner, « Le précédent en droit international : technique pré-normative ou acte normatif », in *Le précédent en droit international*, SFDI, Pedone, 2016, p. 15, spéc. p. 25.

Section 2. Hiérarchiser le précédent judiciaire

142. L'importance argumentative d'un précédent judiciaire procède de plusieurs facteurs dont le poids concret dans le raisonnement est bien difficile à mesurer avec certitude. Il n'est pas moins vrai que le précédent judiciaire admet plusieurs degrés d'intensité argumentative. Cette influence variable se dévoile à travers un travail classique de hiérarchisation[569] du précédent judiciaire. L'analyse des conclusions permet en effet de déceler différents éléments, utilisés librement par les auteurs des conclusions, qui leur permettent de faire varier l'influence qu'ils souhaitent conférer à un précédent judiciaire sur la solution au fond proposée : la qualité du précédent en lui-même, c'est-à-dire selon la réception qu'en fait la doctrine privatiste (§ 1.) ; selon son origine (§ 2.). L'influence du précédent sur la solution s'identifie en second lieu à partir d'un autre niveau d'analyse, soit sa place dans l'argumentation selon la force que l'auteur des conclusions souhaite donner à l'argument tiré d'un précédent judiciaire (§ 3.). Ces éléments permettent de déceler l'importance argumentative que le rapporteur public a souhaité librement conférer au précédent judiciaire dans l'élaboration de la solution.

§1. Selon la réception doctrinale du précédent judiciaire

143. Deux éléments permettent d'atténuer ou de renforcer la portée argumentative d'un précédent judiciaire. Ils se rapportent plus précisément à « la réception de l'interprétation »[570] :

---

[569] Sur la hiérarchisation des précédents V. not. P. Deumier, « Jurisprudence », préc. – F. Tap, *Recherche sur le précédent juridictionnel en France*, Mare et Martin, Bibliothèque des thèses, 2021, pp. 211 et s. *Adde* L. Navel, *L'argument de continuité jurisprudentielle dans la jurisprudence de la Cour de justice de l'Union européenne,* préc., pp. 221 et s. à propos d'une absence de hiérarchisation des précédents de la Cour et une sélection seulement temporelle des précédents cités.

[570] V. P. Deumier, « un arrêt non publié peut-il faire jurisprudence ? », *RTD civ.* 2011, p. 87, terme utilisé à propos de l'autorité normative. – E. Severin, *De la*

l'attention qu'y porte la doctrine par son approbation ou sa critique et, lorsqu'il s'agit d'un arrêt de la Cour de cassation, la résistance ou la réception des juges du fond.

144. Disons d'emblée que si les rapporteurs publics font largement référence à la réception doctrinale du précédent judiciaire en droit privé, les actes de résistance ou de réception des juges du fond sont très largement occultés. Ils se privent par conséquent d'un élément stratégique qui leur permettrait pourtant d'atténuer ou renforcer, selon le cas, la portée argumentative d'un précédent judiciaire, d'autant que la résistance des juges du fond peut constituer « un facteur déterminant des évolutions jurisprudentielles »[571] de la Cour de cassation. La réception par les juges du fond d'un raisonnement permet en effet de renseigner sur la solidité ou la fragilité d'une décision, élément particulièrement intéressant pour mettre à l'épreuve un raisonnement. À tout le moins, rien, dans les conclusions, ne nous permet d'affirmer le contraire. Sans doute, l'importance du travail de recherche et les contraintes liées à la charge de travail que cela implique[572], expliquent que la réception qu'en font les juges du fond ne soit pas systématiquement, pour ne pas dire jamais, exploitée. On peut avancer, mais cela ne nous parait pas tout à fait convaincant, qu'il est peut-être plus simple et moins fastidieux de faire état de la doctrine que de rechercher des lignes jurisprudentielles des juges du fond confortant ou, surtout, contrariant un précédent judiciaire.

Les études et les analyses doctrinales, c'est-à-dire la réception doctrinale d'un précédent qui constitue un autre moyen de mettre à l'épreuve le raisonnement, sont quant à elles beaucoup plus largement mises à profit. Il faut en comprendre l'intérêt (A.) avant d'en étudier les usages par les rapporteurs publics (B.).

---

jurisprudence en droit privé, théorie d'une pratique, PUL 1985. – Ph. Jestaz, « La jurisprudence, ombre portée du contentieux », *D.* 1989, Chron. 150.

[571] A. Lacabarats, « La genèse d'un revirement de jurisprudence », *Justice et Cassation*, 2012, p. 57.

[572] Notamment en raison de leur manque de visibilité et de diffusion.

A. L'intérêt d'une référence à la doctrine privatiste

145. Dire que le rôle de la doctrine est primordial dans le processus d'établissement d'un précédent n'a rien d'inédit. La chose est bien connue ; c'est à travers elle que les précédents atteignent un certain degré d'abstraction et de systématisation[573] et que leur contenu et leur sens sont explicités. Elle est ainsi un préalable indispensable à leur connaissance[574]. En effet, l'autorité d'un précédent dépend, parmi plusieurs éléments - dont l'écho qu'en donne lui-même le juge judiciaire - de sa résonance, sinon son approbation, par la doctrine. La réception et la diffusion doctrinales d'un précédent participent ainsi à façonner l'intensité de son autorité d'autant plus que « la constance, la fermeté et/ou le caractère particulièrement circonstancié des critiques doctrinales peuvent aussi laisser présager les changements de jurisprudences »[575]. Malgré le développement de la maîtrise de la diffusion de leurs arrêts par les cours suprêmes, la doctrine dispose bel et bien encore de ce pouvoir[576], certes mesuré, de faire et défaire la jurisprudence : « en définitive, si la Cour de cassation reste maître de l'énoncé de l'interprétation et des signaux qu'elle lui accole, elle ne maitrise pas plus qu'hier le

---

573 F. Zénati, *La jurisprudence,* Dalloz, 1991, p. 245 : « L'histoire de la jurisprudence enseigne que le précédent judiciaire ne peut apparaitre et se développer sans l'intervention des docteurs ». – P.-Y. Gautier, « L'influence de la doctrine sur la jurisprudence », *D.* 2003, *chr.,* p. 2839. – C. Castets-Renard, « La mutation de la production de la norme en droit privé : d'une concurrence à une collaboration des producteurs de la norme », in *Regards critiques sur quelques (r)évolutions récentes du droit*, J. Krynen et M. Hecquard (dir.), Edition de l'IFR (institut Fédératif de Recherche), Presses de l'Université des sciences sociales de Toulouse, 2005, p. 11 pour qui « la collaboration entre la doctrine et le juge est de l'essence même de la jurisprudence ».

574 Ch. Atias, « Savoirs et pouvoirs juridiques : des ombres portées », *RRJ* 2001-1, p. 59. ; *Épistémologie juridique*, Paris, PUF, coll. « Droit fondamental », 1985, p. 83, n° 47. V. aussi I. Maria, « La doctrine universitaire », in *Le raisonnement juridique*, P. Deumier (dir.), *op. cit.* p. 97 qui voit la doctrine comme la « bouche de la jurisprudence ».

575 A. Lacabarats, « La genèse d'un revirement de jurisprudence », J*ustice et Cassation*, 2012, p. 57.

576 Ch. Jamin, « Un modèle original : la construction de la pensée juridique française », *BICC* 596, 14 avr. 2004.

destin de son arrêt qui, pas moins qu'hier, pourra révéler ses imperfections, ses difficultés d'application, son inopportunité, ses sens cachés, mais aussi son potentiel, ses virtualités, ses promesses. Ce sort normatif dépendra du contenu de l'arrêt et c'est à l'aune de ce contenu que la doctrine peut à l'occasion signaler une dissonance avec les indications délivrées sur sa portée »[577]. On notera d'ailleurs que la doctrine peut aujourd'hui constituer un élément de motivation des décisions rendues sur le modèle de la motivation enrichie. L'Assemblée plénière de la Cour de cassation a récemment conforté une décision constituant un revirement de jurisprudence par le recours à la doctrine qui relevait les défauts de la solution précédente (à propos de la rente en matière de contentieux des accidents du travail et des maladies professionnelles)[578]. Le guide sur la motivation enrichie prévoit toutefois que la référence aux débats doctrinaux ou à une position unanime de la doctrine doit être exceptionnelle et qu'il convient de ne jamais citer ni le nom d'un auteur, ni la référence des travaux.

146. On comprend alors l'intérêt stratégique que peuvent avoir les rapporteurs publics à se référer d'une façon ou d'une autre à la doctrine afférente à un précédent qu'ils mobilisent au-delà d'un aspect purement pratique de connaissance, d'interprétation et d'appréciation de la jurisprudence[579] (en effet, « compte tenu de l'étonnante masse jurisprudentielle, la connaissance en passe par des filtres doctrinaux »[580]). Le rôle de la doctrine privatiste dans les conclusions des rapporteurs publics est donc dual : à la fois élément de connaissance du précédent judiciaire et technique argumentative de nature à faire varier le poids d'un précédent.

De nature soit à conforter l'autorité persuasive qu'il y accorde (si la doctrine privatiste l'approuve), soit, au contraire, à la récuser ou du moins d'en restreindre son caractère persuasif (si elle en

---

[577] P. Deumier, « Un arrêt non publié peut-il faire jurisprudence ? », *RTD Civ.* 2011, p. 87.

[578] Cass. Ass. plén., 20 janv. 2023, n° 20-23.673.

[579] V. *infra*.

[580] R. Libchaber, *L'ordre juridique et le discours du droit. Essai sur les limites de la connaissance du droit*, Paris, LGDJ, 2013, p. 371.

est critique), elle apparait comme un élément modulateur du degré de persuasion attaché à un précédent. Autrement dit, plus un précédent judiciaire sera critiqué, plus la conviction du rapporteur public de sa pertinence sera fragilisée. Plus précisément, si l'on considère que le rapporteur public est capable d'établir sa propre opinion doctrinale (qu'elle soit concordante ou pas avec l'analyse doctrinale majoritaire) sur la pertinence du raisonnement tenu, en faisant référence à la critique doctrinale, il ne recherche pas tant à être lui-même influencé, mais plutôt à aborder son raisonnement d'une façon plus pragmatique. En évitant d'utiliser un précédent fragile et critiqué pour appuyer une solution, il évite par là d'offrir des arguments à ceux qui voudraient à leur tour contester la solution du juge administratif, notamment la doctrine administrativiste. Autrement dit, l'usage de la doctrine privatiste pourrait fragiliser une solution. Elle devient en revanche un allié du rapporteur public lorsque la doctrine majoritaire conforte la solution d'un précédent judiciaire abondant dans le sens de son raisonnement ou lorsqu'elle se montre plus réservée envers un précédent judiciaire qui peut, au contraire, le contrarier. La référence à la doctrine privatiste est ainsi à notre sens toujours opportuniste ; elle est toujours une façon de servir le raisonnement du rapporteur public. On peut même avancer que la doctrine est passée sous silence quand le rapporteur utilisera favorablement un précédent judiciaire pourtant critiqué.

147. La force persuasive d'un précédent peut ainsi parfois dépendre du sort que lui en réserve la doctrine. Faisons remarquer que si la doctrine n'est très peu utilisée par les rapporteurs publics lorsqu'il s'agit d'appréhender la réception qu'elle fait des précédents internes à la juridiction administrative[581] (sauf peut-être quand un revirement est proposé), cette retenue tombe dès lors qu'il est question des précédents judiciaires. On explique ce constat, non pas par la différence de nature de l'autorité, normative ou persuasive, l'une et l'autre pouvant varier selon les mêmes considérations, mais plutôt par un désintérêt relatif du Conseil d'État vis-à-vis de la doctrine universitaire, celle-ci étant supplantée assez largement

[581] Encore que ces propos puissent être nuancés selon certains paramètres.

par la doctrine organique. Plus largement, et d'un point de vue plus psychosocial et sociologique, l'individu a naturellement et davantage de propension à critiquer ce qui a été élaboré par d'autres organisations plutôt ce qui provient de sa propre organisation.

B. Les usages de la doctrine privatiste

148. Il n'est pas rare de trouver dans certaines conclusions, soit franchement, soit plus discrètement, des références à la réception doctrinale d'un précédent judiciaire pour atténuer la potentialité persuasive d'un précédent ou au contraire la renforcer. Différents usages peuvent être recensés.

149. Elle est utilisée dans certains cas pour dénier très directement toute autorité persuasive. C'est le cas lorsque le rapporteur public associe la doctrine privatiste à son raisonnement en précisant que « nous pensons, avec une partie croissante de la doctrine privatiste très critique vis-à-vis de cette jurisprudence judiciaire, que ces principes fondamentaux du contrôle du juge étatique ne font pas obstacle à l'exercice d'un contrôle entier sur le respect de l'ordre public par les sentences arbitrales internationales »[582]. Encore, après avoir constaté qu'en procédure civile « la majorité des auteurs et la jurisprudence admettent que, si la compétence *ratione personae vel loci* du tribunal d'arrondissement est relative, en revanche le juge peut, sans déni de justice, refuser de statuer sur les litiges portés devant lui d'un commun accord par les parties, et qui ne relèveraient point de son ressort en vertu de l'art. 59 c. pr. Civ., s'il estime qu'il est trop chargé d'affaires (V. en ce sens, Boitard, Colmet-Daage et Glasson, *Leçons de procédure civile*, 15e édit., p. 329 ; Garsonnet et Cézar-Bru, *Traité théor. et prat. de procédure*, t.1, p. 639 ; Req. 11 mars 1807 ; Rennes, 22 mars 1828) », il est directement fait état des réserves doctrinales à son sujet pour écarter directement toute velléité de réception d'une telle solution : « semblable théorie, très discutable et d'ailleurs

---

[582] Concl. Pellissier sur CE, Ass., 9 nov. 2016, *Société Fosmax LNG* : Rec. p. 471.

discutée [on suppose, en doctrine], ne saurait être étendue en droit administratif »[583].

150. La critique du précédent judiciaire est quelquefois très appuyée, voire exagérée, pour mieux souligner l'absence quasi-totale d'approbation doctrinale et la pertinence d'écarter l'application du précédent judiciaire en droit administratif. C'est le cas des conclusions Boulouis sur l'arrêt de section du 11 juillet 2011, *Mme Gilles* où il est fait état, à propos d'une décision sulfureuse d'Assemblée plénière de la Cour de cassation, d'un « arrêt [qui] a fait couler beaucoup d'encre, qui n'était pas toujours sympathique, une grande partie de la doctrine étant critique, voire très critique, comme elle l'avait été avec la jurisprudence des chambres civiles, avant 2006 »[584].
La relativisation de la portée persuasive d'un précédent judiciaire à travers les critiques doctrinales se fait parfois plus discrète par des expressions telles que « l'analyse et la critique de cette jurisprudence a été faite par M. Pierre Laroque dans son ouvrage sur *Les usagers des services publics industriels* (p. 161 et s.) »[585], « cette solution parfois discutée en doctrine, est régulièrement confirmée par la Cour de cassation, qui l'a étendue à d'autres types de contrats »[586]. Ici, si la critique du précédent est bien portée à la connaissance de l'auditoire, le mystère demeure quant à son contenu. L'auteur des conclusions fait le choix de ne pas l'expliciter comme pour mieux faire prévaloir le caractère acquis et indiscutable de la critique et imposer le caractère discutable du précédent.

---

583 Concl. Mayer sur CE, 1er août 1924, *Chem. de fer de l'État c. Gauthereau* ; *Dalloz* 1924, III., p. 55.

584 Rec. p. 334. V. également Concl. Bergeal sur CE, Sect., 11 juill. 2001, *Sté des eaux du Nord* : Rec. p. 351 : « c'est ainsi que le tribunal de grande instance de Mâcon, par un jugement du 25 février 1991 sévèrement critiqué à l'époque par la doctrine ».

585 Concl. Odent, CE, 5 mars 1943, *Cie générale des eaux et syndicat des communes de la banlieue de Paris pour les eaux* : *D.* 1943.121.

586 Concl. Touvet sur CE, 22 mars 1996, *Assoc. de gestion des écoles Saint-Martin, Jeanne d'Arc, Sainte-Marie, Marguerite-Marie et du Sacré-Cœur* : Rec. p. 93 : pour qui « malgré ces précédents, dont nous ne pensons pas qu'ils vous lient absolument, vous pourriez juger que la commune qui donne son accord à la conclusion du contrat s'engage aussi pour les éventuelles tacites reconductions ultérieures ».

151. Plus spécifiquement, la doctrine est utilisée pour contester la motivation et les motifs d'un précédent judiciaire dont la solution sera pourtant défendue par le commissaire du gouvernement. C'est le cas lorsqu'une controverse entre les annotateurs du *Dalloz* et du *Sirey* quant au raisonnement tenu par la Cour cassation est mobilisée[587]. La doctrine est ici utilisée non pas pour réfuter la solution retenue dans un précédent judiciaire, mais pour retenir un raisonnement paraissant le plus juste et le plus fondé en droit, et bien évidemment, allant dans le sens du rapporteur public.

Dans d'autres cas, étrangement bien plus rares, la doctrine privatiste est mobilisée pour renforcer l'autorité persuasive d'un précédent judiciaire favorable au rapporteur public : à propos de la recevabilité de l'appel en garantie formé après la fin de la période de garantie décennale (solution défendue par le rapporteur public) et d'une décision de la Cour de cassation considérant l'action en garantie formée par le propriétaire non comme une action en responsabilité contractuelle, mais comme l'action du tiers en responsabilité délictuelle, il est mentionné une « jurisprudence [qui] n'est d'ailleurs pas isolée » et « approuvée par la doctrine (Colin et Capitant, *Cours de droit civil*, t. 2, p. 575 ; H. et L. Mazeaud, *Traité de la responsabilité civile*, 4e éd., t. 2, p. 39 ; Minvielle, note au *D.P.* 1924. 2. 99 sur l'arrêt précité du 21 déc. 1921 ; Lalou, note au *D.* 1949. 5, sous Caen, 16 avr. 1947, qui fait application de la jurisprudence de la Cour de cassation » ; « c'est là ce qu'enseignent les civilistes les plus éminents, dont les théories se retrouvent tant dans votre jurisprudence personnelle que dans celle de l'autorité judiciaire »[588]. On remarque qu'ici, la réception doctrinale appuie une cohérence jurisprudentielle entre les deux ordres de juridiction. La pertinence de l'appréciation doctrinale (positive) est par ailleurs renforcée par l'usage de certains adjectifs qui a pour effet de la mettre en valeur, de la rendre presque incontestable. Le commissaire du gouvernement Riboulet fait par

---

587 Concl. Valabrègue sur CE, 20 févr. 1891, *Cie des Chemins de fer du Midi c. époux Salles* : Rec. p. 145.

588 Concl. Riboulet sur CE, 26 juillet 1912, *Cie d'Orléans et du Midi c. L'État* : Rec. 1912, p. 889.

exemple état d'une appréciation des « civilistes les plus éminents » ; le rapporteur public Pellissier fait quant à lui référence à « certains auteurs, et non des moindres »[589]. En faisant un pas de côté, on en vient à se demander s'il n'existerait pas un effet rhétorique recherché à travers la référence formelle à la réception doctrinale d'un précédent. La référence formelle – auteurs, doctrines, professeurs, spécialistes, civilistes les plus éminents etc.- ne conduit-elle pas à une forme de hiérarchisation ? La référence aux civilistes les plus éminents plutôt qu'à celle plus simple d'auteurs nous parait induire dans l'esprit du lecteur une force supérieure à l'opinion doctrinale présentée.

Dans une configuration plus particulière, la doctrine privatiste a été mobilisée pour conforter la pertinence d'une solution – solution que défend le rapporteur public – aujourd'hui abandonnée par le juge judiciaire, mais « vers lequel il est peut-être en train de revenir ». Ainsi, « nombreux sont les spécialistes du droit de l'arbitrage international qui ont montré que le principe de l'interdiction de la révision au fond des sentences ne fait pas obstacle à un contrôle réel de l'ordre public, qu'effectuait d'ailleurs le juge judiciaire jusqu'à relativement récemment et vers lequel il est peut-être en train de revenir »[590]. La référence à la doctrine privatiste (et même aux « spécialistes »[591]) à dans ce dernier cas un double effet : elle permet à la fois de montrer la pertinence du précédent judiciaire reviré et, concomitamment, critiquer le précédent actuel (qui « [aboutit], en effet, à priver le contrôle du juge de toute efficacité et, partant, de sa raison d'être »).

152. La critique doctrinale n'emporte parfois aucun effet sur la portée persuasive d'un précédent judiciaire. Elle demeure formellement neutre notamment lorsqu'elle apparait partagée.

Pour défendre l'obligation de résultat mise à la charge des architectes et entrepreneurs dans le cadre de la garantie

---

[589] Concl. Pellissier sur CE, 19 juill. 2017, *Centre hospitalier interdépartemental de psychiatrie de l'enfant et de l'adolescent* : Rec. p. 267.

[590] Concl. Pellissier sur CE, Ass., 9 nov. 2016, *Société Fosmax LNG* : Rec. p. 471.

[591] Ce qui a un effet rhétorique certain.

décennale, le commissaire du gouvernement Rougevin-Baville a mobilisé des précédents judiciaires afin de constater l'évolution de la Cour de cassation de la présomption de faute vers la présomption de responsabilité (consacrant ainsi l'obligation de garantie mise à la charge des constructeurs). Il ne cache toutefois pas que « cette évolution, signalée par les professeurs Jestaz et Liet-Vaux et regrettée par ce dernier, nous semble attestée par deux arrêts de la IIIe chambre civile » ; si « la jurisprudence judiciaire est donc loin d'être uniforme et la doctrine plus loin encore d'être unanime ; il nous semble cependant permis de conclure que le droit civil s'oriente vers la consécration d'une obligation de résultat »[592].

C'est aussi le cas lorsque le rapporteur public Pellissier avoue volontiers que « bien que certains auteurs, et non des moindres (D. Mazeaud, Qualification de la clause pénale : encore et toujours…, Dalloz 2016, p. 1628), aient pu déplorer que cette dernière jurisprudence affaiblissait la fonction comminatoire de la clause pénale », mais expose malgré tout, que « celle-ci [la fonction comminatoire] n'est pas pour autant absente de la jurisprudence judiciaire »[593]. La critique doctrinale est alors relativisée pour renforcer la portée persuasive des précédents mobilisés, le rapporteur public défendant la double fonction des clauses pénales en droit administratif.

La critique doctrinale est même parfois explicitement écartée dès lors qu'elle ne va pas dans le sens de la position défendue par le rapporteur public : « l'arrêt précité du 18 décembre 1972 qui constitue le dernier état de cette jurisprudence a fait l'objet au Dalloz 1973, page 272, d'une note critique de M. le Conseiller

---

592 Concl. Rougevin-Baville sur CE, Ass., 2 févr. 1973, *Sieur Trannoy* : Rec. p. 95.

593 Concl. Pellissier sur CE, 19 juill. 2017, *Centre hospitalier interdépartemental de psychiatrie de l'enfant et de l'adolescent* : Rec. p. 267. Dans le même sens Concl. Grévisse sur CE, 8 nov. 1968, *Cie d'assurances générales contre l'incendie et les explosions* ; *RDP* 1969, p. 135 : favorable à la responsabilité *in solidum* en matière contractuelle, le commissaire du gouvernement précise toutefois que « la responsabilité *in solidum*, souvent critiquée par la doctrine, est une notion dont les tribunaux judiciaires ont fait fréquemment application, d'abord en matière délictuelle, puis en matière contractuelle et dont l'ou trouve également dans votre jurisprudence maints exemples ».

Jean Mazeaud, qui pense au contraire que la faute dolosive dans l'exécution d'un contrat n'est pas "extérieure au contrat" et qui estime qu'il était possible d'écarter l'application de la prescription décennale en restant dans le domaine contractuel, soit en admettant que la réception des travaux ne fasse pas courir le délai décennal si elle a été surprise par la fraude, soit en décidant que l'ignorance du maître de l'ouvrage provoquée par la fraude du cocontractant a pour effet de suspendre le cours de la prescription abrégée. Mais tout en critiquant le système de raisonnement retenu par la Cour de cassation, M. Mazeaud ne nous parait pas mettre en cause la définition du dol qui résulte en la matière de la jurisprudence [...] »[594]. Ici, de potentielles futures critiques sont anticipées et neutralisées. En précisant d'emblée que les critiques ne sont pas convaincantes, le caractère satisfaisant de la solution est renforcé.

153. Exceptionnellement, il est fait référence explicitement à une solution échafaudée par la doctrine, approuvée par le rapporteur public, et reprise ensuite par la Cour de cassation. Le procédé conduit alors manifestement à renforcer l'autorité persuasive du précédent judiciaire, ce dernier n'étant qu'une application d'un principe d'origine doctrinale : « ces principes, nous sommes heureux de les trouver exposés dans l'ouvrage de M. Bédarrides sur la fraude, et c'est sous l'autorité de ce savant jurisconsulte que nous nous abritons pour en réclamer l'application. M. Bédarrides traite dans son troisième volume de la fraude concertée contre la loi [...]. C'est par application de ces principes que la jurisprudence de la Cour de cassation a admis qu'en matière de cession d'office une contre-lettre dérogeant aux conditions de prix fixées par l'autorisation du gouvernement, constitue une convention illicite, nulle et de nul effet »[595].

§2. Selon l'origine du précédent judiciaire

154. L'intensité persuasive d'un arrêt peut dépendre d'une gradation bien connue établie selon la source du précédent

[594] Concl. Vught sur CE, Sect., 24 mai 1974, *Sté Paul Millet et cie* : Rec. p. 310.
[595] Concl. Jagerschmidt sur CE, 14 févr. 1890, *Roussey c. commune de Longevelle* : Rec. p. 179.

judiciaire[596]. L'origine se matérialise à la fois dans les différentes formations de jugement de la Cour de cassation, mais aussi selon la nature, du fond ou de cassation, du juge l'ayant rendu. Autrement dit, l'importance argumentative d'un précédent judiciaire pourrait dépendre de son poids normatif dans l'ordre judiciaire.

En premier lieu, en raison d'une répartition des affaires entre les différentes formations de chambres de la Cour de cassation (plénière, de section et restreinte) et les formations solennelles (Assemblée plénière et chambre mixte) selon leur importance, leur complexité ou leur sensibilité, on suppose que les arrêts rendus en formations plénières de chambre et d'Assemblée plénière ou chambre mixte sont de nature à influencer plus fortement les rapporteurs publics que les arrêts rendus par les deux autres formations[597]. La solennité de ces formations, surtout les secondes, renforce ce sentiment. L'interprétation par le juge judiciaire lui-même de ses propres précédents à travers les sigles de diffusion peut également contribuer à accroître ou diminuer le potentiel persuasif d'un précédent[598].

En second lieu, on peut soulever l'hypothèse selon laquelle la portée argumentative d'un arrêt dépend de la juridiction l'ayant rendu. L'idée est largement partagée par les auteurs que les décisions rendues par les juridictions du fond sont dotées d'une autorité toute relative, celles de la Cour de cassation, d'une autorité renforcée[599]. La chose est bien connue, nous ne nous y attarderons pas.

Nous voudrions plutôt faire état de la pratique des rapporteurs publics et nous interroger sur le point de savoir si de telles gradations sont sciemment mises en avant ou au contraire

---

[596] P. Deumier, « Les "motifs des motifs" des arrêts de la Cour de cassation », préc., spéc. pp. 150 et 151.

[597] Il serait aussi possible d'intégrer dans cette hiérarchisation les arrêts d'espèce et les arrêts de non-admission.

[598] V. A. Lacabarats, « Les outils pour apprécier l'intérêt d'un arrêt de la Cour de cassation », *D.* 2007, p. 889.

[599] V. not. P. Roubier, *Théorie générale du droit*, Dalloz, 2e éd., 2005, n° 2. L'idée est peut-être toutefois relativisée. V. en ce sens E. Dubus, *La contribution des juridictions administratives contrôlées à l'élaboration de la jurisprudence administrative*, Thèse Paris 2, dactyl., 2022.

occultées dans le but de conférer aux précédents judiciaires une force argumentative plus ou moins importante. La réponse est nuancée selon que la référence provient d'une formation solennelle de la Cour de cassation (A), des autres formations de jugement (B) ou d'un juge du fond (C).

A. Le poids accru des précédents rendus en formations solennelles

155. Si les rapporteurs publics citent indistinctement et sans hiérarchie apparente des décisions de la chambre des requêtes de la Cour de cassation (jusqu'à sa disparition en 1947)[600] et des diverses chambres – sociale, commerciale, criminelle et civiles - , il n'est que très rarement fait référence à des décisions rendues en formation solennelle. Seulement deux conclusions mentionnent des arrêts d'Assemblée plénière[601] ; aucun arrêt de chambre mixte n'a été mobilisé ou du moins l'a peut-être été, mais sans précision.

Le peu de références à de telles décisions – qui s'explique sans doute par la rareté même de ces décisions en général et, partant, davantage encore en droit des contrats – ne nous permet qu'une analyse prudente. Toutefois, on constate assurément que dans les deux cas où un arrêt d'Assemblée plénière de la Cour de cassation a été mobilisé, leur importance a été signalée plus ou moins franchement.

156. Dans une première affaire, il s'agissait précisément de déterminer si le Conseil d'État devait suivre la voie empruntée par l'Assemblée plénière de la Cour de cassation en 2006[602] à

---

[600] Par ex. Concl. Chardennet sur CE, 30 mars 1916, *Cie générale d'éclairage de Bordeaux c. Ville de Bordeaux* : Rec. p. 125 ; *D.* 1916. III. p. 26. – Concl. Rivet sur CE, 23 mai 1924, *Sté des Affréteurs réunis* ; Dalloz 1924, III, p. 26. – Concl. Latournerie sur CE, 9 mars 1928, *Cie des Scieries africaines* : *D.* 1930, p. 13. – Concl. Odent, CE, 5 mars 1943, *Cie générale des eaux et syndicat des communes de la banlieue de Paris pour les eaux* : D. 1 943 121. – Concl. Guionin sur CE, 9 janv. 1953, *Ville de Saint-Maurice c. Letot* : D. 1954 p. 278.

[601] Concl. Boulouis sur CE, Sect., 11 juill. 2011, *Mme Gilles* : Rec. p. 334. – Concl. Ciavaldini sur CE, 4 oct. 2021, *Société sportive professionnelle Olympique de Marseille* : Rec. p. 291.

[602] Cass., ass. plén., 6 oct. 2006, n° 05-13.255, *Bull. ass. plén* n° 9, p. 23 ; *D.* 2006, p. 2825, note G. Viney ; *D.* 2007, p. 1827, obs. L. Rozès ; *D.* 2007,

propos de la relativité de la faute contractuelle vis-à-vis des tiers à un contrat. Le rapporteur public Boulouis énonce à son propos que « sa postérité est nombreuse, dans divers domaines du droit des contrats » et surtout, que « l'arrêt invite à réfléchir aux solutions de la jurisprudence administrative ». Or, c'est justement parce qu'il s'agit d'un arrêt d'Assemblée plénière, qui plus est venant trancher un conflit perdurant entre plusieurs chambres de la Cour de cassation, que cette question a fait l'objet d'une réévaluation par la section du contentieux. En effet, les prises de position audacieuses dans le même sens et depuis le milieu des années 1990 de la 1re chambre civile[603], laquelle jugeait déjà qu'une faute contractuelle constitue en soi une faute délictuelle, n'avaient jamais conduit le Conseil d'État à se pencher sur l'opportunité d'un revirement. Il a bel et bien fallu attendre l'intervention de l'Assemblée plénière et de son arrêt de revirement, pour que le Conseil d'État s'intéresse à la question. Certes, ce dernier, suivant les conclusions de son rapporteur public, n'a pas reconsidéré sa position. Mais l'arrêt d'Assemblée plénière de la Cour constitue le cœur de la discussion. Ces éléments sont bien la preuve, à notre avis, qu'une autorité renforcée est attachée à cet arrêt d'Assemblée plénière.

Le même constat doit être dressé à propos de la seconde affaire où est mobilisé un arrêt rendu dans la formation la plus solennelle de la Cour de cassation[604]. Il ressort des conclusions Ciavaldini une forme d'obligation de s'interroger sur le point de savoir si la condition d'extériorité a été abandonnée pour apprécier la force majeure en matière contractuelle. On y lit en effet que cette interrogation provient de « deux éléments [qui] ont alimenté[s] une controverse à ce sujet », le premier étant que « cette condition

p. 2897, obs. P. Jourdain et p. 2966, obs. B. Fauvarque-Cosson ; GAJC, 12ème éd., 2008, n° 177 ; *AJDI* 2007, p. 295, obs. N. Damas ; *RDI* 2006. 504, obs. P. Malinvaud ; *RTD civ.* 2007, p. 61, obs. P. Deumier ; *RTD. civ.* 2007, p. 115, obs. J. Mestre et B. Fages et p. 123, obs. P. Jourdain et P. Ancel ; *RDC* 2007, p. 538 ; *RDC* 2007, p. 556 P. Delebecque ; *RDC* 2007, p. 558, P.-Y. Gautier ; *RDC* 2007, p. 696, G. Wicker ; *RDC* 2007, p. 621, B. Moore.

603 Civ. 1re, 11 avril 1995 : *Bull. civ.* I, n° 171 ; *RTD civ.* 1995, p. 895, obs. P. Jourdain. – Civ. 1re, 16 décembre 1997 ; *Resp. civ. et assur.* 1998, comm., n° 98 ; *JCP* 1998.I.144, obs. G. Viney ; *RTD civ.* 1998, p. 680, obs. P. Jourdain.

604 Concl. Ciavaldini sur CE, 4 oct. 2021, *Société sportive professionnelle Olympique de Marseille* : Rec. p. 291.

n'apparait pas dans les arrêts de l'Assemblée plénière de la Cour de cassation qui ont, en revanche, confirmé l'exigence cumulative des deux autres conditions (Ass. plén., 14 avril 2006, n° 02-11. 168, au Bull. et n° 04-18.90 au Bull.) ». Le rapporteur public fera ensuite référence au communiqué de presse attaché à ces arrêts pour les interpréter comme ayant confirmé le maintien de cette condition en droit privé et partant, éviter de s'interroger sur la nécessité ou non d'une évolution en droit des contrats administratifs. Là encore, il n'est pas certain que sans ces arrêts d'Assemblée plénière, cette discussion ait eu lieu.

B. Le poids indifférencié des autres formations de jugement

157. Lorsqu'un arrêt de chambre est cité, il n'est jamais fait référence ni à sa formation précise (plénière, section, restreinte) ni aux avis de la Cour de cassation, seules les formations contentieuses ayant sans doute dans l'esprit des rapporteurs publics une portée jurisprudentielle. D'autres éléments permettent parfois, plus implicitement, d'indiquer l'importance du précédent mobilisé, tels que la mention de sa publication au Bulletin[605] ou dans une revue juridique[606], les notes doctrinales afférentes (d'une façon toujours incomplète), l'ancienneté et la constance d'un précédent[607] ou même, de façon beaucoup plus anecdotique, sa publication aux « Grands arrêts de la

[605] Il n'est toutefois jamais indiqué expressément, si tel est le cas, qu'un arrêt cité n'a pas été publié au *Bulletin*.
[606] *Recueil Dalloz* et *JCP* majoritairement.
[607] Concl. Geffray sur CE, Ass., 8 avr. 2009, *Cie générale des eaux et commune d'Olivet* : Rec. p. 120. – Concl. Riboulet sur CE, 27 juin 1919, *Sté du gaz et de l'électricité de Nice* : Rec. p. 570 : « La Cour de cassation dans de nombreux arrêts qui ne se démentent point, n'accorde, en effet, le caractère de force majeure ou de cas fortuit qu'aux évènements qui opposent à l'exécution de l'obligation un obstacle insurmontable ». – Concl. Bertrand sur CE, 8 oct. 1965, *Commissaire du gouvernement près la commission régionale des dommages de guerre de Dijon c. Renard* : *D.* 1965, p. 239 : « Cette question a été depuis longtemps résolue dans un sens négatif par la jurisprudence de la Cour de cassation dont la doctrine jamais démentie ».

jurisprudence civile »[608]. Il ressort en revanche de la lecture des conclusions qu'aucune gradation de la portée persuasive d'un précédent judiciaire n'est opérée par les rapporteurs publics selon les formations de la Cour de cassation[609] (ou plus largement selon la promotion particulière d'un arrêt par la Cour : publication sur son site internet, communiqués[610], rapport annuel etc.).
Probablement, ce constat s'explique par le fait que cette précision n'est jamais directement accessible. Contrairement aux formations solennelles, le mode de citation officiel ne les fait pas apparaitre et la distinction selon les formations n'est jamais guère précisée par la doctrine[611]. Il y a donc ici un élément de nature à faire varier l'autorité persuasive d'un précédent, certes seulement à la marge, non exploitée. Ne sont également jamais mentionnés les sigles de diffusion, manifestation d'une hiérarchisation interne[612] et de l'interprétation que fait le juge judiciaire de ses propres précédents. On remarque malgré tout que sont très largement, pour ne pas dire exclusivement, privilégiés des

---

608 Concl. Bergeal sur CE, Sect., 11 juill. 2001, *Sté des eaux du Nord* : Rec. p. 351.

609 Ce même constat a été dressé à partir d'un échantillon différent par C. Bouix, « La référence aux précédents externes à l'ordre de juridiction », préc., spéc. p. 66.

610 P. Deumier, « Les communiqués de la Cour de cassation : d'une source d'information à une source d'interprétation », *RTD civ.* 2006, p. 510.

611 Le même constat vaut également pour la doctrine publiciste qui ne précise presque jamais selon que la décision a été rendue par une chambre jugeant seule ou en chambre réunie. Pourtant, la portée normative est perçue bien différemment au sein du Conseil d'État selon l'un et l'autre cas (D. Labetoulle, « Le juge administratif et la jurisprudence », *Rev. adm.* 1999, numéro spécial, p. 59 : « A l'Assemblée du contentieux ou à la Section du contentieux de définir [...] la jurisprudence, ou, du moins, les jurisprudences essentielles. Les formations de sous-sections réunies peuvent, elles-aussi rendre des décisions à portée jurisprudentielle. [...] Aux autres formations d'appliquer la jurisprudence existante ». – B. Genevois, « Sur la hiérarchie des décisions du Conseil d'État statuant au contentieux », in *Mélanges en l'honneur de R. Chapus*, Montchrestien, 1992 p. 245) C'est aussi le cas pour la Cour de justice de l'Union européenne qui a tendance à citer dans ses décisions très majoritairement et presqu'exclusivement des arrêts de grande chambre ou de chambre à cinq juges (V. L. Navel, *op. cit.*, n° 104).

612 Jusqu'au 15 juin 2021 P.B.R.I et depuis lors B et R pour indiquer la portée jurisprudentielle d'un arrêt et L et C. lorsqu'il s'agit d'arrêts pour lesquels la Cour de cassation souhaite communiquer plus largement.

précédents qui ont été publiés et/ou qui ont fait l'objet d'un commentaire doctrinal[613]. Il est alors possible d'y voir une forme de gradation de la portée des précédents judiciaires.

C. Le poids relatif des décisions des juges du fond

158. Si les arrêts de la Cour de cassation, en particulier ceux des 1re et 3e chambres civiles, sont les plus cités, les rapporteurs publics n'hésitent pas à recourir aux positions des juges du fond[614], principalement aux arrêts de cours d'appel, beaucoup plus rarement aux décisions du premier degré[615]. Sauf dans des cas exceptionnels, ces décisions ont toutefois eu les honneurs d'une publication et/ou d'une attention doctrinale, ce qui est de nature à montrer leur intérêt. Les décisions des juges du fond ne sont cependant pas à l'évidence dotées de la même autorité que celle de la Cour de cassation[616], exception faite d'hypothèses là encore rarissimes. Qu'il nous soit permis de faire référence aux conclusions Laferrière sur la décision du 26 novembre 1875, *Laumonnier-Carriol*[617] – certes sans aucun lien avec le droit des contrats, mais tout à fait remarquable pour illustrer les propos précédents – dans lesquelles celui-ci utilisa l'expression de

---

613 Ce qui relève alors d'un problème de connaissance du précédent.

614 Le problème d'accès aux décisions du juge du fond peut être de nature à en freiner l'usage. Pour un état des lieux actuel de la diffusion de ces décisions, de ses enjeux et des perspectives V. L. Cadiet, C. Chainais et J.-M. Sommer (dir.), S. Jobert et E. Jond-Necand (rapp.), *La diffusion des données décisionnelles et la jurisprudence*, Rapport remis à la première présidente de la Cour de cassation et au procureur général près la Cour de cassation - juin 2022, disponible en ligne sur le site de la Cour. On se contentera de signaler que les auteurs préconisent une hiérarchisation des décisions rendues par les juridictions du fond et de favoriser l'identification des tendances jurisprudentielles.

615 Par exemple : Concl. Tardieu sur CE, 29 janvier 1909, *Cie des messageries maritimes c/l'État* : Rec. p. 112. – Concl. Heumann sur CE, sect., 25 mars 1960, *SNCF c. dame Barbey* : Rec. p. 222. – Concl. Bergeal sur CE, Sect., 11 juill. 2001, *Sté des eaux du Nord* : Rec. p. 351 : « c'est ainsi que le tribunal de grande instance de Mâcon, par un jugement du 25 février 1991 sévèrement critiqué à l'époque par la doctrine ».

616 Si l'on considère qu'il existe une jurisprudence des juges du fond. V. E. Dubus, *op. cit.*

617 Rec. p. 936.

« grave autorité » pour citer un arrêt de la Cour de Paris dont il essaie de discerner le cheminement intellectuel au sujet de l'irresponsabilité civile des ministres. L'auteur va même jusqu'à citer les paroles que l'avocat général Vaufreland avait prononcées à l'audience ce qui est suffisamment rare pour être signalé.

159. Au-delà de ce cas spécifique et isolé, il est peu commun de déceler dans les conclusions une référence à une décision du juge du fond sans lien avec un précédent de la Cour de cassation[618]. Dans la plupart des cas, cette référence est présentée indistinctement et à la suite d'arrêts de la Cour de cassation afin de renforcer quantitativement la référence. La stratégie permet *in fine*, même si cela n'est pas présenté comme tel, de renforcer la position de la Cour de cassation, et donc celle du rapporteur public. Ainsi, afin de référencer la solution admise en procédure selon laquelle « le juge peut, sans déni de justice, refuser de statuer sur les litiges portés devant lui d'un commun accord par les parties, et qui ne relèveraient point de son ressort en vertu de l'art. 59 c. pr. Civ., s'il estime qu'il est trop chargé d'affaires », le commissaire du gouvernement Mayer renvoi à « Boitard, Colmet-Daage et Glasson, *Leçons de procédure civile*, 15e édit., p. 329 ; Garsonnet et Cézar-Bru, *Traité théor. et prat. de procédure*, t.1, p. 639 ; **Req. 11 mars 1807 ; Rennes, 22 mars 1828 »**[619]. L'arrêt de la Cour d'appel confirme ici un arrêt plus ancien de la chambre des requêtes de la Cour de cassation. Parfois, l'ordre est inversé, l'arrêt de la Cour d'appel étant chronologiquement antérieur à l'arrêt de la Cour de cassation. Mais d'une certaine manière, la position de la Cour de cassation en sort là aussi confortée : « c'est ainsi, par exemple, que l'indemnité destinée à réparer le dommage causé à un bien qui a été remplacé ou remis en état avant la date du jugement est fixée

618 Un seul cas au sein de notre échantillon Concl. Heumann sur CE, sect., 25 mars 1960, *SNCF c. dame Barbey* : Rec. p. 222 : « c'est également le caractère de domanialité publique que consacre un jugement du tribunal civil de Soissons, 22 nov. 1945, au Dalloz 1954, p. 5104 rendu à propos d'une maison de garde-barrière. Voyez aussi dans le même sens un pittoresque avis (Section des TP du 9 juill. 1879) pour le jardinet du garde-barrière ».

619 Concl. Mayer sur CE, 1er août 1924, *Chem. de fer de l'État c. Gauthereau* ; Dalloz 1924, III., p. 55.

à la somme réellement déboursée à cette fin et non à celle qui serait nécessaire au jour du jugement pour parvenir au même résultat : Cour de Colmar, 2 av. 1954, JCP 1954.8138 ; Cass. crim., 25 déc. 1960, S. 1961.I.1937 »[620].

160. Quelquefois, les références à l'arrêt de la Cour d'appel et à celui de la Cour de cassation sont plus distanciées tout en exposant une solution identique, du moins s'inscrivant dans un même mouvement jurisprudentiel. C'est le cas lorsque le commissaire du gouvernement Genevois énonce qu'« en procédure civile les jugements provisoires, c'est-à-dire ceux qui ne sont que provisoirement exécutoires n'ont pas autorité de chose jugée (cf. Paris 12 déc. 1957, D. 1958, Somm. p. 65). À la catégorie des jugements provisoires il y a lieu de rattacher les ordonnances de référé qui par définition ne doivent pas préjudicier au principal. La jurisprudence judiciaire en a déduit que l'ordonnance de référé n'a aucune autorité au regard du tribunal appelé à statuer ultérieurement sur le fond (Cass. civ., 28 juin 1892, D., 1892.1.372 ; Cass. civ., 1er avr. 1923, D. 1926.I.147 ; Cass. civ., 10 janv. 1939, S., 1939.1.93) »[621]. C'est aussi ce qu'il ressort de l'exposé selon lequel « la jurisprudence judiciaire a ainsi retenu comme telles des erreurs sur la monnaie dans laquelle était formulé le prix : francs ou euros (CA Orléans, 13 mai 2004, JCP E 2005, p. 1060, RTD civ. 2005, p. 589, obs. J. Mestre et B. Fages ; CA Paris, 6 juin 2005, JCP 2005. IV .3420), anciens ou nouveaux francs (Com., 14 janvier 1969, Bull. civ. IV, n° 13) »[622].

161. Dans un cas, l'arrêt d'une Cour d'appel a été mobilisé dans le but de mettre en évidence l'intérêt du précédent de la Cour de cassation dépassant la solution du juge du fond en l'étendant à une autre configuration (celle justement que pose

---

[620] Concl. Aubin sur CE, Sect., 28 nov. 1975, *Ville de Douai* : Rec. p. 604. V. aussi Concl. Guillaume sur CE, Sect., 11 févr. 1972, *OPHLM du Calvados et Caisse franco-néeerlandaise de cautionnements* ; *AJDA* 1972, p. 245 : « en matière contractuelle, vous préférer en effet rechercher, comme le font les tribunaux judiciaires (par exemple CA Paris, 3 février 1944, D. 1944, p. 71 ; Cass. 3 août 1942, D. 1943, p. 18), si la cause des obligations assumées par les parties était ou non licite ».

[621] Concl. Genevois sur CE, 9 déc. 1983, *Ville de Paris,* Rec. p. 499 :

[622] Concl. Pellissier sur CE, 9 nov. 2018, *Société Cerba* : Rec. p. 411.

l'affaire soumise au rapporteur public). L'effet d'évolution, dans un sens mélioratif, de la jurisprudence de la Cour de cassation (présentée comme un progrès) produit par cette circonstance a alors pour effet, à nouveau, d'en renforcer la solution : « cette jurisprudence n'autorise pas seulement, par exemple, le tiers victime d'un dommage causé par un immeuble à se retourner directement contre l'architecte, auteur de cet immeuble, en se prévalant, sur le fondement de l'art. 1382 c. civ., de la faute commise par cet architecte dans la conception ou dans la direction des travaux (Paris, 21 décembre 1921, D.P. 1924.2.99). Plusieurs arrêts de la Cour de cassation ont résolu, entre parties privées, et à propos d'un architecte, la question même dont vous êtes saisis aujourd'hui [...] La Cour de cassation déclare cet appel en garantie recevable, même lorsqu'il est formé après la fin de la période de garantie décennale »[623].

162. Une autre hypothèse de référence aux décisions du juge du fond en lien avec un précédent de la Cour de cassation, se manifeste lorsqu'il s'agit pour le rapporteur public de présenter plus en détail une affaire ayant conduit au précédent de la Cour de cassation mobilisé. En énonçant que « la société Guy Couach, candidate malheureuse, n'a jamais pu obtenir que la légalité d'une telle concurrence soit examinée par un juge : son recours devant le juge judiciaire a été rejeté, au motif que le juge judiciaire n'était pas compétent pour se prononcer sur la légalité d'une décision administrative relative au taux de la TVA (Cass. com. 14 décembre 1993, *Société Guy Couach c/ Plascoa*, Bull. 1993 -IV, n° 482, p. 352, note J. Leonnet, CJEG 1994, p. 126 et Cour d'appel de Paris, 6 novembre 1991, JCP jur., n° 21885, note M. Suzanne) »[624], le commissaire du Gouvernement appuie là encore la position de la Cour de cassation, les deux juges ayant opté pour une même solution.

163. Il n'est pas rare, enfin, que les arrêts des juges du fond soient mobilisés en lien avec un précédent de la Cour de cassation pour illustrer concrètement l'application de la norme

---

623 Concl. Guionin sur CE, 9 janv. 1953, *Ville de Saint-Maurice c. Letot* : D. 1954 p. 278.

624 Concl. Bergeal sur CE, avis, 8 nov. 2000, *Sté Jean-Louis Bernard Consultants* : Rec. p. 495.

jurisprudentielle qui en découle. Ainsi, après avoir exposé la définition jurisprudentielle que donne la Cour de cassation de la force majeure en matière contractuelle, le commissaire du gouvernement Tardieu vient s'appuyer sur une dizaine de décisions de tribunaux de commerce et de cour d'appel l'appliquant pour démontrer qu'une grève peut avoir le caractère d'un cas de force majeure[625]. Il en va de même lorsqu'il est énoncé que « la Cour de cassation juge en particulier que si, une fois le litige né, on a accepté le recours à l'arbitrage, on ne peut plus invoquer la nullité de la clause compromissoire illicite. [...] Ainsi le simple fait d'accepter de comparaître sans réserve devant les arbitres suffit à couvrir le vice affectant la clause compromissoire (Paris, 30 octobre 1961, *Revue de l'arbitrage,* 1961-237) »[626].

---

625 Concl. Tardieu sur CE, 29 janvier 1909, *Cie des messageries maritimes c/l'État* : Rec. p. 112.

626 Concl. Guillaume sur CE, sect., 3 mars 1989, *Sté des autoroutes de la région Rhône-Alpes* : Rec. p 69. V. également à propos d'illustration de clauses jugées abusives et l'usage sans distinction de décisions de juge du fond et de la Cour de cassation Concl. Bergeal sur CE, Sect., 11 juill. 2001, *Sté des eaux du Nord* : Rec. p. 351 : « Une clause simplement restrictive de responsabilité n'est pas nécessairement abusive : ainsi, n'est pas abusive la clause imposant au client la confidentialité de son code secret et dégageant la responsabilité de France Télécom en cas de divulgation (Cass. civ. 1re, 10 février 1998, JCP 1998, II, note Paisant). Est valable la clause limitative de responsabilité figurant dans un contrat de développement d'une cassette vidéo (Cass. civ., 24 février 1993, D. 1994, 6, note Agostinelli). Le juge apprécie, en effet, la portée de la restriction apportée par le professionnel à sa responsabilité : ainsi, est abusive la clause par laquelle La Poste s'octroie le droit de ne pas distribuer 10 % du courrier publicitaire d'un commerçant, sans encourir aucune responsabilité, car elle crée un déséquilibre significatif entre les parties contractantes (Cour d'appel de Nancy, 10 mai 2000, *La Poste c/Masson).*

Ainsi, est abusive la clause exonérant une société de toute responsabilité en cause de mauvais fonctionnement d'un système d'alarme installé par elle (Cass. civ. 1re, 28 avril 1987, Bull. civ. I, n° 134) ; est abusive la clause exonérant un laboratoire photographique de toute responsabilité en cas de perte de diapositives à lui confier pour un développement (Cass., civ. 1re, 14 mai 1991 *Lorthioir*, préc.) ; est abusive dans un contrat de distribution d'eau la clause prévoyant que l'abonné est seul responsable des dommages pouvant résulter du fonctionnement de la partie du branchement située en dehors de limites de la voie publique (TGI de Paris, 17 janvier 1990, *Caisse d'épargne de Paris c/Cie générale des eaux*, D. 1990, jurisprudence, p. 289).

§3. Selon la place conférée par le rapporteur public au précédent judiciaire dans le raisonnement

164. Eu égard à la diversité des usages du précédent judiciaire par les rapporteurs publics, toute systématisation de leurs intentions se révèle bien difficile. La variété des références, des sources du précédent, de leur approfondissement, du dessein et du contexte du litige ayant précédé le choix de le mobiliser ne permettent pas d'en saisir assurément son intensité argumentative réelle.
Cette précaution étant posée, la façon dont est mobilisé le précédent judiciaire et sa place dans l'argumentation dans les conclusions nous offre des indications sur l'intention du rapporteur public de conférer plus ou moins de poids à un précédent judiciaire. Il est donc possible d'établir une hiérarchisation, subjective du reste, mais il faut l'assumer, selon que le précédent judiciaire mobilisé est utilisé à titre informatif (1), accessoire à d'autres arguments (2.) ou s'il est déterminant dans l'argumentation (3).

A. Le précédent judiciaire informatif

165. Le précédent judiciaire va quelquefois se présenter à la façon d'une donnée sociologique comme l'est bien souvent le droit comparé externe. Il est alors un élément documentaire, lequel renseigne sur l'environnement de la question de droit posée. Un tour d'horizon complet de la question est dressé sans que le précédent judiciaire soit présenté, au moins formellement, comme ayant pesé sur la prise de décision. S'il est régulièrement pris en considération par le rapporteur public, c'est bien parce qu'il est l'un des éléments du contexte que le juge ne peut occulter dès lors qu'une identité de problème ou de situation rapproche l'affaire qui lui est soumise d'une jurisprudence du juge judiciaire : « chaque norme ne vit pas isolément dans un monde clos sur lui-même et indifférent aux normes environnantes, ce que le juge ne peut occulter, sous peine de rapidement ruiner la cohérence minimale du système juridique »[627].

166. Il se présente ainsi comme neutre et purement informatif. La référence au précédent judiciaire vise alors moins à confronter qu'à servir de simples éclairages contextuels pour la réflexion. La dimension simplement « cosmétique »[628] du recours au précédent judiciaire dans la perspective de la publication des conclusions, et donc dans la perspective de son rayonnement et d'une préoccupation personnelle au titre de sa réputation[629], n'est pas à exclure dans cette hypothèse. Cependant, nous n'avons jamais eu l'impression que le précédent judiciaire est inséré de manière superficielle et largement artificielle dans une argumentation.

167. Cet usage informatif peut être explicitement, mais très rarement annoncé par l'auteur des conclusions. Bien que rendues en matière de police administrative, on peut se référer à titre d'exemple aux conclusions Ettori[630] où il est exposé que « nous allons tâcher de vous le prouver. Avant toute étude de la jurisprudence administrative, **nous vous ferons connaitre à titre documentaire**, la jurisprudence de la Cour de cassation, qui a statué sur le pouvoir du maire de soumettre à autorisation le fonctionnement des appareils de musique dans les débits de boissons, jurisprudence judiciaire qui concorde avec la pratique administrative. Passant ensuite à la jurisprudence du Conseil d'État, nous essaierons de tirer un enseignement de diverses analogies ».

L'usage strictement documentaire, au moins en apparence, est aussi parfaitement visible lorsque, à propos de la question de savoir si la tacite reconduction d'un contrat en prolonge les effets

---

[627] P. Deumier, « "La prise en considération d'une norme par le juge : le chaînon manquant ?", *D.* 2022, p. 1668.

[628] À propos de l'argument de droit comparé (externe) A. Le Quinio, « La légitimité contrastée d'une technique juridictionnelle : le recours au droit comparé par le juge », in *Le recours au droit comparé par le juge*, Th. Di Manno (dir.), Bruylant, 2014, p. 21.

[629] Il faut en effet partir du postulat qu'un rapporteur public se préoccupe aussi de sa réputation et de sa charge de travail.

[630] Concl. Ettori sur CE, 26 déc. 1930, *Syndicat d'initiative de Tourette-Levens* : D. 1930.III.67.

ou fait naitre un nouveau contrat, la jurisprudence judiciaire « plus fournie » est présentée pour finalement affirmer que ces précédents ne lient – absolument – pas le Conseil d'État[631]. C'est ce que matérialise aussi et dans le même sens, le simple rappel de l'origine de la théorie de l'enrichissement sans cause : « c'est par un arrêt du 15 juin 1892 que la Cour de cassation a consacré l'existence d'une voie de droit spécifique, l'action de *in rem verso*, reposant sur le principe « que nul ne peut s'enrichir au détriment d'autrui [...] »[632]. La référence n'a ici que peu d'utilité pour le rapporteur public d'un point de vue argumentatif sinon pour préparer son auditoire à ce que la jurisprudence judiciaire serve de guide en raison des origines civilistes de ce quasi-contrat.

Dans bien plus de cas, le poids seulement informatif de la jurisprudence judiciaire est moins explicite et se manifeste par son exposé sans véritable confrontation et sans que le rapporteur public en tire expressément un argument avant – rarement après – celui de la jurisprudence administrative. Ainsi, à propos de la question de l'autorité de la chose jugée tenant à l'interprétation juridictionnelle d'une clause d'un contrat administratif, le commissaire du gouvernement Riboulet expose avant de passer « à l'examen de votre contentieux », la position de la jurisprudence judiciaire sur l'identité d'objet en ne retenant « qu'un seul arrêt, qui nous parait résumer le mieux sa doctrine : cassation *Fournier contre Goyer*, 8 février 1886, Dalloz, 87.1.23 »[633]. C'est aussi le cas lorsqu'est exposée longuement la jurisprudence judiciaire, car « si nous étions en présence d'un contrat passé dans les conditions du droit commun et régi exclusivement par les dispositions du Code civil, on n'aurait qu'à se reporter aux art. 1184, 1147 et 1148 c. civ. et à appliquer la jurisprudence de l'autorité judiciaire pour l'interprétation du

---

631 Concl. Touvet sur CE, 22 mars 1996, Assoc. de gestion des écoles Saint-Martin, Jeanne d'Arc, Sainte-Marie, Marguerite-Marie et du Sacré-Cœur : Rec. p. 93.

632 Concl. Dacosta sur CE, sect., 10 avr. 2008, *Sté Decaux et département des Alpes-Maritimes* : Rec. p. 156.

633 Concl. Riboulet sur CE, 26 juillet 1912, *Cie d'Orléans et du Midi c. L'État* : Rec. 1912, p. 889.

texte »[634] pour ensuite développer la jurisprudence administrative. Parfois, les « quelques fluctuations de la jurisprudence judiciaire » (concernant la nature juridique des règlements des eaux) sont présentées, pour ensuite préciser que « votre jurisprudence a, pour sa part, été moins hésitante »[635].

168. Il n'en reste pas moins que la ligne de partage est parfois très mince, ce qui explique sans doute pourquoi le précédent judiciaire ne revêt que rarement un poids seulement informatif en dépit de ce que sa présentation formelle pourrait laisser croire. Cette mise en contexte, laquelle attire l'attention sur la jurisprudence judiciaire, n'est jamais neutre par nature. En préparant l'esprit de l'auditeur et en introduisant un élément de comparaison, le rapporteur public, s'il ne procède pas lui-même à la confrontation, laisse entendre qu'elle est possible et que la solution que propose le juge judiciaire est une option valable et envisageable. Un arrière-plan à l'argumentation juridique est ainsi créé ce qui peut conduire à pré-orienter l'interprétation qui va être défendue.

C'est très justement le cas, lorsque les rapporteurs publics ont recours à une notion d'origine privatiste – vices du consentement, notion de contrat, pratiques anticoncurrentielles, clauses abusives, quasi-contrat – qui, sous des aspects formellement documentaires, conduit à légitimer la mobilisation des précédents judiciaires et, le cas échéant, leur transposition. Ce qui semble être un simple exposé objectif de l'état du droit privé, conduit nécessairement au fond à se demander si le droit administratif ne doit pas suivre les précédents judiciaires présentés. S'il ne s'agit que d'un exposé liminaire, d'une description à grand trait de la jurisprudence judiciaire sans que les précédents invoqués aient une quelconque influence – à tout le moins officielle – sur la solution adoptée par le rapporteur public, il n'en demeure pas moins que leur seule référence

---

634 Concl. Chardennet sur CE, 30 mars 1916, *Cie générale d'éclairage de Bordeaux c. Ville de Bordeaux* : Rec. p. 125 ; *D.* 1916. III. p. 26. – V. également Concl. Corneille sur CE, 2 juill. 1915, *Repéré, Pépin, Cardona* : Rec. p. 223. – Concl. Genevois sur CE, 9 déc. 1983, *Ville de Paris,* Rec. p. 499.

635 Concl. Bergeal sur CE, Sect., 11 juill. 2001, *Sté des eaux du Nord* : Rec. p. 351.

montre qu'une solution identique peut être admise en droit administratif.

169. Il arrive que le rapporteur public rapporte à titre documentaire l'évolution de la jurisprudence judiciaire et l'explique. Or, le « contexte évolutif » n'est jamais en soit purement informatif, mais plutôt persuasif par essence. C'est bien le cas lorsqu'après avoir précisé que « la jurisprudence judiciaire se laisse plus malaisément encore appréhender et il est vain de tenter de dresser un tableau ordonné », le commissaire du gouvernement Labetoulle rajoute : « aujourd'hui ces controverses sont largement taries, en partie parce que la Cour de cassation qui, pendant un temps nous paraissait tout de même plutôt opter, dans la tendance majoritaire de la jurisprudence pour le principe de l'abattement "du neuf au vieux" (Civile, 2 juill. 1953, Dalloz 1954, p. 73, note R. Savatier ; 1er avr. 1963, 2e ch. Civile, JCP, 1963.II.13408, note Esmein) considère maintenant qu'il s'agit là d'une question de fait relevant de l'appréciation souveraine des juges du fond, ce qui conduit d'ailleurs certains commentateurs à déduire trop hâtivement de ses décisions qu'elle se rallie à telle ou telle position ; la thèse à cet égard la plus répandue – mais à notre sens à tort – est que la Cour de cassation récuserait le principe de l'abattement de vétusté au moins en ce qui concerne la responsabilité contractuelle ou post contractuelle des architectes ou entrepreneurs »[636]. S'il ne le dit pas explicitement, l'évolution constatée de la jurisprudence judiciaire viendra pourtant bel et bien au soutien de son raisonnement.

La même démarche se constate dans les conclusions Kahn sur l'arrêt d'Assemblée *Société Électricité pour la Lumière et la Force* du 9 juin 1972[637], dans une situation néanmoins différente. Vraisemblablement, dans le but implicite de convaincre les membres du Conseil d'État de la nécessité d'innover sur la question du champ de l'appel provoqué au-delà du délai

[636] Concl. Labetoulle sur CE, sect., 5 nov. 1982, *Ville de Dôle* : Rec. p. 375.
[637] Concl. Kahn sur CE, Ass., 9 juin 1972, *Sté Électricité pour la Lumière et la Force* : Rec. p. 428.

d'appel[638], le commissaire du gouvernement énonce une jurisprudence du Conseil d'État « qui remonte à près d'un demi-siècle et qui prouve, nous pouvons le noter en passant, qu'il fut une époque où, même dans le domaine de la procédure, vous ne redoutiez pas de montrer la voie aux tribunaux judiciaires. En un temps où la Cour de cassation se croyait tenue de juger irrecevables tous les appels d'intimé à intimé, vous n'avez pas hésité, par un arrêt de section du 21 janvier 1927, *Compagnie générale des eaux c/ Dame Zuylen et ville de Paris*, Rec. p. 96, à recevoir le recours d'un intimé contre un autre que l'appelant [...]. C'est la solution de l'arrêt de 1927 et cette solution était très en avance sur la pratique judiciaire, puisque les cours d'appel n'ont pu s'y rallier qu'après la loi du 23 mai 1942 (Rouen, 6 févr. 1950, *Ouallet c/ Radanne*, Sirey, 1950.2.138) [...]. » D'apparence informative, l'évolution de la jurisprudence judiciaire, guidée par celle du Conseil d'État, ne l'est en réalité pas ; elle permet d'indiquer qu'en cette matière, le Conseil d'État ne doit pas hésiter à innover comme dans le passé. Et c'est justement une innovation que proposera le commissaire du gouvernement (admettre la recevabilité de l'appel provoqué au-delà du délai d'appel lorsque l'appel principal découvre à l'appelant un intérêt nouveau à mettre en cause l'un de ses adversaires de première instance) en s'appuyant sur la jurisprudence de la Cour de cassation qui « accueille très largement l'appel provoqué ».
On le voit par ces quelques exemples, s'il se situe en bas de l'échelle persuasive, le précédent judiciaire informatif n'est pas dénué de toute force persuasive.

B. Le précédent judiciaire complémentaire

170. S'il bénéficie d'une autorité persuasive certaine, le précédent judiciaire ne s'emploie jamais seul dans l'argumentation des rapporteurs publics. Force est de constater qu'il est toujours doublé d'une argumentation plus large qui

---

[638] Lorsque l'appel principal découvre à l'appelant un intérêt nouveau à mettre en cause l'un de ses adversaires de première instance.

parfois le dépasse. Dit autrement, le précédent judiciaire n'est pas en principe un argument qui emporte en lui seul l'adhésion du rapporteur public à une solution ce qui démontre par ailleurs sa seule autorité persuasive, acceptée et non imposée. Il revêt essentiellement un aspect complémentaire, accessoire à d'autres arguments. Noyé parmi d'autres, il vise alors à les appuyer, à illustrer ou à contredire des arguments. Dans bien des cas, il s'agit plutôt d'un élément éclairant et permettant d'étayer la motivation de l'interprétation retenue. L'autorité persuasive d'une jurisprudence judiciaire ne parviendra pas à elle seule à emporter la conviction du rapporteur public. Elle doit être doublée d'une série d'arguments complémentaires. Le précédent judiciaire en tant que procédé argumentatif s'inscrit alors dans une stratégie argumentative plus globale. Quelques exemples, les plus significatifs, permettent d'illustrer ces propos.

171. Afin d'accompagner une évolution proposée par le commissaire du gouvernement Chardeau, reconnaitre au juge (et s'il y a urgence au juge des référés) lorsque l'administration ne détient aucun pouvoir de décision ou d'exécution, un pouvoir d'injonction accompagnée d'astreintes, « deux ordres de considérations » sont présentés. La première se rapporte à « la pratique des astreintes [qui] a évolué depuis une vingtaine d'années, la Cour de cassation, qui, autrefois, ne permettait pas au juge des référés d'ordonner des astreintes (Civ., 10 juin 1898, D., 98.1.536 ; cf. Garsonnet, n° 193, p. 398, note 15) lui reconnai[ssant] aujourd'hui ce pouvoir (Civ., 9 févr. 1937, S., 37.1.141 ; Soc., 28 mars 1950, Revue droit civil, 1950, p. 366) »[639]. La référence aux précédents judiciaires constitue ici une considération parmi d'autres : l'évolution de la jurisprudence du tribunal des conflits en faveur de l'astreinte (qui « a admis la possibilité pour les tribunaux judiciaires de prononcer des astreintes contre l'administration, en cas de voie de fait »), l'efficacité du référé administratif jusqu'alors accueillie avec beaucoup de scepticisme et la conciliation possible entre le principe posé par l'arrêt *Leloir* du Conseil d'État et la pratique des astreintes.

639 Concl. Chardeau sur CE, sect., 13 juill. 1956, *Office public d'habitation à loyers modérés du département de la Seine* : Rec. p. 343.

La jurisprudence judiciaire constitue d'une façon encore plus explicite, un argument complémentaire lorsque le commissaire du gouvernement Kahn écrit dans le but de démontrer la nécessité de revenir sur le principe selon lequel les conclusions récursoires sont recevables si, et seulement si, elles sont présentées par une partie qui aurait été sans intérêt à former un appel principal, « nous allons montrer, à présent, que la distinction sur laquelle est fondée la jurisprudence est arbitraire dans son principe et que, contraire à la doctrine judiciaire comme à votre pratique elle-même, cette jurisprudence, enfin, est particulièrement défavorable aux collectivités publiques »[640]. Plus loin, il est encore précisé que « soit donc que nous regardions faire la Cour de cassation, gardienne de l'orthodoxie juridique, soit que nous envisagions les préoccupations qui sont plus spécialement les vôtres, nous n'apercevons rien qui puisse fonder la décision de 1968. Tout au contraire : le souci d'équité, les considérations d'opportunité rejoignent ici l'orthodoxie juridique pour vous faire admettre la recevabilité de l'appel provoqué, non seulement lorsque l'intérêt de l'intimé est né de l'appel principal, mais chaque fois que l'appel principal lui découvre un intérêt nouveau à mettre en cause, devant le Conseil d'État, l'un quelconque de ses adversaires de première instance. Cette formule est à peu près celle de la Cour de cassation ».

C'est encore le cas des conclusions du rapporteur public Boulouis sur l'arrêt de Section du 11 juillet 2011 *Mme Gilles*[641], à propos non pas de l'effet relatif des contrats, mais de la compétence juridictionnelle en matière de sous-occupation contractuelle du domaine public. En dépit de la cohérence de la jurisprudence administrative et de la jurisprudence du Tribunal des conflits, jurisprudence au demeurant orthodoxe, car

---

640 Concl. Kahn sur CE, Ass., 9 juin 1972, *Sté Électricité pour la Lumière et la Force* : Rec. p. 428. V. également, Concl. Rougevin-Baville sur CE, Ass., 2 févr. 1973, *Sieur Trannoy* : Rec. p. 95 : « Nous vous proposons donc d'écarter ce premier moyen : cette solution nous parait conforme à la tendance de votre jurisprudence récente, qui va dans le sens d'un élargissement du champ d'application de la responsabilité des architectes et des entrepreneurs. Cette tendance, comme nous le verrons est partagée par la jurisprudence judiciaire et surtout par le législateur »

641 Concl. Boulouis sur CE, Sect., 11 juill. 2011, *Mme Gilles* : Rec. p. 334.

appliquant un précédent issu de la décision du *Steeple-chases de France*, le rapporteur public va mobiliser un précédent judiciaire pour démontrer « l'amorce sinon d'une contestation, à tout le moins d'une réflexion sur le sujet ». C'est sur la base de ce précédent judiciaire et d'un ensemble d'autres considérations – trois difficultés sont identifiées (terme de « concessionnaire », précédent judiciaire ayant « fissuré » la « stabilité » jurisprudentielle, doute instillé par la jurisprudence *Société BE diffusion* du tribunal des conflits du 24 septembre 2001) – qu'il va tenter de démontrer à la formation de jugement la nécessité de revenir sur la jurisprudence du Tribunal des conflits (et partant, la nécessité de lui renvoyer cette question de compétence).
Le souci de réalisme et l'évolution de la jurisprudence administrative en matière de droit de la concurrence sont également des arguments qui ont pu être avancés au-delà de l'évolution, valorisée par le commissaire du gouvernement, des précédents judiciaires, pour montrer la nécessité d'appliquer le droit de la consommation aux personnes publiques[642]. Des arguments d'opportunité viennent en outre accompagner l'argument du précédent judiciaire afin de conforter la solution proposée consistant à admettre le pouvoir du juge administratif de moduler à la baisse des pénalités de retard manifestement excessives[643].

172. Plus généralement, l'usage des termes « enfin », « de plus »[644], « au surplus »[645] ou lorsqu'il est écrit que « plusieurs

---

[642] Concl. Bergeal sur CE, Sect., 11 juill. 2001, *Sté des eaux du Nord* : Rec. p. 351.

[643] Concl. Pellissier sur CE, 19 juill. 2017, *Centre hospitalier interdépartemental de psychiatrie de l'enfant et de l'adolescent* : Rec. p. 267. V. également Concl. Casas sur CE, Ass., 16 juill. 2007, *Sté Tropic Travaux signalisation* : Rec. p. 363.

[644] V. également Concl. Guionin sur CE, 9 janv. 1953, *Ville de Saint-Maurice c. Letot* : D. 1954 p. 278 : « Insisterons-nous, de plus sur son opportunité ? Une discordance avec la jurisprudence de la Cour de cassation sur ce point précis où le juge administratif se réfère aux dispositions mêmes du Code civil serait peu compréhensible sans raison vraiment déterminante ».

[645] Concl. Bertrand sur CE, 8 oct. 1965, *Commissaire du gouvernement près la commission régionale des dommages de guerre de Dijon c. Renard* : D. 1965, p. 239 : « Nous avons au surplus noté, pour ce qui est du second cas, le

considérations nous paraissent plaider en ce sens »[646] précédant l'exposé de l'argument tiré d'un précédent judiciaire montre aussi parfaitement qu'une série d'arguments est mobilisée en faveur d'une solution sans que l'on puisse jamais les hiérarchiser et en déceler un plus déterminant que les autres. Ainsi, à propos de la question du principe et des limites du transfert à la personne publique qui reprend le service délégué des engagements pris par le délégataire, après avoir exposé un ensemble d'arguments, le rapporteur public « précis[e] enfin que la question est encore moins débattue dans les prétoires judiciaires et dans la doctrine qui en rend compte [...][647].Il ne faut pas oublier en effet que la Cour est souvent appelée à contrôler l'application d'un contrat par le juge du fond, tandis que vous n'avez à exercer semblable contrôle qu'à une fréquence de l'ordre vicennal. Cela peut justifier l'alignement, dans une large mesure, de votre jurisprudence sur la jurisprudence judiciaire ».

C. Le précédent judiciaire déterminant

173. Sans que cela remette en cause le constat précédemment dressé, la référence au précédent judiciaire est parfois plus complète d'un point de vue argumentatif, en ce que certaines questions suscitées par l'affaire vont placer le précédent judiciaire au cœur de la discussion. On peut alors s'interroger sur l'autosuffisance du précédent judiciaire, ou du moins sur son caractère déterminant, dans le raisonnement du rapporteur public et dans la solution qu'il propose ; le précédent judiciaire peut-il, dans certains cas, constituer une raison justificative autonome ? C'est ce qui transparait en réalité dans quelques conclusions, les rapporteurs publics n'hésitant pas, selon notre lecture, à faire du précédent judiciaire l'argument principal et décisif de leur

---

parallélisme de votre jurisprudence avec celle de la Cour de cassation. Cela nous parait militer en faveur de son maintien ».

[646] Concl. Dacosta sur CE, sect., 10 avr. 2008, *Sté Decaux et département des Alpes-Maritimes* : Rec. p. 156.

[647] Concl. Pellissier sur CE, Sect.,19 déc. 2014, *Commune de Propriano*, Rec. p. 395.

raisonnement[648]. Le poids de l'argument tiré du précédent judiciaire se retrouve doté d'une autorité persuasive toute particulière.

174. C'est le cas, semble-t-il, dès lors que pour les besoins d'interprétation d'une loi, le commissaire du gouvernement se réfère à un seul argument tiré d'un arrêt de la Cour de cassation l'ayant déjà interprété pour conclure « qu'il est donc établi que la loi ne permet pas que le commerce de l'eau soit l'objet d'un monopole »[649]. L'argument parait d'autant plus déterminant que l'arrêt est récent, du « 25 juillet dernier ».

Parfois, c'est parce que « la matière contractuelle, se prête mal à des divergences entre les deux ordres de juridictions » et qu'il n'y a pas « de raison de vous écarter de l'interprétation retenue par la Cour de cassation qu'il est proposé de transposer purement et simplement la jurisprudence judiciaire » « pour interpréter une notion qui se trouve à l'identique dans le Code des marchés publics et dans le Code civil »[650]. On trouve par là un aveu explicite du commissaire du gouvernement de son intention de conférer un poids tout particulier aux précédents judiciaires mobilisés.

Un tel aveu se retrouve aussi, mais de façon plus implicite dans une affaire impliquant de déterminer le caractère extérieur d'un évènement pour qualifier ou non une situation de force majeure en matière contractuelle. En effet, après avoir constaté une discussion doctrinale sur la question de l'abandon de cette condition, le rapporteur public considère « qu'elle n'a pas été abandonnée, mais seulement aménagée » en se référant à la fois au communiqué de la Cour de cassation accompagnant deux

---

648 Pour un exemple en dehors du droit des contrats administratifs V. F. Rolin, *Essai sur la théorie générale du droit administratif de Jean Romieu*, Ed. La mémoire du droit, 2019, p. 14 à propos des concl. Romieu rendues sous TC, 2 déc. 1902, *Sté Immobilière de Saint-Just* « où le système de l'exécution d'office des actes de l'administration qu'il propose repose tout en entier sur l'interprétation donnée par la Cour de cassation de l'article 471 du Code pénal, relatif aux sanctions pénales encourues en raison de la méconnaissance d'actes administratifs ».

649 Concl. Marguerie sur CE, 17 nov. 1882, *Cie générale des eaux et Ville de Paris c/ Cie des eaux de la banlieue et ville de Courbevoie* : Rec. p. 888.

650 Concl. Casas sur CE, Ass., 4 nov. 2005, *Sté Jean-Claude Decaux* : Rec. p. 480.

arrêts du 14 avril 2006 où est rappelé l'attachement de la Cour de cassation à ce critère et à des arrêts postérieurs l'ont effectivement relevé comme une condition nécessaire. Les précédents judiciaires cités sont alors déterminants puisqu'ils lui permettent d'évacuer assez simplement toute interrogation sur l'opportunité d'abandonner ou de maintenir la condition d'extériorité en droit des contrats administratifs.

175. Surtout, l'expertise de la jurisprudence judiciaire dans certaines matières permet la plupart du temps d'expliquer son poids déterminant dans le raisonnement.

Cela est rendu particulièrement visible dans les conclusions Bertrand sur l'arrêt du 8 octobre 1965 *Commissaire du gouvernement près la commission régionale des dommages de guerre de Dijon c. Renard*[651]. Dans le but de déterminer s'il relève de l'office du juge de cassation de contrôler l'interprétation des stipulations du contrat passé entre un architecte et une association syndicale de reconstruction faite par la commission régionale des dommages de guerre, l'auteur expose très longuement les raisons qui le poussent à la fois à suivre la Cour de cassation et à adapter, sur quelques points, ses solutions au contentieux administratif. Il conclut alors par ces termes : « il ne faut pas oublier en effet que la Cour est souvent appelée à contrôler l'application d'un contrat par le juge du fond, tandis que vous n'avez à exercer semblable contrôle qu'à une fréquence de l'ordre vicennal. **Cela peut justifier l'alignement, dans une large mesure, de votre jurisprudence sur la jurisprudence judiciaire** ». En creux, parce qu'historiquement, le Conseil d'État était un juge du fond et qu'il est devenu progressivement et principalement (mais non exclusivement) un juge de cassation, il parait presque naturel de se référer à la pratique, beaucoup plus importante, et l'expertise de la Cour de cassation, quant à elle juge de cassation, originellement[652] et,

[651] *D.* 1965, p. 239.

[652] La loi du 27 novembre et 1er décembre 1790 créa le tribunal de cassation qui avait pour mission d'annuler « toutes procédures dans lesquelles les formes auront été violées, et tout jugement qui contiendra une contravention expresse au texte de la loi ».

exclusivement (sauf en cassant sans renvoi lorsque l'intérêt d'une bonne administration de la justice le justifie[653]).
La même idée guide les raisonnements des rapporteurs publics en matière de droit public de la concurrence et de la consommation où il « faut prendre garde à ne pas développer en jurisprudence administrative une conception trop autonome des notions du droit de la concurrence. S'il faut concilier la prise en considération du droit de la concurrence avec les autres intérêts publics dont l'administration a la charge, nous pensons que cette conciliation doit avoir lieu et ne doit pas emprunter la voie d'une traduction administrative des concepts du droit de la concurrence »[654]. C'est ce qui explique, à titre d'exemple, que le commissaire du gouvernement Bergeal dans l'affaire *Société des eaux du Nord*[655] s'appuie directement sur les seuls précédents judiciaires pour montrer que la définition de la clause abusive est la même sous l'emprise de la loi du 10 janvier 1978 (deux critères : abus de puissance économique et celui d'avantage excessif) et celle du 1er février 1995 (un seul critère du déséquilibre excessif). Si l'auteur en retient telle interprétation, c'est bien uniquement en raison d'une interprétation de la Cour de cassation réduisant la portée du critère de l'abus de puissance économique. Ce faisant, Mme Bergeal fait sienne l'interprétation de la Cour de cassation de la loi du 10 janvier 1978 sans même rechercher à délivrer une interprétation autonome de celle-ci. Juge naturel du droit de la consommation, jouissant d'une expérience et d'une pratique inexistantes devant la juridiction administrative, le juge judiciaire est mis pleinement et exclusivement à profit pour apprécier, en l'espèce, le caractère abusif de la clause litigieuse : « les critères d'interprétation utilisés par le juge judiciaire peuvent vous guider dans cette appréciation ».
Les mêmes considérations sont de mises lorsqu'il s'agit d'interpréter des règles du droit international privé, le rapporteur public prenant soin de préciser, que « depuis un arrêt *Compagnie*

---

653 Code de l'organisation judiciaire, art. L. 411-3.
654 Concl. Stahl sur CE, sect., 26 mars 1999, *Sté EDA* : *AJDA* 1999 p. 427.
655 Concl. Bergeal sur CE, Sect., 11 juill. 2001, *Sté des eaux du Nord* : Rec. p. 351.

de signaux et entreprises électriques c/ société Sorelec de 1985 (Cass. 1re civ., 17 déc. 1985, n° 84-16.338, Bull. 1985, I, n° 354), la Cour de cassation, **à la jurisprudence de laquelle il est permis de se référer s'agissant de règles du droit international privé**, considère que les clauses attributives de juridiction sont en principe licites lorsqu'il s'agit d'un litige international, pour autant que la clause ne fasse pas échec à la compétence territoriale impérative d'une juridiction française, ce qui n'est bien évidemment pas le cas ici, s'agissant d'une clause jouant au profit de juridictions françaises »[656].

176. On le voit à travers les développements qui précèdent, les rapporteurs publics adoptent un discours doctrinal à l'endroit du juge judiciaire. En tenant un tel discours sur le précédent judiciaire, les rapporteurs publics ne sont jamais neutres à son égard même s'ils peuvent apparaitre parfois, en apparence, purement descriptifs. Cela présente un avantage indéniable : au-delà de disposer du « pouvoir de susciter le débat, de maintenir les questions sous un œil attentif et finalement de ne pas abandonner les raisonnements aux mains des évidences »[657], ils bénéficient d'une grande liberté de ses stratégies par rapport au précédent judiciaire qui se manifeste dans la marge de liberté dans ses interprétations, ses appréciations dans sa façon et sa possibilité de hiérarchiser les précédents judiciaires, mais aussi dans leur maniement au fond.

---

[656] Concl. Victor sur CE, 25 juin 2021, *Société Mezzi et Fonderia* : Rec. p. 182.
[657] M. Boudot-Ricoeur, *Le dogme de la solution unique*, Thèse Dactyl. Université Aix-Marseille, 1999, n° 203.

Section 3. Manier au fond le précédent judiciaire

177. À s'en tenir à certains éléments de langage des rapporteurs publics, on pourrait penser que le précédent constitue une véritable contrainte au fond. C'est ce que l'on retrouve notamment dans des expressions telles que « pour s'écarter de la jurisprudence judiciaire [...] il faudrait, à notre avis, des motifs sérieux »[658], « vous ne devez vous écarter de la solution judiciaire qu'en toute connaissance de cause », les tribunaux administratifs « ont le droit »[659] d'avoir une approche autonome, « le rôle que vous exercez au sein de l'ordre juridictionnel administratif vous autorise à avoir une approche autonome »[660]. Si ces expressions montrent bien l'idée que le précédent judiciaire constitue une contrainte motivationnelle dans la mesure où ils doivent se justifier s'ils veulent l'écarter, il ne faut pas y voir le signe d'une contrainte substantielle dans le sens où le juge administratif serait véritablement tenu de suivre au fond la solution du juge judiciaire. Il ne faut en effet pas minorer le fait que de tels propos s'inscrivent dans une stratégie argumentative globale où il apparait tout à fait opportun de présenter le précédent judiciaire comme substantiellement contraignant (rhétorique du « sauf si ») lorsqu'il va dans le sens de la démonstration de l'auteur des

[658] Concl. Le Chatelier sur CE, avis Ass., 6 déc. 2002, *Syndicat intercommunal des établissements du second cycle du second degré du district de L'Haÿ-les-Roses* : Rec. p. 435.

[659] Concl. Tardieu sur CE, 29 janvier 1909, *Cie des messageries maritimes c/ l'État* : Rec. p. 112 : « ce qui est vrai des tribunaux civils ou de commerce, juge des contrats entre particuliers, est vrai, pour les mêmes motifs, des tribunaux administratifs, juges des contrats passés pour le fonctionnement des services publics. Les raisons de décider sont les mêmes et la jurisprudence administrative peut s'inspirer des décisions rendues par l'autorité judiciaire dans des circonstances analogues. **Toutefois, étant donné que les entrepreneurs, fournisseurs ou concessionnaires des services publics sont chargés d'une mission qui présente un intérêt général, les tribunaux administratifs ont le droit, à raison précisément de cet intérêt général qui est en jeu** de se montrer plus sévères dans l'appréciation de la conduite de l'entrepreneur, et d'exiger de lui plus d'efforts pour assurer l'exécution de son contrat que les tribunaux judiciaires n'en exigeraient d'un entrepreneur privé »

[660] Concl. Dacosta sur CE, Ass., 11 juill. 2008, *Sté Krupp Hazemag* : Rec. p. 275.

conclusions. D'ailleurs, toutes les fois où le précédent judiciaire est présenté de cette façon, il est précisé qu'aucune raison ne permet de s'en écarter. Au contraire, on peut avancer l'idée que si le précédent judiciaire contrarie le raisonnement du rapporteur public, le précédent judiciaire ne sera jamais présenté comme substantiellement contraignant « sauf si » des raisons légitimisent le choix de s'en écarter.

178. Son usage est donc le fruit de stratégies argumentatives diverses qui permettent de renforcer le poids d'une argumentation et d'une solution qui auront pour but d'assurer la stabilité d'une jurisprudence administrative, d'innover ou de promouvoir un changement. Le rapporteur public y parvient par l'utilisation de différents procédés tenant à la neutralisation du précédent judiciaire ou au ralliement à la solution et/ou au raisonnement qu'il contient. Deux éléments, librement mobilisés, permettent au rapporteur public de légitimer la mise à l'écart d'un précédent judiciaire ou, au contraire, son adhésion : son caractère adapté ou inadapté au champ du droit administratif ce qui suppose la mise en œuvre de l'analogie et du raisonnement par distinction ; la promotion des défauts et la critique négative ou la promotion des qualités et l'approbation du raisonnement tenu.
Tout porte ainsi à croire que le précédent judiciaire est réceptionné non pas dans le cadre de la recherche d'une conviction et d'une solution selon une logique déductive objective, mais par rapport au but recherché par le rapporteur public, peut-être *a posteriori*, une fois sa solution posée. Cette démarche réduit ainsi le précédent judiciaire à une fonction de légitimation des conclusions[661] que le rapporteur public suit, adapte, ou s'écarte du précédent judiciaire mobilisé. Dans cette perspective, la réception du précédent judiciaire est toujours finalisée. L'utilisation du précédent judiciaire peut tout autant servir à conforter ou à neutraliser, et donc à rejeter une alternative interprétative pour mieux mettre en avant la spécificité de son propre droit. En ce sens, si le précédent peut apparaitre comme

[661] V. pour le droit comparé externe M. Delmas-Marty, « L'influence du droit comparé sur l'activité des tribunaux pénaux internationaux », in *Crimes internationaux et juridictions internationales*, A. Cassesse, M. Delmas-Marty (dir.), PUF, 2002, p. 95.

une contrainte argumentative qui impose aux rapporteurs publics de les prendre en compte, il n'en demeure pas moins qu'au stade de son usage, la contrainte se dissipe, ces derniers étant libres d'y adhérer ou de le réfuter. Dans l'un et l'autre des cas, il s'agit finalement toujours de l'utiliser pour légitimer le raisonnement du rapporteur public.

179. L'analyse des travaux préparatoires a alors permis de mettre en évidence la coexistence de trois façons différentes d'utiliser effectivement le précédent judiciaire dans un but de légitimation du raisonnement. D'abord, le rapporteur public peut décider de se départir d'un précédent judiciaire embarrassant grâce à la technique du *distinguishing* ou par la promotion de ses défauts. Ensuite et à l'inverse, il peut se servir d'un précédent judiciaire comme d'un point d'appui pour son raisonnement dès lors qu'il abonde dans le sens de la solution qu'il défend. Il est alors conçu comme un allié, librement sélectionné, de nature à étayer sa thèse. Une troisième voie, intermédiaire, consiste à ajuster le précédent judiciaire aux spécificités de l'action administrative. Ni tout à fait écarté, ni tout à fait suivi, le précédent judiciaire est adapté par le rapporteur public pour servir son raisonnement.

Une opération de sélection des précédents judiciaires est ainsi à l'œuvre entre ceux qu'il faut neutraliser (§ 1.), adapter (§ 2.) ou auxquels il faut s'associer (§ 3.).

§1. Le précédent judiciaire neutralisé

180. Un certain nombre de techniques permettent de se départir du précédent judiciaire. Si l'on veut tenter de les regrouper, on dira que pour réfuter un précédent judiciaire, l'auteur des conclusions peut souligner le caractère non-transposable du précédent judiciaire au champ du droit des contrats administratifs (A.) ou le caractère inopportun, peu convaincant du raisonnement qui y est tenu[662] (B.). Il faut une

[662] Concl. Rougevin-Baville sur CE, Ass., 2 févr. 1973, *Sieur Trannoy* : Rec. p. 95 : « nous pensons cependant qu'en face d'un problème qui est le même dans son principe, vous ne devez vous écarter de la solution judiciaire qu'en toute connaissance de cause, **soit qu'elle vous apparaisse critiquable** en elle-

fois encore préciser que rien ne permet d'exclure l'hypothèse d'un choix de taire un précédent judiciaire contraire au raisonnement tenu par l'auteur des conclusions et cela, malgré la contrainte formelle que nous avons cru pouvoir identifier. Il s'en départit ainsi dans l'argumentation par son choix[663] de l'occulter.

A. Le précédent judiciaire non-transposable

181. La question de la transposition d'une solution d'un précédent judiciaire à un litige soumis au juge administratif impose au rapporteur public de raisonner par analogie et par distinction, méthodes qui impliquent « de procéder à l'identification de la raison d'être du précédent, et au travers d'un travail de recherche et de comparaison, nécessite d'évaluer si la transposition d'un précédent permet d'appliquer un traitement identique à des objets semblables »[664].
L'approche différentielle permet ainsi aux rapporteurs publics de s'extraire librement d'un précédent judiciaire qui apparaitrait comme une contrainte. Elle est une technique qui permet au juge, tout en assurant la cohérence, de neutraliser l'autorité persuasive et la pertinence d'un précédent judiciaire. Il s'agit alors moins de critiquer la position du juge judiciaire que de plaider pour les raisons d'une autre interprétation. En un sens, le précédent judiciaire est « stérilisé »[665] par celui qui l'invoque en raison des particularités irréductibles de l'action administrative.

182. Cette technique argumentative consiste tout autant à refuser une transposition d'un précédent judiciaire dont il est démontré que sa raison d'être ne correspond pas au cas soumis

---

même, **soit que les nécessités propres aux travaux publics** et tenant tant à la mission et aux prérogatives du maître de l'ouvrage qu'au particularisme de ses relations contractuelles avec les hommes de l'art imposent une solution différente ».

663 À considérer qu'il ait eu connaissance du précédent judiciaire ou qu'il ait eu l'intention d'en rechercher l'existence.

664 G. Leroy, *Op. cit.*, n° 153.

665 À propos de l'argument de droit comparé J.-B. Auby, « Introduction », in *L'argument de droit comparé en droit administratif français*, F. Melleray (dir.), Bruylant 2007, p. 1, spéc. p. 7.

au juge administratif ce qui justifie de traiter différemment des situations factuellement différentes, que de la refuser lorsqu'une différence de nature juridique est identifiée[666]. La découverte et la mise en avant de spécificités propres au droit des contrats administratifs permettent de dissiper les contradictions passées et à venir des jurisprudences administrative et judiciaire. À ce titre, la démarche des rapporteurs publics n'est pas si éloignée de la méthode de la Cour de justice de l'Union européenne lorsqu'elle se réfère aux traditions constitutionnelles communes aux États membres[667]. En premier lieu, la démarche du juge de l'Union conduit elle aussi à une certaine autonomisation du droit de l'Union, car les ordres juridiques internes constituent une source d'inspiration pour la Cour qui intègre et se réapproprie les éléments qui relèvent d'une tradition constitutionnelle partagée à la condition qu'ils soient compatibles avec les objectifs poursuivis par l'ordre juridique de l'Union européenne. En second lieu, la Cour de justice motive d'une façon sensiblement identique aux rapporteurs publics le recours à la méthode comparative : « si la Cour décide de ne pas suivre la solution préconisée par le droit de certains États membres, elle devra exposer les raisons pour lesquelles une telle solution n'est pas adaptée aux besoins de l'ordre juridique de l'Union, ou le cas échéant, elle sera obligée d'expliquer les motifs pour lesquels la solution préconisée par le droit des autres États membres y est mieux adaptée »[668].

183. Citons pour illustrer les propos précédents, les conclusions du rapporteur public Pellissier sur la décision

---

[666] *Idem*. V. sur le second point J.-L. Bergel, *Méthodologie juridique fondamentale et appliquée*, PUF, 3e éd., 2018, note 573, p. 117, n° 63 : « Les juristes procèdent […] à des regroupements ou à des distinctions pour appliquer un traitement semblable à des choses similaires et des traitements différents à des choses dissemblables »

[667] V. P. Pescatore, « Le recours dans la jurisprudence de la Cour de justice des Communautés européennes à des normes déduites de la comparaison des droits des États membres », *RIDC* 1980, p. 352. – K. Lenaerts « Le droit comparé dans le travail du juge communautaire », *RTD eur.* 2001, p. 487. – K. Lenaerts, J. A. Guitiérrez-Fons, *Les méthodes d'interprétation de la Cour de justice de l'Union européenne,* Bruylant, 2020, pp. 93 et s.

[668] K. Lenaerts, J. A. Guitiérrez-Fons, *op. cit.,* p. 98.

Commune de Propriano[669]. L'affaire concernait le principe et les limites du transfert des engagements pris par le délégataire à la personne publique en cas de reprise par elle du service délégué. Si l'auteur observe qu'en droit civil, il est bien établi que la cession ne transfère au cessionnaire que les droits et obligations à naitre et, partant, que la jurisprudence civile n'accepte pas que l'acquéreur agisse contre le locataire pour des manquements au bail antérieurs à la vente (sauf cession de créances ou subrogation expresse), il en vient à différencier la situation exposée. En effet, « si nous ne voyons pas d'obstacle à faire application de ce principe aux droits et obligations définitivement entrés dans le patrimoine du délégataire à la date de la reprise du service par la personne publique délégante, il nous semble devoir être concilié avec la règle selon laquelle les droits et obligations nés de certains engagements ne sont définitivement établis que lorsqu'ils arrivent à leur terme. Tel est le cas des marchés publics, dans lesquels les droits et obligations des parties ne sont définitifs que lors de l'établissement du décompte final qui, comme vous le savez, solde le compte de l'ensemble des opérations auxquelles donne lieu l'exécution du marché ». La transposition du précédent judiciaire est ainsi impossible compte tenu de la différence de situations dans laquelle se trouvent les cocontractants selon que l'engagement établit les droits et obligations à l'arrivée de leur terme ou non.

184. Si quelquefois des distinctions tenant aux situations ou aux contextes[670] sont mises en exergue, le précédent judiciaire peut également être jugé intransposable davantage en raison de la différence qui existe entre des objets ou des notions juridiques qu'en raison de différences factuelles. À titre d'exemple, il n'est

---

669 CE, Sect.,19 déc. 2014, *Commune de Propriano* : Rec. p. 395.

670 Concl. Boulouis sur CE, Sect., 11 juill. 2011, *Mme Gilles* : Rec. p. 334 : à propos de l'effet relatif des contrats et de la décision d'Assemblée plénière du 6 octobre 2006, *Consorts Loubeyre et autre c/ Société Myr'ho SARL,*, le rapporteur public va fonder une partie de son argumentation sur une démarche de distinction de contexte : le droit administratif aurait déjà admis, selon lui, des solutions pertinentes, pour « socialiser » le contrat administratif et n'a donc pas besoin de la solution admise par la Cour de cassation en 2006 : « autrement dit, la socialisation du contrat a été au moins partiellement intégrée d'une autre manière dans le droit de la responsabilité publique ».

pas rare de voir légitimer la non-transposition d'un précédent judiciaire par la nature particulière des contrats en cause. Ainsi, à propos de la divergence des principes admis par le Conseil d'État et la Cour de cassation lorsqu'intervient un évènement imprévisible[671] : « Pourquoi diffèrent-ils ? C'est d'abord : 1° que des contrats de la nature de ceux dont il s'agissait dans votre arrêt sont avant tout, des contrats de bonne foi, qu'ils doivent l'être tant du côté de l'État que du côté de son cocontractant ; c'est 2° que ce sont des contrats de nature particulière où intervient l'idée de l'intérêt général du service public, c'est qu'il faut, avant tout, que le service se fasse ; qu'il ne se ferait pas si l'on s'en remettait aux solutions pures du Code civil [...]. Si ce sont des contrats d'une nature particulière, il faut y introduire les théories traditionnelles de droit administratif, les théories relatives aux imprévisions, aux sujétions extracontractuelles, déduites dans les arrêts afférents aux marchés de travaux publics ».

671 Concl. Corneille sur CE, 18 févr. 1918, *Sté d'éclairage de Poissy* ; Rec. p. 121.

185. Dans d'autres cas, la nature des contentieux[672] ou les conceptions de l'office du juge[673] justifient la relativisation de la portée du précédent judiciaire. Ainsi, après avoir fait état de

---

[672] Concl. Lallet sur CE, Sect., 1er juill. 2019, *Association pour le musée des Îles Saint-Pierre et Miquelon* : Rec. p. 271. À propos du délai de prescription de l'action en contestation de validité du contrat administratif : « En droit privé, comme c'était le cas auparavant en droit administratif, un contrat vicié est un contrat nul, que le juge judiciaire doit anéantir rétroactivement. Sauf, précisément, lorsqu'elle a à apprécier la validité d'un contrat administratif ([...]) et à appliquer votre jurisprudence Béziers I par le truchement de la jurisprudence *SCEA du Cheneau*, la Cour de cassation refuse d'aller à Béziers et reste résolument en Côte d'Or (Cass. 1ère civ, 31 janvier 2018, n° 16- 21697, au Bull. appliquant la vieille jurisprudence *Préfet de la Côte d'Or* pour déclarer nul un contrat de droit privé conclu par une personne publique [V. aussi Cass. 1ère civ., 16 janvier 2013, n° 11-27387, au Bull. [...] ; Cass. Com., 6 mars 2019, n° 16-25117, au Bull.]. Cette orientation parait confortée par l'article 1178 du Code civil qui pose la règle selon laquelle "un contrat qui ne remplit pas les conditions requises pour sa validité est nul", encore que le texte autoriserait à distinguer des vices conditionnant la validité du contrat et des vices "véniels"). **Comme le relevait Emmanuel Glaser dans ses conclusions sur la décision Béziers I, dans le système contentieux civiliste, la prescription est l'une des rares garanties de sécurité juridique apportées aux parties. L'action "Béziers I" procède d'une inspiration radicalement différente. Elle incorpore l'exigence de sécurité juridique dans l'office même du juge du contrat, à trois niveaux** » ;
Concl. Guillaume sur CE, sect., 3 mars 1989, *Sté des autoroutes de la région Rhône-Alpes* : Rec. p 69 : « La jurisprudence judiciaire se comprend bien, dans la mesure où il s'agit de litiges de droit privé. Mais devant le juge administratif, les nullités ont en principe un caractère absolu et peuvent être relevées d'office, car l'obligation ainsi sanctionnée est justifiée par des considérations d'intérêt public. Les parties n'ont pas le pouvoir d'y renoncer. ».

[673] Concl. Bertrand sur CE, 8 oct. 1965, *Commissaire du gouvernement près la commission régionale des dommages de guerre de Dijon c. Renard* : *D.* 1965, p. 239 : à propos du contrôle de cassation sur les interprétations des stipulations du contrat faites par le juge du fond : « Nous croyons à la vérité qu'un tel contrôle n'est pas adapté à toutes les situations. Il en est où la nature de règle juridique du contrat doit persister à prévaloir, entrainant un contrôle de cassation qui doit rester celui de l'erreur de droit. Ce sont toutes celles où le juge du fond a directement méconnu une stipulation formelle et sans ambiguïté. Il faut en pareil cas continuer à raisonner comme s'il y avait eu violation de dispositions législatives ou réglementaires. **C'est une démarche à laquelle vous êtes habitués, et qui permet de conserver au contentieux administratif de la cassation toutes ses affinités avec les autres branches du contentieux administratif ainsi que son originalité par rapport à la jurisprudence de la Cour** ».

« rapprochements », le commissaire du gouvernement Le Chatelier expose « une différence majeure [qui] continue de distinguer le régime de la transaction administrative » tenant à ce que « la jurisprudence de la Cour de cassation [distingue] la question de l'importance de la créance, qui ne constitue pas une erreur sur l'objet de la transaction, de celle de son existence, qui, elle, relève du contrôle du juge. Concrètement, cela amènera le juge judiciaire à vérifier que la transaction n'est pas sans cause et qu'elle est bien le fruit de concessions réciproques, mais pas à contrôler au-delà le montant de la somme sur laquelle les parties se sont accordées ». Il en conclut que « c'est précisément ici que se situe la différence notable avec le contrôle qu'exerce le juge administratif ». De même, a été exposé « le rôle que [le Conseil d'État exerce] au sein de l'ordre juridictionnel administratif [lui] autorise à avoir une approche autonome » et distincte de celle du juge judiciaire. Poursuivant, « vous ne vous bornez donc pas à entériner l'accord des parties ; vous exercez un contrôle qui, à certains égards, se différencie substantiellement de celui auquel procède le juge judiciaire »[674].

Mais, c'est souvent la différence de logique même entre le droit administratif et le droit privé[675], qui se matérialise par la notion d'intérêt général[676], ou par la personnalité publique, qui est relevée pour dénier toute pertinence à la solution judiciaire en droit administratif. Le commissaire du gouvernement Odent, à propos de la nature juridique du cahier des charges d'un marché

---

674 Concl. Dacosta sur CE, Ass., 11 juill. 2008, *Sté Krupp Hazemag* : Rec. p. 275.

675 Concl. Pellissier sur CE, 9 nov. 2018, *Société Cerba* : Rec. p. 411 : « Mais vous n'avez jamais transposé aux contrats administratifs cette distinction entre nullités relatives et absolues qu'il serait difficile d'appliquer de manière identique aux personnes publiques et aux personnes privées dont la rencontre des volontés forme la plupart des contrats administratifs. La protection particulière de l'intégrité du consentement que constitue le régime d'ordre public des vices du consentement dans les contrats administratifs est justifiée pour les personnes publiques qui ne disposent pas de leurs droits comme les personnes privées et par l'intérêt légitime de certains tiers à défendre la sincérité et la régularité de l'action publique ».

676 Concl. Chardennet sur CE, 30 mars 1916, *Cie générale d'éclairage de Bordeaux c. Ville de Bordeaux* : Rec. p. 125 ; *D.* 1916. III. p. 26. – Concl. Corneille sur CE, 18 févr. 1918, *Sté d'éclairage de Poissy* ; Rec. p. 121.

public, a drastiquement et d'une façon péremptoire balayée toute idée d'analogie avec la jurisprudence judiciaire dès lors « que le cahier des charges est un acte mixte, qui a un double caractère dû à ce qu'il est imprégné de cette notion de service public qui domine toute une partie de notre droit public, qui lui confère un aspect très particulier et qui rend vaines toute tentative de rapprochement, toute recherche d'analogie avec les règles habituelles du droit privé, civil ou commercial »[677]. Quant au rapporteur public Boulouis, s'il écarte l'application de règles pourtant concordantes entre le Conseil d'État et la Cour de cassation c'est parce « que les exigences propres au service public pour l'exécution duquel ont été conclus ces contrats et sous-contrats doit conduire à déroger dans une certaine mesure à ces conséquences générales de la résiliation du contrat initial sur les sous-contrats qui en dépendent »[678]. Outre l'intérêt général ou le service public, la personnalité publique est également mobilisée dans le cadre d'une démarche de distinction. C'est le cas dans les conclusions Pellissier sur la jurisprudence *Société Fosmax LNG* : pour convaincre « que, contrairement à la jurisprudence judiciaire », le Conseil d'État doit « exercer un contrôle complet sur l'arbitrabilité du litige », il expose « deux raisons principales » : la première tient justement à ce qu'il est impossible de « reconnaitre à une personne publique la capacité

---

677 Concl. Odent, CE, 5 mars 1943, *Cie générale des eaux et syndicat des communes de la banlieue de Paris pour les eaux* : D. 1943.121. – Concl. Lallet sur CE, Sect., 1er juill. 2019, *Association pour le musée des Îles Saint-Pierre et Miquelon* : Rec. p. 271 : « Vous affirmez et assumez alors votre rôle de bâtisseur d'un droit spécifique, non pas par dogmatisme ou par coquetterie, mais par nécessité, celle de l'intérêt général. Là où l'application directe du Code civil réduit vos marges de manœuvre au seul pouvoir d'interprétation jurisprudentielle des textes, lui-même conditionné par la jurisprudence judiciaire, les "principes inspirants" vous offrent la liberté d'adapter les règles de la prescription aux particularités irréductibles de l'action administrative ». Dans le même sens Concl. Gomel sur CE, 11 janv. 1884, *Level c/ le Département du Pas-de-Calais* : Rec. p. 39 : où le commissaire du gouvernement identifie une absence d'analogie entre la concession et les contrats de droit privé ce qui lui permet d'affirmer que les contrats de concession se suffisent à eux même et forment un tout complet ce qui justifie qu'aucune référence ne soit faite à la jurisprudence judiciaire.

678 Concl. Pellissier sur CE, Sect.,19 déc. 2014, *Commune de Propriano* : Rec. p. 395.

d'instituer un ordre juridictionnel propre qu'à la condition qu'elle y soit légalement habilitée. En effet, comme le rappelle l'article 2059 du code civil, la possibilité de l'arbitrage, comme d'ailleurs de la relation contractuelle qu'il prolonge, repose fondamentalement sur la disponibilité des droits que les parties mettent en jeu. Or, à la différence des personnes privées qui ont en principe, la libre disposition de leurs droits, sous réserve des limitations que la loi pose à leur exercice, les personnes publiques n'ont de droits qu'en vue des compétences qui leur sont reconnues dans l'intérêt général. Leur liberté contractuelle est davantage un moyen d'exercer ces compétences qu'un droit subjectif. Cette différence fondamentale entre les personnes privées et les personnes publiques les place face à l'arbitrage dans des positions diamétralement opposées. Alors que les premières ont en principe la liberté d'y recourir, il est en principe interdit aux secondes »[679].

Les conclusions Detton sur l'arrêt *Le Loir* sont également significatives[680]. Si l'auteur utilise dans cette affaire des précédents judiciaires d'une façon tout à fait logique dans la mesure où le procédé litigieux, l'astreinte, est un procédé issu d'« une pratique » du juge judiciaire qui « se justifie dans les rapports de droit privé par sa très réelle efficacité », il vient en revanche à préciser « qu'en droit public, il en va différemment ». L'astreinte ne peut en effet se développer en contentieux administratif à la fois contre l'Administration, car le principe de la séparation de l'administration active et du juge y fait obstacle, et, contre les particuliers, car l'Administration dispose de pouvoirs similaires.

186. On le voit, un bon nombre d'arguments, lesquels peuvent tout autant tenir à une différence de nature juridique entre deux éléments ou à une différence factuelle permettent aux rapporteurs publics de justifier la non-transposition d'un précédent judiciaire en droit administratif. Leur diversité participe à l'idée selon laquelle la possibilité de s'en écarter n'a finalement pas de borne d'un point de vue argumentatif en dépit

---

[679] Concl. Pellissier sur CE, Ass., 9 nov. 2016, *Société Fosmax LNG* : Rec. p. 471.

[680] Concl. Detton sur CE, 27 janv. 1933, *Le Loir* : D. 1934.III.68.

de certaines prises de position formelles des auteurs de conclusion ; le caractère transposable d'un précédent judiciaire parait en effet toujours légitimement réfutable, l'autonomie du droit administratif, et les spécificités de l'action administrative qu'elle implique, jouant dans le sens d'une présomption de dissemblance entre les situations, les notions, les concepts, les natures et catégories juridiques mobilisées dans la résolution d'un litige. En ce sens, l'autonomie du droit des contrats administratifs peut toujours jouer à la façon d'un argument d'autorité pour réfuter toute transposition d'une solution issue de la jurisprudence judiciaire sans qu'aucune réflexion ne soit engagée sur la légitimité d'une solution distincte. Certes, en pratique une telle attitude de la part des auteurs des conclusions est exceptionnelle, ces derniers se sentant généralement tenus de justifier les raisons les poussant à s'en écarter. Malgré tout, elle n'est pas inexistante. C'est ce que nous croyons percevoir notamment lorsqu'il est expliqué que « malgré ces précédents [judiciaires], dont nous ne pensons pas qu'ils vous lient absolument, vous pourriez juger que la commune qui donne son accord à la conclusion du contrat s'engage aussi pour les éventuelles tacites reconductions ultérieures »[681].
Non-transposable au litige, le précédent judiciaire peut aussi être jugé inapplicable, car contestable.

B. Le précédent judiciaire contestable

187. Si le rapporteur public peut toujours choisir de contourner l'application d'un précédent judiciaire qu'il juge inopportun de transposer au droit des contrats administratifs, il est aussi des cas où le précédent judiciaire sera écarté en raison d'un désaccord sur le raisonnement et sur les motifs d'une solution ou, plus généralement, en raison de ses défauts[682]. La

---

[681] Concl. Touvet sur CE, 22 mars 1996, *Assoc. de gestion des écoles Saint-Martin, Jeanne d'Arc, Sainte-Marie, Marguerite-Marie et du Sacré-Cœur* : Rec. p. 93.

[682] Hors du droit des contrats administratifs V. pour des exemples : CE, 23 sept. 2013, n° 350799, *Centre hospitalier universitaire de Saint-Etienne*, Tab. pp. 432, 839, 840 ; *AJDA* 2013. 1835 ; *D.* 2013. 2658, obs. M. Bacache, A. Guégan-Lécuyer et S. Porchy-Simon à propos de la déductibilité de l'allocation aux

stratégie argumentative consistait ici moins à relever les différences fondamentales justifiant la mise à l'écart du précédent judiciaire que de mettre en évidence ses défauts. L'auteur des conclusions s'évertuera alors à trouver des arguments lui permettant de le contourner en raison de sa motivation ou de sa portée. Toutefois, pour qu'une telle stratégie argumentative de neutralisation du précédent judiciaire ne prête pas le flanc à la critique, encore faut-il que l'interprétation et l'appréciation du précédent ne soient pas, sciemment ou non, erronées, et travesties[683]. Si le désaccord avec un précédent judiciaire peut tout à fait s'établir de façon plus directe dans le cadre d'un dialogue officiel ou officieux, entre le Conseil d'État et la Cour de cassation, il peut aussi résulter tout aussi franchement de la posture adoptée par les rapporteurs publics.

188. Tout un arsenal argumentatif est à la disposition des rapporteurs publics pour juger un précédent judiciaire contestable et ainsi justifier de sa mise à l'écart. La stratégie consiste alors à mettre en avant soit les défauts d'un précédent (A.), soit les erreurs d'interprétation (B.). Les auteurs des conclusions paraissent toutefois, dans l'un et l'autre des cas, n'user de ces procédés qu'avec parcimonie, sans doute en raison de la nécessité pesant sur eux d'entretenir une entente cordiale entre les deux ordres de juridiction et de faire preuve d'un certain respect, à tout le moins de diplomatie. Finalement, si la neutralisation du précédent judiciaire passe principalement par l'emploi du *distinguishing*, sa critique négative n'en reste pas moins utilisée. Il ne faut tout de même pas exclure l'idée qu'un arbitrage puisse être opéré par les auteurs des conclusions entre le « risque » pour les bonnes relations entre les ordres juridictionnels que peuvent engendrer la critique du précédent judiciaire et son apport au renforcement de la motivation du raisonnement.

---

adultes handicapés de la réparation du préjudice corporel. - CE 9 juill. 2003, *Assistance publique - Hôpitaux de Paris c/ Marzouk*, n° 220437 : Rec. p. 338 ; *AJDA* 2003. 1946, note M. Deguergue ; *D.* 2003. 2341 à propos de la responsabilité sans faute des établissements de santé du fait de l'utilisation d'un produit de santé.

[683] Cf. *supra.*

1. La promotion des inconvénients

189. La mise en évidence des défauts et des inconvénients d'un précédent judiciaire se manifeste par une certaine diversité argumentative. Les auteurs des conclusions peuvent ainsi mettre en avant la désuétude d'un précédent judiciaire, ses conséquences inéquitables, indésirables ou illogiques, ses incertitudes, son incohérence, sa marginalisation, son isolement ou l'antinomie entre précédents judiciaires, les doutes quant à sa portée pratique[684], etc.

Toutefois, dans certains cas, si le caractère critiquable d'un précédent judiciaire est bien exposé, la critique en elle-même n'est ni développée et explicitée ni même synthétisée ; l'auteur des conclusions se contente alors d'écarter le précédent judiciaire sans aucune forme de discussion, comme si celle-ci paraissait aller de soi. C'est ainsi qu'on peut lire, à propos de décisions admettant que le juge judiciaire « peut, sans déni de justice, refuser de statuer sur les litiges portés devant lui d'un commun accord par les parties, et qui ne relèveraient point de son ressort en vertu de l'art. 59 c. pr. Civ., s'il estime qu'il est trop chargé d'affaires (V. en ce sens, Boitard, Colmet-Daage et Glasson, *Leçons de procédure civile*, 15e édit., p. 329 ; Garsonnet et Cézar-Bru, *Traité théor. et prat. de procédure*, t.1, p. 639 ; Req. 11 mars 1807 ; Rennes, 22 mars 1828) » que « semblable théorie, très discutable et d'ailleurs discutée, ne saurait être étendue en droit administratif »[685] sans aucune forme d'explication. De la même façon, si le commissaire du gouvernement Odent énonce que « l'analyse et la critique de cette jurisprudence ont été faites par

[684] S'il ne s'agit pas d'écarter le précédent judiciaire V. Concl. Chardeau sur CE, sect., 13 juill. 1956, *Office public d'habitation à loyers modérés du département de la Seine* : Rec. p. 343 « Et même un arrêt récent de la Cour de cassation, Chambre commerciale, (17 avril 1956, publié à la Semaine juridique du 6 juin) a condamné la ville de Marseille, sous astreinte, à payer une indemnité d'expropriation. On peut faire des réserves sur cette dernière solution et avoir, en tout cas, des doutes sur sa portée pratique, faute de voie d'exécution ».

[685] Concl. Mayer sur CE, 1er août 1924, *Chem. de fer de l'État c. Gauthereau* ; Dalloz 1924, III., p. 55

M. Pierre Laroque dans son ouvrage sur *Les usagers des services publics industriels* (p. 161 et s.). Les arrêts qu'il cite (Civ. 20 févr. 1923, *Grandin*, D.P. 1926.1.43 ; Civ. 10 févr. 1932, *Soc. Nord-Lumière*, et 24 oct. 1933, *Soc. l'Electrique de Bretagne,* D.P. 1935.1.33, note M. Blaevoet) paraissent conformes à la jurisprudence la plus récente (Req. 17 mai 1938, *Soc. anon. Tarn et Agout*, D.H. 1938. 419) » il n'explique pas ce qui est contestable[686].

190. Dans d'autres cas, la critique est davantage explicitée[687]. C'est en réalité surtout le caractère indésirable en raison des conséquences du précédent judiciaire qui est mis en avant. Il ne s'agit alors pas tant de considérer comme juridiquement erroné le raisonnement tenu, mais plutôt de prendre en considération ses conséquences. Il est alors implicitement jugé « déraisonnable » précisément en considération des conséquences – inéquitables, illogiques, excessives etc. – auxquelles il aboutit[688].

Dans ses conclusions sur la décision de Section *Mme Gilles*[689], le rapporteur public Boulouis critique en ce sens assez sévèrement la jurisprudence d'Assemblée plénière de la Cour de cassation du 6 octobre 2006 en raison de ses conséquences inéquitables. En effet, et selon lui, « reconnaitre le droit pour le tiers à l'exécution correcte du contrat sans le soumettre à ce à quoi le cocontractant est soumis peut-être synonyme d'injustice ou d'inégalités ». On retrouve également cette mise en avant du caractère inéquitable et illogique d'un précédent judiciaire dans les conclusions du commissaire du gouvernement Corneille, à propos de la question de compétence juridictionnelle pour connaitre des litiges impliquant les agents contractuels des chemins de fer de l'État

---

686 V. *supra*.

687 En dehors du droit des contrats, V. la « sévère crtiqiue sur l'application rigoureuse de l'article 1382 du Code civil par la Cour de cassation en matière d'accidents du travail » de Romieu dans ses conclusions sur CE, 21 juin 1895, *Sieur Cames* ; *D.* 1896.3.66 (F. Rolin, *Essai sur la théorie générale du droit administratif de Jean Romieu*, Ed. La mémoire du droit, 2019, p. 14).

688 À propos des précédents internes G. Leroy, *op. cit.*, n°s 303.

689 Concl. Boulouis sur CE, Sect., 11 juill. 2011, *Mme Gilles* : Rec. p. 334 : « Le second inconvénient est encore plus sérieux : le système avantage la victime tiers par rapport à la victime contractante ».

(même s'il est vrai que la critique est orientée vers une jurisprudence convergente de la Cour de cassation et du Conseil d'État en faveur de la juridiction administrative)[690]. On peut y lire que « c'était le renvoi devant la juridiction administrative des agents des chemins de fer de l'État, pour toute mesure relative à leur fonction. Or, dans l'état de la jurisprudence du Conseil d'État [et de celle de la Cour de cassation], lors de ces arrêts, ce renvoi présentait, pour les employés en cause, des inconvénients. En effet, le fonctionnaire lésé par une mesure administrative, ne pouvait, à cette époque, obtenir réparation du préjudice à lui causé qu'après avoir au préalable fait constater, par la voie du recours pour excès de pouvoir, l'irrégularité de ladite mesure et en avoir obtenu l'annulation. Et ce recours ne pouvait se fonder que sur l'incompétence, le vice de forme, le détournement de pouvoir ou la violation des règlements. Il était rejeté d'avance s'il demandait, purement et simplement, l'appréciation du bien fondé en fait de la mesure prise. Si bien que les agents des chemins de fer de l'État, de par les suites de cette jurisprudence, se trouvaient, en fait, dans un état d'infériorité, vis-à-vis des agents des autres compagnies ; car ils ne bénéficiaient pas, en leur entier, des dispositions de l'art. 1780 du Code civil sur les dommages-intérêts, en cas de renvoi injustifié ».

Un autre exemple illustre parfaitement la prise en compte des conséquences indésirables d'un précédent judiciaire, plus particulièrement eu égard à l'effectivité du contrôle du juge sur les conventions d'arbitrage. Dans l'affaire *Fosmax*, où il s'agissait de déterminer l'intensité du contrôle du juge administratif sur les sentences arbitrales internationales, notamment par rapport aux règles impératives du droit public français relatives à l'occupation du domaine public ou à la commande publique et de l'arbitrabilité d'un litige, le rapporteur public Pellissier[691] n'hésite pas à juger « que la jurisprudence actuelle des juges judiciaires de l'arbitrage ne permet pas de garantir » « un contrôle effectif » imposant alors de s'« en

[690] Concl. Corneille sur CE, 2 juill. 1915, *Repéré, Pépin, Cardona* : Rec. p. 223. Compétence de la juridiction administrative que la loi du 21 mars 1905 a cherché à contrecarrer.

[691] Concl. Pellissier sur CE, Ass., 9 nov. 2016, *Société Fosmax LNG* : Rec. p. 471.

distinguer ». Il rappelle d'ailleurs plus loin, après avoir exposé la jurisprudence judiciaire qu'« un tel contrôle limité à "l'apparence de la conformité de la sentence à l'ordre public" ne permet évidemment pas d'en assurer effectivement le respect. La Cour le justifie par les deux caractéristiques générales de l'office du juge étatique, qui doit se concentrer sur les conséquences de la reconnaissance ou de l'exécution de la sentence et doit éviter de réviser au fond la sentence. Or nous pensons, avec une partie croissante de la doctrine privatiste très critique vis-à-vis de cette jurisprudence judiciaire, que ces principes fondamentaux du contrôle du juge étatique ne font pas obstacle à l'exercice d'un contrôle entier sur le respect de l'ordre public par les sentences arbitrales internationales. En premier lieu, que le contrôle ne porte que sur la sentence et même sur sa reconnaissance ou son exécution ne saurait avoir pour effet d'en réduire l'efficacité à assurer la prééminence de l'ordre public [...]. En second lieu, ce contrôle, qui est donc un contrôle concret, situé dans le litige, qui tient compte des faits et du droit applicable, peut parfaitement être exercé sans rejuger le litige ni, par conséquent, réviser au fond la sentence ».

Dans d'autres cas, aux titres des inconvénients, on relèvera l'ambiguïté d'un précédent judiciaire ou les difficultés pour l'appréhender[692] rendant presque inutilisable la jurisprudence judiciaire dans l'argumentation. Afin de montrer que la position de la Cour de cassation, admettant qu'un tiers puisse invoquer une faute strictement contractuelle à l'appui de son action en responsabilité délictuelle à l'encontre d'un cocontractant, comporte plus d'inconvénients que d'avantages (et ainsi l'écarter), il est fait état d'« une ambiguïté majeure de l'arrêt, celle de la nature ou de la force du lien de causalité entre la faute contractuelle et le dommage. En effet, le passage de la superposition des fautes contractuelle et quasi-délictuelle à

[692] Concl. Labetoulle sur CE, sect., 5 nov. 1982, *Ville de Dôle* : Rec. p. 375 : « La jurisprudence judiciaire se laisse plus malaisément encore appréhender et il est vain de tenter de dresser un tableau ordonné. Ses variations ont naguère alimenté de très riches contributions doctrinales (contrastant avec la modestie des études comparables en droit administratif) où le tenant de chaque thèse opposée pouvait invoquer des décisions de nature à corroborer le bien-fondé de la position ».

l'assimilation de l'une à l'autre n'a de portée que si le juge adopte une vision très compréhensive du lien de causalité »[693].

En faisant un pas de côté, l'inconstance de la jurisprudence judiciaire – et finalement l'absence de véritable précédent – ou ses contradictions[694] peuvent aussi justifier de ne pas s'appuyer sur elle. À propos de la chose jugée, il a pu être par exemple écrit que « quant aux décisions judiciaires, elles évoluent, depuis cinquante ans, dans une telle diversité d'espèces, que les thèses les plus opposées ne sont pas éloignées de trouver toujours un appui. Nous estimons qu'en pareille circonstance, il échet, pour le juge, de s'élever aux principes généraux qui, seuls, peuvent lui donner cette perspective juridique d'où s'apprécient sainement les grandes lignes d'une législation »[695]. Les hésitations de la jurisprudence judiciaire permettent alors de faire implicitement référence à un impératif de cohérence, ce qui la dévalorise.

La désuétude d'un précédent judiciaire n'a quant à elle jamais - du moins dans les conclusions étudiées – été relevée. On peut en effet tout à fait estimer que les circonstances qui justifiaient le précédent judiciaire ont changé de telle sorte qu'il est au jour où le rapporteur public rend ses conclusions, inapte à servir le raisonnement. En revanche, en dehors de la matière du droit des contrats, les conclusions Romieu sur l'arrêt *Lefort et autres*[696] en sont un exemple manifeste : comme le rapporte le Professeur Rolin « Romieu [y] procède à une analyse très approfondie de la jurisprudence de la Cour de cassation pour en déduire que celle-ci est sans doute périmée et doit être écartée »[697].

191. On fera remarquer qu'en revanche les auteurs des conclusions n'hésitent pas pour valoriser un précédent judiciaire qui conforterait leur raisonnement, à promouvoir ses qualités par diverses stratégies. La cohérence et l'« unité doctrinale » de la

---

693 Concl. Boulouis sur CE, Sect., 11 juill. 2011, *Mme Gilles* : Rec. p. 334.

694 Concl. Bertrand sur CE, 25 févr. 1972, *SADE c. Sté Thomson-Houston-Hotchkiss-Brandt* : Rec. p. 168 : « dont certains pourraient être regardés comme contradictoires ».

695 Concl. Riboulet sur CE, 26 juillet 1912, *Cie d'Orléans et du Midi c. L'État* : Rec. 1912, p. 889.

696 Concl. Romieu sur CE, 31 juill. 1903, *Lefort et autres* : Rec. p. 585.

697 F. Rolin, *Essai sur la théorie générale du droit administratif de Jean Romieu*, Ed. La mémoire du droit, 2019, p. 14.

Cour de cassation qui s'opposent à l'incohérence de la jurisprudence du Conseil d'État[698], la présentation de la Cour de cassation comme « gardienne de l'orthodoxie juridique »[699], l'évitement de conséquences choquantes[700], ou encore la constance de la jurisprudence judiciaire[701], l'équité d'une solution[702], l'approbation par la doctrine[703] voire son audace[704] sont autant de procédés de valorisation du précédent judiciaire.

2. *La présentation d'un raisonnement juridique erroné*

192. Il peut arriver que la stratégie argumentative des auteurs des conclusions tende à présenter, d'une façon toujours

---

698 Concl. Bertrand sur CE, 8 oct. 1965, *Commissaire du gouvernement près la commission régionale des dommages de guerre de Dijon c. Renard* : *D.* 1965, p. 239.

699 Concl. Kahn sur CE, Ass., 9 juin 1972, *Sté Électricité pour la Lumière et la Force* : Rec. p. 428.

700 Concl. Gentot sur CE, sect., 12 oct. 1973, SEITA : Rec. p. 565. « mais à l'inverse, il est tout aussi choquant de laisser à la charge du maître de l'ouvrage des réparations dont il est contractuellement exonéré. C'est sans doute cette considération qui a conduit la Cour de cassation à juger expressément qu'une clause prévoyant la garantie totale du maître de l'ouvrage par l'entrepreneur n'était contraire ni aux dispositions des articles L. 466 et suivants du Code de la sécurité sociale ni à aucune disposition d'ordre public ».

701 Concl. Pellissier sur CE, Sect.,19 déc. 2014, *Commune de Propriano* : Rec. p. 395.

702 Concl. Gentot sur CE, sect., 12 oct. 1973, *SEITA* : Rec. p. 565 : référence indirecte à l'équité : « Mais à l'inverse, il est tout aussi choquant de laisser à la charge du maître de l'ouvrage des réparations dont il est contractuellement exonéré. C'est sans doute cette considération qui a conduit la Cour de cassation à juger expressément qu'une clause prévoyant la garantie totale du maître de l'ouvrage [...] ».

703 Concl. Guionin sur CE, 9 janv. 1953, *Ville de Saint-Maurice c. Letot* : D. 1954 p. 278.

704 Concl. Bertrand sur CE, 25 févr. 1972, *SADE c. Sté Thomson-Houston-Hotchkiss-Brandt* : Rec. p. 168 : « *la jurisprudence judiciaire manifeste, avec peut-être encore plus d'audace, la même tendance libérale que la vôtre* ». – V. aussi Concl. Bergeal sur CE, Sect., 11 juill. 2001, *Sté des eaux du Nord* : Rec. p. 351 qui parle à propos d'un arrêt de la Cour de cassation de « *coup d'État jurisprudentiel* », « *d'un arrêt remarqué* » faisant « *une interprétation très constructive des termes de la loi* » ; « *on assista dans ces mêmes années à une véritable offensive du juge judiciaire* ».

mesurée, un précédent judiciaire comme prétendument erroné juridiquement pour pouvoir se justifier de sa mise à l'écart de l'argumentation[705].

Les conclusions Pellissier sur la décision *Société Fosmax* l'illustre. L'affaire posait une question de compétence juridictionnelle pour connaitre d'une demande tendant à l'exequatur de la sentence arbitrale rendue dans le cadre d'un litige né d'un contrat administratif. Après avoir remarqué que la position de la Cour de cassation (Civ. 1re, 8 juillet 2015, *Sté Ryanair*, n° 13-25846, au Bull) divergeait avec celle du Conseil d'État (CE, 19 avril 2013, *Syndicat mixte des aéroports de Charente*) à ce propos, le rapporteur public explicite les motifs du précédent judiciaire : si la Cour de cassation reconnait la compétence du juge judiciaire c'est au motif que la convention de New York pour la reconnaissance et l'exécution des sentences arbitrales étrangères du 10 juin 1958 « interdit toute discrimination entre les sentences étrangères et les sentences nationales ainsi que toute révision au fond » ». Peu convaincu par un tel raisonnement qu'il juge illogique, il continue : « cette justification peut surprendre, car elle aurait plutôt dû conduire la Cour à appliquer à la sentence étrangère le même critère de compétence que celui applicable à la sentence nationale, votre jurisprudence n'ayant par ailleurs jusqu'à présent jamais révisé au fond une sentence arbitrale internationale. La question vous est aujourd'hui posée et la solution que nous vous proposerons devrait faire mentir sur ce point, cet arrêt, qui, en l'état, crée une situation potentielle de conflits positifs qu'il serait souhaitable que le Tribunal des conflits puisse trancher le plus tôt possible ».

Le caractère prétendument erroné d'un précédent judiciaire apparait aussi dans une affaire où il s'agissait de déterminer la nature juridique d'une relation entre les particuliers et les Compagnies de chemins de fer ou de messageries lorsqu'un

---

[705] V. pour un autre domaine que le droit des contrats administratifs CE, sect., 22 mars 2024, *CPAM du Puy-de-Dôme*, n° 455107 ; *AJDA* 2024, p. 639 ; *Ibidem* P. 1017, chron. A. Goin et L. Cadin : le Conseil d'Etat fait ici le cjoix de ne pas suivre la Cour de cassation à la fois en raison des spécificités du juge administratif et d'une interprétation discordante du Code de la sécurité sociale.

dommage a été subi à l'occasion du transport des colis postaux[706]. Si la cause de l'erreur n'est pas explicitée, le commissaire du gouvernement fait bien comprendre son désaveu quant au raisonnement suivi par le juge judiciaire, tout en approuvant la solution, dès lors qu'il écrit qu'il « voit dans la convention du 2 novembre 1880 un contrat administratif dont l'exécution et l'interprétation ne peuvent relever des tribunaux ordinaires ; cet arrêt repose sur l'art. 10 de la convention du 2 nov. 1880. Sur ce dernier motif, des réserves pourraient être faites. Mais ne serait-il pas possible d'arriver à la même solution par des motifs différents ? ».

On retrouve une critique beaucoup plus directe de la jurisprudence judiciaire fondée sur un raisonnement juridiquement erroné à propos de la question de la recevabilité de la demande de mise en cause de l'entrepreneur par une commune en cas de dommage causé à un immeuble à la suite de malfaçons constatées dans l'exécution d'un travail public formée plus de dix ans après la réception du travail à la suite d'une action en indemnité d'un tiers étranger au marché. S'il mobilise des précédents judiciaires, le commissaire du gouvernement Guionin ne cache pas que « cette solution parait appeler de sérieuses réserves »[707]. D'abord, s'interrogeant sur la possibilité pour le maître de l'ouvrage de faire appel à la garantie de son entrepreneur ou de son architecte sur un autre terrain que celui du contrat qu'il a passé avec eux, il estime que « lorsqu'il se retourne contre eux, il ne peut leur reprocher autre chose que d'avoir mal conçu, mal dirigé, ou mal exécuté les travaux dont ils avaient été chargés, c'est-à-dire, en somme, de n'avoir pas correctement exécuté le contrat qu'ils avaient conclu avec lui. [...] Et, du reste, en poussant plus loin l'analyse, il apparait même douteux que l'action directe du tiers contre l'entrepreneur ou contre l'architecte soit vraiment une action en responsabilité délictuelle [...] ». Il en conclut qu'il s'agit d'« une première et sérieuse objection qui s'adresse au fondement même de la

[706] Concl. Valabrègue sur CE, 20 févr. 1891, *Cie des Chemins de fer du Midi c. époux Salles* : Rec. p. 145.

[707] Concl. Guionin sur CE, 9 janv. 1953, *Ville de Saint-Maurice c. Letot* : D. 1954 p. 278. Certes, *in fine* l'auteur des conclusions va tenter de contredire ces critiques.

jurisprudence judiciaire ». Poursuivant, il énonce une deuxième objection au raisonnement tenu par le juge judiciaire tenant à « l'objet particulier de la garantie décennale ». Selon lui, « le délai de dix ans, qui limite cette dernière n'est pas une restriction de la responsabilité normale des architectes ou entrepreneurs. Il en est une aggravation [...]. Mais cette règle aurait été trop défavorable aux maîtres d'ouvrage. Qu'ils soient des individus ou des collectivités publiques, ils ne sont pas hommes de l'art. [...]. N'est-ce pas méconnaitre l'esprit de cette règle que de permettre, par le moyen d'une action en responsabilité quasi-délictuelle, de mettre en cause la même responsabilité pendant trente ans ? |...] ».

Il parait nécessaire de saisir les conséquences d'un tel procédé argumentatif. Qu'un membre de la juridiction administrative juge un précédent judiciaire comme juridiquement erroné n'est pas un acte anodin. Il mérite à notre avis qu'il soit pris au sérieux par les juges judiciaires et cela pour une raison en particulier. On sait en effet que la présentation dans les travaux préparatoires d'un précédent erroné est susceptible de motiver un revirement de jurisprudence[708] aussi bien pour la Cour de cassation[709] que le Conseil d'État,[710] et cela, bien que la sécurité juridique impose aux hautes juridictions de ne procéder à un tel revirement que pour des raisons particulièrement sérieuses[711] ce qui les conduit à n'admettre que rarement leur erreur (et dans la plupart des cas implicitement)[712]. Mais pour opérer un revirement voire une adaptation de leur précédent, encore faut-il qu'elles soient conscientes de leurs erreurs. S'il revient à la doctrine

708 V. G. Leroy, *op. cit.,* n° 281 et s. et les exemples cités par l'auteur.

709 V. C. Atias, « Les paradoxes de l'office du juge et de la sécurité juridique », *D.* 2003, p. 513, spéc. n° 3.

710 H. Le Berre, *Les revirements de jurisprudence en droit administratif de l'an VIII à 1998 (Conseil d'État et Tribunal des conflits),* Paris, LGDJ, coll. « Bibliothèque de droit public », 1999, p. 362, n° 245.

711 V. not. N. Duxbury, *The Nature and Authority of Precedent*, Cambridge University Press, 2008, p. 117.

712 D'autant que les hautes juridictions sont par nature peu aptes à reconnaitre leurs erreurs.

universitaire de les dévoiler[713], les rapporteurs publics peuvent aussi y contribuer. Or, la prise en compte de la critique par le juge judiciaire apparait sans doute plus impérieuse lorsqu'elle provient du juge administratif que lorsqu'elle est le fait de la doctrine universitaire puisqu'elle aboutit dans bien des cas à une conséquence bien concrète : des solutions opposées entre les juridictions judiciaire et administrative et partant, à une potentielle incohérence. Du reste, si le rapporteur public s'associe à la doctrine qui y voit un raisonnement erroné[714], il faut y voir un argument supplémentaire en faveur d'un revirement. En ce sens, la mise en évidence du caractère erroné d'un précédent judiciaire peut emporter, s'il est pris en compte par le juge judiciaire, un progrès du droit.

[713] A. Lacabarats, « La genèse d'un revirement de jurisprudence », *Justice et Cassation*, « La norme, déclin ou renouveau » 2012, p. 57, spéc. p. 58 : « La constance, la fermeté et/ou le caractère particulièrement circonstancié des critiques doctrinales peuvent aussi laisser présager les changements de jurisprudence ».

[714] La doctrine privatiste devrait elle aussi sans doute s'intéresser un peu plus à la jurisprudence administrative.

§2. Le précédent judiciaire adapté

193. Si le rapporteur se rallie à la jurisprudence du juge judiciaire, il n'entend pas nécessairement en transposer l'entièreté du raisonnement et/ou la solution, privilégiant alors un raisonnement propre à régir les particularités du droit administratif. Le procédé argumentatif consiste alors simplement à s'inspirer de la solution et du raisonnement du juge judiciaire tout en modifiant certains de ses aspects ou en aménageant certaines de ses modalités. Le raisonnement tenu par l'auteur des conclusions, tout à la fois, se rapprochera du précédent judiciaire mobilisé tout en s'en différenciant, afin de l'adapter à la situation administrative. Il s'agit ainsi d'aller piocher dans la jurisprudence judiciaire les éléments qu'il est opportun de transposer tout en manifestant un besoin de spécificité, dûment justifié, sur d'autres.
Au-delà de participer à la légitimation du raisonnement, l'adaptation d'un précédent judiciaire montre à quel point le droit privé en général, et la jurisprudence judiciaire en particulier, constitue pour le juge administratif une source possible d'inspiration. Le constat est certes banal, mais il n'en reste pas moins important. Se manifeste alors un intérêt fondamental du recours au précédent judiciaire qui consiste à élargir le champ des solutions possibles qui s'offrent à la juridiction administrative, d'autant que le procédé est particulièrement riche. Les rapporteurs publics disposent en effet d'une très grande marge de manœuvre dans l'adaptation d'un précédent judiciaire. Mais là encore, l'adaptation ne se fait pas sans de sérieuses justifications. Il n'en demeure pas moins que cette stratégie argumentative revient à écarter partiellement, mais légitimement le précédent judiciaire. Si cette exclusion n'est pas directe et n'est pas présentée comme telle, le résultat est le même : l'auteur des conclusions légitimera une solution qui s'écarte bel et bien en partie des précédents judiciaires mobilisés en raison des spécificités de l'action administrative. Cette stratégie vise là encore à éviter une critique fondée sur la cohérence du droit, celle-ci étant assurée par le soin apporté aux justifications de l'adaptation.

194. À cet égard, un exemple topique est la position du rapporteur public Pellissier à l'égard du droit de l'arbitrage[715]. L'auteur expose d'une façon assez complète et remarquable une véritable méthode d'adaptation du droit privé de l'arbitrage. Sans rejeter tout l'acquis du droit privé de l'arbitrage, il en propose des variations, des aménagements qui lui permettent une adaptation des solutions issues de la jurisprudence judiciaire. La citation est peu longue, mais elle mérite d'être reproduite entièrement :

> « Parce que, s'il n'est pas transposable tel quel et nécessite des adaptations aux spécificités de votre contrôle, la méthode consistant à élaborer un droit spécial à partir d'un socle commun dont il ne convient de s'écarter qu'en tant que de besoin vous est habituelle. Vous l'avez suivie de manière générale pour déterminer les règles applicables aux personnes publiques, après avoir été investi par l'arrêt Blanco d'une compétence pour connaitre de leurs litiges. Il serait évidemment trop long d'en faire la démonstration, d'autant qu'elle vous est bien connue. Le droit des contrats fourmille d'exemples de régimes juridiques puisant leur source dans le Code civil, directement ou indirectement par l'intermédiaire des principes généraux du droit (notion de contrat ; vices du consentement ; responsabilités quasi-contractuelles et post-contractuelles ; etc.).
>
> Dans le domaine des transactions en particulier qui, par certains aspects, se rapproche de l'arbitrage, vous avez, comme le rappelait Gilles Le Chatelier dans ses conclusions sur l'avis d'Assemblée du 6 décembre 2002 "Syndicat intercommunal des établissements du second cycle du second degré du district de L'Haÿ-les-Roses" (n° 248153, p. 433), "été conduits à définir un régime de la transaction administrative qui emprunte sur de nombreux points à celui mis en œuvre par les juridictions judiciaires sur la base du Code civil", tout en s'en

---

[715] Concl. Pellissier sur CE, Ass., 9 nov. 2016, *Société Fosmax LNG* : Rec. p. 47. V. aussi Concl. Le Chatelier sur CE, avis Ass., 6 déc. 2002, *Syndicat intercommunal des établissements du second cycle du second degré du district de L'Haÿ-les-Roses* : Rec. p. 435 et en matière de prescription d'une façon moins directe Concl. Lallet sur CE, Sect., 1er juill. 2019, *Association pour le musée des Îles Saint-Pierre et Miquelon* : Rec. p. 271.

éloignant lorsque cela apparaissait nécessaire, par exemple en exerçant sur le fond des transactions un contrôle plus approfondi que le juge judiciaire. Ce que nous allons vous inviter à faire en matière d'arbitrage ne sera pas si différent [...].

Cette méthode nous semble enfin la mieux à même de garantir qu'une fois les principes de votre contrôle posés, le droit français de l'arbitrage international apparaisse comme un droit lisible et cohérent qui intègre harmonieusement les spécificités des différents contrats auxquels il peut s'appliquer ».

La même idée ressort de l'affirmation selon laquelle « ce qui est vrai des tribunaux civils ou de commerce, juges des contrats entre particuliers, est vrai, pour les mêmes motifs, des tribunaux administratifs, juges des contrats passés pour le fonctionnement des services publics. Les raisons de décider sont les mêmes et la jurisprudence administrative peut s'inspirer des décisions rendues par l'autorité judiciaire dans des circonstances analogues. Toutefois, étant donné que les entrepreneurs, fournisseurs ou concessionnaires des services publics sont chargés d'une mission qui présente un intérêt général, les tribunaux administratifs ont le droit, à raison précisément de cet intérêt général qui est en jeu de se montrer plus sévères dans l'appréciation de la conduite de l'entrepreneur, et d'exiger de lui plus d'efforts pour assurer l'exécution de son contrat que les tribunaux judiciaires n'en exigeraient d'un entrepreneur privé »[716].

C'est encore à propos de la solution consistant à fonder sur la subrogation l'action (quasi-délictuelle) des personnes publiques

---

[716] Concl. Tardieu sur CE, 29 janvier 1909, *Cie des messageries maritimes c/ l'État* : Rec. p. 112. – Dans le même sens et pour une expression quasi similaire V. Concl. Chardennet sur CE, 30 mars 1916, *Cie générale d'éclairage de Bordeaux c. Ville de Bordeaux* : Rec. p. 125 ; *D.* 1916. III. p. 26 : « les mêmes règles sont-elles applicables en matière administrative ? Sans doute, vous vous conformez aux principes généraux du Code civil, mais vous avez aussi à tenir compte, lorsqu'il s'agit de marchés de travaux publics, de transports, de fournitures, vous avez à tenir compte des nécessités de l'intérêt général. Tout en admettant les mêmes règles que l'autorité judiciaire en ce qui concerne les évènements de force majeure, avez-vous interprété plus largement le caractère d'évènement de force majeure ou de cas fortuit ».

contre l'entrepreneur et non sur le fondement du contrat et de la garantie décennale que l'on retrouve cette idée d'adaptation : « une troisième objection peut être adressée à l'extension aux travaux publics de la solution judiciaire. Cette solution n'est pas applicable telle quelle en la matière. Elle doit être adaptée aux règles particulières aux dommages de travaux publics. [...]. La jurisprudence judiciaire qui repose sur l'existence d'une responsabilité directe et personnelle de l'exécution envers la victime du dommage ne peut être appliquée en matière administrative qu'au regard de l'entrepreneur »[717].

L'adaptation est parfois présentée comme évidente et naturelle : « et nous adopterons, pour notre part, le système des tribunaux judiciaires en lui apportant, **bien entendu**, les corrections que nécessitent les exigences propres au droit public »[718].

195. L'adaptation peut aussi jouer dans le sens d'un ajout, d'une adjonction plutôt qu'une véritable « mutilation ». Ainsi, après avoir mis en lumière une divergence entre la Cour de cassation et le Conseil d'État à propos de la théorie de l'imprévision, le commissaire du gouvernement précise que ce dernier n'a pas porté atteinte à la théorie civiliste de la force majeure, mais y a seulement adjoint la théorie d'imprévision ce qui permet par ailleurs de réduire l'incohérence à laquelle pourrait conduire l'admission d'une telle théorie en droit administratif[719]. Présentée de cette façon, l'adaptation parait plus acceptable et légitime ; la différenciation est minorée alors qu'il s'agit pourtant pleinement d'une divergence de jurisprudence en matière d'imprévision.

La solution peut aussi être hybride lorsqu'elle s'appuie à la fois sur des précédents judiciaires et des précédents administratifs.

---

[717] Concl. Guionin sur CE, 9 janv. 1953, *Ville de Saint-Maurice c. Letot* : D. 1954 p. 278.

[718] *Idem.* – V. aussi Concl. Pellissier sur CE, Sect.,19 déc. 2014, *Commune de Propriano* : Rec. p. 395 : « si nous ne voyons pas d'obstacle à faire application de ce principe aux droits et obligations définitivement entrés dans le patrimoine du délégataire à la date de la reprise du service par la personne publique délégante, il nous semble devoir être concilié avec la règle selon laquelle les droits et obligations nés de certains engagements ne sont définitivement établis que lorsqu'ils arrivent à leur terme ».

[719] Concl. Riboulet sur CE, 27 juin 1919, *Sté du gaz et de l'électricité de Nice* : Rec. p. 570.

C'est notamment le cas lorsque l'auteur des conclusions tente de concilier les deux jurisprudences[720] : « il y a donc désaccord entre les deux juridictions souveraines et ce désaccord devant se manifester dans l'appréciation du même acte, il importe, croyons-nous, d'examiner la question de très près et de rechercher s'il n'existe pas – non point pour l'affaire actuelle où l'accord ne nous parait malheureusement pas possible – mais, pour l'avenir, un terrain d'entente sur lequel les deux jurisprudences pourraient s'accorder ».
Pour concilier ces deux jurisprudences et en tirer une solution inédite, il retient du précédent interne que « la permission de voirie est un acte émané de l'autorité publique préposée à la garde du domaine public, et ne peut être retirée que dans l'intérêt de la viabilité, de la circulation, de la sécurité : le retrait, dans un intérêt privé ou dans l'intérêt financier de la commune, constitue un détournement de pouvoir comme le déclare à bon droit la Cour de cassation ; ces principes s'appliquent à toutes les permissions de voirie proprement dites, c'est-à-dire à celles qui sont délivrées aux propriétaires ou industriels pour leur éclairage exclusif, sans distribution au public parce qu'il n'y a pas là de question de contrat et que l'intérêt du domaine public est seul en jeu ».
Du précédent judiciaire, il en retient que « les autorisations délivrées aux électriciens pour occuper la voie publique en vue d'effectuer un service de distribution d'éclairage au public sont des actes de gestion, d'ordre contractuel, dont la validité est avant tout subordonnée aux engagements antérieurs que les communes ont pu prendre dans les contrats qui les lient aux compagnies concessionnaires de l'éclairage au gaz. Si donc ces autorisations sont déclarées illicites par le juge de ces contrats, la commune a le droit d'en faire cesser l'effet ».

196. L'adaptation est dans bien des cas plus discrète, plus implicite, et demande une attention plus grande en vue de leur identification. On la retrouve lorsqu'il est dit que « nous pensons toutefois que les exigences propres au service public pour l'exécution duquel ont été conclus ces contrats et sous-contrats **doivent conduire à déroger dans une certaine mesure** à ces conséquences générales de la résiliation du contrat initial sur les

[720] Concl. Romieu sur CE, 6 juin 1902, *Sieur Goret* : Rec. p. 420.

sous-contrats qui en dépendent »[721]. Mais au-delà, l'absence de mention explicite quant au procédé d'adaptation par le rapporteur public n'implique pas nécessairement qu'il n'ait pas été mis en œuvre. Seule sa retranscription a été tue. On dira même que dans la plupart des cas où un précédent judiciaire est mobilisé, les auteurs des conclusions ne se contentent ni de reprendre à l'identique la jurisprudence judiciaire ni de la rejeter en bloc, mais en propose, sans pourtant le dire, des aménagements qui lui permettent d'adapter la solution. Dans ces cas, le recours à la technique de l'adaptation peut susciter la critique, car de fait, les raisons qui la légitimisent ne sont pas explicitées.

Pour finir, on peut se demander si cette situation ne serait pas une manifestation de la doctrine de la « cohérence narrative » énoncée par Dworkin[722]. Selon lui, les « hard cases », notamment les cas nouveaux non explicitement régis par un texte, imposent au juge, coauteur d'un roman que d'autres ont commencé à écrire avant lui, de maintenir une cohérence narrative tout en intégrant dans la suite de l'histoire les valeurs du système juridique telles qu'il les perçoit. Si l'on ose le rapprochement, l'adaptation du précédent judiciaire serait de nature à assurer la cohérence narrative tout en intégrant les valeurs spécifiques à l'action administrative, voire le droit du passé à travers le prisme de la réalité administrative. Autrement exposé, le précédent judiciaire constitue un savoir antérieur qu'il faut reprendre en partie : « le raisonnement juridique ne peut pourtant s'échafauder sur le mode de l'innovation totale et permanente. Pour justifier, pour motiver et pour convaincre, le juriste doit se référer à un savoir antérieur, à une expérience précédente qu'il met en correspondance avec la difficulté présente : il lui faut répéter

[721] Concl. Pellissier sur CE, Sect.,19 déc. 2014, *Commune de Propriano* : Rec. p. 395.

[722] Not. R. Dworkin, *L'empire du droit*, PUF, coll. « Recherches politiques », 1994, trad. E. Soubrenie. – *Prendre les droits au sérieux*, trad. M.-J. Rossignol, F. Limare, PUF, coll. « Léviathan », 1995.- S. A. Lindquist, F. B. Cross, « Empirically Testing Dworkin's Chain Novel Theory : Studying the Path of Precedent », *New York University Law Review*, 2005, vol. 80, p. 1156. – J. Lenoble, « La théorie de la cohérence narrative en droit : le débat Dworkin-MacCromick », *Arch. Phil. dr.*, vol. 33, p. 120.

pour partie »[723]. Or, à considérer que le rapport soit pertinent, s'il existe bien une objectivité des règles et des solutions que le raisonnement des rapporteurs publics est appelé à prolonger, on ne saurait nier l'existence d'un pouvoir discrétionnaire du juge. Le rapport qu'entretient le rapporteur public avec le précédent judiciaire nous parait le démontrer et, par conséquent, permet de réfuter l'objectivisme dworkinien.

§3. Le précédent judiciaire approprié

197. S'il « existe une doctrine pour se débarrasser des précédents jugés gênants », il existe aussi « une doctrine pour utiliser les précédents qui semblent bénéfiques »[724]. On peut ainsi chercher à identifier les hypothèses où le précédent judiciaire sert effectivement d'appui argumentatif à la thèse défendue par l'auteur des conclusions.

Déterminer pourquoi l'action consistant à recourir à un précédent judiciaire est entreprise par le rapporteur public implique de tenter de dresser une typologie des fonctions du précédent judiciaire dans ce cas précis. Si l'on ne saurait être totalement exhaustif tant la pratique des rapporteurs publics est hétérogène[725], cette typologie nous parait toutefois possible et même utile pour saisir les ressorts de l'argumentation fondée sur le précédent judiciaire. Suggérons trois types de classifications des fonctions qui, sans être exclusives l'une de l'autre, peuvent tout à fait se recouper et embrasser l'ensemble des situations où le précédent judiciaire est employé comme un appui dans l'argumentation du rapporteur public.

À la réflexion, elles n'ont rien de très original en comparaison avec d'autres sortes d'arguments. On soutient que les fonctions argumentatives sont finalement proches sinon identiques à

---

[723] V. Ch. Atias, « *Juris dictio* : redire l'inédit », *D.* 1992, p. 281.

[724] K. N. LLewellyn, *The Bramble Bush On Our Law and Its Study*, New Orleans, Louisiana, Quid Pro Books, 2012, p. 68 cité par G. Leroy, *op. cit.*, n° 208.

[725] L'on doit ainsi reconnaitre les limites inhérentes à un tel exercice, à la fois subjectives et immanquablement réductrices compte tenu de la diversité et de la complexité des raisonnements juridiques menés dans le cadre des conclusions.

d'autres arguments juridiques employés dans un raisonnement juridique. L'étude des conclusions composant notre échantillon recoupe en effet assez largement les fonctions assignées par exemple à l'argument sociologique, fonctions identifiées par le Professeur Fenouillet[726]. Tout aussi valable pour notre sujet d'étude, nous nous permettons dans les propos suivants de faire largement référence au cadre d'analyse tracé par cet auteur.
Si l'on tente de classifier les situations où le précédent judiciaire constitue un allié pour le rapporteur public, il faut d'abord présenter le cas où il permet d'agir sur le droit positif ou l'interpréter et l'analyser (A.) ; ensuite, l'hypothèse où il participe à justifier ou à critiquer une solution (B.) ; enfin il est parfois mobilisé au fond pour soutenir l'existence d'une norme jurisprudentielle ou justifier l'émergence d'une notion, de la préciser ou de la faire évoluer (C.).

A. La fonction pratique et la fonction interprétative

198. La fonction d'un précédent peut être pratique lorsqu'il cherche à agir sur le droit positif ou interprétative s'il lui faut plus simplement interpréter et analyser le droit positif, incertain ou fluctuant, pour résoudre le litige.
La fonction interprétative est par exemple perceptible lorsqu'une loi doit être interprétée, à l'aide du seul précédent judiciaire du reste, pour déterminer si le commerce de l'eau peut être l'objet d'un monopole[727]. Elle l'est aussi lorsque, pour déterminer la compétence juridictionnelle pour connaitre des litiges relatifs à des contrats passés en vue de l'exécution de services publics, le commissaire du gouvernement analyse le droit positif pour en déduire une convergence jurisprudentielle à l'œuvre en faveur de la compétence du juge administratif pour connaitre des actions

---

[726] Avant-propos de l'ouvrage collectif *L'argument sociologique. Pluriel et singularité*. D. Fenouillet (dir.), Dalloz, coll. « Thèmes et commentaires », 2015, spéc. p. 11.
[727] Concl. Marguerie sur CE, 17 nov. 1882, *Cie générale des eaux et Ville de Paris c/Cie des eaux de la banlieue et ville de Courbevoie* : Rec. p. 888.

en responsabilité engagées contre les personnes publiques (État puis départements, communes et établissements publics)[728]. C'est encore le cas dans l'hypothèse où, pour appuyer l'interprétation du droit positif selon laquelle « la jurisprudence du Conseil d'État, abondante sur cette question, nous parait faire » une « distinction nécessaire » entre les fautes assimilables à un cas de force majeure et les fautes modifiant seulement l'équilibre financier du contrat pour justifier ou non une décharge de pénalité de retard, la jurisprudence judiciaire est appelée en renfort pour confirmer cet état du droit[729]. Également, c'est bien pour déterminer si, en droit positif, les logements de fonction des agents de la SNCF font partie du domaine public que le commissaire du gouvernement a recours à différents précédents dont l'un est judiciaire[730]. La convergence des jurisprudences, administrative, judiciaire et du Tribunal des conflits lui permet alors d'interpréter le droit positif dans le sens de la domanialité publique de ces logements.

La finalité interprétative est manifeste quand, pour déterminer si le contrat de mandat doit être qualifié de marché de service au sens de la directive du 18 juin 1992, la jurisprudence judiciaire est mobilisée pour définir la notion de mandat en droit positif[731] ou s'il résulte du droit positif que le cahier des charges a un caractère réglementaire pour tout ce qui concerne l'organisation du service public ou non[732].

L'analyse et l'appréciation peuvent aussi être rétrospectives. Telle est le cas à propos du contrôle de la légalité des actes administratifs au regard du droit de la concurrence où « le juge judiciaire s'était [...] heurté à des obstacles que l'évolution de

---

728 Concl. Pichat sur CE, 4 mars 1910, *Thérond* : Rec. p. 193.

729 Concl. Latournerie sur CE, 9 mars 1928, *Cie des Scieries africaines* : *D.* 1930, p. 13.

730 Concl. Heumann sur CE, Sect., 25 mars 1960, *SNCF c. dame Barbey* : Rec. p. 222.

731 Concl. Piveteau sur CE, Ass., 5 mars 2003, *ordre des avocats à la cour d'appel de Paris* : Rec. p. 92 : « La difficulté est d'ailleurs, précisément, de savoir ce qu'est un mandat en matière administrative. En réalité, personne ne le sait très bien. Et c'est cette ambiguïté qui fait à notre avis, l'illégalité de la disposition contestée ».

732 Concl. Bergeal sur CE, Sect., 11 juill. 2001, *Sté des eaux du Nord* : Rec. p. 351.

votre jurisprudence doit pouvoir combler ». Après avoir illustré ce propos à travers « la célèbre affaire des vedettes », le commissaire du gouvernement considère cet état du droit, auparavant lacunaire, aujourd'hui satisfaisant grâce à l'évolution de la jurisprudence du Conseil d'État puisque celui-ci accepte « aujourd'hui, saisi d'un recours contre la décision de signer un tel marché, de juger de sa légalité au regard de l'ordonnance de 1986 »[733]. Une telle démarche lui permet alors de soutenir un approfondissement de l'évolution constatée en matière de droit public de la concurrence et d'énoncer que « cette nouvelle articulation entre droit de la concurrence et droit de la passation des marchés publics oblige à redéfinir les rapports de deux droits qu'on analysait jusqu'à présent comme séparés.

199. Quant à la finalité pratique, elle couvre des situations multiples et diverses. Elle se déduit dès lors qu'il s'agit de concilier des principes énoncés par la Cour de cassation et le Conseil d'État[734], de généraliser une jurisprudence tout en infirmant un précédent interne contradictoire (à propos de l'appel provoqué)[735], de permettre au juge administratif d'appliquer la législation sur les clauses abusives[736] ou encore d'élaborer un « droit public de l'arbitrage »[737]. Dans tous ces cas, le passage par le précédent judiciaire est un élément qui ne peut être occulté tant il conditionne la possibilité pour le rapporteur public d'agir sur le droit positif.

B. La fonction justificative et la fonction critique

200. La fonction justificative et son contraire, la fonction critique, sont sans doute les finalités les plus apparentes, les plus

---

733 Concl. Bergeal sur CE, avis, 8 nov. 2000, *Sté Jean-Louis Bernard Consultants* : Rec. p. 495.

734 Concl. Romieu sur CE, 6 juin 1902, Sieur Goret : Rec. p. 420.

735 Concl. Kahn sur CE, Ass., 9 juin 1972, *Sté Électricité pour la Lumière et la Force* : Rec. p. 428.

736 Concl. Bergeal sur CE, Sect., 11 juill. 2001, *Sté des eaux du Nord* : Rec. p. 351.

737 Concl. Pellissier sur CE, Ass., 9 nov. 2016, *Société Fosmax LNG* : Rec. p. 471.

évidentes et les plus récurrentes si l'on cherche à avoir un aperçu quantitatif des finalités poursuivies. La jurisprudence judiciaire est en effet amplement utilisée tout à la fois pour soutenir une solution particulière (1.) ou, au contraire, pour contester une norme, une décision ou une analyse (2). Dans l'un et l'autre cas, on prête principalement volontiers au précédent judiciaire, la vertu de permettre l'adoption d'une décision plus légitime.

1. Soutenir une solution

201. La fonction justificative peut tout aussi bien soutenir une solution positive pour la renforcer et ainsi la maintenir, qu'une solution inédite, une solution prospective qu'il s'agit de défendre.

Dans bien des cas, la concordance des jurisprudences administrative et judiciaire est mise en lumière pour renforcer la solution admise par la première. Des expressions telles qu'« il a été constamment réaffirmé tant par votre jurisprudence [...] que par celle de la Cour de cassation »[738], « tel est également le sens de la jurisprudence de la Cour de cassation »[739], « à l'instar de la Cour de cassation »[740], « le parallélisme de votre jurisprudence avec celle de la Cour de cassation [...] parait militer en faveur de son maintien » [741] ou encore « telle est d'ailleurs la jurisprudence constante de la Cour de cassation, qui constate en un tel cas un non-lieu à statuer »[742] le prouvent aisément[743].

---

[738] Par exemple Concl. Geffray sur CE, Ass., 8 avr. 2009, *Cie générale des eaux et commune d'Olivet* : Rec. p. 120.

[739] *Idem.*

[740] Concl. Bertrand sur CE, 8 oct. 1965, *Commissaire du gouvernement près la commission régionale des dommages de guerre de Dijon c. Renard* : *D.* 1965, p. 239.

[741] *Idem.*

[742] Concl. Dacosta sur CE, Ass., 11 juill. 2008, *Sté Krupp Hazemag* : Rec. p. 275.

[743] V. également Concl. Latournerie sur CE, 9 mars 1928, *Cie des Scieries africaines* : *D.* 1930, p. 13 : « La jurisprudence du Conseil d'État, abondante sur cette question, nous parait faire cette distinction nécessaire » établie par la Cour de cassation. – Concl. Touvet sur CE, 22 mars 1996, *Assoc. de gestion des écoles Saint-Martin, Jeanne d'Arc, Sainte-Marie, Marguerite-Marie et du*

Plus précisément, c'est pour soutenir une jurisprudence du Conseil d'État sur la légalité de la création d'un monopole pour l'éclairage privé, et avant de s'interroger sur l'étendue du droit qui a été conféré (éclairage seulement au gaz ou aussi à l'électricité), qu'un précédent judiciaire concordant a pu être mobilisé[744]. Elle apparait également lorsqu'il est avancé, sur la question de savoir si une mise en demeure est nécessaire avant le prononcé de la déchéance d'un concessionnaire et après avoir exposé la jurisprudence judiciaire, qu'« en droit administratif les règles sont les mêmes ». Romieu recourt manifestement à des précédents judiciaires pour appuyer la cohérence et la légitimité d'une solution déjà dégagée par le Conseil d'État qu'il ne souhaite pas remettre en cause. Il n'hésite d'ailleurs pas, plus loin, à mobiliser la convergence des jurisprudences pour dégager les « principes généraux sur lesquels l'administration peut s'appuyer pour prononcer la déchéance quand elle se trouve en présence de cahiers des charges »[745]. La même finalité est poursuivie quand il est énoncé, à propos de la notion d'autorité de la chose jugée, que « c'est là ce qu'enseignent les civilistes les plus éminents, dont les théories se retrouvent tant à votre jurisprudence personnelle que dans celle de l'autorité judiciaire et surtout lorsque le commissaire du gouvernement se tourne vers les membres de la juridiction pour les interroger de la façon suivante : « dira-t-on, Messieurs, qu'en statuant de la sorte, vous méconnaissez, avec la Cour de cassation, les dispositions de l'art. 5 du Code civil ? »[746]. Par ce procédé, l'auteur des conclusions associe même le Conseil d'État et la Cour de cassation pour anticiper une critique, la minorer, en précisant qu'elle vaut autant pour l'un et l'autre, leur jurisprudence étant cohérente. C'est aussi le détour par le communiqué de la Cour de cassation accompagnant deux arrêts du 14 avril 2006 qui permet au

Sacré-Cœur : Rec. p. 93 : « Et la jurisprudence judiciaire va dans le même sens ».

744 Concl. Valabrègue sur CE, 26 déc. 1891, *Cie du gaz de Saint-Étienne c. Ville de Saint Étienne* : Rec. p. 789.

745 Concl. Romieu sur CE, 5 mars 1897, *Sieur Verdie*r (1ere esp.), sieur Daumas (2eme esp.), Sirey 1898.3.17.

746 Concl. Riboulet sur CE, 26 juillet 1912, *Cie d'Orléans et du Midi c. L'État* : Rec. 1912, p. 889.

rapporteur public de ne pas s'interroger sur l'opportunité d'une remise en cause de la condition d'extériorité de la force majeure en matière contractuelle admise par une jurisprudence du Conseil d'État forte ancienne et constante[747].
L'évolution du précédent judiciaire peut aussi être exposée pour montrer l'état moins hésitant de la jurisprudence administrative. Tel a été le cas à propos du caractère réglementaire des cahiers des charges pour ce qui concerne l'organisation du service public comme pour mieux montrer qu'aujourd'hui, la solution est la même que celle adoptée par le juge administratif et ainsi renforcer sa légitimité[748].
Tel est aussi le cas lorsqu'il s'est agi de savoir si la faute de l'appauvri devait être prise en compte dans une situation d'enrichissement sans cause. Après avoir constaté que « des considérations subjectives sont toujours intervenues dans la jurisprudence du juge judiciaire, et [qu'] on en trouve également trace dans la vôtre », l'évolution et les hésitations de la Cour de cassation sont relevées (« il a d'abord été jugé, à plusieurs reprises » ; « Puis la 1re chambre a infléchi sa jurisprudence » ; « mais la Chambre commerciale, pour sa part, parait s'en tenir à la jurisprudence antérieure ») pour enfin proposer de ne pas renoncer « de façon absolue, à tenir compte de la faute commise par l'appauvri »[749].

202. Dans d'autres hypothèses, certains auteurs s'appuient sur un précédent judiciaire pour soutenir une solution originale, qu'elle soit inédite ou qu'elle procède d'un revirement, sans que cela soit présenté explicitement ainsi. Quelques exemples le montrent.
Pour consacrer un double principe de liberté - pour les opérateurs publics subventionnés de candidater à un marché public[750], pour un concessionnaire bénéficiant de privilèges pour les activités de service public qu'il assure, de concurrencer le secteur privé au-

[747] Concl. Ciavaldini sur CE, 4 oct. 2021, *Société sportive professionnelle Olympique de Marseille* : Rec. p. 291.
[748] Concl. Bergeal sur CE, Sect., 11 juill. 2001, *Sté des eaux du Nord* : Rec. p. 35.
[749] Concl. Dacosta sur CE, Sect., 10 avr. 2008, *Sté Decaux et département des Alpes-Maritimes* : Rec. p. 156.
[750] Ce que n'interdit pas la liberté d'entreprendre.

delà de la concession[751] - le commissaire du gouvernement fait état d'une « jurisprudence déjà ancienne ». Selon elle, « on ne saurait interdire au concessionnaire d'un service public une activité industrielle ou commerciale étrangère à l'objet même de sa concession qu'autant qu'il est établi que les avantages que sa concession lui procure ont pour effet de rompre en sa faveur, dans l'exercice de son industrie, l'égalité qui doit présider au libre jeu de la concurrence ». Or, « l'auteur de ces propos » n'est ni le Conseil d'État ni « la Cour de justice des Communautés européennes, mais la Cour de cassation »[752]. De même, envisageant pour la première fois l'application par le juge administratif de la législation sur les clauses abusives et le caractère abusif d'une clause mettant à la charge du consommateur les conséquences d'un cas fortuit, l'auteur des conclusions a exclusivement recours à la jurisprudence judiciaire, précisant, pour la seconde question, que « les critères d'interprétation utilisés par le juge judiciaire peuvent vous guider dans cette appréciation »[753].
La jurisprudence judiciaire est aussi mobilisée pour interpréter la notion d'onérosité d'un contrat où il n'y a aucune « raison de [s'] écarter de l'interprétation retenue par la Cour de cassation »[754] ; quand il est envisagé d'ouvrir aux tiers une action pour contester la validité d'un contrat administratif, cette solution n'apparaissant pas « hors de portée si l'on veut bien considérer que la jurisprudence de la Cour de cassation elle-même apporte un certain nombre de nuances et de tempéraments au principe de l'effet relatif des contrats »[755] ; ou encore pour proposer la solution admise par la Cour de cassation permettant de fixer un plancher dans le pouvoir de modulation juridictionnelle du

---

[751] Ce que n'interdit pas la liberté du commerce et de l'industrie.
[752] Concl. Bergeal sur CE, avis, 8 nov. 2000, *Sté Jean-Louis Bernard Consultants* : Rec. p. 495 : « L'auteur de ces propos n'est pas la Cour de justice des Communautés européennes, mais la Cour de cassation dans une décision (Cass. civ. 15 janvier 1936, *Cie des omnibus et tramways de Lyon* [...] ».
[753] Concl. Bergeal sur CE, Sect., 11 juill. 2001, *Sté des eaux du Nord* : Rec. p. 351.
[754] Concl. Casas sur CE, Ass., 4 nov. 2005, *Sté Jean-Claude Decaux* : Rec. p. 480.
[755] Concl. Casas sur CE, Ass., 16 juill. 2007, *Sté Tropic Travaux signalisation* : Rec. p. 363.

montant des clauses pénales, la clause pénale poursuivant les mêmes fonctions en droit administratif et en droit privé[756].

203. La mise en exergue d'une situation paradoxale à laquelle conduirait une solution divergente de celle d'un précédent judiciaire exposé est aussi un argument venant en appui au raisonnement tenu. Ce n'est pas tant parce que la solution parait bien fondée et pertinente, mais davantage pour des raisons de cohérence prises en elles-mêmes que le rapporteur public use de l'analogie. Ainsi, après avoir proposé une analyse qui correspond à celle de la jurisprudence judiciaire relative à des litiges identiques entre particuliers, le commissaire du gouvernement Guionin poursuit en ces termes : « insisterons-nous, de plus sur son opportunité ? Une discordance avec la jurisprudence de la Cour de cassation sur ce point précis où le juge administratif se réfère aux dispositions mêmes du Code civil serait peu compréhensible sans raison vraiment déterminante. Et il paraitrait à coup sûr étonnant que le droit public, conçu, au moins à l'origine, pour protéger les collectivités administratives, tourne, pour une fois, au désavantage de ces dernières, et au profit de leurs entrepreneurs, personnes privées »[757]. Notons qu'ici est mise en exergue une situation paradoxale à laquelle conduirait une solution divergente du précédent judiciaire exposé.
Un tel procédé est encore plus visible dans les conclusions Casas sur l'arrêt d'Assemblée *Société Tropic Travaux*[758] : « de ces éléments de droit civil, nous retirons par comparaison qu'il ne serait pas inconvenable que des tiers à un contrat administratif puissent intervenir devant le juge du contrat. Outre que c'est par exemple l'opinion, toujours avisée, du Professeur Laurent Richer ("Droit des contrats administratifs" LGDJ, 5e édition, 2006, cf. p. 190), il y aurait là une certaine logique. Le contrat administratif, en tant qu'il est un instrument de l'action administrative, est porteur de l'intérêt général, intérêt nécessairement plus vaste que les intérêts purement privés

[756] Concl. Pellissier sur CE, 19 juill. 2017, Centre hospitalier interdépartemental de psychiatrie de l'enfant et de l'adolescent : Rec. p. 267.
[757] Concl. Guionin sur CE, 9 janv. 1953, *Ville de Saint-Maurice c. Letot* : D. 1954 p. 278.
[758] Concl. Casas sur CE, Ass., 16 juill. 2007, *Sté Tropic Travaux signalisation* : Rec. p. 363.

gouvernant les contrats civils. Nous trouverions du coup assez paradoxal que vous refusiez à admettre pour le contrat administratif ce que le juge judiciaire admet, même sous condition, pour le contrat civil ».

2. *Contester une solution*

204. Dans d'autres hypothèses, la mobilisation de la jurisprudence judiciaire poursuit une fonction critique. Cette jurisprudence peut en effet et indéniablement être la source d'interrogations sur la jurisprudence administrative. La démarche consiste alors pour l'auteur des conclusions à prendre appui sur l'observation des précédents judiciaires pour porter une attention critique à ses propres précédents. Il faut néanmoins reconnaitre qu'une telle finalité est bien souvent dissimulée lorsqu'il s'agit de remettre en cause un précédent interne, les auteurs des conclusions ne le contestant jamais frontalement et directement. La critique est bien souvent feutrée et presque toujours de l'ordre de l'implicite. Autrement dit, ce n'est jamais tant la critique d'un précédent interne qui est exposée, mais plutôt les vertus, l'intérêt et la possibilité d'une évolution ou d'une innovation[759] jurisprudentielle. Voilà pourquoi la jurisprudence judiciaire est quantitativement bien plus mobilisée lorsqu'il s'agit d'appuyer une solution prospective que de contester une solution positive du Conseil d'État ce qui revient certes au même résultat, mais par le biais d'une stratégie argumentative différente.

Mentionnons à titre de contre-exemple, les conclusions Bergeal sur l'arrêt *Président de l'Assemblée nationale*[760]. Si la jurisprudence judiciaire est ici mobilisée, c'est dans le but de montrer l'état insatisfaisant du droit positif – situation de déni de justice selon les termes de Louis Favoreu – en raison tant de la position du juge judiciaire que du juge administratif qui refusent

---

[759] Terme employé par D. Casas à propos de la consécration d'une voie contentieuse directe au profit des tiers contre le contrat administratif qui ne constitue rien d'autre qu'un revirement. Concl. sur CE, Ass., 16 juill. 2007, *Sté Tropic Travaux signalisation* : Rec. p. 363.

[760] Concl. Bergeal sur CE, Ass., 5 mars 1999, *Président de l'Assemblée nationale* : Rec. p. 43.

l'un et l'autre de contrôler les contrats des assemblées parlementaires. Le but est alors de faire évoluer la jurisprudence du Conseil d'État en faveur de la reconnaissance de la compétence de la juridiction administrative (l'auteur parle d'ailleurs d'un « revirement de jurisprudence nécessaire »). Le procédé argumentatif n'est donc pas de démontrer les lacunes, limites ou incohérences des précédents judiciaire et administratif, mais de les associer pour montrer un état du droit conduisant à des dénis de justice et provoquer ainsi un revirement de jurisprudence.

De façon moins franche, le commissaire du gouvernement Casas recourt à la jurisprudence judiciaire (mais aussi à celle de la Cour de Justice des Communautés européennes et de la Cour européenne des droits de l'homme) pour admettre la modulation dans le temps des revirements de jurisprudence dans un « contexte relativement fourni » où le Conseil d'État est resté sur la réserve, ce qui est largement contesté[761].

La fonction critique permet ainsi de contester le droit positif. À propos des astreintes, c'est justement la jurisprudence judiciaire et l'évolution de sa pratique en droit privé qui conduisent le commissaire du gouvernement Chardeau à reconnaitre au juge du référé administratif, lorsque l'administration ne détient aucun pouvoir de décision ou d'exécution, un pouvoir d'injonction accompagnée d'astreintes[762]. La finalité poursuivie par l'auteur des conclusions est ici très claire. Il s'agit bien *in fine* de contester l'état du contentieux administratif qui ne fait aucune place à l'astreinte.

Tel est encore le cas dans une affaire où le commissaire du gouvernement, après avoir constaté que la Section du contentieux du Conseil d'Etat a réglé « par des solutions contraires deux hypothèses que, jusque-là, nul ne songeait à dissocier » (l'appel provoqué est recevable s'il est dirigé contre le garant ; il n'est pas recevable s'il est dirigé contre le demandeur principal), cherche à « montrer […] que la distinction sur laquelle est fondée la

---

[761] Concl. Casas sur CE, Ass., 16 juill. 2007, *Sté Tropic Travaux signalisation* : Rec. p. 363.

[762] Concl. Chardeau sur CE, Sect., 13 juill. 1956, *Office public d'habitation à loyers modérés du département de la Seine* : Rec. p. 343.

jurisprudence [administrative] est arbitraire dans son principe et que, contraire à la doctrine judiciaire comme à votre pratique elle-même, cette jurisprudence, enfin, est particulièrement défavorable aux collectivités publiques »[763]. Ici, le précédent judiciaire est largement mobilisé pour soutenir une évolution de la jurisprudence administrative à bien des égards contestée par le commissaire du gouvernement pour ses contradictions infondées.

C. La fonction normative et la fonction notionnelle

205. La référence au précédent judiciaire peut être de nature « à libérer le raisonnement de certains carcans conceptuels sclérosants en ouvrant la porte à d'autres grilles de lecture »[764] ou en faisant du précédent judiciaire une boîte à outils dans laquelle puiser les éléments nécessaires à la résolution du litige. Finalement, on peut interpréter le détour par la jurisprudence judiciaire comme une façon d'élargir l'horizon du rapporteur public et faire de cette ouverture le fondement d'une amélioration des arguments avancés à l'appui du raisonnement mené et par là, sa légitimité du point de vue de la raison. Nous sommes convaincus que le moteur du développement du droit administratif français réside en partie au moins dans la rencontre de visions différentes et la confrontation de perspectives variées. C'est précisément ce qu'offre la jurisprudence judiciaire lorsqu'elle vient soutenir l'existence d'une norme jurisprudentielle (finalité normative) ou justifier l'émergence d'une notion, la préciser ou la faire évoluer (finalité notionnelle).

206. Le précédent judiciaire se dote ainsi d'une fonction normative quand, pour admettre que seule la sanction de la nullité doit être admise en cas d'une fraude à la loi, il est dit que les principes à appliquer dans l'espèce sont « exposés dans l'ouvrage de M. Bédarrides sur la fraude » et que « c'est par application de ces principes que la jurisprudence de la Cour de cassation a admis

---

[763] Concl. Kahn sur CE, Ass., 9 juin 1972, *Sté Électricité pour la Lumière et la Force* : Rec. p. 428.

[764] H. Muir-Watt, « La fonction subversive du droit comparé », *RIDC* 2000, p. 503.

qu'en matière de cession d'office une contre-lettre dérogeant aux conditions de prix fixé par l'autorisation du gouvernement, constitue une convention illicite, nulle et de nul effet. La Cour de cassation a consacré, comme la conséquence inévitable de cette règle, le droit pour la partie elle-même qui a concouru à la confection de la contre-lettre de répéter les sommes payées à titre de supplément de prix »[765]. C'est aussi le cas lorsque, pour dégager « les principes généraux sur lesquels l'administration peut s'appuyer pour prononcer la déchéance quand elle se trouve en présence de cahiers des charges », le commissaire du gouvernement Romieu mobilise la jurisprudence judiciaire[766] ou encore, pour élaborer la règle selon laquelle sont irrecevables les demandes de mises en cause des entrepreneurs plus de dix ans après la réception des travaux à la suite d'une action indemnitaire d'un tiers, il est simplement transposé « la jurisprudence judiciaire relative à des litiges identiques »[767]. Le même constat se dresse à la lecture des conclusions Bertrand[768] où est érigée la règle, élaborée par la Cour de cassation, selon laquelle l'interprétation des stipulations du contrat par le juge du fond qui n'a ni méconnu une clause claire et précise ni dénaturé la commune intention des parties, ne relève pas du contrôle de cassation. Pour proposer de transposer en droit administratif cette règle d'origine civiliste, l'auteur invoque le fait qu'« il ne faut pas oublier en effet que la Cour est souvent appelée à contrôler l'application d'un contrat par le juge du fond, tandis que vous n'avez à exercer semblable contrôle qu'à une fréquence de l'ordre vicennal. Cela peut justifier l'alignement, dans une large mesure, de votre jurisprudence sur la jurisprudence judiciaire ». La consécration d'une obligation de résultat mise à la charge des architectes et entrepreneurs dans le cadre de la garantie

---

765 Concl. Jagerschmidt sur CE, 14 févr. 1890, *Roussey c. commune de Longevelle* : Rec. p. 179.
766 Concl. Romieu sur CE, 5 mars 1897, *Sieur Verdie*r (1ere esp.), sieur Daumas (2eme esp.), Sirey 1898.3.17.
767 Concl. Guionin sur CE, 9 janv. 1953, *Ville de Saint-Maurice c. Letot* : D. 1954 p. 278.
768 Concl. Bertrand sur CE, 8 oct. 1965, *Commissaire du gouvernement près la commission régionale des dommages de guerre de Dijon c. Renard* : *D*. 1965, p. 239.

décennale[769] et celle d'un pouvoir de modulation à la baisse des pénalités de retard manifestement excessives reconnu au juge administratif[770] est là aussi manifestement le résultat d'une argumentation, pour beaucoup fondée sur la transposition d'une norme issue d'un précédent de la Cour de cassation.

207. Quant à l'hypothèse d'une mobilisation de précédents judiciaires dans le but de consacrer, définir ou faire évoluer une notion, on la retrouve tout autant lorsque l'auteur des conclusions s'interroge sur la force majeure en matière contractuelle – « qu'est-ce que la force majeure ? »[771] – ou sur la mutation de cette notion en raison d'une jurisprudence ambiguë de la Cour de cassation (à propos du possible abandon de la condition d'extériorité[772]) ; pour s'interroger sur l'opportunité d'offrir au juge administratif le pouvoir de prononcé des astreintes « d'origine judiciaire » et nécessitant alors de « l'analyser telle que l'ont définie et telle que l'appliquent les tribunaux civils »[773] ; pour dégager une responsabilité trentenaire pour fraude ou dol applicable aux contrats administratifs[774] ; pour définir les notions communes aux deux droits de clauses abusives[775], de pratiques anticoncurrentielles[776], d'onérosité du contrat[777],

[769] Concl. Rougevin-Baville sur CE, Ass., 2 févr. 1973, *Sieur Trannoy* : Rec. p. 95.

[770] Concl. Pellissier sur CE, 19 juill. 2017, *Centre hospitalier interdépartemental de psychiatrie de l'enfant et de l'adolescent* : Rec. p. 267.

[771] Concl. Tardieu sur CE, 29 janvier 1909, Cie des messageries maritimes c/l'État : Rec. p. 112. Dans le même sens, afin de répondre à la question de savoir si le cas fortuit doit se distinguer de la force majeure V. Concl. Latournerie sur CE, 25 janvier 1929, *Sté du gaz de Beauvais* : Rec. p. 94.

[772] Concl. Ciavaldini sur CE, 4 oct. 2021, *Société sportive professionnelle Olympique de Marseille* : Rec. p. 291.

[773] Concl. Detton sur CE, 27 janv. 1933, *Le Loir* : D. 1934.III .68. – Concl. Chardeau sur CE, Sect., 13 juill. 1956, *Office public d'habitation à loyers modérés du département de la Seine* : Rec. p. 343.

[774] Concl. Vught sur CE, Sect., 24 mai 1974, *Sté Paul Millet et cie* : Rec. p. 310.

[775] Concl. Bergeal sur CE, Sect., 11 juill. 2001, *Sté des eaux du Nord* : Rec. p. 351.

[776] Concl. Bergeal sur CE, avis, 8 nov. 2000, *Sté Jean-Louis Bernard Consultants* : Rec. p. 495.

[777] Concl. Casas sur CE, Ass., 4 nov. 2005, *Sté Jean-Claude Decaux* : Rec. p. 480.

d'enrichissement sans cause[778], de cause[779] ou encore de vices du consentement[780].

Enfin, si le précédent judiciaire n'est pas la source d'une notion dont l'auteur des conclusions proposerait la transposition en droit des contrats administratifs, il peut néanmoins constituer un élément de comparaison utile pour appuyer, en raison des spécificités propres au droit des contrats administratifs, la naissance d'une nouvelle notion qui n'existe pourtant pas dans la jurisprudence judiciaire. Si le précédent judiciaire est mobilisé, c'est donc bien dans le but de légitimer l'élaboration d'une notion, mais par une stratégie argumentative consistant à mettre en exergue les différences fondamentales entre le droit privé et le droit administratif. Le précédent judiciaire apparait alors moins comme un vivier dans lequel puiser une notion, un mécanisme ou une règle, qu'un élément de comparaison pour justifier l'apparition d'une notion exclusive au droit public. C'est très clairement ce qui ressort des propos des commissaires du gouvernement au début du XXe lors de l'élaboration de la théorie de l'imprévision. On peut lire dans les conclusions Chardenet sur la décision *Compagnie générale d'éclairage de Bordeaux*, après avoir exposé la jurisprudence judiciaire sur la force majeure, que si le Conseil d'État se conforme [...] aux principes généraux du Code civil », il doit aussi « lorsqu'il s'agit de marchés de travaux publics, de transports, de fournitures [...] tenir compte des nécessités de l'intérêt général » ; que « tout en admettant les mêmes règles que l'autorité judiciaire en ce qui concerne les évènements de force majeure, avez-vous interprété plus largement le caractère d'évènement de force majeure ou de cas fortuit »[781] . Cela fera ensuite dire au commissaire du gouvernement Riboulet, trois ans plus tard que « la divergence qu'apporte à cette doctrine votre droit administratif réside dans

[778] Concl. Dacosta sur CE, Sect., 10 avr. 2008, *Sté Decaux et département des Alpes-Maritimes* : Rec. p. 156.

[779] Concl. Cortot-Boucher sur CE, 27 févr. 2015, *Commune de Béziers* : Rec. p. 70.

[780] Par exemple pour l'erreur : Concl. Pellissier sur CE, 9 nov. 2018, *Société Cerba* : Rec. p. 411.

[781] Concl. Chardennet sur CE, 30 mars 1916, *Cie générale d'éclairage de Bordeaux c. Ville de Bordeaux* : Rec. p. 125 ; *D.* 1916. III. p. 26.

le fait que sans porter atteinte à la théorie civiliste de la force majeure, vous y avez adjoint, dans l'intérêt de la gestion de la chose publique, votre doctrine déjà ancienne de "l'imprévision" »[782].

---

[782] Concl. Riboulet sur CE, 27 juin 1919, *Sté du gaz et de l'électricité de Nice* : Rec. p. 570. – V. aussi Concl. Corneille sur CE, 18 févr. 1918, *Sté d'éclairage de Poissy* ; Rec. p. 121.

Conclusion du chapitre 2.

208. Si elle existe indubitablement, la contrainte générée par le précédent judiciaire est en réalité loin d'être absolue. Au contraire, si l'exigence de cohérence implique qu'il soit pris en compte en générant une contrainte motivationnelle, diverses stratégies argumentatives sont mises en œuvre par les rapporteurs publics pour se défaire de la contrainte formelle que le précédent judiciaire fait peser sur eux.

L'existence d'un précédent judiciaire dans une situation analogue en droit privé oblige en quelque sorte le rapporteur public à tenir compte de cette existence, qu'il ne peut nier ou passer sous silence sans se risquer à la critique. Cette prise en compte ne signifie toutefois pas alignement. Certes, parce que le précédent judiciaire peut contraindre potentiellement la réponse à apporter à une question de droit, cela leur impose un effort argumentatif, plus ou moins significatif selon le cas, pour évaluer le précédent judiciaire de la façon la plus opportune et de façon à appuyer leur raisonnement. Cet effort est aussi visible quand il s'agit de moduler le poids qu'il souhaite accorder à un précédent judiciaire ou pour montrer qu'il est intransposable ou, s'il doit l'être, à la condition d'une adaptation aux particularités de l'action administrative.

Il n'en demeure pas moins qu'il leur est toujours permis de s'échapper de cette contrainte par un usage stratégique. La plasticité du précédent, qu'il soit d'ailleurs interne ou externe, et du raisonnement par analogie le permettent largement. Les rapporteurs publics restent entièrement maîtres des opérations d'identification d'un précédent judiciaire pertinent, de son évaluation et de son sort dans l'argumentation tout en préservant, au moins en apparence, la cohérence du droit. En ce sens, le précédent judiciaire n'a en substance aucune obligatoriété pour le juge administratif. La contrainte est seulement motivationnelle.

Le précédent judiciaire peut tout de même être un atout, une aubaine pour l'argumentation de nature à renforcer le raisonnement mené. La contrainte peut ainsi être librement mise en évidence si elle sert la thèse défendue. Dans cette perspective, on comprend bien l'usage des expressions suivantes : « pour s'écarter de la jurisprudence judiciaire dans un domaine où les données de fait des affaires soumises aux deux ordres de juridictions sont bien souvent comparables ; il faudrait, à notre avis, des motifs sérieux »[783] et cela « d'autant plus que la matière contractuelle se prête mal à des divergences entre les deux ordres de juridictions »[784] ; « là encore, pour interpréter une notion qui se trouve à l'identique dans le code des marchés publics et dans le Code civil, nous ne voyons pas de raison de vous écarter de l'interprétation retenue par la Cour de cassation » ; « nous pensons cependant qu'en face d'un problème qui est le même dans son principe, vous ne devez vous écarter de la solution judiciaire qu'en toute connaissance de cause, soit qu'elle vous apparaisse critiquable en elle-même, soit que les nécessités propres aux travaux publics et tenant tant à la mission et aux prérogatives du maître de l'ouvrage qu'au particularisme de ses relations contractuelles avec les hommes de l'art imposent une solution différente »[785].

On ne peut ainsi nier que le rapporteur public choisit et amplifie les arguments qu'il pense être les plus convaincants pour étayer la thèse qu'il soutient et, qu'au contraire, il écarte ou minimise ceux qui la contrarient ou qu'il juge les moins persuasifs. En ce sens et en dépit des apparences, le précédent judiciaire mobilisé au sein d'une argumentation est toujours instrumentalisé pour légitimer la thèse défendue. Ce rôle de légitimitation reste toutefois largement masqué.

---

783 Concl. Le Chatelier sur CE, avis Ass., 6 déc. 2002, *Syndicat intercommunal des établissements du second cycle du second degré du district de L'Haÿ-les-Roses* : Rec. p. 435.

784 Concl. Casas sur CE, Ass., 4 nov. 2005, *Sté Jean-Claude Decaux* : Rec. p. 480.

785 Concl. Rougevin-Baville sur CE, Ass., 2 févr. 1973, *Sieur Trannoy* : Rec. p. 95 :

Conclusion générale.

Pour une référence aux précédents judiciaires dans la motivation des décisions du Conseil d'État ?

210. Arrivé aux termes de cette étude, il est essentiel d'avouer les interrogations qu'elle laisse en suspens. Les décisions prises pour définir son cadre et sélectionner le matériel nécessaire pour la mener à bien ont souvent limité notre capacité à aborder certaines questions en profondeur, nous empêchant ainsi d'apporter des réponses fondées sur une analyse scientifique allant au-delà de la simple intuition.

Il convient de noter en premier lieu que l'acte de connaissance du précédent judiciaire par le rapporteur public reste encore très largement de l'ordre du pressentiment. Certes, les raisons profondes qui peuvent le conduire à en connaitre l'existence même et les sources dans lesquelles il puise la connaissance sont des éléments qui constituent un préalable à sa prise en compte. Ils nous sont demeurés cependant bien inaccessibles dans le cadre de cette étude en raison du matériel utilisé et de la méthodologie que nous nous sommes imposée. Disons seulement que l'on a le sentiment que les écritures des parties et la doctrine jouent un rôle important dans le phénomène de prise de conscience de l'existence d'un précédent judiciaire par le juge administratif. D'autres études, centrées notamment sur les écritures des parties ou sur des enquêtes et interviews suivant une stricte et rigoureuse méthodologie sociologique, pourraient contribuer à éclaircir ces points.

En deuxième lieu, cette étude n'est pas parvenue à montrer des tendances personnelles des rapporteurs publics à user de précédents judiciaires ou d'identifier des modes, du moins des périodes favorables ou non à son usage. Là encore, seules des études plus précises et plus ciblées sur un nombre conséquent de conclusions rendues par quelques rapporteurs publics en particulier ou sur des périodes plus courtes pourraient tenter d'y répondre. Il nous semble que de telles études ne pourraient faire

l'économie d'une approche sociologique et psychosociologique du Conseil d'État et de ses membres.
On soulèvera en troisième lieu et enfin, notre impuissance à montrer à coup sûr la singularité de l'argument tiré du précédent judiciaire en matière contractuelle. Nos analyses peuvent-elles être transposées à tous les domaines abordés par les rapporteurs publics ? Sans doute, mais rien n'est certain en l'absence d'une étude parallèle et systémique dans d'autres domaines. S'il y a spécificité du domaine contractuel, cela tient à notre avis plus à la quantité et la récurrence de précédents judiciaires mobilisés qu'à une véritable originalité de l'argumentation sur leur fondement, parce que les termes, les notions, les principes, les concepts et les règles du droit des contrats administratifs sont à bien des égards et bien souvent communs. Une telle intuition n'a encore rien de certain si l'on veut bien admettre qu'un tel constat est tout aussi valable pour un bon nombre de pans du droit administratif, droit de la responsabilité administrative et droit de la propriété publique en tête.

211. Ces déceptions ayant été partagées, nous voudrions aussi profiter de cette conclusion pour soulever une interrogation. Une autre vision des choses est-elle possible ? Le caractère stratégique et instrumental du précédent judiciaire ne pourrait-il pas avoir une autre explication, tout du moins une autre implication ?
Loin du souci de cohérence, le recours au précédent judiciaire ne peut-il pas être aussi perçu comme un élément s'inscrivant dans le cadre d'une politique de communication et d'influence du Conseil d'État[786] ?
Par le recours à la jurisprudence judiciaire, l'auteur des conclusions met en avant la capacité du Conseil d'État à ne pas ignorer les solutions du juge judiciaire, voire à s'inspirer de certaines de ses solutions. Si cela contribue à légitimer le raisonnement, la solution d'espèce ou la règle jurisprudentielle posée, mobiliser la jurisprudence judiciaire accrédite la réalité d'un dialogue entre le juge judiciaire et le juge administratif. Par

---

[786] V. en ce sens à propos du droit comparé externe F. Melleray, « L'utilisation du droit étranger par le Conseil d'État statuant au contentieux », in *Mélanges en l'honneur du Président B. Genevois*, Dalloz, 2009, p. 779.

là, c'est la diffusion de la jurisprudence du Conseil d'État qui est en jeu. Car s'il veut être en mesure d'influencer et de servir lui-même de modèle au juge judiciaire, de développer une attractivité « externe » de sa jurisprudence, prendre en compte les précédents judiciaires est à l'évidence primordial. Mobilisés dans son raisonnement, les précédents judiciaires conduisent nécessairement à susciter l'intérêt du juge judiciaire pour sa jurisprudence et donc à favoriser en retour, l'influence de la jurisprudence administrative sur la jurisprudence judiciaire.
Autrement dit, pour être pris en compte par le juge judiciaire et pour espérer occuper une place dans l'élaboration de la jurisprudence judiciaire, encore faut-il montrer que le Conseil d'État est capable de s'en inspirer, qu'il est lui-même ouvert à aller plus loin dans le dialogue[787]. Si l'indifférence de l'un à l'égard de l'autre, ne peut conduire qu'à l'indifférence réciproque, l'ouverture de l'un vers l'autre peut à l'inverse susciter des échanges réciproques. C'est très justement ce à quoi conduit la présence des précédents judiciaires dans les conclusions des rapporteurs publics tout en expliquant aussi sa place dans l'argumentation.
On ne saura trop dire que « la Cour de cassation peut et doit compter sur l'aide des autres acteurs de la pensée juridique »[788]. Si les rapporteurs publics ne disposent pas d'un temps de réflexion et d'un recul sur les cas d'espèce aussi importants que la doctrine universitaire, il faut considérer leurs conclusions pour ce qu'elles sont, à savoir de la doctrine, avec leur part d'inspiration critique, novatrice et inventive. Elles constituent alors, à l'égard du juge judiciaire, un élément de réflexion sur des évolutions possibles du droit privé[789] et méritent pour cette raison que les conseillers rapporteurs et les avocats généraux les citent

---

[787] On ne niera bien entendu pas qu'un tel dialogue est déjà à l'œuvre.
[788] A. Lacabarats, « Les outils pour apprécier l'intérêt d'un arrêt de la Cour de cassation », *D.* 2007, p. 889. V. aussi J. Brèthe de la Gressaye, « Droit administratif et droit privé », in *Le droit privé au milieu du XXe s. Études offertes à Georges Ripert*, LGDJ, t.2, 1950, p. 304 où l'auteur appelle à la « collaboration des spécialistes du droit public et du droit privé ».
[789] Pour une perspective plus générale V. J. Antippas, « L'utilisation du droit administratif en droit civil », *RFDA* 2014, p. 795.

au même titre que la doctrine universitaire[790]. Mais cela suppose qu'une communication ait lieu par le médium d'une écriture d'une importance suffisante pour qu'elle soit prise en compte et prise au sérieux.
Pour favoriser le recours aux précédents du Conseil d'État par le juge judiciaire et la doctrine privatiste[791], on se contentera, pour finir, d'une dernière interrogation.

212. L'usage du précédent judiciaire étant courant dans la pratique argumentative des rapporteurs publics, on peut s'interroger sur l'opportunité de divulguer, d'une manière ou d'une autre, le précédent judiciaire dans la motivation juridictionnelle « officielle » lorsqu'il a véritablement pesé sur la solution. Le juge pourrait justifier, sans systématicité, sa solution au regard des précédents judiciaires et institutionnaliser ainsi le dialogue des juges par un biais motivationnel. Loin de conférer au précédent judiciaire un caractère obligatoire, son dévoilement au sein de la motivation conduirait plutôt le juge à montrer le pouvoir discrétionnaire dont il dispose à son égard en explicitant les raisons qui le poussent à le suivre ou à s'en écarter. Tout en renforçant la motivation et la légitimité de la solution, officialiser le recours au précédent judiciaire lorsqu'il a été déterminant par exemple, permettrait tout à la fois de susciter la prise en compte de la jurisprudence administrative par le juge judiciaire et d'en rationaliser sa pratique. Cela n'aurait du reste aujourd'hui rien de choquant depuis que la Cour de cassation accepte, dans le cadre

---

[790] Ph. Jestaz, C. Jamin, « Doctrine et jurisprudence : cent ans après », *RTD civ.* 2002, p. 387 : « Partenaire utile dans l'œuvre d'édification de la jurisprudence ». V. aussi Ph. Jestaz, C. Jamin, *La doctrine*, Dalloz, coll. « Méthode du droit », 2004, 314 p. – G. Canivet, « La Cour de cassation et la doctrine, effets d'optique », in *Mélanges offerts à Jean-Luc Aubert. Propos sur les obligations et quelques autres thèmes fondamentaux du droit*, Dalloz 2005, p. 373. – Ch. Atias, « Debout les ouvriers du droit ! Poids et autorité de la doctrine », in *Mélanges offerts à Jean-Luc Aubert. Propos sur les obligations et quelques autres thèmes fondamentaux du droit*, Dalloz 2005, p. 361. –Ph. Brun, « Sources sulfureuses : remarques cursives sur l'office de la doctrine », in *Libres propos sur le droit. Mélanges Philippe Jestaz*, Dalloz 2006, p. 66.

[791] À notre avis encore insuffisamment pris en compte pour des raisons que l'on ne saurait développer dans le cadre de cette étude.

des décisions rendues en motivation enrichie, de citer des décisions du Conseil d'État[792].

---

[792] V. à ce titre, le guide de rédaction en motivation enrichie publié le 23 septembre 2023, dir. A. Martinel, site de la Cour de cassation :
« - la jurisprudence du Conseil d'Etat est citée non pour servir de fondement à la solution retenue, mais en tant que l'argumentation retenue par le juge administratif est convaincante par rapport au cas étudié :
Ass. Plén., 20 janvier 2023, pourvoi n° 20-23.673, publié au Bulletin, § 11 "11. Enfin, le Conseil d'État juge de façon constante qu'eu égard à sa finalité de réparation d'une incapacité permanente de travail, qui lui est assignée à l'article L. 431-1 du code de la sécurité sociale, et à son mode de calcul, appliquant au salaire de référence de la victime le taux d'incapacité permanente défini à l'article L. 434-2 du même code, la rente d'accident du travail doit être regardée comme ayant pour objet exclusif de réparer, sur une base forfaitaire, les préjudices subis par la victime dans sa vie professionnelle en conséquence de l'accident, c'est-à-dire ses pertes de gains professionnels et l'incidence professionnelle de l'incapacité et que dès lors, le recours exercé par une caisse de sécurité sociale au titre d'une telle rente ne saurait s'exercer que sur ces deux postes de préjudice et non sur un poste de préjudice personnel (CE, section, avis, 8 mars 2013, n° 361273, publié au Recueil Lebon ; CE, 23 décembre 2015, n° 374628 ; CE, 18 oct. 2017, n° 404065)."
3e Civ., 29 juin 2023, pourvoi n° 22-16.034, publié au Bulletin, § 13 "13. Le Conseil d'État a quant à lui jugé que, au sens des articles 44 septies (CE, 28 février 2007, n° 283441), 244 quater B (CE, 13 juin 2016, n° 380490) et 1465 (CE, 3 juillet 2015, n° 369851) du code général des impôts, ont un caractère industriel les entreprises exerçant une activité qui concourt directement à la fabrication ou la transformation de biens corporels mobiliers et pour laquelle le rôle des installations techniques, matériels et outillages mis en œuvre est prépondérant."
- La solution retenue par le Conseil d'État constitue l'un des maillons du raisonnement :
Crim., 16 septembre 2020, pourvoi n° 20-82.389, § 12 et 18 "12. Par un arrêt du 7 juin 2019 (n° 426772,publié au Recueil Lebon), le Conseil d'État a jugé qu'eu égard à son objet et à ses effets sur les conditions de détention, la décision plaçant d'office à l'isolement une personne détenue ainsi que les décisions prolongeant éventuellement un tel placement, prise sur le fondement de l'article 726-1 du code de procédure pénale, porte en principe, sauf à ce que l'administration pénitentiaire fasse valoir des circonstances particulières, une atteinte grave et immédiate à la situation de la personne détenue, de nature à créer une situation d'urgence justifiant que le juge administratif des référés, saisi sur le fondement de l'article L. 521-1 du code de justice administrative, puisse ordonner la suspension de leur exécution s'il estime remplie l'autre condition posée par cet article. 18. En premier lieu, le demandeur n'est pas fondé à se prévaloir de l'incidence d'une mesure d'isolement sur ses conditions d'incarcération à l'occasion d'une demande ayant trait à la détention provisoire,

Toutefois, la pratique de l'autoréférencement rencontrant encore de nombreuses réprobations et le Conseil d'État étant encore très fortement attaché à la fois au modèle syllogistique (et sans doute surtout, à son autonomie) en dépit de quelques propositions internes intéressantes[793], on concède que l'idée que la jurisprudence judiciaire puisse trouver aujourd'hui sa place au sein de la motivation des décisions du juge administratif est à bien des égards idéaliste. On se demande alors si une voie médiane, quoiqu'encore très utopique, ne pourrait pas être empruntée par le biais de la référence aux conclusions du rapporteur public dans la décision elle-même, sur le modèle des arrêts de la Cour de justice de l'Union européenne. Certes, cela impose de réfléchir à la façon dont il est possible de concilier une telle référence avec l'exigence de concision et le maintien du raisonnement par syllogisme (cela est-il seulement possible ?) ; toutefois, une telle référence représenterait l'avantage d'assumer officiellement l'adhésion (ou son objection) de la formation de jugement à certains des arguments avancés par le rapporteur public, en particulier celui tiré du précédent judiciaire tout en dévoilant son poids réel dans la solution. Cela contribuerait même à en rationaliser l'usage et permettrait de dessiner une véritable méthodologie de l'utilisation des précédents judiciaires

dès lors qu'il dispose devant le juge administratif d'un recours effectif de nature à faire cesser celle-ci ».

A. Martinel, « La motivation enrichie prend racine à la Cour de cassation », *JCP G.*, n° 5, 2024, doctr. 172. Ainsi que des décisions de cours suprêmes étrangères V. Cass. ass. plén., 12 mai 2023, n° 22-82.468 citant Supreme Court, 13 nov. 2019, *R v. Reeves Taylor v. Crown Prosecution Service*, [2019] UKSC 51.

[793] *Rapport sur la rédaction des décisions de la juridiction administrative*, Ph. Martin (dir.), 2012 qui montre que les réflexions qui ont guidé le Conseil d'Etat à ce propos ne sont pas si éloignées que celles de la Cour de cassation : « faciliter autant que possible la lecture de la décision et enrichir son contenu informatif, sans rien céder de la rigueur et de la précision du raisonnement du juge ». Toutefois, l'épanouissement du style de la motivation vers plus de pédagogie ne doit pas rompre avec « l'unité de ton » des décisions du Conseil d'Etat nécessaire à la préservation d' « une marque de fabrique des décisions de la juridiction administrative, qui met l'accent sur la rigueur et la clarté du raisonnement juridique, la retenue et l'élégance du propos, l'exactitude et la précision des termes employés » (*Vade-mecum sur la rédaction des décisions de la juridiction administrative*, 2018, p. 3).

par le juge administratif. Ici encore, cela n'aurait rien d'étonnant si l'on se tourne du côté de la nouvelle pratique rédactionnelle au sein de la Cour de cassation. Le guide sur la motivation enrichie préconise en effet de mettre à profit l'avis de l'avocat général s'il a été déterminant dans le délibéré, ce que n'hésite pas à faire la chambre commerciale[794].

En bref, il s'agit de citer pour pouvoir espérer être cité en retour. En citant les conclusions du rapporteur public, leurs propres précédents ou les précédents externes, les juges pourraient non seulement renforcer la légitimité de leurs propres décisions, mais également contribuer à une culture juridictionnelle où le partage et la reconnaissance mutuelle des analyses enrichissent l'ensemble du système juridique. C'est bien dans cette direction qu'a décidé de s'engager la Cour de cassation, d'une façon encore certes mesurée. Faisons le vœu que les premiers bilans qui seront dressés sur ces nouvelles pratiques motivationnelles conduisent le Conseil d'État à prendre – rapidement – le train en marche.

---

[794] Cass. com., 10 nov. 2021, n° 20-17.368. - Cass. com., 25 mai 2022, n° 19-23.516. - Cass. com., 30 août 2023, n° 21-12.307.

Postface

Pascale Deumier
Professeure de droit privé à
l'Université Jean Moulin Lyon 3
Membre du jury de soutenance
de HDR de Jérémy Bousquet

213. Le présent ouvrage est la publication du mémoire présenté par Jérémy Bousquet au soutien de sa HDR. Le fait est d'autant plus remarquable que la production d'un travail de recherche original est une pratique encore émergente dans les disciplines juridiques. A ce titre, le travail de Jérémy Bousquet pourra servir de modèle, en ce qu'il constitue une véritable recherche inédite, sur un thème très original. En effet, si les travaux ne manquent pas sur l'interprétation, sur la logique juridique, sur les méthodes des juristes ou encore sur l'argumentation, ils sont limités en France par la difficulté à observer le raisonnement des juges. La discussion qui a guidé leur prise de décision est occultée derrière une motivation des arrêts elliptique, toute de syllogisme formel et déductif. Or, la prise de décision ne va pas découler du simple jeu mécanique des différentes données juridiques applicables au cas, particulièrement pour les cas difficiles qui vont appeler un développement du droit : ces données juridiques vont être mobilisées avec tout l'art de l'argumentation permettant de convaincre qu'une interprétation est non seulement aussi fondée mais aussi plus opportune que l'interprétation alternative. Comprendre le mouvement jurisprudentiel du droit c'est dès lors, et nécessairement, comprendre cette mécanique, aussi difficile à saisir qu'elle soit.

214. Au sein de ce jeu d'arguments, Jérémy Bousquet a fait un choix original, celui de se focaliser sur l'utilisation du précédent des juridictions judiciaires par le juge administratif, qui n'a quasiment jamais été étudié (v. cep. C. Bouix, « La référence aux précédents externes à l'ordre de juridiction », in P. Deumier (dir.), Le raisonnement juridique - Recherche sur les travaux préparatoires des arrêts, Dalloz, 2013, p. 64). Ce choix est cohérent par rapport au profil doctrinal de Jérémy Bousquet : habitué à croiser le droit administratif et le droit civil, il n'est guère étonnant qu'il ait eu la curiosité de rechercher comment le juge administratif pratique cette même comparaison. Mais ce choix est également très judicieux en ce que l'usage du précédent judiciaire par le juge administratif permet tout à la fois de mieux saisir le jeu du précédent dans notre système, qui demeure mal connu pour avoir été condamné à la clandestinité, et de qualifier les rapports entre jurisprudences de façon bien plus précise que par l'invocation incantatoire du « dialogue des juges ». Le dialogue se noue ici de façon d'autant plus singulière qu'il doit garantir la cohérence de la jurisprudence au sein d'un système juridictionnel bicéphale. Il repose dès lors sur un subtil équilibre, récemment formulé par les spectaculaires arrêts rendus par l'assemblée plénière de la Cour de cassation le 8 mars 2024 (n° 21-21.230 et 21-12.560) : « Si, pour répondre, notamment, aux impératifs de clarté et de prévisibilité du droit, une convergence jurisprudentielle entre les deux ordres de juridiction est recherchée lorsqu'il est statué sur des questions en partage, celle-ci peut ne pas aboutir en présence de principes et règles juridiques différents applicables respectivement dans ces deux ordres ». Si le dialogue entre les jurisprudences internes se voit ainsi doter d'un état d'esprit officiel, il reste à savoir comment celui-ci est concrètement mis en œuvre par les juges confrontés à une question de droit. C'est à la découverte de cette pratique que nous invite Jérémy Bousquet, en dépit des difficultés d'une telle recherche.

215. La première d'entre elles est que, du fait du secret du délibéré, ou du moins de la façon dont il se traduit dans notre système, le chercheur doit rechercher le raisonnement des juges ailleurs que dans la décision. La doctrine administrativiste ne bénéficie pas de la révélation des principales justifications désormais pratiquée par les arrêts de la Cour de cassation mais dispose de longue date et de façon de plus en plus systématique des conclusions du rapporteur public dans lesquelles le raisonnement est déployé de façon complète. Tous les juristes spécialisés en droit administratif sont familiers de ces conclusions : elles accompagnent naturellement toute lecture et toute analyse d'une nouvelle décision faisant jurisprudence.

Cependant, pour chercher au-delà à caractériser la façon dont les arguments y sont mobilisés, il faut rechercher des tendances récurrentes, qui se retrouvent au-delà de la singularité de chaque discussion isolée. C'est une autre difficulté de ce type d'étude, qui va impliquer de récolter mais aussi d'analyser un nombre suffisamment important de documents pour pouvoir en tirer quelques tendances. Jérémy Bousquet a ainsi patiemment disséqué 149 conclusions afin de pouvoir observer comment le précédent judiciaire y est (ou pas) mobilisé dans la discussion d'une question de droit des contrats administratifs devant le Conseil d'Etat. Mais il existe des difficultés plus redoutables encore car moins visibles. En effet, la riche littérature en la matière n'est pas sans chausse-trappes. Les travaux sur la logique juridique ou les méthodes d'interprétation ne sont pas toujours immédiatement utiles pour étudier ce que l'on trouve dans les conclusions des rapporteurs publics. La littérature anglosaxonne sur l'argumentation des juges se révèle souvent beaucoup plus éclairante (et est utilement mobilisée par Jérémy Bousquet) mais oblige à une vigilance permanente sur la transposition qui peut être faite en dépit de la profonde différence de traditions et de méthodes. Il faut donc tenter de tracer sa voie doctrinale, en s'exposant au risque que certains la jugent insuffisamment théorisée quand d'autres n'y trouveront pas assez de morceaux de technique juridique à leur goût. On l'aura compris, il ne faut pas seulement des compétences pour entreprendre un ouvrage comme celui de Jérémy Bousquet : il faut aussi un certain courage et une bonne dose de détermination, celle de s'accorder la liberté intellectuelle de laisser le matériau guider les analyses, et non l'inverse. On saluera et on se réjouira du développement de telles recherches, qui n'entraient pas *a priori* totalement dans les cases académiques mais s'y révèlent très bien accueillies (v. également la thèse de Guillaume Leroy, La pratique du précédent en droit français, LGDJ, 2023). La qualité de la démonstration n'est pas le moins du monde amoindrie par l'originalité de la démarche : elle tient à la rigueur méthodologique qui sous-tend les analyses de Jérémy Bousquet, exposée principalement en introduction avant d'être diffusée par touches tout au long de la démonstration. Elle est renforcée par l'expertise de l'auteur sur le fond.

216. En effet, si cet ouvrage n'est à aucun moment un prétexte utilisé par l'auteur pour revenir à des analyses de fond en droit des contrats administratifs, sa maîtrise de ce contentieux, et plus précisément sa maîtrise des contentieux administratif et judiciaire en droit des contrats, permet une analyse plus fine du maniement des précédents judiciaires par les rapporteurs publics. Certes, il n'est pas nécessaire de maîtriser le fond de la discussion pour constater qu'un rapporteur public mobilise un précédent judiciaire, qu'il l'utilise pour appuyer sa démonstration ou au contraire qu'il le contourne par différents moyens. En revanche, il faut une maîtrise fine du fond pour deviner si ce contournement tient effectivement d'une différence de situations entre le contentieux judiciaire ou administratif ou plus probablement d'une rhétorique cherchant à écarter une jurisprudence judiciaire qui n'est pas jugée convaincante sans que cela ne soit exprimé aussi directement. Il faut une maîtrise tout aussi fine du fond pour décrypter derrière le choix d'un précédent judiciaire plutôt qu'un autre les soubassements d'une stratégie argumentative. Il faut plus encore une telle maîtrise pour détecter les précédents judiciaires passés sous silence et tenter de comprendre leur absence : étant impossible de sonder le cœur et les reins des rapporteurs publics, la célébrité d'un précédent judiciaire dans un contentieux est la meilleure clé de révélation d'une stratégie mais elle est réservée aux spécialistes de la matière. C'est enfin la maîtrise experte de ce contentieux qui permet à Jérémy Bousquet d'identifier les questions qui ne se prêtent pas à une analogie avec le droit privé, paramètre non négligeable pour porter un regard critique sur la façon dont les précédents judiciaires sont mobilisés. On le voit donc, si les compétences scientifiques de Jérémy Bousquet en droit des contrats administratifs apportent un supplément de qualité conséquent au présent ouvrage, elles le font en se mettant au service d'une analyse qui demeure de bout en bout dans le registre de l'étude argumentative.

217. Le dernier intérêt de l'ouvrage de Jérémy Bousquet tient évidemment à cet apport à l'étude de l'argumentation déployée au sein de la juridiction administrative. De son analyse minutieuse de l'utilisation des précédents judiciaires, l'auteur tire une démonstration autour de deux lignes forces : les précédents judiciaires exercent une contrainte formelle sur le rapporteur public, en ce qu'il ne peut se dispenser de les discuter s'ils existent, tout en maintenant sa liberté substantielle, en ce que la discussion peut l'amener à ne pas suivre le sens de ces précédents. Pour développer ces deux lignes force, l'auteur propose une étude d'une très grande richesse. Elle est riche en apports à la connaissance, par la révélation méthodique et catégorisée des différents emplois des précédents judiciaires par les rapporteurs publics, y compris dans leurs tendances quantitatives ou dans la façon formelle d'y faire référence. Elle est également, et surtout, riche en recherche d'explications, toujours très pertinentes et convaincantes, et qui se déploient dans des registres d'une variété impressionnante, par exemple (hors la considération principale liée au souci de cohérence) la situation de la jurisprudence judiciaire sur une question, l'autonomisation du droit administratif, les habitudes internes du Conseil d'Etat, les stratégies institutionnelles, la personnalité du rapporteur public, la réponse aux parties, etc. Enfin, ces analyses sont en permanence nuancées et mesurées, cherchant à éclairer le recours à un précédent judiciaire dans ses tendances les plus visibles tout en entretenant la conscience qu'il n'existe en la matière aucune règle absolue et qu'il est généralement impossible de savoir si un choix est fait en conscience d'une stratégie ou non.

218. A l'issue de la lecture de l'ouvrage de Jérémy Bousquet, on comprend qu'il ne reste plus grand-chose à écrire sur l'utilisation du précédent judiciaire par les rapporteurs publics. Au mieux reste-t-il à approfondir certaines des nombreuses clés d'analyses avancées par l'auteur. Cet approfondissement impliquera peut-être un élargissement du prisme retenu. Par exemple, pour évaluer plus précisément le poids du précédent judiciaire dans le raisonnement du rapporteur public, il faut peut-être le comparer à celui du précédent interne (celui du Conseil d'Etat) dans le même raisonnement. La logique générale, celle d'une contrainte formelle de prise en considération, mâtinée d'une liberté substantielle permettant de neutraliser un précédent inopportun, est probablement identique mais une différence de degré importante oppose l'utilisation de ces précédents. Elle se révèlera peut-être à l'aune de leur résistance au changement, en ce qu'il faut un effort argumentatif bien plus important pour s'écarter du précédent interne que du précédent externe. Il y a ici l'une, parmi tant d'autres, des perspectives stimulantes ouvertes par la belle recherche menée par Jérémy Bousquet.

Bibliographie

Ouvrages généraux

ATIAS Ch., *Épistémologie juridique*, Paris, PUF, coll. « Droit fondamental », 1985.
AUBY J.-M., DRAGO R., *Traité de contentieux administratif*, t. I, 3e éd.
BERGEL J.-L., *Méthodologie juridique fondamentale et appliquée*, PUF, 3e éd., 2018, 471 p.
CARBONNIER J., *Droit civil, Introduction, Les personnes, La famille, l'enfant, le couple*, Vol. I, PUF, 2004.
CHAPUS R., *Droit administratif général*, Domat 1988, t.1, 4é éd.
DEUMIER P., *Introduction générale au droit*, LDGJ, 2019, 5e éd.
LAUBADERE (De) A., *Traité théorique et pratique des contrats administratifs*, LGDJ 1956, t. 1.
MALAURIE Ph, MORVAN P., *Introduction au droit,* LGDJ, 2021, 7e éd.
ODENT R., *Contentieux administratif*, 1977-1980.
PLANIOL M., *Traité élémentaire de droit civil*, Paris, LGDJ, t. 1, 1re éd., 1899.
PLESSIX B., *Droit administratif général*, LexisNexis, 2022.
RIVERO J., *Droit administratif*, Précis Dalloz, 1987, 12e éd.
TERRE F., MOLFESSIS N., *Introduction générale au droit,* Dalloz, coll. « Précis », 2021, 13e éd.

Ouvrages spéciaux

ATIAS Ch., *Devenir juriste – Le sens du droit*, LexisNexis, 2011, 192 p.
BIGOT G., *Ce droit qu'on dit administratif... Études d'histoire du droit public*, La Mémoire du Droit, 2020, 2e éd., 366 p.
CHAGNOLLAUD D., *Le premier des ordres. Les hautes fonctionnaires*, Fayard, 1991, 399 p.
CROSS R. et HARRIS J. W., *Precedent in English Law*, 4e éd., Clarendon Law Series, Oxford, Clarendon Press, 1991, 256 p.

DUXBURY N., *The nature and Authority of Precedent*, Cambridge University Press, 2008, 187 p.
DWORKIN R. :
- *L'empire du droit*, PUF, coll. « Recherches politiques », 1994, trad. E. Soubrenie, 468 p.
- *Prendre les droits au sérieux*, trad. M.-J. Rossignol, F. Limare, PUF, coll. « Léviathan », 1995, 515 p.

DYEVRE A., *La décision juridictionnelle. Introduction à la théorie et à l'empirie du droit*, Dalloz, coll. « Méthode du droit », 2024, 267 p.
FRYDMAN B., *Le sens des lois. Histoire de l'interprétation et de la raison juridique*, Bruylant et LGDJ, 2011, 3e éd., 720 p.
GAUDEMAR (de) H., MONGOIN D., *Les grandes conclusions de la jurisprudence administrative*, Vol. 1 : 1831 – 1940, LGDJ, 2015, 951 p. ; Vol. 2. 1940 – 2000, 2020, 1099 p.
GENY F., *Méthode d'interprétation et sources en droit privé positif*, Paris, A. Chevalier-Marescq et Cie, 1re éd., 1899 ; Paris, LGDJ, 2e éd., 2 vol., 1919, 324 p.
GOLTZBERG S., *L'argumentation juridique*, Dalloz, 2019, 4e éd, 140 p.
HERZOG T., *Une brève histoire du droit en Europe. Les 2500 dernières années,* Anacharsis, Trad. M. André, 2023, 383 p.
JAMIN C., JESTAZ Ph. *La doctrine*, Dalloz, coll. « Méthode du droit », 2004, 314 p.
JAMIN Ch., MELLERAY F., *Droit civil et droit administratif. Dialogue(s) sur un modèle doctrinal*, Dalloz, coll. « Méthodes du droit », 2018, 259 p.
KESSLET M.-C., *Le Conseil d'État*, Armand Colin, 1968, 390 p.
LATOUR B., *La fabrique du droit. Une ethnographie du Conseil d'État*, La découverte, 2012, 320 p.
LEGENDRE P., *Histoire de l'Administration de 1750 à nos jours*, PUF, coll « Thémis », 1968, 580 p.
LEGRAND P., *Le droit comparé*, PUF, coll. « Que sais-je », 2016, 128 p.
MASSOT J. MARIMBERT J., *Le Conseil d'État*, La Documentation française, 1988, 160 p.
MASTOR W., *L'art de la motivation. Substance du droit*, Paris, Dalloz, coll. « Le sens du droit », 2020, 178 p.

MATHIEU M.-L., *Logique et raisonnement juridique*, PUF, 2015, 446 p.
MACCORMICK N., *Legal Reasoning and Leagal Theory*, Oxford, Clarendon Press, 1994, 322 p.
PERELMAN Ch., *Logique juridique. Nouvelle rhétorique*, Dalloz, 1999, 3e éd., 202 p.
PERELMAN Ch., OLBRECHTS-TYTECA L., *Traité de l'argumentation*, Ed. de l'Université de Bruxelles, 2008, 6e éd. , 740 p.
ROUVIERE F., *Argumentation juridique*, PUF, 2023, 384 p.
ROLIN F., *Conclusions prononcées par Jean Romieu (1888 – 1907),* La mémoire du droit, 2019, 504 p.
SAVATIER R., *Du droit civil au droit public*, LGDJ, 2ème éd. 1950, 179 p.
SCHAUER F., *Penser en juriste. Nouvelle introduction au raisonnement juridique*, traduit et présenté par S. Goltzberg, Dalloz, « Rivages du droit », 2018, 226 p.
WEINREB L. L., *Legal Reason the Use of Analogy in Legal Argument,* Cambridge University Press, 2e éd., 2016 188 p.
ZENATI F., *La jurisprudence,* Dalloz, 1991, 282 p.

Ouvrages collectifs

ALBERT-MORETTI N., LEDUC F., SABARD O. (dir.), *Droit privé et public de la responsabilité extracontractuelle. Étude comparée*, LexisNexis, coll. « Perspective(s) », 2017, 285 p.
ANCEL P., RIVIER M.-C. (dir.), *Les divergences de jurisprudence*, PUSE, 2003, 376 p.
BONNET B. (dir.), *Traité des rapports entre ordres juridiques*, LGDJ, 2016, 1821 p.
BONNET B., DEUMIER P., *De l'intérêt de la* summa divisio *droit public – droit privé ?,* Dalloz, coll. « Thèmes et commentaires », 2010, 297 p.
CAUDAL S. (dir.), *La motivation en droit public*, Dalloz, 2013, 304 p.
DEUMIER P. (dir.), *Le raisonnement juridique. Recherche sur les travaux préparatoires des arrêts*, Dalloz, coll. « Méthodes du droit », 2013, 269 p.

DI MANNO Th. (dir.), *Le recours au droit comparé par le juge*, Bruylant, 2014, 272 p.
DUGUE M., TRAULLE J. (dir.), *La motivation enrichie des arrêts rendus par la Cour de cassation*, LexisNexis, 2023, 162 p.
FENOUILLET D. (dir.), *L'argument sociologique. Pluriel et singularité*, Dalloz, coll. « Thèmes et commentaires », 2015, 338 p.
MARTIN J. (dir.) *L'influence de la réforme du droit des obligations sur le droit des contrats administratifs*, LexisNexis, coll. « Perspectie(s) », 2019, 245 p.
MELLERAY F. (dir.), *L'argument de droit comparé en droit administratif français*, Bruylant, 2007 371 p.
MACCORMICK N., SUMMERS R. (éds), *Interpreting precedents : a comparitve study*, Farnham, Ashgate, 1997, 585 p.
MOLFESSIS N. (dir.), *Les revirements de jurisprudence*, rapport remis à Monsieur le Premier président Guy Canivet, Paris, Litec, 2005, 193 p.
PERELMAN Ch., FORIERS P. (dir.), *La motivation des décisions de justice*, Bruylant, 1978, 438 p.
PERELMAN Ch. (dir.), *Études de logiques juridiques*, Bruylant, 7 volumes, 1969 – 1976.
PONTHOREAU M.-C., HOURQUEBIE F. (dir.), *La motivation des décisions des cours suprêmes et cours constitutionnelles*, Bruylant, 2012, 310 p.
TROPER M. CHAMPEIL-DESPLATS V.n GRZEGORCZYL Ch. (dir.), *Théorie des contraintes juridiques*, Bruylant, LGDJ, coll. « La pensée juridique », 2005, 203 p.
VASSART P., HAARSCHER G., INGBER L. et VANDER ELST R. (dir.), *Arguments d'autorité et arguments de raison en droit,* Nemesis, 1988, 374 p.
L'image doctrinale de la Cour de cassation, La documentation française, 1994, 251 p.
Livre jubilaire pour le 150e anniversaire du Conseil d'État, 1949, Sirey, 1952, 693 p.

Thèses

ANTOINE J., *L'autonomie du droit des contrats administratif,* Thèse dactyl., Chambéry, 2001.
BEALÏD S., *Essai sur le pouvoir créateur et normatif du juge*, LGDJ, coll. « Bibliothèque de philosophie du droit », 1974, 360 p.
CAGNON B., *Les revirements de jurisprudence de la Cour de cassation*, Thèse dactyl., Lyon 2018, 620 p.
CHAPUS R. *Responsabilité publique et responsabilité privée. Les influences réciproques des jurisprudences administrative et judiciaire*, LGDJ, coll. « BDP », 1957, rééd. La Mémoire du droit, 2010, 583 p.
CHATEAU-GRINE M., *La motivation des décisions du juge administratif,* Thèse dactyl. Nantes, 2018, 606 p.
CONNAN Ch., *La réception du droit privé par le droit administratif français*, Thèse dactyl., Poitiers, 2000, 633 p.
CORNU G., *Étude comparée de la responsabilité délictuelle en droit privé et en droit public*, 1951, rééd. La Mémoire du droit, 201, 298 p.
DEGUERGUE M., *Jurisprudence et doctrine dans l'élaboration du droit de la responsabilité administrative*, LGDJ, coll. « BDP », 1994, 884 p.
FORTSAKIS T., *Conceptualisme et empirisme en droit administratif français*, LGDJ, coll. « BDP », 1987, 542 p.
GAUDEMET Y., *Les méthodes du juge administratif,* LGDJ 1972, Rééd. 2014, coll. « Anthologie du droit », 321 p.
Le BERRE H., *Les revirements de jurisprudence en droit administratif de l'an VIII à 1998 (Conseil d'État et Tribunal des conflits),* LGDJ, 1999, 752 p.
LEROY G., *La pratique du précédent en droit français. Étude à partir des avis de l'avocat général à la Cour de cassation et des conclusions du rapporteur public au Conseil d'État*, LGDJ, coll. « Bibliothèque de droit privé », 2023, 404 p.
LESPAGNOL A., *Les commissaires du gouvernement auprès du Conseil d'État de 1850 à 1900*, Atelier national de reproduction des thèses, 2001, 339 p.

MALHIERE F., *La brièveté des décisions de justice (Conseil constitutionnel, Conseil d'État, Cour de cassation)*, Dalloz, 2013, 666 p.
MARTIN J., *Les sources de droit privé du droit des contrats administratifs,* Thèse dactyl. Paris 2, 2 t. 2008, 859 p.
NAVEL L., *L'argument de continuité jurisprudentielle dans la jurisprudence de la Cour de justice de l'Union européenne*, Bruylant, 2021, 702 p.
PALANCO A., *Le précédent dans la jurisprudence de la Cour européenne des droits de l'homme*, Bruylant, 2019, 718 p.
PLESSIX B., *L'utilisation du droit civil dans l'élaboration du droit administratif,* Ed. Panthéon-Assas, 2003, 880 p.
PROS-PHALIPPON Ch., *Le juge administratif et les revirements de jurisprudence*, LGDJ, 2018, 557 p.
RAINAUD N., *Le commissaire du gouvernement près le Conseil d'État*, LGDJ, 1996, 195 p.
RIALS S., *Le juge administratif et la technique du standard*, LGDJ, 1980, p. 216
RICHAUD C., *Le précédent dans la jurisprudence du Conseil constitutionnel*, Institut Universitaire Varennes, 2016, 494 p.
RORIVE I., *Le revirement de jurisprudence. Étude de droit anglais et de droit belge*, Bruylant, 2003, 565 p.
SALVAT O., *Le revirement de jurisprudence. Étude comparée de droit français et de droit anglais*, Thèse dactyl. Paris 2, 1983, 570 p.
TAP F., *Recherche sur le précédent juridictionnel en France*, Mare et Martin, 2021, Bibliothèque des thèses, 459 p.
VAN LANG A., *Juge judiciaire et droit administratif*, LGDJ,1996, 359 p.
WALINE J., *Recherches sur l'application du droit privé par le juge administratif*, 1962, 347 p.

Articles

A.

ADAMS M., « The Rhetoric of Precedent and Comparative Legal Research », *The Modern Law Review*, 1999, vol. 62, p. 464.

AGUILA Y., intervention, *L'officieux et le non-dit dans le jugement*, conférence-débat organisée à la Cour de cassation le 31 mars 2005, disponible sur le site de la Cour de cassation,

ALLARD J., VAN DEN EYNDE L., « Le dialogue des jurisprudences comme source du droit. Arguments entre idéalisation et scepticisme », in *Les sources du droit revisitées. Normativités concurrentes*, Vol. 3, Isabelle Hachez, Y. Cartuyvels, H. Dumont, Philippe Gérard, F. Ost, M. Van de Kerchove (dir.) Presses de l'Université Saint-Louis, 2012, p. 285.

ALOUPI N., KLEINER C., « Le précédent en droit international : technique pré-normative ou acte normatif », in *Le précédent en droit international*, SFDI, Pedone, 2016, p. 15, spéc. p. 25.

AMILHAT M., « L'existence méconnue d'une règle du précédent en droit administratif français (réflexion sur les mécanismes de création du droit par le juge) », *LPA* 2014, p. 4.

ANCEL P.,

- « Présentation », in *Les divergences de jurisprudence*, P. Ancel et M.-C. Rivier (dir.), PUSE, 2003, p. 7 ;
- « Le droit *in vivo* ou plaidoyer d'un membre de la doctrine pour la recherche juridique empirique », *in Libres propos sur les sources du droit. Mélanges en l'honneur de Philippe Jestaz*, Dalloz, 2006, p. 1.

ANTIPASS J., :

- « L'utilisation du droit administratif en droit civil », *RFDA* 2014, p. 795 ;
- « Pour une mention par la Cour de cassation des précédents issus du droit public », *D.* 2017, p. 1428.

ASH E., MACLEOD W.B., « Intrinsic motivation in public service : Theory and evidence from state supreme courts », *The Journal of Law and Economics*, 2015, vol. 58, n° 4, p. 863.

ASH E., CHEN D.L., LU W., « Motivated Reasoning in the Fiel : Partisanship in Precedent, Pros, Vote, and Retirement in US Circuit Courts, 1891 – 2013 », *TSE Working Paper*, n° 18-976, 2018.

ATIAS Ch., :

- « Juris dictio : redire l'inédit », *D.* 1992, p. 281 ;
- « Savoirs et pouvoirs juridiques : des ombres portées », *RRJ* 2001-1, p. 59 ;
- « Les paradoxes de l'office du juge et de la sécurité juridique », *D.* 2003, p. 51 ;
- « Debout les ouvriers du droit ! Poids et autorité de la doctrine », in *Mélanges offerts à Jean-Luc Aubert. Propos sur les obligations et quelques autres thèmes fondamentaux du droit*, Dalloz 2005, p. 361 ;
- « D'une vaine discussion sur une image inconsistante : la jurisprudence en droit privé », *RTD. civ.* 2007, p. 23 ;
- « La simple affirmation du juge », *D.* 2010, p. 221 ;

ATIENZA M., « L'analogie en droit », *RIEJ*, 1988, vol. 21, p. 33 ;

AUBY J.-B., « Le mouvement de banalisation du droit des personnes publiques et ses limites », *Études offertes à Jean-Marie Auby*, Dalloz, 1992, p. 5.

B.

BACHELIER G., « Le Tribunal des Conflits, juge administratif ou juge judiciaire ? », in *Tribunal des Conflits, rapport 2005,* p. 41.

BANCAUD A., « Une "constance mobile" : la haute magistrature », *Actes de la recherche en sciences sociales* 1989, vol. 76, n° 1, p. 30.

BARLERIN A., « Rapporteur public : chronique d'une controverse annoncée », *AJDA* 2010, p. 1574.

BARON C.H., « La théorie de l'intention originelle, la sincérité dans la rédaction des opinions des juges et la référence à des sources juridiques étrangères dans le processus d'interprétation de la constitution des États-Unis », in *L'architecture du droit. Mélanges en l'honneur de M. Troper*, Economica, 2006, p. 109.

BEAUTHIER Ch., « Jurisprudence et histoire du droit. Considérations limitées et quelque peu impressionnistes en histoire du droit belge et français », *Cahiers de méthodologie juridique*, 1993, p. 1279.
BELL J. :
- « Le précédent judiciaire en droit privé français », *RIDC*. Journées de la société de législation comparée, 1984, Vol VI, p. 171 ;
- « Reflections on the Procedure of the Conseil d'Etat », *Holdsworth Law Review*, 1989-1990, vol. 14, p. 70.

BENOIT F.-P., « Juridiction judiciaire et juridiction administrative », *JCP*, 1964, I.1838.
BERGEL J.-L., :
- « Le processus de transformation de décision de justice en normes juridiques », *Cah de méth. Jur.*, 1993, p. 1255 ;
- « Les fonctions de l'analogie en méthodologie juridique », *Cah. méth. Jur.* 1995-4, p. 1079.

BERNARD A., « Aperçu de l'œuvre juridictionnelle des commissaires du gouvernement durant la seconde moitié du XIXe siècle », in *Livre jubilaire pour le 150e anniversaire du Conseil d'État*, 1949, Sirey, 1952, p. 299.
BOTTEGHI D., « L'ambition pédagogique du juge administratif », in *La pédagogie au service du droit*, P. Rimabault (dir.), Presses universitaires de Toulouse, 2011, p. 155.
BOUIX C., « La référence aux précédents externes à l'ordre de juridictions », in *Le raisonnement juridique*, P. Deumier (dir.), Dalloz, coll. « Méthodes du droit », p. 59.
BOULEAU M., « Sur un curieux visa », *D.* 2018, p. 627.
BOULOUIS J., « Supprimer le droit administratif ? », *Pouvoirs* 1988, p. 5.
BOULOUIS N., « Regards d'un rapporteur public du côté du droit privé des contrats », *AJDA* 2009, p. 921.
BOYON M., P. GONOD, « Entretien sur quelques aspects de l'esprit de corps au Conseil d'État », in *Mélanges G. Dupuis*, LGDJ, p. 27.
BIGOT G., « Les mythes fondateurs du droit administratif », *RFDA* 2000, p. 527.

BRAIBANT G., « Le rôle du Conseil d'État dans l'élaboration du droit », in *Mélanges en l'honneur de R. Chapus*, Montchrestien, 1992, p. 92.
BRETHE DE LA GRESSAYE J., « Droit administratif et droit privé », in *Le droit privé au milieu du XXe s. Études offertes à Georges Ripert*, LGDJ, t.2, 1950, p. 304.
BRETON A., « L'arrêt de la Cour de cassation », *Annales de l'Université des sciences sociales de Toulouse*, T. 2, 1975, p. 5.
BRETONNEAU A. DAHAN S., FAIRGRIEVE D., « L'influence grandissante du droit comparé au Conseil d'État : vers une procédure juridictionnelle innovante ? », *RFDA* 2015, p. 855.
BRUN Ph., « Sources sulfureuses : remarques cursives sur l'office de la doctrine », in *Libres propos sur le droit. Mélanges Philippe Jestaz*, Dalloz 2006, p. 66.
BRUNET P., « Le style déductif du Conseil d'Etat et la ligne de partage des mots », *Droit et Société* 2015, p. 545.
BURGUBURU J.-M., « Droit public et droit privé au début du XXIe siècle : de la séparation à l'interpénétration, in *L'État, le Droit, le Politique. Mélanges en l'honneur de Jean-Claude Colliard*, Dalloz, 2014 p. 9.

C.

CAHEN-SALVADOR G., "Un grand commissaire du gouvernement : Jean Romieu", *Livre jubilaire pour le 150e anniversaire du Conseil d'État*, 1949, Sirey, 1952, p. 323.
CALZOLAIO E., "Le rôle de la jurisprudence dans la comparaison civil Law- common Law", *LPA* 2014, n° 42, p. 7.
CANIVET G. :

- "La Cour de cassation et la doctrine, effets d'optique", in *Mélanges offerts à Jean-Luc Aubert. Propos sur les obligations et quelques autres thèmes fondamentaux du droit*, Dalloz 2005, p. 373 ;
- "La Cour de cassation au défi de l'innovation", *RTD Civ.* 2021, p 331.

CASSIA P., "Le président de la section du contentieux du Conseil d'État", *Juger l'administration, administrer la justice,*

Mélanges en l'honneur de Daniel Labetoulle, Dalloz, 2007, p. 125.

CASTETS-RENARD C., "La mutation de la production de la norme en droit privé : d'une concurrence à une collaboration des producteurs de la norme", in *Regards critiques sur quelques (r)évolutions récentes du droit*, J. Krynen et M. Hecquard (dir.), Edition de l'IFR (institut Fédératif de Recherche), Presses de l'Université des sciences sociales de Toulouse, 2005, p. 11.

CATHALA B., "Le nouveau langage des sigles de la Cour de cassation", *Dr. Soc.* 2021, p. 676.

CAYROL N. "Les conséquences de la hiérarchisation et de la diffusion des arrêts sur leur portée", *RDA* 2018, n° 16, p. 81.

CHABANOL D. :

- "La prévention des divergences de jurisprudence au sein de la juridiction administrative", in *Les divergences de jurisprudence*, 2003, Publications de l'Université de Saint Etienne, p. 179 ;
- "Le dialogue des juges administratifs entre eux : discipline contentieuse et indépendance", in *Le dialogue des juges, Mélanges en l'honneur du président Bruno Genevois*, Paris, Dalloz, 2009, p. 167.

CHAPUS R., « Dualité de juridictions et unité de l'ordre juridique », *RFDA* 1990, p. 739.

CHAUVAUX D., "De la contradiction entre les juges. Réflexions sur le délibéré", in *Juger l'administration, administrer la justice, Mélanges en l'honneur de Daniel Labetoulle,* Dalloz, 2007, p. 175.

CHEVALLIER J., "Changement politique et droit administratif", in *Les usages sociaux du droit*, PUF, 1989, p. 293.

CHIASSONI P., "La filosofía del precedente : análisis conceptual y reconstrucción racional", in. *Fundamentos filosóficos de la teoría del precedente judicial*, Pulido Carlos Bernal et al. (éd.), Universidad Externado de Colombia, 2009, coll. Serie de teoría jurídica y filosofía del derecho, n° 71, p. 21.

COQ V., "Qu'est-ce que la 'jurisprudence constante' ?", *RFDA* 2014, p. 223.

CORNU G., « Le règne discret de l'analogie », in *Mélanges Colomer*, Litec, 1993, p. 129.

COSTA D., « Jean Romieu, un artisan de la construction du droit administratif moderne », *Rev. adm.*, 1995, p. 88.
COUTRON L. :

- "Style des arrêts de la Cour de justice et normativité de la jurisprudence communautaire", *RTD eur.* 2009, p. 643 ;
- "Contrôle abstrait/contrôle concret : l'impossible systématisation de la jurisprudence de la Cour de justice de l'Union européenne relative au contrôle des actes des États membres", *RDLF*, 2019, chro. n° 3.

D.

De SILVA I, "Les conclusions, fragments d'un discours contentieux", in *Le dialogue des juges, Mélanges en l'honneur du président Bruno Genevois*, Paris, Dalloz, 2009, p. 359.
DAWSON E., GILDOVICH T., REGAN D.T., « Motivated Reasoning and Performance on the wa on Selection Task », *Personality and Social Psychology Bulletin*, 2002, vol. 28, p. 1379
DE SCHUTTER O., « Le précédent et le juge européen. Pour une structure des révolutions juridiques », *RRJ* 1993, p. 1127.
DEGUERGUE M. :

- "Les commissaires du Gouvernement et la doctrine", *Droits* 1994, n° 20, p. 125 ;
- "L'exorbitance du droit de la responsabilité administrative", in *L'exorbitance du droit administratif en question*, F. Melleray (dir.), LGDJ 2004, p. 201 ;
- "Des influences sur le jugement des juges", », in *L'office du juge*, acte du colloque du Sénat organisé les 29 et 30 septembre 2006, disponible sur le site internet du sénat ;
- « L'évolution du poids du Recueil Lebon », in *La communication des décisions du juge administratif*, P. Bourdon (dir.), LexisNexis 2020, p. 19.

DELNOY P., « En quel sens le juriste raisonne-t-il aujourd'hui par analogie », *Cah. méth. Jur. RRJ* 1995-4, p. 1023.
DELVOLVE P. ;

- « Le style et le Conseil d'État », *Justice et Cassation*, 2013, Colloque du 22 mars 2012. Le juge, l'avocat

et le style. L'exemple des hautes juridictions, p. 296 ;
- « Les nouvelles dispositions du Code civil et le droit administratif », *RFDA* 2016, p. 613

DESCORPS DECLERE F., « Les motivations exogènes des décisions de la Cour de cassation », *D.* 2007, p. 2822.

DESMONS E., « La rhétorique des commissaires du gouvernement près le Conseil d'État », *Droits* 2002, vol. 3, n° 36, p. 39.

DEUMIER P. :
- « Création du droit et rédaction des arrêts par la Cour de cassation », *Arch. Phl. Droit*, 2006, p. 49 ;
- « Les "motifs des motifs" des arrêts de la Cour de cassation – Étude des travaux préparatoires », in *Mélanges Burgelin*, Dalloz, 2008, p.125 ;
- « Une *summa divisio* des raisonnements des juges administratif et judiciaire », in *De l'intérêt de la summa divisio droit public-droit privé ?*, Dalloz, 2010, p. 199 ;
- « L'utilisation de l'argument sociologique par le juge judiciaire », in *L'argument sociologique*, D. Fenouillet (dir.), Dalloz, 2015, p. 225 ;
- « La fabrique de la jurisprudence en droit des contrats internationaux », *Travaux du comité français de droit international privé*, Éditions A. Pedone, Années 2016-2018, p. 205 ;
- « Motivation enrichie : bilan et perspectives », *D.* 2017, p. 1783 ;
- « Les conclusions de l'avocat général Raymond Lindon », in *Histoire de la Justice*, n° 30, *Punir et réparer en justice du XVe au XXIe siècle*, dir. C. Gauvard, La documentation française, 2019, pp. 209-225 ;
- « La diffusion de la jurisprudence des Cours suprêmes : enjeux théoriques et contraintes pratiques », », in Congrès de l'AHJUCAF, éd. AHJUCAF, mars 2020 (et site internet AHJUCAF) ;
- « La prise en considération d'une norme par le juge : le chaînon manquant ? », *D.* 2022, p. 1668.

- « A la recherche des limites de la motivation enrichie », *RTD Civ.* 2024, p. 65.

DOMINO X., BRETONNEAU A., BOKDAM-TOGNETTI E., LESSI J., « Que fait le centre ? », *AJDA* 2014, p. 81.

DONNIER V., « Style et structure des décisions du Conseil d'État : vers une évolution culturelle ? », in, *La motivation des décisions des cours suprêmes et cours constitutionnelles*, F. Hourquebie, M.-C. Ponthoreau (dir.), Bruylant, 2012, p. 197.

DRAGO R.,

- « Paradoxes sur les contrats administratifs », in *Études offertes à J. Flour*, Defrénois, 1979, p. 151 ;
- « Le contrat administratif aujourd'hui », *Droits*, 1990, p. 117.

DUPEYROUX O. :

- « Le ministère public auprès des juridictions administratives », in *Mélanges en l'honneur du Professeur A. Mestre*, Sirey 1956, p. 181 ;
- « La jurisprudence, source abusive du droit », in *Mélanges offerts à J. Maury*, t. 2, Dalloz et Sirey, 1960, p. 349.

DWORKIN R. :

- « Un adoucissement du *stare decisis* à la chambre des Lords », *RIDC*, 1967, p. 185 ;
- « La chaîne du droit », *Droit et société*, 1985, n° 1, p. 51.

E, F.

EISENMANN Ch. :

- « Sur le degré d'originalité du régime de la responsabilité extracontractuelle des personnes publiques », *JCP G.* 1949, I, 742 et 751 ;
- « Droit public, droit privé, (En marge d'un livre sur l'évolution du droit civil français du XIXème au XXème siècle), *RDP* 1952, p. 903 ;
- « L'autonomie du droit administratif : un dogme faux », in *Perspectivas del derecho publico en la segunda mitad del siglo XX. Homenaje a Enriqué Sayagues-Laso*, Madrid, 1969, t. IV, p. 417.

EPSTEIN L., LANDES W.M., POSNER R.A, « Why (and When) Judges Dissent : A Theoritical And Empirical Analysis », *Journal of Legal Analysis*, mars 2011, vol. 3, n° 1, p. 101
ESMEIN A. : « La jurisprudence et la doctrine », *RTD Civ.* 1902, p. 5.
FALCON Y TELLA M.-J., « Quelques remarques à propos de l'analogie en droit », *RIEJ*, 1998, vol. 41, p. 67.
FARDET Ch., « Le style des décisions du Conseil d'État », *Revue d'histoire des facultés de droit et de la science juridique*, 2013, p. 219.
FLANDERS C., « Toward a theory of persuasive authority », *Oklahoma Law Review*, 2009, n° 55, p. 55.
FOUGERE L., « 1790-1990 : deux siècles de dualisme juridictionnel », *AJDA*, 1990, p. 579.
FORRAY V., « La jurisprudence, entre crise des sources du droit et crise du savoir des juristes », *RTD Civ.* 2009, p. 463.
FRAGITAS N., « Les précédents judiciaires en Europe continentale », in *Mélanges offerts à J. Maury*, t. 2, Dalloz et Sirey, 1960, p. 139.
FRANCOIS B., « Du juridictionnel au juridique », *Droit et politique*, PUF, 1993, p. 213.
FRANK A., « Le rapporteur public, organe de communication des décisions du juge administratif », in, *La communication des décisions du juge administratif,* P. Bourdon (Dir.), LexisNexis, 2020, p. 41.
FRISON-ROCHE M.-A., « Une typologie des analogies dans le système juridique ("bonnes" et "mauvaises" analogies en droit) », *RRJ* 1995-4, p. 1043.
FRYDMAN B. :

- « Les formes de l'analogie », *RRJ* 1995, p. 1053 ;
- « Le dialogue international des juges et la perspective idéale d'une justice universelle », in *Le dialogue des juges*. Actes du colloque organisé le 28 avril 2006 à l'Université libre de Bruxelles, coll. « Les Cahiers de l'Institut d'études sur la justice », Bruylant, Bruxelles, 2007, p. 156.

G.

GAUDEMET Y. :
- « Le droit administratif en France », *RIDC* 1989, p. 899.
- « La prohibition de l'arrêt de règlement s'adresse-t-il au juge administratif ? Les leçons de l'histoire », RDP 2010, p. 1617.

GAUTIER P.-Y., « L'influence de la doctrine sur la jurisprudence », D. 2003, p. 2839.

GAZIER F. :
- « Aperçu de l'œuvre juridictionnelle des commissaires du gouvernement depuis 1900 », *Livre jubilaire pour le 150e anniversaire du Conseil d'État*, 1949, Sirey, 1952, p. 303 ;
- « Le rôle de la jurisprudence dans le développement du droit administratif français », *RIDC*, 1986, vol. 8, p. 164 ;
- « Réflexions sur les symétries et dissymétries du Tribunal des Conflits », *RFDA* 1990, p. 745.

GENEVOIS B. :
- « Sur la hiérarchie des décisions du Conseil d'État statuant au contentieux », *Mélanges en l'honneur de R. Chapus*, Montchrestien, 1992 p. 245 ;
- « Le commissaire du Gouvernement devant le Conseil d'État statuant au contentieux ou la stratégie de la persuasion », *RFDA* 2000, p. 1207 ;
- « Juge administratif et juge judiciaire : ressemblances et différences », in *De l'intérêt de la summa divisio droit public-droit privé ?,* B. Bonnet et P. Deumier (dir), Dalloz, 2010, pp. 155-175.

GERHARDT M. J., « Super Precedent », *Minnesota Law Review*, 2006, p. 1204.

GHESTIN J., « L'interprétation d'un arrêt de la Cour de cassation », *D.* 2004, Chron. 2239.

GLENN H.-P, « Persuasive authority », *McGill Law journal*, 1987, n° 2, p. 261.

GOLTZBERG S., « Esquisse de typologie de l'argumentation juridique », *Revue internationale de Sémiotique juridique,* 2008, vol. 21, p. 363.

GONOD P., JOUANJAN O., « À propos des sources du droit administratif. Brèves notations sur de récentes remarques », *AJDA* 2005, p. 992.
GOODHART A. L., « Le précédent en droit anglais et continental », *Annuaire de l'institut international de philosophie du droit et sociologie juridique*, Gallica, 1934, p. 37.
GOUTTE R., « Le dialogue des juges », *Cah. du Cons. const.*, Hors-série 2009.
GUGLIELMI G. J., « Le rôle du Conseil d'État dans la distinction entre le droit public et le droit privé », *RFDA* 1996, p. 307.
GUILLAUME G., « Le précédent dans la justice et l'arbitrage international », *JDI* 2010, n° 3, p. 685.
GUILLIEN R., « Les commissaires du gouvernement près les juridictions administratives et, spécialement, près le Conseil d'État français », *RDP* 1955, p. 281.

H, I.

HARDY J., « Le statut doctrinal de la jurisprudence en droit administratif français », *RDP 1990*, p. 453.
HAURIOU A., « L'utilisation en droit administratif des règles et principes du droit privé », in *Recueil d'études sur les sources du droit en l'honneur de François Gény*, Sirey, 1935, t. 3, p. 92.
HENRY X., « La jurisprudence accessible. Mégacode civil : théorie d'une pratique », *RRJ* 1999-3, p. 631.
HEBRAUD P., « Le juge et la jurisprudence », in *Mélanges offerts à P. Couzinet*, Université des sciences sociales de Toulouse, Imprimerie Maurice Espic, 1974, p. 329.
HERVIEU A., « Observations sur l'insécurité de la règle jurisprudentielle », *RRJ*, 1989-2, p. 258.
HUNTER D., « Reason is too large, Analogy and Precedent in Law », *Emory Law Journal*, 2001, p. 1197.
HUON DE KERMADEC J.-M., « Réflexions sur les conclusions contraires des commissaires du gouvernement près le Conseil d'Etat », *RDP* 1997, p. 1070.
HURLEY S., « Coherence, Hypothetical Cases and Precedent », *Oxford Journal of Legal Studies*, 1990, p. 221.

IZORCHE M.-L., « Proposition méthodologique pour la comparaison », *RIDC*, 2001, p. 189.

J. ; K.

JAMIN Ch., « Juger et motiver », *RTD civ.* 2015, p. 263.
JAMIN Ch., JESTAZ Ph., « Doctrine et jurisprudence : cent ans après », *RTD civ.* 2002, p. 387
JAUFFRET-SPINOSI C., « Comment juge le juge anglais ? », *Droits* 1989, p. 64.
JESTAZ Ph. :

- « La jurisprudence : réflexions sur un malentendu », *D.* 1997, p. 11 ;
- « La jurisprudence constante », in *L'image doctrinale de la Cour de cassation*, Doc. Fr., 1999, p. 207 ;
- « Les divergences de jurisprudence. Synthèse », in *Autour du droit civil. Écrits dispersés. Idées convergentes*, Dalloz, 2005, p. 205.

JÈZE G. :

- « De l'utilité pratique des études théoriques de jurisprudence pour l'élaboration et le développement de la science du droit public. Rôle du théoricien dans l'examen des arrêts des tribunaux », *RDP* 1914, p. 319 ;
- « De l'application des règles de droit privé aux manifestations unilatérales ou contractuelles de volonté du droit public », *RDP* 1923, p. 5.

JOLOVICZ J.-A., « La jurisprudence en droit anglais, aperçu de la règle du précédent », *Arch. Phil. Du droit*, 1985, t. 30, p. 105.
JOUANNET E., « La motivation ou le mystère de la boîte noire », in *La motivation des décisions des juridictions internationales*, H. Ruiz Fabri, J.-M. Sorel (dir.), Ed. Pedone, 2008, p. 251.
JUVIGNY P., « Un grand commissaire du gouvernement : Léon Blum », *Livre jubilaire pour le 150e anniversaire du Conseil d'État*, 1949, Sirey, 1952, p. 337.
KUNDA Z., « The case for motivated reasoning », *Psychological Bulletin*, nov. 1990, vol. 108, p. 488.

L.

LABETOULLE D., « Le juge administratif et la jurisprudence », *Rev. adm.* 1999, numéro spécial, p. 59.
LACABARATS A.,
- « Les outils pour apprécier l'intérêt d'un arrêt de la Cour de cassation », *D.* 2007, p. 889 ;
- « La genèse d'un revirement de jurisprudence », *Justice et Cassation*, « La norme, déclin ou renouveau », 2012, p. 57.

LALLY A., « Le pouvoir normatif du Conseil d'État sous l'éclairage de Marcel Waline », *RFDA* 2014, p. 161.
LAMOND G.:
- « Persuasive authority in the law », *The Harvard Review of Philosophy*, 2010, n° 1, p. 16 ;
- « Analogical reasonning in the Common Law », *Oxford journal of legal Studies*, 2014, vol. 34, p. 567 ;
- « Précedents and Analogy in legal Reasoning », in E. N. Zalta (éd.), *The Standford Encyclopedia of Philosophy*, 2016.

LATOURNERIE M.-A., « La doctrine vue par le Conseil d'État », *Rev. Adm.* 1997, n° spécial, p. 47.
LATOURNERIE R., « Essai sur les méthodes juridictionnelles du Conseil d'État », in *Livre jubilaire pour le 150e anniversaire du Conseil d'État*, 1949, Sirey, 1952, p. 177.
LAUBADERE (de) A. :
- « Réflexions sur la crise du droit administratif français », *D.* 1952, chr. 2, p. 5 ;
- « Le Conseil d'État et l'incommunicabilité », *Études et documents du Conseil d'État*, 31, 1979-1980, p. 17.

LE BOT O. « Rédaction des jugements et lisibilité des décisions du juge administratif », in *La modernisation de la justice administrative en France*, M. Paillet (dir.), Larcier, 2010, p. 281
LE QUINIO A., :
- « Le recours aux précédents étrangers par le juge constitutionnel français », *RIDC* 2014, p. 581 ;
- « La légitimité contrastée d'une technique juridictionnelle : le recours au droit comparé par le juge », in *Le recours au droit comparé par le juge*, Th. Di Manno (dir.), Bruylant, 2014, p. 21.

LELIEVRE F., « Plaidoyer pour la référence à la jurisprudence dans les motifs des décisions des juridictions administratives », *AJDA* 2009, p. 2446.
LENOBLE J., « La théorie de la cohérence narrative en droit : le débat Dworkin-MacCormick », *Arch. Phil. du Droit,* 1988, t. 33, p. 120.
LETOURNEUR M., « L'influence du droit comparé sur la jurisprudence du Conseil d'État français », in *Livre du centenaire de la société de législation comparée*, t.1, LGDJ, 1971, p. 211.
LLORENS F., « Le droit des contrats administratifs est-il un droit essentiellement jurisprudentiel ? » in *Mélanges M. Cluseau*, Presses IEP Toulouse, 1985, p 378.
LONG M., « L'état actuel de la dualité de juridictions », *RFDA*, 1990, p. 689.
LINDQUIST S. A., CROSS F.B., « Empirically Testing Dworkin's Chain Novel Theory : Studying the Path of Precedent », *New York University Law Review*, 2005, vol. 80, p. 1156.

M, N.

MACCORMICK N., « Introduction », in *Interpreting Précdents. À comparative Study*, N. MacCormick et R. Summers (éds.), Aldershot, Ashgate, 1997, p. 1.
MALAURIE Ph. :

- « Les précédents et le droit », *RID comp.* 2006, p. 319 ;
- « Le style des "Cours suprêmes" françaises », *Justice et Cassation*, 2013, « Colloque du 22 mars 2012. Le juge, l'avocat et le style. L'exemple des hautes juridictions », p. 321.

MALHIERE F., « Les méthodes de rédaction des décisions de justice en droit administratif », in *Les méthodes en droit administratif*, colloque AFDA, Dallos, coll. « Thèmes et commentaires », 2018, p. 57.
MARSHALL G., « What is Binding in a Precedent », in *Interpreting Precedents: À Comparative Study*, N. maccormick et al. (éd.), *op. cit.*, p. 503.
MARTINEL A., « La motivation enrichie prend racine à la Cour de cassation », *JCP G.* 2024, doctr. 172.

MAUGÜE Ch., STAHL, J.-H., « Sur la sélection des arrêts au Receuil Lebon », *RFDA* 1998, p. 768.
MAUS D, « Le recours aux précédents étrangers et le dialogue des cours constitutionnelles », *RFDC*, 2009, p. 675.
MAZEAUD H. « Défense du droit privé », *D*. 1946, chr., p. 17.
MATHIEU-IZORCHE M.-L., « Les procédés discursifs d'amplification ou de réduction des divergences », in *Les divergences de jurisprudence*, P. Ancel et M.-C. Rivier (dir.), PUSE, 2003 p. 93.
MELLERAY F. :

- « Le droit administratif doit-il revenir jurisprudentiel ? Remarques sur le déclin paradoxal de son caractère jurisprudentiel », *AJDA* 2005, p. 637 ;
- « "Le commissaire du gouvernement participe à la fonction de juger" (CE, 29 juill. 1998, Esclatine) : Est-ce si sûr ? », in *L'office du juge*, acte du colloque du Sénat organisé les 29 et 30 septembre 2006, disponible sur le site internet du sénat ;
- « Les conclusions contraires Labetoulle », in *Juger l'administration, administrer la justice, Mélanges en l'honneur de Daniel Labetoulle,* Dalloz, 2007, p. 625 ;
- « L'utilisation du droit étranger par le Conseil d'État statuant au contentieux », in *Le Dialogue des juges. Mélanges en l'honneur du Président B. Genevois*, Dalloz, 2009, p. 779 ;
- « Le vade-mecum sur la rédaction des décisions de la juridiction administrative », *JCP G.* 2019, p. 75.

MONAT A., « Le rapporteur public au Conseil d'État : réflexions sur une légende contentieuse », *RFDA* 2021, p. 926.
MONTROSE J.-L., « Distinguishing Cases and the Limits of Ratio Decidendi », *Modern Law Review* 1956, p. 525.
MORVAN P., « La notion de doctrine », *D*. 2005, p. 2421.
MUIR-WATT H., « La fonction subversive du droit comparé », *RIDC* 2000, p. 503.
NAVEL L., « Du refus du Conseil d'État de mentionner ses propres précédents », in Bousquet J. (dir.), *La stabilité en droit administratif*, Montpellier, Ed. du CREAM, 2020, p. 39.
NOEL M., « Les motifs dans les décisions des juridictions administratives », *RDP* 1924, p. 350.

O, P.

ORIANNE P., « Nature et rôle de la jurisprudence dans le système juridique », *Cahiers de méthodologie juridique*, 1993, p. 1295.
PELLISSIER G., « La réflexion de la juridiction administrative sur la rédaction de ses décisions », *Les Cahiers de la Justice*, 2014, p. 219.
PETEV V., « Analogie et “distinction” », *RRJ* 1995-4, p. 1031.
PETIT J., « La motivation des décisions du juge administratif », in *La motivation en droit public*, Sylvie Caudal (dir.), Dalloz, 2013, p. 213.
PERELMAN Ch., « La motivation des décisions de justice, essaie de synthèse », in *La motivation des décisions de justice*, Ch. Perelman et P. Foriers (dir.),, Bruxelles, Bruylant, 1978, p. 425.
PONTHOREAU M.-C. :

- « Réflexions sur la motivation des décisions juridictionnelles en droit administratif français », *RDP* 1994, p. 747 ;
- « Le recours à “l'argument de droit comparé” par le juge constitutionnel. Quelques problèmes théoriques et techniques », in *L'interprétation constitutionnelle*, F. Mélin-Soucramanien (dir.), Dalloz, 2005, p. 167 ;
- « Le droit comparé en question(s). Entre pragmatisme et outil épistémologique », *RID* comp. 2005, p. 7.

PICARD E., « La comparaison en droit constitutionnel et en droit administratif : du droit comparé comme méthode au droit comparé comme substance », *RID Comp.* 2015, p. 317.
PIVETEAU D., « La dualité de juridictions à l'épreuve du droit du travail », *Dr. soc.* 2017, p. 415.

R, S.

RIBADEAU DUMAS B., « Les carrières dans et hors le Conseil d'Etat », *Pouvoirs* 2007, p. 77.
RIVERO J. :

- « Droit public et droit privé : conquête ou statu quo ? », *D.* 1947, chr. 18, p. 69 ;

- « Jurisprudence et doctrine dans l'élaboration du droit administratif », *EDCE* 1955, p. 27.

ROCHE J. « Réflexions sur le pouvoir normatif de la jurisprudence », *AJDA* 1962, p. 532.

ROLIN F., « La qualité des décisions du Conseil d'État », in *La qualité des décisions de justice*, Mbongo (dir.) Les Études de la CEPEJ, Éd. du Conseil de l'Europe, 2008, pp. 153.

ROUVIERE F., « Traiter les cas semblables de façon identique : un aspect méthodologique de l'aspect de justice », *Jurisprudence. Revue critique*, Université de Savoie, 2012, p. 89.

SARGOS P., « Points communs et divergences des deux ordres de juridiction », *AJDA*, 1990, p. 585.

SAUVE J.-M. :

- « 60 ans du CRDJ et de la chronique AJDA », *AJDA* 2014, p. 73 ;
- « Comprendre et réguler le droit globalisé ou comment dompter la Chimère ? », 20 mai 2015, site du Conseil d'État ;
- « Dialogue entre les deux ordres de juridiction », Intervention à l'École nationale de la magistrature le 21 juillet 2017, site du Conseil d'État.

SAUVEL T. :

- « Les origines du commissaire du gouvernement auprès du Conseil d'Etat statuant au contentieux », *RDP* 1949, p. 5 ;
- « Essai sur la notion de précédent », *D.* 1955, chron. XVIII, p. 93.

SAVATIER R. « Droit privé et droit public ». *D.* 1946, chr. 7, p. 25.

SHAPIRO M., « Judges as liars », *Harvard Journal of La and Public Policy*, 1994, vil. 17, p. 155.

SCHAUER F., « Precedent », *Standford Law Review*, 1987, p. 571.

SERVERIN E., « De l'informatique juridique aux services de justice prédictive, la longue route de l'accès du public aux décisions de justice dématérialisées », *Arch. phil. droit*, 2018, T. 60, La justice prédictive, p. 23.

SEILLER B. « Les grands conflits entre le Conseil d'Etat et la Cour de cassation, aspects contenporains », in colloque de

l'AFDA, *Le juge judiciaire*, Dalloz, coll.« Thèmes et commentaires », 2019.
SEUBE J.-B., « Contrats privés – contrats administratifs, points de convergence ? », in *Mélanges Guibal*, PU du CREAM, 2006, t. 1, p. 367.
SEUROT L., « La psychologie sociale, science auxiliaire du droit administratif », *AJDA* 2023, p. 1429.
SHERWIN E. , « A defense of Analogical Reasoning », *The University of Chicago Law Review*, 1999, vol. 66, p. 1179.
SIMONEL L.-X., « Le juge et son précédent », *Gaz. Pal.* 11 déc. 1999, p. 2.
SOULARD C., « Considérations sur le sens de la motivation enrichie ou pourquoi la Cour de cassation doit poursuivre l'enrichissement de ses décisions », in *Mélanges Loïc Cadiet*, LexisNexis, 2023, p. 1477
STAHL J.-H. :

- « Les commissaires du gouvernement et la doctrine », *Rev. adm.*, n° spécial, 1997, p. 38 ;
- « "Open data" et jurisprudence », *Dr. Adm.* 2016, n° 11, repère 10.

STIRN B., « Le meilleur compagnon de la jurisprudence », *AJDA* 2014, p. 87.
STONE J., « The Ratio of The Ratio Decidendi », *The Modern Law Review*, 1959, vol. 22, n° 6.

T, V, W, Z.

TEITEILBAUM J.C., « Analogical legal reasonning : theory and eivdence », *American Law and Economics Review*, 2017, vol. 17, p. 160.
TERRE F., « Perspectives et avenir du dualisme juridictionnel », *AJDA*, 1990, p. 595.
TROPER M. :

- « La motivation des décisions constitutionnelles », in *La motivation des décisions de justice*, Ch. Perelman et P. Foriers (dir.), Bruxelles ? Bruylant, 1978, p. 287 ;
- « Autorité et raison en droit public français », in *Arguments d'autorité et arguments de raison en droit,*

Vassart P., Haarscher G., Ingber L. et Vander Elst R. (dir.), Nemesis, 1988, p.103 ;
- « La force des précédents et les effets pervers en droit », in *La théorie du droit, le droit, l'État*, Presses universitaires de France, 2001, coll. Léviathan, p. 163.

TROPER M., GRZEGORCZYK Ch., « Precedent in France », in *Interpreting Precedents : A Comparative* Study, N. Maccordmick, R. Summers (éds), Farnham, Ashgate, 1997, p. 103.

TRUCHET D., « Avons-nous encore besoin du droit administratif ? » in *Le droit administratif : permanences et convergences. Mélanges en l'honneur de J.-F. Lauchaume*, Dalloz, 2007, p. 1039.

VAN DE KERCHOVE M., « La jurisprudence revisitée : un retour aux sources », in *Les sources du droit revisitées* vol. 2 : Normes internes infraconstitutionnelles, I. Hachez, Y. Cartuyvels, H. Dumont, Ph. Gérard, F. Ost, M. Van de Kerchove (dir.), Presses de l'Université Saint-Louis, 2012, p. 667.

VEDEL G., :
- « Le précédent judiciaire en droit public français », *RID comp.*, n° spéc., vol. 6, 1984, p. 265 ;
- « Réflexions sur quelques apports de la jurisprudence du Conseil d'État à la jurisprudence du Conseil constitutionnel », in *Mélanges en l'honneur de R. Chapus*, Montchrestien, 1992, p. 647.

VENEZIA J.-Cl., « Le droit administratif français est-il encore dérogatoire au droit commun ? », in *État-loi-administration, Mélanges en l'honneur de E-P. Spiliotopoulos*, Sakkoulas et Bruylant, 1998, p. 453.

VOCANSON C., « L'analyse des arguments dans les conclusions des commissaires du gouvernement près le Conseil d'État », in *De l'intérêt de la* summa divisio *droit public-droit privé ?*, Dalloz, 2010, p. 183.

WALINE M.,
- « Le pouvoir normatif de la jurisprudence », in *Mélanges G. Scelle*, 1950, p. 613 ;
- « La théorie civile des obligations et la jurisprudence du Conseil d'État », *Mélanges Julliot de la Morandière*, Dalloz, 1964, p. 631.

WILSON K. I., « On treating like cases alike », *California Law Review*, 1974, vol. 62, p. 1.
WROBLEWSKI J., « Legal reasoning in legal interpretation », in Ch. Perelman (dir.), *Etudes de logiques juridiques*, Bruylant, vol. III, 1969, p. 26.
ZENATI F., « La notion de divergence de jurisprudence », in *Les divergences de jurisprudence*, P. Ancel et M.-C. Rivier (dir.), PUSE, 2003, p. 53.
ZENATI-CASTAING F., « La motivation des décisions de justice et les sources du droit », *D.* 2007, p. 1553.

Conclusions des commissaires du gouvernement et des rapporteurs publics

Concl. David sur CE, 11 mai 1872, *Butin c/ la ville de Beauvais (conflits de l'Oise)* : Rec. p. 265.
Concl. David sur CE, 2 mars 1877, *Institut catholique de Lille* : Rec. p. 221.
Concl. David sur CE, 28 juin 1878, *Min. des trav. Publ. c/ Cie des chemins de fer du Nord* : Rec. p. 623.
Concl. Cazalens sur CE, 5 mars 1880, *ministre de la Guerre c/ Cie des chemins de fer du Midi et du canal latéral de la Garonne* : Rec. p. 262.
Concl. Marguerie sur CE, 15 juill. 1881, *Le syndic de la faillite de la compagnie d'Orléans à Rouen c/ le Département d'Eure-et-Loir* : Rec. p. 700.
Concl. Marguerie sur CE, 17 nov. 1882, *Cie générale des eaux et Ville de Paris c/ Cie des eaux de la banlieue et ville de Courbevoie* : Rec. p. 888.
Concl. sur CE, 24 novembre 1882, *Min. des trav. Publ. c/ Cie des chemins de fers Paris-Lyon-Méditerranée* : Rec. p. 938.
Concl. Marguerie sur CE, 7 déc. 1883, *Cie du chemin de fer de Paris à Orléans c/ le ministre de la Guerre* : Rec. p. 904.
Concl. Gomel sur CE, 11 janv. 1884, *Level c/ le Département du Pas-de-Calais* : Rec. p. 39.
Concl. Le Vavasseur de Précourt sur CE, avr. 1884, *Cie Parisienne de Gaz c/ Ville de Paris* : Rec. p. 288.
Concl. Gomel sur CE, 20 juin 1884, *ministre de la Guerre c/ Pechwerty* : Rec. p. 507.

Concl. Valabrègues sur CE, 25 fév. 1885, *Foy* : Rec. p. 185.
Concl. Le Vavasseur de Précourt sur CE, 8 janv. 1886, *Ville de Paris c/ Pinturier* : Rec. p. 15.
Concl. Gomel sur CE, 26 fév. 1886, *Cie des chemins de fer de Paris-Lyon-Méditerranée c/ ministre des travaux public*s : Rec. p. 182.
Concl. Valabrègues sur CE, 13 janv. 1888, *Martineau et Peyrot* : Rec. p. 33.
Concl. Valabrègues sur CE, 8 fév. 1889, *Corre et Rosuel* : Rec. p. 182.
Concl. Valabrègues sur CE, 17 mai 1889, *Janin c/ ministre de la Guerre* : Rec. p. 621.
Concl. Gauwin sur CE, 7 juin 1889, *Cie des chemins de fer Paris-Lyon-Méditerranée* : Rec. p. 747.
Concl. Jagerschmidt sur CE, 14 fév. 1890, *Roussey c. commune de Longevelle* : Rec. p. 179.
Concl. Le Vavasseur de Précourt sur CE, 21 mars 1890, *Chambre syndicale des Entrepreneurs de la ville de Paris et sieur Bourgaux* ; *Caillette* (2 esp.)
Concl. Valabrègue sur CE, 20 fév. 1891, *Cie des Chemins de fer du Midi c. époux Salles* : Rec. p. 145.
Concl. Valabrègue sur CE, 26 déc. 1891, *Cie du gaz de Saint-Étienne c. Ville de Saint Etienne* : Rec. p. 789.
Concl. Romieu sur CE, 20 mai 1892, *Tessier* : Rec. p. 456.
Concl. Romieu sur CE, 8 août 1892, *Cie lyonnaise des tramways c. consorts Piraud* : Rec. p. 713.
Concl. Jagerschmidt sur CE, 11 janv. 1895, Cie Paris-Lyon-Méditerranée : Rec. p. 32.
Concl. Saint-Paul sur CE, 8 mars 1895, *Gaz de Bourg c. Ville de Bourg* : Rec. p. 217.
Concl. Romieu sur CE, 5 mars 1897, *Sieur Verdie*r (1ère esp.), S*ieur Daumas* (2e esp.), Sirey 1898.3.17.
Concl. Saint-Paul sur CE, 8 mars 1901, *Sieur Prévet et Cie c. ministre de la Guerre* : Rec. p. 279.
Concl. Romieu sur CE, 6 juin 1902, *Sieur Gore*t : Rec. p. 420.
Concl. Teissier sur CE, 23 janv. 1903, *Cie des chemins de fer économiques du Nord* : Rec. p. 63.
Concl. Romieu sur CE, 6 fév. 1903, *Sieur Terrier* : Rec. p. 95.

Concl. Teissier sur CE, 20 mai 1904, Cie Marseillaise de navigation à vapeur : Rec. p. 425.

Concl. Romieu sur CE, 20 janv. 1905, *Cie départementale des eaux et services municipaux c/ Ville de Langres* : Rec. p. 55.

Concl. Romieu sur CE, 5 août 1905, *Martin* : Rec. p. 749.

Concl. Saint-Paul sur CE, 4 août 1905, *Sieur Lespinasse et autres c/ ministre de la guerre* : Rec. p. 757.

Concl. Romieu sur CE, 29 décembre 1905, *Sieur Bardy c/ Ville de Bergerac* : Rec. p. 1015.

Concl. Romieu sur CE, 31 mai 1907, *Deplanque c/ Ville de Nouzon* : Rec. p. 513.

Concl. Tardieu sur CE, 29 janvier 1909, *Cie des messageries maritimes c/ l'État* : Rec. p. 112.

Concl. Pichat sur CE, 4 mars 1910, *Thérond* : Rec. p. 193.

Concl. Blum sur CE, 11 mars 1910, *ministre des Travaux publics c. Cie générale française des tramways* : Rec. p. 216.

Concl. Feuilloley sur CE, 4 juin 1910, *Cie d'assurances « Le soleil » c. l'État*, Rec. p. 446.

Concl. Riboulet sur CE, 26 juillet 1912, *Cie d'Orléans et du Midi c. L'État* : Rec. 1912, p. 889.

Concl. Blum sur CE, 31 juill. 1912, *Sté des granits porphyroïdes des Vosges c. Ville de Lille* : Rec. p. 909.

Concl. Helbroner sur CE, 11 juill. 1913, *Cie des chemins de fer du Sud de la France c. Dpt de la Côte-d'Or* : Rec. p. 854.

Concl. Corneille sur CE, 2 juill. 1915, *Repéré, Pépin, Cardona* : Rec. p. 223.

Concl. Chardennet sur CE, 30 mars 1916, *Cie générale d'éclairage de Bordeaux c. Ville de Bordeaux* : Rec. p. 125 ; *D.* 1916. III. p. 26.

Concl. Corneille sur CE, 18 fév. 1918, *Sté d'éclairage de Poissy* ; Rec. p. 121.

Concl. Rivet sur CE, 23 mai 1924, *Sté des Affréteurs réunis* ; Dalloz 1924, III, p. 26.

Concl. Mayer sur CE, 1er août 1924, *Chem. de fer de l'État c. Gauthereau* ; Dalloz 1924, III., p. 55.

Concl. Cahen-Salvador sur CE, 19 décembre 1924, *Cie des phosphates de Constantine* ; D. 1925 p. 53.

Concl. Cahen-Salvador sur CE, 3 juill. 1925, *De Mestral* ; D. 1926, p. 17.

Concl. Latournerie sur CE, 9 mars 1928, *Cie des Scieries africaines* : *D.* 1930, p. 13.
Concl. Latournerie sur CE, 25 janvier 1929, *Sté du gaz de Beauvais* : Rec. p. 94.
Concl. Josse sur CE, 5 juin 1931, *Chem. de fer de l'Est* : D. 1932.III.52
Concl. Josse sur CE, Ass., 9 déc. 1932, *Cie des tramways de Cherbourg*, n° 89655 : Rec. p. 1050.
Concl. Detton sur CE, 27 janv. 1933, *Le Loir* : D. 1934.III.68.
Concl. Lagrange sur CE, 4 déc. 1936, *Min. travaux publics c. Blondiaux* : D. 1938.III.63.
Concl. Joss sur CE, 28 avr. 1939, *Cie des Chemins de fer de l'Ouest* : D. 1940.III.15.
Concl. Josse sur CE, 26 janv. 1940, *Soc. des chemins de fer et tramways du Var et du Gar*d : D. 1942.159.
Concl. Odent, CE, 5 mars 1943, *Cie générale des eaux et syndicat des communes de la banlieue de Paris pour les eaux* : D. 1943.121.
Concl. Delvolvé sur CE, 22 déc. 1950, *Syndicat de la propriété agricole du Roannais* : *D.* 1951, p. 310.
Concl. Guionin sur CE, 9 janv. 1953, *Ville de Saint-Maurice c. Letot* : D. 1954 p. 278.
Concl. Tricot sur CE, 23 déc. 1953, *Dame veuve Lillo* : Rec. p. 573.
Concl. Heumann sur CE, 23 nov. 1955, *Min. de la Reconstruction et du logement c. Soc. Cuillerai* : D. 1956, p. 83.
Concl. Long sur CE, Sect., 20 avril 1956, *ministre de l'Agriculture c/ Époux Bertin* : *RDP* 1956, p. 869.
Concl. Long sur CE, Sect., 19 oct. 1956, *Sté Le Béton* : *RDP* 1957, p. 310.
Concl. Chardeau sur CE, Sect., 13 juill. 1956, *Office public d'habitation à loyers modérés du département de la Seine* : Rec. p. 343.
Concl. Chardeau sur CE, Sect., 25 janv. 1957, *Société Cracco* : Rec. p. 56.
Concl. Heumann sur CE, Sect., 7 nov. 1958, *Société « Électricité et eaux de Madagascar » et territoire de Madagascar c. sieur Nicola* : Rec. p. 530.

Concl. Mayras sur CE, Sect., 18 décembre 1959, *Ville de Nantes* : Rec. p. 696.
Concl. Heumann sur CE, Sect., 25 mars 1960, *SNCF c. dame Barbey* : Rec. p. 222.
Concl. Kahn, sur CE, 30 juin 1961, *Groupement de défense des riverains de la route de l'intérieur* : D. p. 663.
Concl. Combarnous sur CE, Sect., 22 déc. 1961, *Société nationale des chemins de fer français* : Rec. p. 728.
Concl. Bertrand sur CE, 8 oct. 1965, *Commissaire du gouvernement près la commission régionale des dommages de guerre de Dijon c. Renard* : *D.* 1965, p. 239.
Concl. Grévisse sur CE, 8 nov. 1968, *Cie d'assurances générales contre l'incendie et les explosions* ; *RDP* 1969, p. 135.
Concl. Guillaume sur CE, Sect., 11 fév. 1972, *OPHLM du Calvados et Caisse franco-néeerlandaise de cautionnements* ; *AJDA* 1972, p. 245.
Concl. Bertrand sur CE, 25 fév. 1972, *SADE c. Sté Thomson-Houston-Hotchkiss-Brandt* : Rec. p. 168.
Concl. Kahn sur CE, Ass., 9 juin 1972, *Sté Électricité pour la Lumière et la Force* : Rec. p. 428.
Concl. Gentot sur CE, Sect., 12 oct. 1973, *SEITA* : Rec. p. 565.
Concl. Rougevin-Baville sur CE, Ass., 2 fév. 1973, *Sieur Trannoy* : Rec. p. 95.
Concl. Vught sur CE, Sect., 24 mai 1974, *Sté Paul Millet et cie* : Rec. p. 310.
Concl. Aubin sur CE, Sect., 28 nov. 1975, *Ville de Douai* : Rec. p. 604.
Concl. Genevois sur CE, Sect., 11 janv. 1978, *Cie « Union et le Phénix espagnol »* : Rec. p. 6.
Concl. Labetoulle sur CE, Sect., 5 nov. 1982, *Ville de Dôle* : Rec. p. 375.
Concl. Genevois sur CE, 9 déc. 1983, *Ville de Paris,* Rec. p. 499.
Concl. Fornacciari sur CE, 7 nov. 1986, *Ville de Toulouse, Marchés publics*, janv.-Fév. 1988, p. 29.
Concl. Guillaume sur CE, Sect., 3 mars 1989, *Sté des autoroutes de la région Rhône-Alpes* : Rec. p 69.
Concl. Lasvignes sur CE, Ass., 10 juin 1994, *Cne de Cabourg* : Rec. p. 300.
Concl. Schwartz sur CE, 7 oct. 1994, *Époux Lopez* : Rec. p. 430.

Concl. Chantepy sur CE, 3 nov. 1995, *CCI de Tarbes et des Hautes-Pyrénées* : Rec. p. 396.
Concl. Touvet sur CE, 22 mars 1996, *Assoc. de gestion des écoles Saint-Martin, Jeanne d'Arc, Sainte-Marie, Marguerite-Marie et du Sacré-Cœur* : Rec. p. 93.
Concl. Savoie sur CE, 20 mai 1998, *Communauté de communes du Piémont-de-Barr, Service des eaux et de l'assainissement du Bas-Rhin* : Rec. p. 204.
Concl. Stahl sur CE, Sect., 30 oct. 1998, *Ville de Lisieux* : Rec. p. 376.
Concl. Hubac sur CE, Ass., 8 avr. 1998, *Sté Serc Fun Radio* : Rec. p. 141.
Concl. Savoie sur CE, Ass., 6 fév. 1998, *Tête* : Rec. p. 32.
Concl. Bergeal sur CE, Ass., 5 mars 1999, *Président de l'Assemblée nationale* : Rec. p. 43.
Concl. Bergeal sur CE, Sect., 11 juill. 2001, *Sté des eaux du Nord* : Rec. p. 351.
Concl. Le Chatelier sur CE, avis Ass., 6 déc. 2002, *Syndicat intercommunal des établissements du second cycle du second degré du district de L'Haÿ-les-Roses* : Rec. p. 435.
Concl. Piveteau sur CE, Ass., 5 mars 2003, *ordre des avocats à la cour d'appel de Paris* : Rec. p. 92.
Concl. Casas sur CE, 29 oct. 2004, *Sueur et autres* : Rec. p. 402.
Concl. Casas sur CE, Ass., 4 nov. 2005, *Sté Jean-Claude Decaux* : Rec. p. 480.
Concl. Casas sur CE, Ass., 16 juill. 2007, *Sté Tropic Travaux signalisation* : Rec. p. 363.
Concl. Boulouis sur CE, 9 juill. 2007, *Syndicat EGF-BTP* : Rec. p. 313.
Concl. Courrèges sur CE, 30 janv. 2008, *Ville de Paris* : Rec. p. 23.
Concl. Casas sur CE, 22 fév. 2008, *Schmeltz et Orselli* : Rec. p. 59.
Concl. Dacosta sur CE, Sect., 10 avr. 2008, *Sté Decaux et département des Alpes-Maritimes* : Rec. p. 156.
Concl. Dacosta sur CE, Ass., 11 juill. 2008, *Sté Krupp Hazemag* : Rec. p. 275.
Concl. Dacosta sur CE, Sect., 3 oct. 2008, *Syndicat mixte intercommunal de réalisation et de gestion pour l'élimination*

des ordures ménagères du secteur Est de la Sarthe (SMIRGEOMES) : Rec. p. 327.
Concl. Dacosta sur CE, Sect., 30 janv. 2009, *Agence nationale pour l'emploi* : Rec. p. 5.
Concl. Geffray sur CE, Ass., 8 avr. 2009, *Cie générale des eaux et commune d'Olivet* : Rec. p. 120.
Concl. Dacosta sur CE, 3 juin 2009, *Sté Aéroports de Paris* : Rec. p. 219.
Concl. Dacosta sur CE, 11 mai 2009, *Ville de Toulouse* : Rec. p. 193.
Concl. Glaser sur CE, Ass., 28 déc. 2009, *Commune de Béziers* : Rec. p. 512.
Concl. Escaut sur CE, Sect., 3 déc. 2010, *Ville de Paris et association Jean Bouin* : Rec. p. 478.
Concl. Cortot-Boucher sur CE, Sect., 21 mars 2011, *Commune de Béziers* : Rec. p. 120.
Concl. Boulouis sur CE, Sect., 11 juill. 2011, *Mme Gilles* : Rec. p. 334.
Concl. Dacosta sur CE, 3 fév. 2012, *Commune de Veyrier-du-Lac* : Rec. p. 20.
Concl. Boulouis sur CE, 19 mars 2012, *SA Groupe Partouche* : Rec. p. 93.
Concl. Dacosta sur CE, Ass., 21 déc. 2012, *Commune de Douai* : Rec. p. 483.
Concl. Cortot-Boucher sur CE, 19 nov. 2013, *SNI* : Rec. p. 283.
Concl. Pellissier sur CE, Sect.,19 déc. 2014, *Commune de Propriano* : Rec. p. 395.
Concl. Dacosta sur CE, Ass., 30 déc. 2014, *Sté Armor SNC* : Rec. p. 435.
Concl. Dacosta sur CE, Ass., 4 avr. 2014, *Dpt du Tarn-et-Garonne* : Rec. p. 73.
Concl. Pellissier sur CE, 8 oct. 2014, *Sté Grenke Location* : Rec. p. 303.
Concl. Cortot-Boucher sur CE, 27 fév. 2015, *Commune de Béziers* : Rec. p. 70.
Concl. Pellissier sur CE, 24 fév. 2016, *Département de l'Eure* : Rec. p. 46.
Concl. Henrard sur CE, 11 mai 2016, *Communauté urbaine Marseille-Provence-Métropole* : Rec. p. 167.

Concl. Pellissier sur CE, Ass., 9 nov. 2016, *Société Fosmax LNG* : Rec. p. 471.

Concl. Pellissier sur CE, 19 juill. 2017, *Centre hospitalier interdépartemental de psychiatrie de l'enfant et de l'adolescent* : Rec. p. 267.

Concl. Pellissier sur CE, Sect., 30 juin 2017, *Syndicat mixte de promotion de l'activité transmanche* : Rec. p. 212.

Concl. Henrard sur CE, 9 fév. 2018, *Communauté d'agglomération Val d'Europe Agglomération* : Rec. p. 36.

Concl. Henrard sur CE, Sect., 29 juin 2018, *ministre de l'Intérieur c. Communauté de communes de la vallée de l'Ubaye* : Rec. p. 288.

Concl. Pellissier sur CE, 9 nov. 2018, *Société Cerba* : Rec. p. 411.

Concl. Lallet sur CE, Sect., 1er juill. 2019, *Association pour le musée des Îles Saint-Pierre et Miquelon* : Rec. p. 271.

Concl. Pellissier sur CE, 10 juill. 2020, *Société Comptoir Négoce Équipements* : Rec. p. 283.

Concl. Le Corre sur CE, 27 mars 2020, *Société Lacroix Signalisation* : Rec. p. 144.

Concl. Victor sur CE, 25 juin 2021, *Société Mezzi et Fonderia* : Rec. p. 182.

Concl. Ciavaldini sur CE, 4 oct. 2021, *Société sportive professionnelle Olympique de Marseille* : Rec. p. 291.

Concl. Le Corre sur CE, 11 oct. 2021, *Société Coopérative métropolitaine d'entreprise générale* : Rec. p. 312.

Concl. Le Corre sur CE, 25 nov. 2021, *Collectivité de Corse* : Rec. p. 354.

Table des matières

Structures éditoriales du groupe L'Harmattan

L'Harmattan Italie
Via degli Artisti, 15
10124 Torino
harmattan.italia@gmail.com

L'Harmattan Hongrie
Kossuth l. u. 14-16.
1053 Budapest
harmattan@harmattan.hu

L'Harmattan Sénégal
10 VDN en face Mermoz
BP 45034 Dakar-Fann
senharmattan@gmail.com

L'Harmattan Cameroun
TSINGA/FECAFOOT
BP 11486 Yaoundé
inkoukam@gmail.com

L'Harmattan Burkina Faso
Achille Somé – tengnule@hotmail.fr

L'Harmattan Guinée
Almamya, rue KA 028 OKB Agency
BP 3470 Conakry
harmattanguinee@yahoo.fr

L'Harmattan RDC
185, avenue Nyangwe
Commune de Lingwala – Kinshasa
matangilamusadila@yahoo.fr

L'Harmattan Congo
219, avenue Nelson Mandela
BP 2874 Brazzaville
harmattan.congo@yahoo.fr

L'Harmattan Mali
ACI 2000 - Immeuble Mgr Jean Marie Cisse
Bureau 10
BP 145 Bamako-Mali
mali@harmattan.fr

L'Harmattan Togo
Djidjole – Lomé
Maison Amela
face EPP BATOME
ddamela@aol.com

L'Harmattan Côte d'Ivoire
Résidence Karl – Cité des Arts
Abidjan-Cocody
03 BP 1588 Abidjan
espace_harmattan.ci@hotmail.fr

Nos librairies en France

Librairie internationale
16, rue des Écoles
75005 Paris
librairie.internationale@harmattan.fr
01 40 46 79 11
www.librairieharmattan.com

Librairie des savoirs
21, rue des Écoles
75005 Paris
librairie.sh@harmattan.fr
01 46 34 13 71
www.librairieharmattansh.com

Librairie Le Lucernaire
53, rue Notre-Dame-des-Champs
75006 Paris
librairie@lucernaire.fr
01 42 22 67 13

www.ingramcontent.com/pod-product-compliance
Lightning Source LLC
LaVergne TN
LVHW011436061026
849535LV00004BA/835
9782336501888